산서성의 지배자
高句麗

이 책을 내면서 느끼는 감회

필자가 고대사 지명에 대해 공부하기 시작한 해는 2002년으로
사업차 중국에 거주하면서부터였으니 그간 강산이 두 번이나 바뀌었다고 할 수 있다. 참으로 결코 짧지만은 않은 길다면 긴 여정의 세월이었다.

필자는 초반부터 사학계의 지명비정에 의문을 가지게 되었다.
반도사관을 고수하는 식민사학계는 말할 것도 없고,
이들의 잘못을 질타하는 재야의 주장도 이상하기는 매한가지로 오십보 백보였다.
강단과 재야가 비정한 지명으로는
사서에 기록된 당시 상황이 제대로 재현될 수가 없었다.

그래서 그간 배운 중국어가 실전 가능한지 시험해보고자 중국 인터넷에 들어가
안시성의 위치를 직접 찾아보기로 했다. 호기심 반 연습 반으로
시작한 작업이었다. 그랬더니 희한하게도 안시성의 위치가 강단과 재야의
주장과는 달리 중원 한가운데 산서성 남부라는 사실이 포착되었다.

그러나 관련 자료들로 제 위치를 찾았더라도 현지답사를 해보지 않으면 확실치가
않기에 새로운 학설로 주장하기가 곤란했다.
그리하여 2008년 10월에 답사를 하여 고구리 뿐만 아니라 배달국 조선의 중심 역시
산서성이었음을 확인했고, 이후 2년간의 연구 끝에
'천년 만에 밝혀진 안시성과 살수' 라는 첫 역사컬럼집을 출간하게 되었다.

이후 여러 강연을 통해 산서성 고구리설을 논리적으로 설명했으나
처음에는 다들 돌아이로 취급하면서 거들떠보지도 않다가,
지명 이동을 통한 중국의 역사왜곡을 고발하는 신문의 컬럼이 계속 이어지자
그제서야 고개를 끄덕이기 시작했다. 그러다가도 고정관념이 있어서 그런지
"논리적으론 맞는 것 같은데 황당하다."라고 하며 잘 안 받아들이고 있다.

그러다 보니 13년이 지난 지금에서야 두 번째 책을 내게 되었다.
지금 와서 돌이켜보건대, 첫 책은 비록 새롭게 지명비정을 한 책이기는 하나
초보 시절에 쓴 내용이라 수준이 높지 않았다면,
올해 출간된 이 책이야말로 그간의 연구 결과를 모두 집대성한 수준 높은 명저
(名著)로 평가되었으면하는 바램이 간절하다.

10년이면 강산도 변한다고 했건만,
학계의 잘못된 역사 이론은 여전히 바뀐 것이 아무 것도 없다.
특히 필자와 가는 길이 같은 재야사학에서
산서성 고구리설이 논리적이기에 수용될 줄 알았는데 그게 아니었다.
재야도 강단과 마찬가지로, 새 이론에는 관심이 없고,
자신의 기존 이론만 앵무새처럼 계속해서 되풀이하면서
강단의 반도사관 공격에만 혈안이 되어있다.

반도사관을 퇴출시키려면 최후에 어느 이론이 맞는지 한판승부를 겨뤄야 할텐데,
맞지도 않은 엉터리 지명 비정 즉 녹슨 단검으로 대들어봐야 이기지 못할 것이다.
지금부터라도 단번에 강단의 폐부를 찌를 예리한 칼을 갈아두는 작업이 필요하건만
도무지 그런 기색이 보이지 않는다.

그런 상황이 지속되다 보니 십여 년 전까지만 해도 필자는 중국이 조작하고
일제가 말살시킨 고구리 역사를 모두 원상 복구시켜보겠다는 의욕으로 동분서주
하기도 했지만, 지금은 몸과 마음이 지쳐버린데다가 세월이 흘러 나이도 들고
민생고도 있고 해서 사실 그 열정이 많이 식어버렸다.

이토록 긴 세월을 어떻게 견디고 버텨왔는지 참으로 의아했다.
그런데 문제는 앞으로 다가올 세월도 역시 마찬가지일 거라는 생각이 든다.
그러나 지나온 길을 결코 후회하지 않으며,
이 성스러운 과업에서 손을 놓지도 않을 것을 다짐한다.
고구리 역사 바로 세우기는 내게는 포기할 수 없는 숙명과도 같은
지상과제이기 때문이다.

그러나 누군가가
"다시 태어나도 지금까지 왔던 길을 걸어가겠느냐?"라고 묻는다면
"지금까진 몰라서 여기까지 온 거고, 알고서야 이렇게 힘든 길을 뭐 하러 자청해서 걸어오겠느냐?"라고 말하고서는 서로 웃어버리지 않을까 생각된다.

필자의 노래방 18번은 가수 김도향씨가 부른 '바보처럼 살았군요'이다.
그 중의 가사 한 소절이 필자의 가슴에 와닿는다.
"흘려버린 세월을 찾을 수만 있다면 얼마나 좋을까"
그러나 필자는 필부로 태어나 천 년간이나 잠자던 산서성 고구리를 깨운 것에 평생의 큰 보람을 느끼고 있다. 지동설을 처음 주장했던 코페르니쿠스처럼 말이다.

그래서 일단은 중국의 지명이동으로 왜곡된 고구리의 올바른 강역만이라도
전체적으로 제대로 밝혀놓자는 의도로 집필을 시작했고,
차후 ppt영상 강의도 만들 예정이다.
산서성 고구리설을 대중화시키는 일은 다른 젊은 동지들의 몫으로 남겨져야 할 것 같고, 이번 책의 출간 목적도 필자의 연구 결과를 '역사모' 동지들과 같이 공유하기 위해서이다.

위대했던 우리 역사가 원형대로 복원되려면 일단 나라의 힘이 강해져야 하고,
역사의식이 투철하면서도 카리스마 넘치는 강력한 지도자가 나타나야 가능해질 것이다. 필자의 책은 훗날 칭기즈칸이 우리의 광활했던 고토를 수복하고자 할 때 지침서가 되었으면 하는 바램이다.

대중들에게 책을 많이 팔기 위해서는 내용을 쉽고 재미있게 써야 한다는 충고도
받았지만 본 책은 그런 류의 한가로운 책이 아니라,
잃어버린 고구리의 강역을 논리적 으로 재정립하는 지명사전과 같은 책이기에
학술에 초점을 맞추다 보니 딱딱한 학술논문처럼 되어버려 참으로 안타깝다.

이 소중한 겨레의 지침서가 서점에서 독자들에게 외면당하거나
수익성 문제를 이유로 아예 처음부터 출간조차 안 될까 걱정으로
책이 출간될 수 있도록 후원해주신 이종진 박사님과
산서성 고구리설을 출토유물로 입증해주신 고려박물관 황희면 관장님과
지난 10년간 스카이데일리에 기사를 싣게 할애해 준 민경두 발행인께도
감사의 말씀을 드립니다.
늘 성원과 격려를 아끼지 않으셨던 (사)한배달 박정학 이사장님,
국사찾기 협의회 김정권 회장님, 간도학회 이일걸 회장님, 그리고
필자의 팬이라면서 항상 지지를 보내주셨던 임춘택 변호사님,
김홍석 박사님, 이원환님, 한승용님, 신종근님, 이재혁님께도
항상 고맙다는 말을 전하고 싶습니다.

2023년 7월 소서(小暑)에.

그러나 가슴이 아팠던 것은 필자가 청춘을 바쳐 연구하고 발품 팔아 답사해서 완성한
산서성 고구리설의 내용이 세상 밖으로 나오자, 필자에게 어떠한 고지도 없이,
지구 반대편에서 Mr. Kim이라는 사람이 인터넷으로 퍼가서는
자신의 연구 결과물로 둔갑시켜 미국 한인신문에 기고하며 수 권의 책도 내고,
십수 편의 논문까지 등재했다는 사실이 알려지자, 경악을 금할 길이 없었다.
본인은 자기가 찾은 거라고 오리발을 내밀겠지만, 중국어도 한 마디도 못하고
중국에 가본 적도 없는 자가 어떻게 지금의 중원 땅에 있었던 고대 지명들을 필자와 동일하게
그렇게 상세하게 비정 할 수 있단 말인가! It should be absolutely impossible.

우리 역사발전을 위해 이런 파렴치한 표절 행위는 지탄받아야 마땅할 것이다.

산서성의 지배자
高句麗

목 차

제1편 프롤로그 (東夷와 西夷) 12

제2편 허구와 과장으로 변조된 고대사

제1장 진시황은 만리장성을 쌓은 적이 없다. 17
제2장 위만조선의 허구 25
제3장 400년 한반도 한사군의 허구 35
제4장 한사군으로 조작된 낙랑의 정체 57

제3편 수경주와 한서 지리지의 지명들

제1장 《수경주》에 녹아있는 우리 역사 82
제2장 《한서 지리지》의 유주는 어디인가? 136
   1.요서군 2.우북평군 3.요동군 144
   4.현토군 5.낙랑군 166
   6.상곡군, 어양군 208
   7.대군 8.탁군 9.발해군 221

제4편 위대한 대제국 고구리

제1장   고구리의 도읍지는 어디인가? ……… 246

제2장   집안 관구검 기공비의 허구   ……… 267

제3장   호태왕비문의 새로운 해석   ………… 289

제4장   살수와 요택은 어디인가?   ………… 334

제5장   당 태종이 참패한 안시성   ………… 350

제5편 고구리의 정통성을 계승한 대진국

제1장   발해가 아닌 대진국으로 불러야   ……… 389

제2장   동모산과 천문령은 어디인가?   ………… 397

제3장   백두산 폭발과 대진국 멸망은 무관 … 405

제4장   요,금,원,청나라는 우리와 동족 ……… 408

참고문헌 ……………………………………… 418

산서성(山西省)의 위치

좌측 황하 오르도스와 하북성(북경) 사이

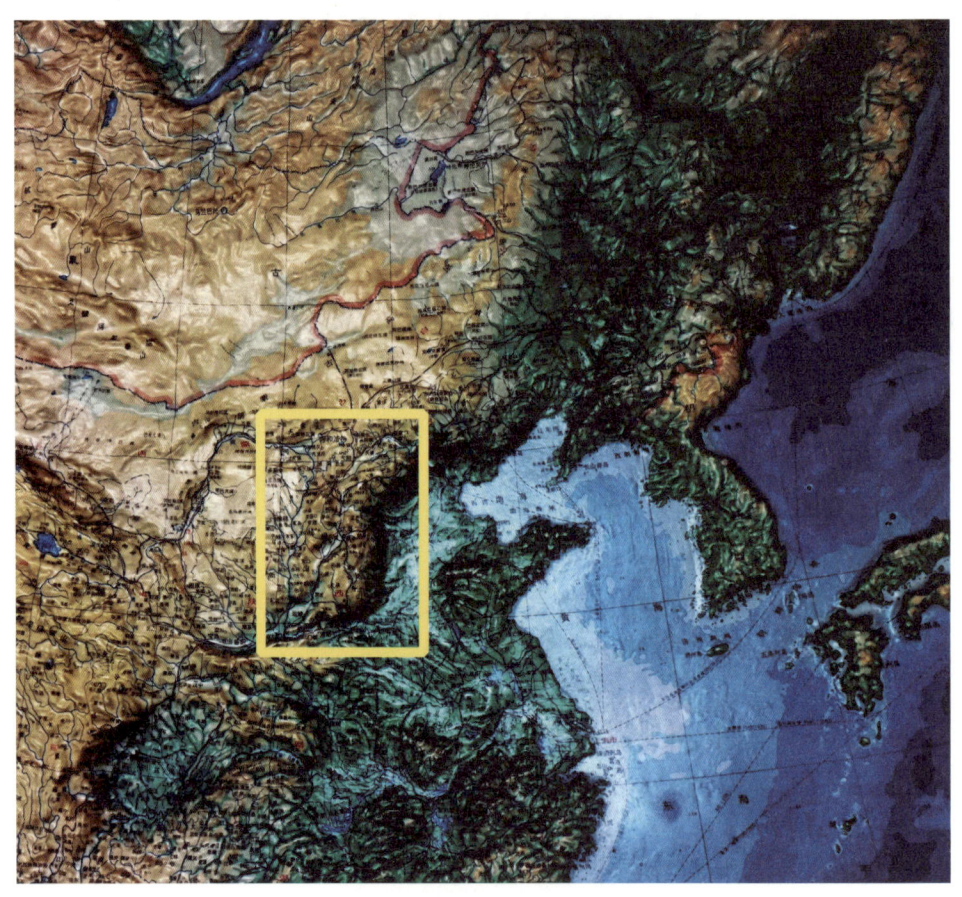

면적 : 157,022 ㎢ (한반도 면적의 70%)
인구 : 34,915,600 (남북한 인구의 45%)

산서성(山西省)의 주요 도시

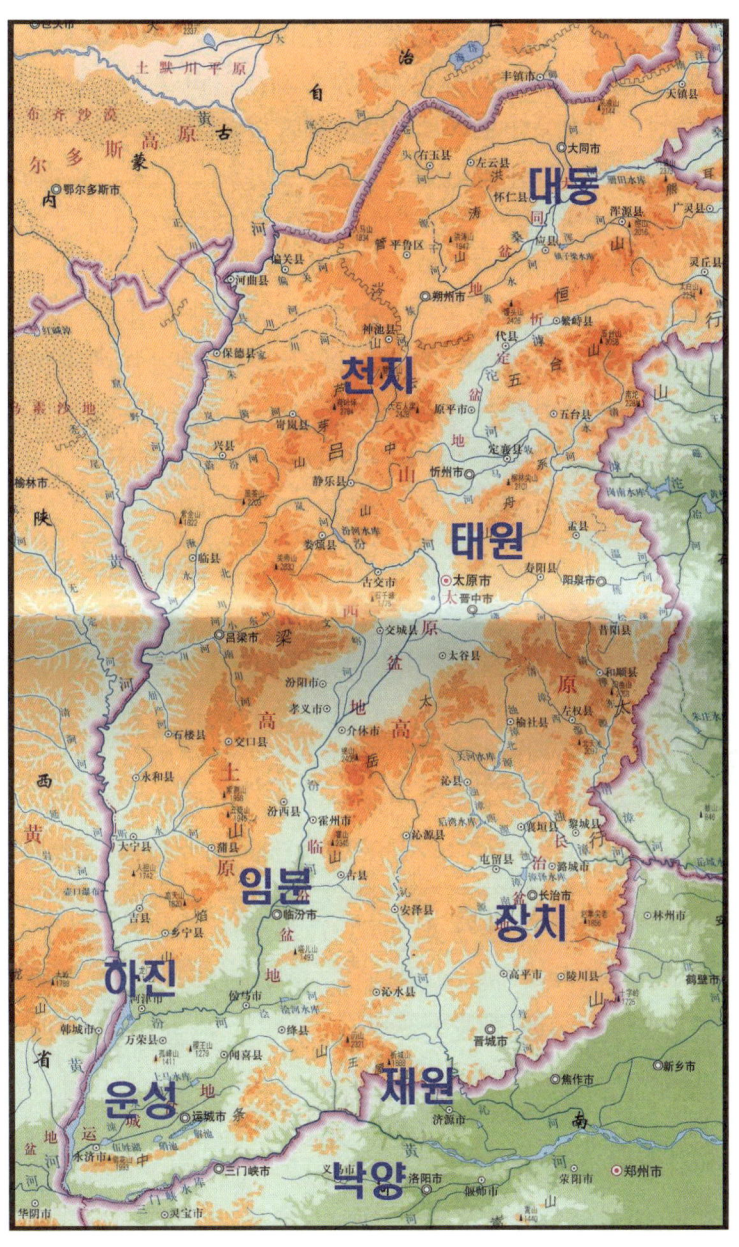

제1편 프롤로그 (東夷 와 西夷)

2010년 중국의 북경에 있는 경화(京華)학당의 인기 역사강사인
위안텅페이(袁騰飛)는 중국의 역사교과서 문제와 관련해
"일본도 역사교과서를 왜곡하지만 중국만큼은 아니다."라고 하면서
"중국 역사교과서에 기술된 내용 중 진실은 5%도 되지 않고
나머지는 완전한 허구다"라고 지적해 화제를 불러일으킨 적이 있다.
그의 주장이 사실인지 또 사실이라면 과연 얼마나 부풀려졌는지
참으로 궁금하지 않을 수 없다.
중국은 상고사의 주역이었던 동이족의 역사 문화를 자기네 것으로
편입하려는 동북공정과 그 후속 작업을 계속해서 진행하고 있다.
한자와 그 기원이 되는 갑골문뿐만 아니라 책력과 육십갑자 등도 모두
동이족의 산물이고, 더 나아가 중국의 상고사 자체가 아예 동이족의
역사라고 해도 과언이 아닐 정도이나,
여기서는 주로 동이족의 역사강역에 대해 설명토록 하겠다.

※ 동이족은 누구인가?
한자 사전에는 夷, 戎, 蠻, 狄이 모두 오랑캐라고 해석되어 있으나,
이 글자들은 그쪽에 사는 종족들의 특징을 표현한 글자로
이(夷)는 대궁(大弓)의 합성어로 夷족은 동쪽에 사는데 활을 잘 쏘고,
융(戎)족은 서쪽에 사는데 무기를 잘 다루고,
만(蠻)족은 벌레가 많은 따뜻한 남쪽에 사는 종족이고,
적(狄)족은 고기를 불에 구워 먹는 북쪽에 사는 종족의 특성을 나타낸
글자며 이들은 모두 중국하고는 아무 상관없는 단군의 후예들이다.

1. 중국의 삼황오제 순임금은 동이 출신

순임금이 동이족이었다는 것은 숨길 수 없는 역사적 사실이다.
맹자의《이루장구 하》[1] 에 "순임금은 제풍에서 태어나 부하로 옮겨 명조에서 돌아가셨으니 동이 사람이다."라는 확실한 문구가 있기 때문이다.
어릴 때 순이 태어나서 살다가 이사했고 죽은 곳이 동이족의 땅이라는 말과 같은 뜻이다.

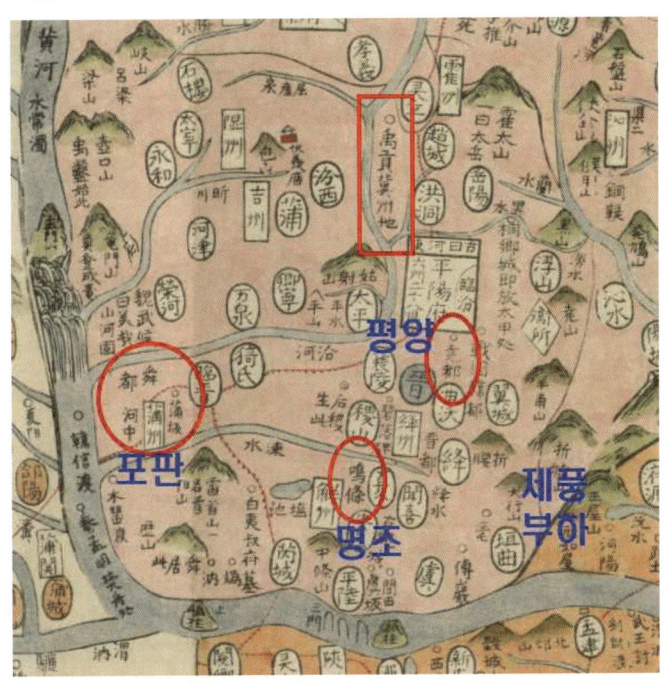

〈순임금의 활동무대는 당시 단군조선의 땅〉

순임금이 죽은 명조를《중국 고대지명대사전》[2]에서 찾으면
산서성 남부 운성시에 있는 염지(鹽池) 옆으로 나타나고, 실제로 그곳에 무덤이 있는데 순임금의 고향에서 그다지 멀지 않은 곳이다.

---

1) 舜生於諸風 遷於負夏 卒於鳴條 東夷之人也
2) 명조 : 고지명으로 지금의 산서성 운성시 안읍진 북쪽에 있다. 은나라 탕왕이 하나라 걸왕을 정벌한 전투지로 고후원이라고도 한다. ① 산서성 운성시 하현의 서쪽, ② 하남성 낙양부근, ③ 하남성 신향시 봉구 동쪽에 있다.
   (鳴條:"古地名。在今山西运城安邑镇北，相传商汤伐夏桀战于此地。又名 高侯原 。古地名，又名高侯原，其地具体位置，异说甚多，一说在今山西省运城市夏县之西，一说在今河南洛阳附近，还有一说在河南省新乡市封丘东。)

순임금이 태어난 제풍산3)은
산서성과 하남성의 경계에 있는 원곡(垣曲)현 동북 40km에 있는 해발 867m의
산으로 북쪽으로 역산(歷山)과 접하고 남쪽으로 황하가 흐르는 곳이다.
원곡현 력산진 동선(同善)촌에 조성되어있는 '순임금의 고향(舜王故里)'
유적지에는 순이 태어난 요허, 순석감, 순향천, 우림원, 순왕사, 순정,
고수총(순부릉), 악등분(순생모묘)등이 있다.
순이 옮겨갔다는 부하(負夏)도 '순 임금의 고향' 경내에 같이 있다.
이렇듯 중원의 한복판인 산서성 남부가 우리 민족의 역사 강역이었음을 알수 있다.

2. 주 문왕은 서이, 주나라 크기는?

《만주원류고》 기록에 의하면, 청나라 건륭제 당시 명나라 한족들이
청나라를 오랑캐라고 비하하며 청을 반대하는 분위기를 조장하자
"너희들이 숭상하는 순임금은 동이 사람이고, 주 문왕은 서이 사람이다.
동이와 서이는 단지 동서 지역을 가르키는 것에 지나지 않는다.
너희 명나라 출신들은 주의 후예를 자처하니 서이 사람이고,
우리 청나라는 동이 사람이다. 동이 사람 순임금의 후예가
서이 사람의 후예인 너희를 지배하는 것이 무슨 문제인가?"
라는 기록이 남아 있다.
위 건륭제의 말은 맹자의 어록에 근거를 두고 있다. 《이루장구 하》에서
"문왕(서백창)은 기주에서 태어나고 필영에서 돌아가셨으니 서이 사람
이다. (文王生於岐周 卒於畢郢 西夷之人也)"고 말해 주 문왕이 우리와
같은 이족(夷族)임을 알 수 있다. 필영은 빈(邠) 땅인 섬서성 서안 서쪽에 있다.
은나라를 무너뜨리고 주나라를 세운 무왕이 논공행상을 어떻게
했는지와 전체 주나라의 땅 크기도 맹자의 어록에 전해지고 있다.
《공손추장구4) 상》에
"하, 은, 주의 전성기에도 땅이 천 리를 넘는 자가 있지 않았다

---

3) 诸冯山位于垣曲县城东北40公里处，北依历山，南滨黄河，海拔867米。《孟子》载 "舜生于诸冯"中的诸冯山就是此处，舜早期的活动范围就在此处。主要景点有：姚墟、舜石龛、舜乡泉、握登坟、虞林苑、舜王庙、务成子下庠教化处、雷泽湖、沇河峡谷等，景区毗邻负夏城、舜井、瞽叟塚（舜父陵），这里是舜帝德孝文化的发源地，是华夏文明的起源地。

4) (公孫丑章句) 夏后殷周之盛 地未有過千里者也, 而齊有其地矣 鷄鳴拘吠相聞 而達乎四境 而齊有其民矣

지금 제나라는 오히려 이렇게 넓은 영토를 소유하고 있어,
닭 울음소리와 개짖는 소리가 사방의 국경에 이르기까지 곳곳에 들릴 정도이니
제는 백성을 이렇게 많이 가지고 있다."라는 문구가 있어
고대 중국 전체의 땅이 사방 천 리가 넘지 않았음을 알 수 있다.

《고자장구 하》5)에서 "천자의 땅은 사방 천 리로 천 리가 되지 아니하면
그것으로는 제후를 대접할 수 없기 때문이다. 제후의 땅은 사방 백 리이니,
백 리가 되지 아니하면 그것으로는 종묘의 문서와 서적을 지킬 수 없기 때문이다.
주공이 노나라에 봉해질 때 사방 백 리의 땅을 가졌으니 땅이 부족한 것은
아니었지만 백 리의 땅에 비해 검소했으며, 태공이 제나라에 봉해질때 또한
사방 백 리의 땅을 가졌으니 땅이 부족한 것이 아니었지만
백리의 땅에 비해 검소했다."라고 설명했다.

《만장장구 하》6) 에서는 "천자가 한 자리, 공·후·백·자·남이 각각 한 자리
이니 무릇 다섯 등급이다. 군·경·대부·상사·중사·하사가 각각 한 자리이니 무릇
여섯 등급이다. 천자의 땅은 사방 천 리이고, 공과 후는 모두 사방 백리이며,
백은 칠십 리이고, 자와 남은 오십 리이니 무릇 네 등급인데, 오십 리가 못 되는 나라
는 천자에게 직접 통하지 못해 제후에게 부속시키니 이를 부용국이라 한다."라고
말해 제후는 작위별로 50~100리의 봉지를 받았음을 알 수 있다.

한마디로 지금의 중국 땅을 서울시로 비유한다면 고대 중국의 영토는
겨우 서울의 용산, 강남, 서초구 정도에 불과했고, 나머지 서울 땅은 모두
우리 민족이 살던 땅이었다. 진시황이 중국을 통일했을 때 섬서성과 하남성을
동시에 차지한 적이 있었고, 이후 명나라 이전까지는 그 밖으로 나오지 못했던 것이
역사의 진실이라 하겠다.

---

5) (告子章句下) 天子之地方千里 不千里不足以待諸侯 諸侯之地方白里 不白里不足
以守宗廟之典籍 周公之封於魯爲方白里也 地非不足而儉於百里 太公之封於齊也
亦爲方百里也 地非不足 而儉於百里
6) (萬章章句下) 天子一位 公一位 侯一位 伯一位 子男同一位 凡五等也 君一位 卿
一位 大夫一位 上士一位 中士一位 下士一位 凡六等 天子之制地方千里 公侯皆
方百里 伯七十里 子男五十里 凡四等 不能五十里不達於天子 附於諸侯曰附庸

제2편
허구와 과장으로 조작된 고대사

제1장 진시황은 만리장성을 쌓은 적이 없다

제2장 위만조선의 허구

제3장 400년 한반도 한사군의 허구

제4장 한사군으로 조작된 낙랑의 정체

제1장 진시황은 만리장성을 쌓은 적이 없다.

중국의 상징이며 동북공정의 대명사이기도 한 만리장성은 인류 최대의 토목공사로 달에서도 보인다고 과장되어 있다. 서쪽 끝은 감숙성 자위관(嘉峪關)이고 동쪽 끝은 하북성 동단 진황도시 산해관(山海關)이었다고 주장했다.

그러다가 동북공정이 본격화되면서
동단이 압록강 하류에 있는 단동의 호산(虎山)장성으로 변했다가,
식민사학의 한반도 북부 낙랑군설로 인해 슬그머니 청천강까지 들어왔다가
계속 남하해《중국역사부도집》에는 황해도까지 그려져 있다. 최근 중국에서는
조선의 정조가 쌓은 수원 화성도 진장성의 일부라는 주장이 제기되기도 했다.

그러다가 2012년 6월 중국 정부는 진시황이 쌓은 장성이 동쪽으로 흑룡강성 목단강(牧丹江)시까지 이르렀고, 서쪽은 위구르의 우루무치까지였다고 발표했다. 그러자 대한민국 정부와 학계는 이러한 중국의 후안무치한 고무줄 만리장성에 즉각 분노를 표했으나 이론적으로는 전혀 대항하지 못했다. 왜냐하면 현재 한국사 교과서 이론이나 중국의 동북공정 이론이나 그 내용이 오십보백보이기 때문이다.

과연 그런지 진시황이 쌓았다는 장성의 위치에 대해 살펴봄으로써 중국의 동북공정이 얼마나 허황된 이론인지 알아보도록 하겠다.

〈자고 나면 제멋대로 늘어나 있는 중국의 만리장성〉

진시황은 기원전 247년 전국시대의 진(秦)나라 31대 왕으로 즉위해
기원전 221년 전국시대를 통일하고 황제가 되었고,
기원전 210년 37년간 재위 후 죽었다.
중국 기록에 의하면, 진시황이 장성을 쌓기 시작한 때는 통일 후인
진시황 34년(기원전 214) 불로초를 구하기 위해 떠났던 노생(盧生)이 돌아
와《천록비결(天籙秘決)》이란 책을 바치며 "도참설에 이르기를 진나라를
망치는 자는 호입니다. (亡秦者胡也)"라고 아뢰자,
진시황이 이 호(胡)를 북쪽 흉노인 동호(東胡)로 알고
기원전 214년 장수 몽념에게 장성 보강을 명령했다.
또한 한나라 때 회남왕(淮南王) 유안(劉安)이 쓴 회남자(淮南子)에는
"진왕 협록도(秦王挾錄圖)의 전에 이르기를, 진나라를 망하게 하는 것은
호다'로 인해, 진나라 왕이 군사 50만 명을 징발하여 몽념과 양옹자에게
성을 쌓고 수리하도록 했다.
서쪽으로는 유사(流沙)에서부터 북으로는 요수(遼水)에 닿고 동쪽으로는
조선에 연결되도록 하였다. 나라 안의 군들이 수레를 끌고 그것을 도왔다."

참고로 위 '亡秦者胡也'의 호는 흉노가 아니라 바로 진시황의 둘째 아들
胡亥였다. 진시황이 기원전 210년에 죽고 둘째 아들 호해(胡亥)가
형을 죽이고 등극함으로써 장성 축조는 중단되고 말았다.

기원전 214년부터 쌓기 시작한 장성이 4년 만에
서쪽 우루무치에서 동만주까지 일만 리 이상 된다는 것은 그야말로
어불성설로 상식적으로 있을 수 없는 일이다.

 (1) 진시황이 쌓은 장성은 어디인가?

중국은 진시황이 4년 만에 어떻게 만 리나 되는 장성을 쌓을 수 있냐는 질문에
할 말이 없자, 진시황이 새로운 장성을 축조한 것이 아니라
전국시대 연(燕) 장성과 제(齊) 장성을 수축(修築)한 것이었다고 주장했다.
연나라 장성에 대해서는《사기 흉노전》[7]에
"연나라의 장수 진개가 동호를 격파하니 동호가 천 여 리를 물러났다.
연나라가 장성을 쌓으니 조양에서 양평까지이다.
상곡, 어양, 우북평, 요서, 요동을 동호로부터 지켰다."라는 기록이 있다.

---

7) 《史記 匈奴傳》"燕將秦開襲破東胡, 東胡却千餘里, 燕亦筑長城, 自造陽至襄平, 置上谷、漁陽、右北平、遼西、遼東郡以拒胡."

《한서 지리지》에 따르면 위에 언급된 상곡, 어양, 우북평, 요서, 요동은
모두 유주(幽州)에 속하는 지명으로
지금의 산서성 남부와 황하북부 하남성 일대에 있었던 지명들이다.
그리고 연나라 장성의 서쪽 조양(造陽)은 상곡군에 속하고,
동쪽 양평은 역사연혁8)과 《한서 지리지》에서 보듯이
요동군(遼東郡)에 속한 현임을 알 수 있다.
따라서 진개가 쌓은 연나라 장성은 산서성 남부에 있을 수밖에 없고,
결국 진시황이 수축해 쌓았다는 장성도 그 일대일 수밖에 없는 것이다.

제나라 장성에 대해서는 《관자경중》9)에
"장성의 북쪽은 노나라 땅이고 장성의 남쪽은 제나라 땅이고 길이가 천여 리이다.
《괄지지》에 전하길 서쪽은 혼주 평음현에서 일어나 밀주 낭사대에서 海로 들어간다.
"라는 문구가 있다. 강태공이 고향인 제나라 땅(하남성 위휘현)을 봉지로 받았을
때 사방 백여 리에 불과했고, 노나라 땅은 그 땅의 북쪽 사방 백 리라 했으니
하남성 안양 부근이다.
현재 중국은 제나라 땅이 산동성 임치(臨淄)이고 노나라 땅이 곡부(曲阜)라고
주장 했는데, 이는 지명이동을 통한 역사왜곡이다.
평음현은 북위의 도읍이 되는 평성의 남쪽이라 그렇게 불렸고
삼국 위나라 때 하음현으로 바뀌었는데 《중국 고대지명대사전》10) 에 의하면
하남성 맹진현 동쪽이라고 한다.
《사기 진시황본기》에는 "몽염에게 북쪽에 장성을 쌓게 하여 변방을 잘 지키도록 하고 흉노를 7백여 리 내쫓았다."라는 기록만 있을 뿐 그 위치나 길이에 대한 언급이 없고,

---

8) (襄平县) "秦始皇二十六年（B.C 221）, 全国分為36郡, 遼東郡仍沿襲燕国郡制, 郡府设在襄平县."
9) 《管子轻重》(齐之长城), "长城之阳, 鲁也, 长城之阴, 齐也," 此长城, 盖尚河因泰山为之, 迄于战国之世, 屡有增筑, 长千余里, 括地志云, 西起浑州平阴县, 尚河历太山北冈, 至密州琅邪台入海, 国策所谓齐有长城巨离, 史记所谓齐威五越赵伐我长城, 竹画所谓梁惠成王二十年, 齐长房以为长城, 皆指此, 此齐之长城也。）
10) (平阴县) 汉置 应劭曰 "在平城南, 故曰平阴." 晋废, 故城今河南孟津县东, 三国魏改曰河阴。
11)《史记·蒙恬列传》载 : "秦已并天下, 乃使蒙恬将三十万众北逐戎狄, 收河南。筑长城, 因地形, 用制险塞, 起临洮, 至辽东, 延袤万余里,

《사기 몽염열전11)》에

"진시황이 천하를 병합하고 몽염 장군과 30만 명을 보내 북쪽 융적을 몰아내고 하남12)을 빼앗아 장성을 쌓았다. 서쪽 임조에서 일어나 동쪽은 요동13)까지 길이가 만여 리이다."라고 기록되어 있는데,

여기서의 빼앗은 하남(河南)이란 황하 북부 하남성을 의미하는 것이다.

① 진 장성의 서쪽 끝 임조는 어디일까?

진 장성의 서쪽 끝인 임조는 《사기 집해》14)에 서광이 "롱서에 속한다."는 주석을 붙였으며, 《바이두백과》의 임조(臨洮)15)현에 대한 역사 연혁은
"적도: 진나라 때 적도현(감숙성 임조)을 설치해 롱서군에서 다스렸으며, 서진 말기에 적도군의 치소로 했다. 당나라 때 적도군은 임주, 송나라 때는 희주, 청나라 건륭 때는 개주, 중화민국 초기에는 적도현 으로 했다. 후에 임조로 바꿨다. 1929년 적도현을 임조현으로 바꿨다"

즉, 임조 = 적도군(현) = 롱서군이다.

그렇다면 진장성의 서단(西端)인 롱서(陇西)는 과연 어디일까?

《사기 백이열전》에 대한 후대 학자들의 설명은 다음과 같은데,

남쪽으로 흐르던 황하가 꺾여서 동류하는 지점인 산서성 서남단에 백이, 숙제가 굶어 죽은 수양산이 있고, 그곳이 바로 진시황이 쌓은 장성의 서쪽 끝인 롱서(= 임조 = 적조)였던 것이다. 2008년 실제로 그곳에서 백이, 숙제의 무덤이 발견됨으로써 이러한 역사적 사실들이 유물적 증거와 사서의 기록으로 명확히 입증되었다고 하겠다.

1) 《사기 정의》 '조대가주 유통부' 16)에 전하길

"백이, 숙제가 굶어 죽은 수양산은 롱서의 머리에 있다",

같은 기록에 전하길 "롱서 수양현으로 지금 롱서에 수양산이 있다."

12) 【正義】 謂靈·勝等州 (정의) 영주와 승주 등이다.
13) 【正義】 遼東郡在遼水東, 始皇築長城東至遼水, 西南至海(之上). (정의) 요동군은 요수 동쪽에 있다. 진시황이 동쪽으로 요수의 서남 해에 이르기까지 장성을 쌓았다.
14) 【集解】 徐廣曰「屬隴西.」至遼東
15) (狄道) 一秦置狄道县, (在今甘肃临洮), **为陇西郡治**。西晋末为狄道郡治。唐狄道郡、临州, 宋熙州, 均治狄道。清乾隆时改州。民国初为狄道县, 后改临洮。狄道的由来是因此地为狄人（古代少数民族）行经之道, 故名"狄道"。1929年改狄道县为临洮县, 以其地临洮河而得名。
16) 《史記 正義》 曹大家注幽通賦云 "夷齊餓於首陽山, 在隴西首", "隴西首陽縣是也。今隴西亦有首陽山

2) 《사기 집해》에서 마융이 말하기를
"수양산은 하동 포판의 화산 북쪽에 있고, 황하가 꺾이는 곳에 있다.
(集解馬融曰：首陽山在河東蒲阪華山之北，河曲之中)"
3) 또 백이의 노래에서 전하길
"그들은 서산에 올랐는데, 서산은 롱서와 가까운 곳이다.
(而《伯夷歌》云 。 登彼西山。則當隴西者近爲是也)"는 기록이 있다.

〈원래 진 장성은 산서성 남단과 북부 하남성을 지나는 천리장성〉

② 진 장성의 동단 맹강녀곡장성

명나라는 만리장성의 역사를 왜곡하기 위해 현재의 진황도시 창려(昌黎)현에 가짜 갈석산을 만들고 장성이 시작한다는 산해관에 가짜 맹강녀묘(孟姜女廟)까지 조성했다. 명나라 만력 22년(1594)에 중수했으며, 1780년에 연암 박지원의 열하일기(熱河日記)에도 언급되어 있다.
그러므로 이곳 산해관 장성 이야말로 허구의 극치라고 할 수 있다.

원래 진 장성의 동단은, 중국 4대 민화 중의 하나인 맹강녀(孟姜女)의
설화가 있는 황하 북부 하남성 위휘현 일대로, 시내에 '맹강녀하'라는 하천이
흐르며 맹강녀 사당이 존재한다.

참고로 위휘현은 낚시로 유명한 강태공의 제(齊)가 있던 곳이다.

맹강녀 설화의 내용은 다음과 같다.
"섬서성이 친정인 맹강녀는 강태공의 고향인 하남성 위휘현에 살다가
범희량과 혼인을 한다. 신혼 셋째 날 밤에 집으로 찾아온 병사들에게
남편이 끌려가 장성 축조장으로 보내진다. 맹강녀는 오랫동안 서신 연락이 끊어진
남편을 찾아갔고, 장성 축조장에 도착해 보니 남편은 이미 죽었고,
시신은 장성 안에 묻혀있어 수습이 불가해 며칠 간 대성통곡만 했다.
애절한 곡소리와 눈물에 하늘이 감동했는지 장성이 무너지면서 남편의 유골이 나타
났다. 마침 그 자리를 지나던 진시황이 통곡하고 있는 맹강녀를 보더니만 그 미모에
반해 청혼하니 맹강녀는 '남편을 양지바른 곳에 묻어주고 49제를 올리게 해준다면
탈상 후 그러겠다.'라고 대답했다.
탈상이 끝나자 맹강녀는 높은 바위에 올라가 진시황의 폭정을 성토하고는 떨어져
죽는다. 이후 맹강녀는 부귀영화를 버리고 절개를 지킨 열녀로 그 이름을 남기게
된다."라는 민화이다.

〈역사 왜곡을 위해 하남성 위휘현에서 산해관으로 옮겨진 맹강녀묘〉

그런데 이상한 점은
하남성 위휘현 사람을 데려다가
하북성 산해관 장성 축조장에 투입해야 했을까 하는 점이다.
또한 맹강녀가 하남성 위휘현 집에서 하북성 산해관까지 수천 리를
과연 혼자서 갈 수 있었을까?

아울러 진시황이 도성인 섬서성 함양에서 5천 리 이상이나 떨어진
산해관 장성 축조 장에 나타날 수 있었을까 하는 점이다.
이 장성이 바로 맹강녀곡 (孟姜女哭) 장성인데 진나라 장성의 동단으로
하남성 위휘현에 있었던 장성이다. 지금도 위휘현에는 맹강녀하(河), 맹강녀로
(路), 맹강녀교(橋) 등 위휘현을 빛낸 열녀 맹강녀의 이름이 많이 사용되고 있다.

〈하남위휘시를 지나는 맹강녀곡장성 유적〉

또한 진황도에 있는
산해관(山海關)의 현판이 서쪽을 보고 있고,
장성의 동쪽에 봉화대가 있다는 것은,
그 장성의 주인이 서토(西土)가 아니라
동이(東夷)임을 말해주는 것이다.
따라서 동쪽 진황도 산해관부터 시작되어 북경 북쪽을 지나 서쪽 감숙성 자위관까
지 가는 만리장성은 진시황이 쌓은 장성이 아님이 명백해졌다.

진시황 때 쌓은 장성은
산서성 서남단 황하변 수양산에서 시작되어 중조산(갈석산) 기슭을 따라 축성되었
으며, 동쪽으로 북부 하남성 위휘시까지 이어졌던 길이 약 천 리 가량 되는
장성으로 당시 중국과 우리 민족과의 경계였다.

당시 진시황이 쌓은 장성 북쪽 산서성에는
고구리의 전신인 북부여의 해모수 단군이 통치하고 있었다.

<진 장성으로 왜곡된 산해관 각산 장성>   <진 장성은 산서성 남단의 중조산 장성>

중국은 고대 한.중간 경계였다는 만리장성 왜곡을 통해
중원의 지배자였던 동이족의 강역을 가짜 장성 밖으로 밀어냈다.
그것도 모자라 한, 중, 일 사학계는
산서성 남부에 있던 낙랑군을 한반도 북부까지 끌고 와버렸다.
이는 우리 민족의 강역인 중원을
모조리 중국에게 코도 안 풀고, 다 내준 꼴이 되어버렸다.

역사를 마음대로 왜곡해 우리의 강역을 빼앗아간 중국, 일본도 나쁘지만,

빼앗긴 줄도 모르고 회복하려는 마음조차 없는
한국의 식민사학계가 그야말로 더 나쁘고 한심하다 하겠다.

제2장 위만조선의 허구

현재 우리나라 사학계에서는 고조선을 단군조선, 기자조선, 위만조선으로
나누고 있으며, 북한은 단군조선, 후조선, 만조선으로 구분하고 있다.
같은 민족의 역사에 다른 용어라는 현실이 왠지 안타까워진다.

단군조선이란 용어는 기자조선과 위만조선과 구별하기 위해 붙여진 이름이라고
하는데, 이는 대단히 잘못된 것이다.
그 이유는 역사적으로 기자조선과 위만조선이라는 나라는 원래 없었기 때문이다.
단군왕검이 국호를 '조선'으로 하여 나라를 세운 적은 있으나,
'단군조선'을 국호로 한 적은 없다.

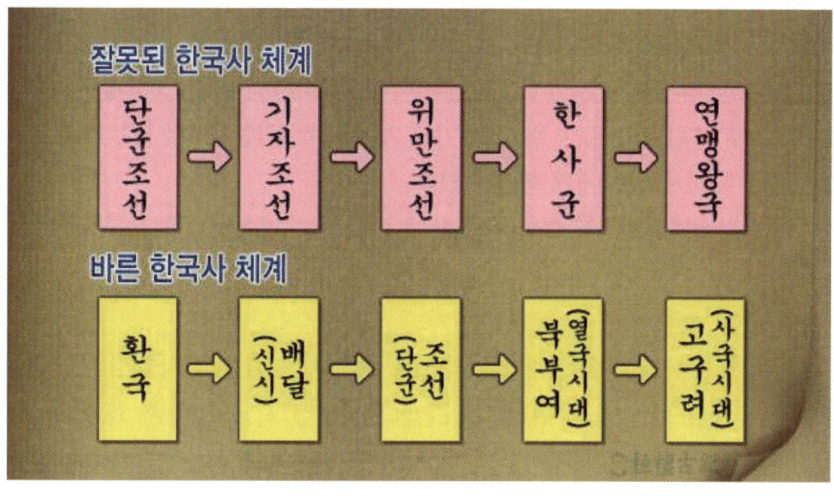

(1) 위만에게 패하는 기준 왕

위만은 원래 한나라의 연(燕)왕 노관(盧綰)을 보필하던 부장(副將)이었다.
노관은 한 고조 유방과 고향, 나이, 생일이 같은 죽마고우이며, 한나라의
창업을 도운 공로로 개국공신이 되었다. 그러나 그랬던 그가 생명의 위협을 느껴
조국 한나라를 버리고 망명하지 않으면 안 되는 상황이 전개되었다.
결국 노관이 흉노로 망명하자 부장 위만도 망명할 수 밖에 없었다.

1) 정치망명객 위만의 배신
노관이 무리를 거느리고 흉노로 망명할 때 부장 위만은 번조선으로 망명했다.
노관과 동행하지 않았다는 의미는 위만이 최측근은 아니었던 것 같다.
아래 《북부여기》에 당시의 상황이 잘 기록되어 있는데, 위만이 별도로 북부여에게
망명을 요청해 해모수 단군의 윤허를 받지 못했다는 의미는
위만이 중량급 인사였음이 분명했다.

위만은 자신이 거느리던 무리 1천 명을 이끌고 망명하면서 호복(胡服)을 입고
상투를 틀고 패수를 건너 망명했다고 하는데, 호복과 상투 풍습들은
한족이 아닌 동이족의 고유풍습이기 때문에 위만은 동이족이라는 주장이 있기도
하나 그것보다는 번조선에게 잘 보이려고 위장한 쇼가 아닌가 한다.

"시조 해모수 단군 45년 병오(기원전 195)에 연의 노관이 한나라를 배반하고
흉노로 망명하니, 그의 무리인 위만은 우리에게 망명을 요구했으나
단제께서는 이를 허락하지 않았다. 단제께서는 병으로 인해 스스로 결단을 내리지
못하고 있었다. 그런데 번조선 왕 기준이 크게 실수해 위만을 박사로 모시고 상하
운장(雲障)을 떼어서 위만에게 봉해주었다."
운장은 《한서 지리지》에서 유주의 낙랑군에 속하는 지명이다.

《삼국지 위서 동이전》의 한전(韓傳)에
"위만이 기준(箕準) 왕을 설득하기를 자신을 서쪽 변방에 거주시켜주면 중국의 망
명자들을 거두어 조선의 제후(藩屏)가 되겠다고 청했다. 기준왕은 위만을 믿고 사
랑해 박사(博士)로 임명하고 규(圭)를 하사하고 100리 땅을 봉지(封地)로 주어,
서쪽 변경을 지키게 했는데, 위만은 중국인 망명자들을 유인해 그 무리가 많아졌다.

어느 날 위만이 기준왕에게 사람을 보내
'한나라 군대가 열 군데로 쳐들어오니, 왕궁으로 들어가 숙위(宿衛)하기를
요청합니다.'라고 허위로 보고하고는 뒤돌아서서 기준왕을 공격했다.
기준왕은 위만과 싸웠으나 상대가 되지 못했다."라고 상세히 설명되어있다.
망명 후 받은 봉지에서 자체 세력을 키운 위만이 정변을 일으켜 자신을 믿고 키워준
기준왕을 쫓아냈던 것이었다.

《북부여기》에 "2세 모수리 단군 원년 정미(기원전 194) 번조선 왕 기준이

떠돌이 도적떼인 위만에게 패망한 뒤, 해로 들어가더니(入于海) 돌아오지
않았다."라는 기록을 놓고, 식민사학계는 천 년간 지속되었던
기자(箕子)조선을 무너뜨리고 위만(衛滿)조선이 세워진 것이라고 했다.

이후의 행적에 대해서는 《삼국지 위서》17)』와《후한서》18) 동이열전을 종합하면
"위만의 공격에 패해 정권을 빼앗긴 조선왕 기준은 장수들과 좌우 궁인 수천 명을
거느리고, 해로 가서(走入海) 마한을 공격해 깨고 한지(韓地)에 살며 스스로 한왕이
라 칭했다. 기준 이후에 멸망해 마한인이 다시 진왕이 되었다.
그 후 왕계는 끊어졌지만 지금도 한 땅의 사람들은
그를 받들어 제사를 지내는 사람들이 있다."라는 기록이 있다.

 2) 기준 왕이 쫓겨간 한은 어디인가?
이 한이 나중에 삼한으로 발전하는데
그 중 마한(馬韓)은 나중에 백제로 발전하고, 진한(辰韓)은 훗날 신라가 되며,
변한(弁韓)은 가야가 되는 것이다. 이를 조선의 삼한과 구분하기 위해
후삼한이라고 한다. 그리고 기록의 '走入海'와 '入于海'라는 문구로 보아,
海는 바다가 아니라 황하 또는 지명을 말하는 것임을 알 수 있다.
즉 해주(海州), 해성(海城) 등과 같이....

한왕이 된 기준의 본거지는
상당(上黨)이라는 곳으로 산서성 동남부에 있는 장치시 일대이다.
계유정란을 주동해 세조를 보위에 올린 칠삭동이 한명회의 호가 상당인 이유는
상당이 한씨를 상징하는 지명이었기 때문이다.
현재 청주시에 상당구가 있는데, 이는 기준의 후손 중 누군가가 들어와 그곳을
상당이라 칭하고 살던 곳이지 원래 한씨의 본향은 아니다.

참고로 현재 한국의 성씨 중 4개 성씨가 기자를 시조로 모시고 있다.
《청주 한씨세보》에 따르면, 마한의 9대 말왕 원왕(元王)에게 세 아들이 있었는
데 여기서 태원 선우(鮮于)씨와 행주 기(奇)씨와 서씨 그리고
상당(청주) 한씨로 나누어졌다.

---

17) 衛滿所攻奪, 將其左右宮人走入海居韓地自稱韓王 其後絶滅, 今韓人猶有奉其祭
    祀者.
18)　初朝鮮王準爲衛滿所破乃將其餘衆數千人走入海攻馬韓破之自立爲韓王準後滅絶
    馬韓人復自立爲辰王

위에서의 海와 韓地 즉 한의 땅은 어디였을까?
식민사학계의 설명으로는
"문헌으로 보거나 현지조사를 실시해보거나 또 고고학의 유물분포로 보아
익산·금마 일대로 보는 것이 타당하다는 느낌이 든다."라는
국사편찬위원회의 주석이 붙어있다.
즉 기준왕이 기자조선의 도읍지인 평양에서 배를 타고
황해를 통해 한반도 남부에 있던 삼한 땅으로 내려가 살았다는 해석이다.

〈강단·재야에 의해 한반도 남부로 이동된 기준의 이동로〉

그런데 《삼국지 위서 동이전》에는
"한(韓)은 대방(帶方)의 남쪽에 있는데,
동쪽과 서쪽은 海를 한계를 삼고,
남쪽은 왜와 접경(接境)하니, 면적이 사방 4천 리쯤 된다.
세 종족이 있으니, 첫째가 마한(馬韓) 둘째는 진한(辰韓) 세째는 변한(弁韓)인데,
진한은 옛 진국(辰國)이다."라는 기록이 있는데,

'한은 왜와 접경하고 사방 4천 리'라는 기록을
한반도의 서남부 익산·금마 일대에 대입해보면,
왜와 육지로도 경계를 접하지 않으며,
크기가 사방 4천 리의 절반도 되지 않기 때문이다.
기록이 잘못된 건지? 아니면 식민사학계의 지명 비정이 잘못인지?

재야사학계는 기자조선의 도읍지를 난하 부근으로 보고 있다.

기준왕이 기자조선의 도읍지인 평양 또는 난하 부근에서 배를 타고
황해를 통해 한반도 남부로 내려가 살았다는
강단, 재야사학계의 해석은
삼한 땅이 한반도로 이동되는 반도사관에 입각해 잘못 해석된 것이다.

원래 상당은 바로 산서성 동남부에 있는 지금의 장치시 장자현이었다.

《한서 지리지》에서 병주(幷州)에 속하는 상당군[19]의 치소는 장자현인데,
설명 문구에 청장(淸漳)수와 탁장(濁漳)수와 심(沁)수가 나오는 곳이
언급된 것으로 보아 산서성 동남부임이 확실하다.

또한 《중국 고대지명대사전》[20]의 상당군 설명에 의하면,
전국 시기에 한나라의 땅이었는데 하늘과 닿을 정도로 매우 높아
상당이라는 이름을 얻었다고 하며, 시대별로 치소가 달라졌으나
대부분 산서성 장치현 부근이었다가 송나라 때 폐지되었다고 한다.

---

19) 上黨郡, 秦置, 屬幷州(병주). 有上黨關、壺口關、石硏關、天井關. 戶七萬三千七百九十八, 口三十三萬七千七百六十六. 縣十四: 長子(장자), 周史辛甲所封. 鹿谷山, 濁漳(탁장)水所出, 東至鄴入淸漳. 屯留(둔유), 桑欽言「絳水出西南, 東入海」. 余吾, 銅鞮, 有上虒亭, 下虒聚. 沾, 大黽谷, 淸漳(청장)水所出, 東北至邑成入大河, 過郡五, 行千六百八十里, 冀州川. 應劭曰:「沾水出壺關.」 涅氏, 涅水也. 師古曰:「涅水出焉, 故以名縣也.」 襄垣. 壺關, 有羊腸版. 沾水東至朝歌入淇. 應劭曰:「黎侯國也, 今黎亭是.」 泫氏, 楊谷, 絶水所出, 南至野王入沁. 應劭曰:「山海經泫水所出者也.」 高都, 莞谷, 丹水所出, 東南入泫水. 有天井關. 潞(로), 故潞子國. 猗氏. 陽阿, 穀遠. 羊頭山世靡谷, 沁(심)水所出, 東南至滎陽入河, 過郡三, 行九百七十里. 師古曰:「今沁水至懷州武陟縣界入河. 此云至滎陽, 疑傳寫錯誤.」

20) 上党郡 : 战国韩地(전국시기 한의 땅), 秦并天下, 置上党郡, 其地有今山西之东南部, 以其地极高, 与天为党, 故名. 汉治长子, 在今山西长子县西, 后汉末董卓作乱, 治壶关城. 在今山西长治县东南, 晋治潞. 在今山西长治县东南, 晋治潞. 在今山西潞城县东北, 燕慕容备移治安民城. 在今山西襄坦县东北, 后迁壶关城, 即汉末旧治也, 后魏治安民, 复迁壶关, 北周于郡置潞州, 隋置上党县为郡治, 即今山西长治县治, 宋时郡废. (이하생략)

⟨심수·탁장수가 흐르는 상당군(좌), 산서성 남부에서 한반도 남부로 이동된 삼한(우)⟩

(2) 위만조선의 허구

모화사대사상에 심취되었던 조선왕조 유학자들에 의해 창작되었던 기자조선은
일제식민사학자들에 의해 전면 부정되기에 이른다.
그 이유는 일제가 조선에 동화된 중국인이었던 기자조선 대신에 훨씬 이민족이었던
위만조선과 한사군을 강조해야 했기 때문이다.

일제는 "옛 조선의 역사는
위만조선과 한사군으로 이어지는 이민족 식민 지배의 역사이므로,
지금의 조선이 일본에게 식민 지배를 받는다는 것은 당연하다."라는 논리로
자신들의 식민 지배를 정당화시켰다. 그렇게 날조된 위만조선에 대해
일제 식민사학을 계승한 강단사학계의 대변인 격인
한국의 '동북아역사재단'의 홈페이지는 어떻게 기술되어있는지 알아보기로 하겠다.

(동북아 역사재단 홈페이지 인용)
"《삼국유사》에서는 고조선에 '단군조선'과 '기자조선'을 포함시켰으나,
현재 우리 학계에서는 단군조선과 기자조선 이외에 '위만조선'까지
포함시키고 있다. (중략) 연나라 출신의 위만이 고조선의 정권을 찬탈한 사건에
대해서도 우리 학계에서는 고조선의 지배층 일부가 교체되었음을 의미할 뿐,
국가의 정체성에는 아무런 변화를 가져오지 않았다는 입장이다.

위만의 왕위 찬탈 이후에도 '조선'이라는 국호는 그대로 유지되었고
정권의 고위직에 조선인들로 보이는 사람들이 상당수 포진되어 있는것으로 보아
위만조선 역시 고조선의 일부에 포함되어야 한다.
위만조선은 위만을 중심으로 한 소수의 중국 망명 집단과 다수의 토착 집단의 결합에 의해 세워진 나라였기에, 처음부터 고조선의 정통성을 계승한다는 입장을 분명히 했고 나중에는 중국 망명인 출신들 또한 고조선인으로서 완전하게 토착화되었던 것으로 여겨진다.
한편 정권을 빼앗긴 기준왕은 뱃길로 서해안 일대로 망명하여 그곳에서 한 왕이 되었다. 위만조선은 한나라와의 교역과 중개를 통해 실력을 배양시켰고, 이렇게 하여 축적된 군사력과 경제적 능력으로 임둔과 진번 같은 소국들을 복속시켜 점차 강국으로 부상하였다. 위만조선의 성장은 당시 북방의 강자인 흉노와 대치 국면에 놓여져 있던 한나라로 하여금 불안감을 야기시켰고, 결국 기원전 109년 두 나라 사이에 전면전이 벌어지게 되었다.

당시 한나라는 5만여 명에 달하는 대군을 동원해 위만조선을 공격했는데,
위만조선의 군사력은 한나라가 근 1년이 지나서야 그것도 내분을 유도해
겨우 승리할 수 있었다는 점에서 얼마나 강성했는지를 짐작할 수 있다."

(인용 끝)

위 동북아역사재단의 설명은
마치 위만조선의 대변인이나 홍보관 같은 느낌이 들 정도로
역사의 진실과는 거리가 있다.
단군조선의 정통성이 기자조선과 위만조선으로 이어져 내려온 것이 아니라,
조선--> 대부여--> 북부여로 국호만 바뀌면서 정통성이 그대로 계승되었기에
기자, 위만조선은 실제로 존재하지 않았던 가공의 나라로 보아야 할 것이다.

위만은 자신에게 호의를 베풀어준 번조선의 기준왕을 쫓아내고
정권을 탈취한 이후 손자 우거가 한나라와의 전쟁 중 내부인에 의해 암살될 때까지
번조선에서 잠시 존재했던 도둑 정권일 뿐이다.

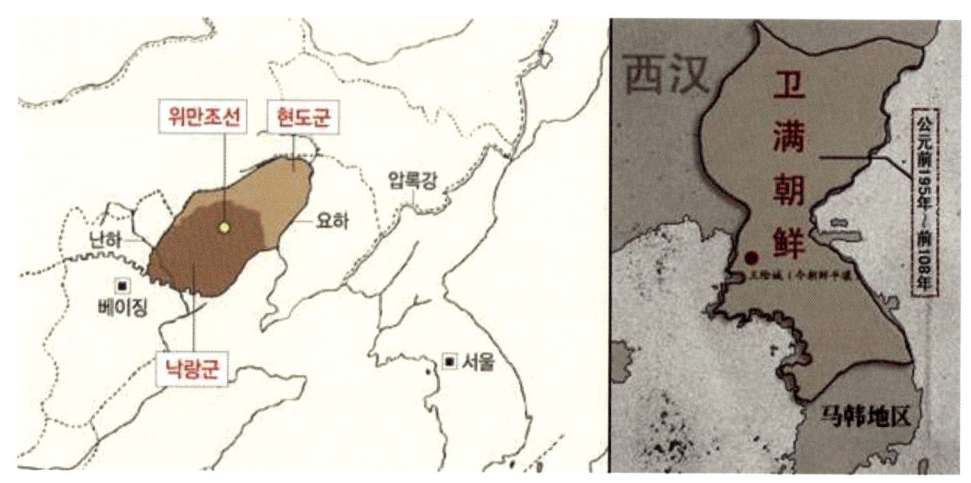

〈윤내현 교수의 주장〉　　　　〈중국이 멋대로 그린 위만조선 위치〉

1) 위만은 반조선 친중국 독자 정권
기원전 194년에 정변을 일으켜 기준왕을 쫓아내고 정권을 강탈한 위만은
번조선의 상국인 북부여와는 적대관계가 되었다. 위만을 도적으로 규명한
《북부여기》에는 이듬해 2세 모수리 단제가 상장군 연타발(延陀勃)을 파견해
평양(平壤)에 성책을 설치해 도적 위만의 공격에 대비하니
위만도 피로했는지 침략하지 않았으며,

기원전 128년에 3세 고해사 단제는 몸소 보병, 기병 1만 명을 이끌고
위만의 도둑떼를 남여(南閭)에서 쳐부수었고, 이후 기원전 115년에 4세 해우루
단제가 몸소 5천 명의 정예병을 이끌고 해성(海城)을 기습공격해 함락시키고,
계속 추격해 살수(薩水)에 이르니 구려하(九黎河)의 동쪽이 모두 항복해왔다고
기록되어 있듯이 북부여와는 적대적이었다.

반면에 같은 중국인이었던 한나라에게는 친화적이었다. 《사기 조선열전》에
"위만은 국경 밖 만이(蠻夷)들이 한나라 변방에서 노략질을 못하게 하고,
만이의 군장(君長)들이 한나라로 찾아가 천자를 알현하는 것을 막지 않는다는
조건으로 한나라의 외신(外臣)이 되었고, 이로써 위만은 군사적 위세와
재물을 얻게 되었다. 그 주변의 소읍을 침략해 항복시키니, 진번(眞番)과
임둔(臨屯)도 모두 와 복속해 사방 수천 리가 되었다."라고 기록되어 있어

당시 한나라와 북부여 사이에 존재했던 위만 일가의 위세가 상당히 대단했고
친조선이라기보다는 친한(親漢) 독자 정권이라 할 수 있다.

2) 한나라와 실력대결을 택한 우거

대부분 위만 사후 왕위를 손자 우거가 물려받은 것으로 알고 있는데,
《사기 조선열전》에
"아들을 거쳐 손자 우거 때에 이르러서는(傳子至孫右渠)"이라는 문구가 있어
위만의 왕위가 아들을 거쳤다가 손자 우거에게 내려갔음을 알 수 있다.

중국의 자료에 의하면 위만 가계의 생몰 연도는 미상으로 나오고 재위 연도만 알려져
있는데, 2세 위몽의 왕위 30년간의 기록이 없는 것으로 보아 대외적으로 전쟁이 없던
평화로운 시대였다가 우거가 왕이 되면서 상황이 많이 달라졌다.
우선 적대관계였던 북부여에 대해서는 더욱 적극적으로 공세를 펼쳤다.

(1세) 위만(衛滿, 기원전 194 ~ 기원전 161) -->
(2세) 아들 위몽(衛蒙, 기원전 161 ~ 기원전 129) -->
(3세) 손자 위우거(衛右渠, 기원전 129 ~ 기원전 108)

《북부여기》에 "4세 고우루 단군 계해 3년(기원전 118)에
우거의 도둑떼가 대거 침략 하니
우리 군대가 크게 패해 해성 이북 50리 땅이 모조리 우거의 땅이 되었고,
이듬 해인 갑자년 단제께서 장군을 보내 성을 공격했으나 3달이 걸려도
이기지 못했다."라는 기록에서 보듯이
우거의 세력이 상당히 막강했음을 알 수 있다.

그러자 한나라에서 망명하는 백성들이 대단히 많아지게 되었고, 게다가
기고만장해진 우거는 한 무제의 알현은 커녕 진번(眞番) 주변 여러 나라들이 글을
올려 한 무제를 배알하는 것조차 가로막고 통과하지 못하게 했다.
즉 한나라에 예속되지 않는 완전한 독자 정권임을 스스로 천명했던 것이다.

기원전 109년에 우거의 이러한 독자 행보에 괘씸함과 분노를 느낀
한 무제가 사신 섭하(涉何)를 보내 우거의 이런 행동을 꾸짖으면서 또한
달래려고 했으나, 우거는 끝내 한 무제의 명령조차 받들려고 하지 않았다.

조정에 실패한 섭하는 한나라로 돌아가면서 국경이었던 패수(浿水)에서
울화통이 치밀었는지 마부를 시켜 환송 나온 조선의 비왕(裨王) 장(長)을
찔러 죽였다. 섭하는 국경인 패수를 건너 요새로 도망친 뒤 한 무제에게
"조선의 장수를 죽였다."라고 보고했고, 한 무제는 그 공을 가상히 여겨 섭하에게
요동동부도위(遼東東部都尉) 벼슬을 내리고 그곳을 지키게 했다.

그러자 이번에는 우거가 군사를 보내 섭하가 지키던 곳을 기습공격해
섭하를 죽였다. 우거가 '이에는 이, 칼에는 칼'로 즉각 보복함으로써 행동으로
선전 포고를 한 셈이 되었다. 이 소식을 보고받은 한 무제는 대노하며
죄수들을 모집해 우거를 공격하게 했다.

그해 가을 누선장군(樓船將軍) 양복(楊僕)을 파견해
제(齊)로부터 발해(渤海)를 건너게 했고,
또한 좌장군 순체(荀彘)에게 군사 5만을 주어
요동으로 출격시켜 우거를 토벌토록 했다.
드디어 한나라와 번조선 사이에 일명
'한사군 전쟁'이라 불리는 전쟁이 터지게 되었던 것이다.

제3장 400년 한반도 한사군의 허구

우리나라 국민 대부분은 일제 식민사학자들이 조작해놓은 잘못된 역사를
그대로 학교에서 배웠다 보니, 한나라의 식민지였던 한사군(漢四郡)이
한반도 북부에서 4백 년 이상 줄기차게 존재했으며,
국조 단군을 곰 신화로 알고 있는 실정이다.

기원전 2333년에 세워진 단군조선의 뒤를 이어 천년 기자(箕子)조선이
존재했다가 그를 무너뜨리고 위만(衛滿)조선이 성립되었다가
기원전 108년에 한나라에게 멸망 당해 한반도 북부에
낙랑, 현토, 임둔, 진번군이라는 식민지 한사군이 설치되었다가
고구리 미천왕 때인 313년까지 400년 이상 지속된 것으로 알고 있다.

과연 그런지 한사군의 종주국인 한나라에 대해 간단히 살펴보기로 하겠다.
기원전 206년에 고조 유방(劉邦)이 세운 한나라는
한무제 때 전성기를 이루는 등 214년간 지속되다가,

서기 8년에 재상이었던 왕망(王莽)에게 망하고
신(新)나라가 세워지는데
이를 역사적으로 전한(前漢) 또는 서한(西漢)이라고 한다.
이후 신나라는 15년간 지속되다가
23년에 왕망이 유방의 후예인 유수(劉秀)에게 죽임을 당해 멸망했다.

이어 다시 유(劉)씨의 나라가 들어서는데, 이를 후한(後漢) 또는 동한(東漢)
이라 한다. 후한은 이후 175년간 존재했으나 잦은 왕위 교체와 외척·환관의
발호로 정치가 혼란하고 나라의 힘이 없었던 시기였다.
결국 후한은 220년에 망하고,
위·오·촉 삼국으로 나뉘어 서로 싸우다가,
280년 서진(西晉)에 의해 잠시 통일되었다가,
304년부터 5호16국이 난립하는 대분열의 시대로 접어들게 되었다.

이런 상태에서 한나라의 식민지인 한사군이 한반도에서 400년 이상 굳세게
존재했다는 것은 상식적으로 전혀 이해되지 않는다.
특히 종주국 한나라가 220년에 멸망 하고 위, 오, 촉으로 갈라져 내부에서

서로 싸우느라 해외식민지를 돌볼 겨를이 없었음에도, 멀리 떨어진 해외식민
지가 이름까지 위사군(魏四郡)으로 바꾸고, 대를 이어가며 100년 가까이 더
존재했다는 것은 그야말로 어불성설이 아닐 수 없다.

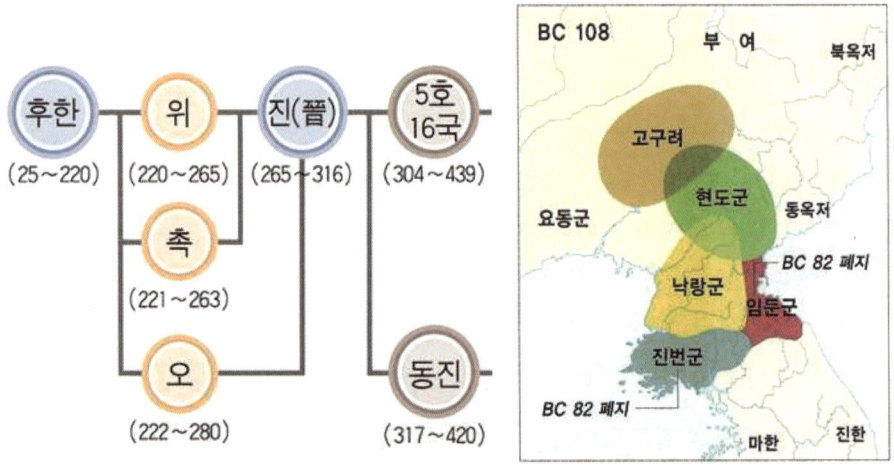

〈중국의 분열기 내내 400년 동안, 한반도에서 존재했다고 우기는 한사군〉

1. 한사군의 개요

DAUM '인터넷 백과사전'의 설명도
한국사 교과서와 마찬가지이며, 중국 동북공정과도 아무런 차이가 없다.
한마디로 일제와 중국이 조작해 놓은 각본 그대로이다.

(DAUM 인터넷 백과사전 인용)
"약 1년에 걸친 전쟁 끝에 고조선을 멸망시킨 한나라는 기원전 108년
고조선의 옛 땅에 낙랑(樂浪)·진번(眞蕃)·임둔(臨屯)의 3군(郡)을 설치했고,
이어 이듬해에는 20여 년 전 창해군(滄海郡)을 설치했던 예맥의 땅에
현토군(玄菟郡)을 설치했다. 그리하여 4군을 유주(幽州) 관할 아래 둠으로써
오랜 야욕이던 동방경략을 완성했다. 한나라는 4군의 산하에 많은 현(縣)을 두고
중앙정부에서 군의 태수와 현령을 직접 파견해 다스렸다.
그러나 시간이 흐를수록 토착 세력이 한나라 군현에 대해 저항을 격렬하게 했다.
이에 한나라는 기원전 82년에 4군 가운데 진번 임둔의 2군을 폐하고,
진번의 속현들은 낙랑군에 합치고 임둔의 속현들은 현토군에 속해 관할토록 했다.
따라서 조선현(朝鮮縣)을 비롯해 패수(浿水)·점제(黏蟬)·수성(遂成) 등
11개 현으로 출발했던 낙랑군은 진번군의 속현 15개를 추가로

관할하게 되어 외형상으로는 군세(郡勢)가 크게 증대되었다.
그러나 실제로 낙랑, 현토 2군에 귀속된 진번, 임둔의 속현 전체에 대한 지배는 이미 군현의 통폐합 당시에도 어려웠다. 즉 통합된 다수의 속현에 한의 관리가 파견되지 못하고 토착 세력의 수장이 지방관리로 임명되어 군현의 업무를 대행했다.
군현이 통폐합된 이후에도 군현 지배에 대한 토착 세력들의 반발은 계속 되었으며, 특히 예맥 땅 현토군에서의 저항이 심했다.
결국 기원전 75년에는 임둔의 속현들을 넘겨받았던 현토군이 고구려족의 반발에 밀려 군의 치소인 고구려현(高句麗縣)을 압록강 중류 지역에서 서북 방면으로 옮겼다. 현토군은 옛 임둔군의 속현에 대한 관할권을 낙랑군에 넘기고 스스로도 고구려·상은대(上殷臺)·서개마(西蓋馬) 3개 현의 45,006호와 인구 23만 명을 거느리는 보통 규모의 군으로 세력이 크게 위축되었다.
현토군의 치소였던 옛 고구려현의 자리는
예맥계의 중심 세력으로 새롭게 부상하던 고구리의 중심부가 되었다.
한편 옛 진번군의 15현을 넘겨받았던 낙랑군은 실질적인 영향력 행사가 어느 정도 가능한 대방(帶方)·열구(列口) 등 7개 현만으로 낙랑 남부도위(南部都尉)를 구성했다. 현토군의 축소로 옛 임둔군의 속현마저 군의 관할로 넘겨지자 낙랑군은 지배력 행사가 가능한 동이(東夷) 등 7개 현만을 다스리는 낙랑 동부도위(東部都尉)를 설치하고 나머지 8현은 방기했다.
2차에 걸친 군현의 통폐합으로 고조선 옛 땅에서의 중국 군현의 세력은 크게 약화되었음에도 고조선의 중심부를 차지하고 있던 낙랑군의 세력은 오히려 증대되었다. 당시 2개의 도위를 거느린 낙랑군은 25개의 현에 62,812호, 인구 406,748명의 큰 군이었으며, 주변 토착 세력에 대한 영향력이 가장 강성했던 시기였다.
그러나 고구리·예(濊)·한(韓) 등 토착 세력의 성장과 반발도 지속적으로 이루어졌다. 특히 고구리족의 저항에 밀려 치소를 서북 방면으로 옮겼던 현토군은 고구리의 압력을 견디지 못하고 다시 푸순[撫順] 방면으로 치소를 옮김으로써, 본래의 기능이었던 예맥에 대한 통제력을 완전하게 상실했다.
중국이 양한(兩漢) 교체기의 혼란에 빠져 이전과 같은 군사적·재정적 지원을 못 하게 되자 낙랑군과 현토군의 세력은 현저하게 위축되어갔다.

후한(後漢)의 광무제가 25년에 즉위해 지방 세력을 평정해갔는데,
당시에 낙랑군에 서는 토착민인 왕조(王調)가 주도하는 반란이 일어났다.
반란 세력은 태수 유헌(劉憲)을 죽이고 왕조를 대장군 낙랑태수(大將軍樂浪太守)라고 부르며 후한의 지배를 거부했다. 지방 세력의 평정을 끝낸 후한 정부가
30년에 왕준(王遵)을 태수에 임명하고 군사를 주어 반란의 진압을 명령하자,
낙랑의 한인 속관들은 사태의 추이를 감지하고 왕조를 죽여 반란을 진압했다.
이로써 낙랑군은 비록 반란을 진압했으나 세력은 크게 약화되어 동부도위가
폐지되고 남부도위는 유명무실해졌다.
자립한 동부도위 산하의 7현 거수(渠帥)들은
낙랑에 의한 현후(縣侯)의 임명을 받아들이고, 이를 매개로 낙랑과의 교역을
계속함으로써 자체의 성장과 발전을 꾀했다. 7개 현의 자립으로 말미암아
낙랑군은 18개 성(城), 61,492호에 인구 257,050명의 규모로 위축되었다.
낙랑군 주변의 고구리·옥저·동예·백제 등의 성장은 낙랑군의 약화를 재촉해,
후한 말기인 2세기 후반에 이르러 서는 남부도위에 속했던 둔유현 이남의
옛 진번 7현의 토착민이 한·예 땅으로 대량 이주해버릴 지경이었다.
그러나 후한말의 혼란을 틈타
요동의 지배자가 된 공손씨(公孫氏)가 현토군 뿐만 아니라 낙랑군도 자신의 지배 아래 두게 되었다. 또 낙랑군 둔유현 이남의 땅에 새로이 대방군(帶方郡)을 설치하고 흩어졌던 주민을 다시 끌어 모으는 등 동방 경영에 힘을 기울여 낙랑군을 비롯한 중국 군현 세력은 일시적이나마 세력을 회복하게 되었다.
공손씨 멸망 후
낙랑군과 대방군은 위(魏)나라의 군현이 되어 지원을 받으며 고구리의 영향권에
있던 동예를 정벌하여 복속시키고 백제와는 통혼 관계를 맺는 등
주변 세력에 대해 영향력을 행사했다.
그러나 후한의 군현 축소정책, 공손씨·위·서진(西晉)으로 이어지는 군현 지배
세력의 계속된 교체로 한나라와 같은 중국 중앙정부에서의 지방관리 파견이
사실상 불가능하게 되었다. 이로 인해 낙랑·대방 등에서 군현 관리가 점차 토착인
들로 대체 되었고, 결국 중국 군현으로서의 성격과 기능을 점차 잃어갔다.
더욱이 후한 때부터 본격화된 고구리와 백제 등의 국가성장은 낙랑군, 대방군 지배하
의 토착민들을 동요시켜, 고구리와 백제로 이주하게 함으로써 군현의 힘을 갈수록
약화시켰다. 서진에 이르러 낙랑군은 6개의 통현(統縣), 3,700호의 명목상
군에 불과하게 되었다.

4세기에 들어 북중국이 5호16국 시대라는 대혼란기에 빠져들면서 서진의 존립이 위태로워지자, 고구리는 낙랑·대방에 대한 공략을 보다 적극적으로 했다.

마침내
313년에는 낙랑군이, 314년에는 대방군이
차례로 고구리에 멸망 당함으로써
한반도 내의 중국 군현은 소멸되었다. 요동 사람 장통(張統)의 지휘 아래
저항하던 2군의 민호 1,000여 가는 요서의 모용씨에게 투항했고,
남은 민호는 고구리의 지배 아래 들어가거나 백제·신라 등으로 옮겨갔다.
한편 고구리에 의해 푸순 방면으로 쫓겨간 현토군은 요동군에 속했던 3개 현을
넘겨받고 속현을 7개로 늘리고 군민의 수를 증대시켰다. 이같이 군세를 회복한
현토군은 중서부 만주의 부여와의 연계를 강화해 요동군과 함께 요동방면으로 고구리의 세력 확대를 막고자 했다. 그럼에도 불구하고 고구리의 세력 확대에 따라 현토군은 계속 위축되었다.
서진 시대에 이르러 현토군은 고구려·망평·고현 등 3개 현에 3,200호를 거느린 작은 군에 불과하게 되었다. 서진 멸망 후 현토군은 선비족 모용씨의 왕조 전연(前燕)에 속했다가 고구리 광개토왕의 요동 경략때 고구리의 영역에 편입됨으로써 역사의 무대에서 소멸되었다."

(인용 끝)

위 DAUM 백과사전의 설명은 그야말로 역사소설 속의 이야기라 아니할 수 없다.
특히 "유명무실해진 한사군 자리에 공손씨가 나타나 대방군까지 설치해
낙랑군을 비롯한 중국 군현의 세력이 일시적이나마 세력을 회복했다"와
"공손씨 멸망 후에는
낙랑군과 대방군이 위(魏)나라의 지원을 받으며 영향력을 행사했다"라고 하면서도
"지배 세력의 계속된 교체로,
중국 중앙정부에서의 지방관리 파견이 사실상 불가능했기에
중국 군현으로서의 성격과 기능을 점차 잃어갔다"라는 설명을 믿어야 하는 건지?
간단히 종합하자면 한사군은 실제로 존재하지 않았던 것으로 보이며,
설사 존재했더라도 중국 본국의 힘이 강했을 때 잠시 존재했을 것이다.

그러다 보니 위 문구에서 군이 통폐합되어
토착인에게 위탁관리를 했고, 그 세력이 강했다가 약했다가 고무줄같이 탄력적이
라는 등 앞뒤가 전혀 맞지 않는 설명으로 일관하고 있다.
과연 그런지 기록을 하나하나 더듬어보기로 하자.

2. 한나라와 우거의 전쟁

한나라가 번조선의 우거와 벌인 전쟁에 대해서는 우리 기록이 거의 없으므로
사마천의《사기 조선열전》을 참조할 수밖에 없는데,
그 내용은 ① 전쟁 직전의 역사적 배경 ② 전쟁의 자초지종
③ 전쟁 후의 논공행상과 처벌 등 크게 세 부분으로 구분된다.
참고로 원문은 생략하고 간단한 주석과 함께 역문만 설명한다.

(1) 전쟁의 자초지종

(역문-1) 조선왕 위만은 원래 연(燕) 지역 출신이다.
처음 연은 전성기에 일찍이 진번(眞番)조선을 침략해 복속시키고 관리를 두고 국경
에 성과 요새를 쌓았다. 훗날 진(秦)나라가 연을 멸망시킨 뒤 요동의 바깥 변방까지
소속시켰다. 한(漢)나라가 일어났으나 그곳이 멀어 지키기 어려우므로 다시 요동의
옛 요새를 수리하고 패수(浿水)에 이르는 곳을 경계로 하여 연에 부속시켰다.

연왕 노관이 한나라를 배반하고 흉노(匈奴)로 들어가자 부장인 위만도 망명하였다.
무리 천여 명을 모아 상투를 틀고 만이(蠻夷)의 복장을 하고 동쪽으로 도망갔다.
요새를 나와 패수(浿水)를 건너 진나라의 옛 땅이었으나 지금은 비어 있는 상하
운장(雲障)에서 살았다.
점차 진·번조선의 만이(蠻夷) 및 옛 연 (燕)과 제(齊)의 망명자를 복속시켜 왕이
되었으며, 왕검성(王儉城)에 도읍을 정하였다.
이때가 한나라 2대 효혜(孝惠)황제와 그 모후인 고후(高后 = 여태후)의 시대로서
천하가 안정되었다.

요동태수는 위만을 외신(外臣)으로 삼을 것을 약속하였다. 국경 밖 만이를 지켜
변경을 노략질하지 못하게 하는 한편, 만이의 여러 군장이 들어와

천자를 뵙고자 하면 막지 않도록 하였기에 천자(=한무제)도 이를 허락하였다.
이로써 위만은 군사의 위세와 재물을 얻게 되었다. 그 주변의 소읍(小邑)을 침략하여 항복시키니, 진번과 임둔(臨屯)도 모두 와서 복속하여 사방 수천 리가 되었다.
(이상)

(설명) 춘추전국시대 연(燕), 제(齊), 조(趙) 등과 같이 난립했던 소국의 명칭만 나오면 나라를 붙여 연나라, 제나라 등으로 해석하는 것은 오류라고 할수 있다.

지금은 전국시대가 아니라 통일국가인 한나라 때이므로
여기서의 燕(연)은 나라가 아니라 지역명으로 해석해야 할 것이다.
위 열전의 문구는 《북부여기》에 비슷한 내용이 기록되어 있는데,
이 중국인 귀순자들이 훗날 위만을 지지하고 따르는 정치세력이 된다.
"시조 해모수 단군 31년 임진(기원전 209) 진승(陳勝)이 군대를 일으키니
진(秦)나라 사람들이 크게 어지러웠다. 연(燕), 제(齊), 조(趙) 땅의 백성들이
도망쳐서 번조선에 귀순하는 자가 수만 명이나 되었다.
이들을 상하의 운장(雲障)에 나눠 살게 하고 장군을 파견해 감독하게 했다."

위 두 기록에 언급된 상하의 운장(雲障), 조선(朝鮮), 패수(浿水)는
《한서 지리지》에서 유주의 낙랑군[21] 에 속하는 지명들이다.
낙랑군의 위치는
격수(洛水) 또는 추수(㳅水)라고도 불렸던 패수의 위치를 통해 알 수 있는데,
하내군과 접하는 패수는
   산서성 남단 왕옥산(王屋山)에서 나와 하남성 제원(濟源)시 남쪽을 흘러 온(溫)현
   에서 황하로 들어가는 강이다. 따라서 낙랑군은 패수의 북쪽인 산서성 남부 일대로
   비정된다.

참고로 중국은 역사 왜곡을 위해 낙랑군에 속한 조선현을 단군의 나라 조선으로 잘못 해석하고 있기에 주의를 요한다. 동북공정을 위해 현토군에 속한

---

21) (乐浪郡 낙랑군) 武帝元封三年开。莽曰乐鲜。属幽州(유주)。户六万二千八百一十二，口四十万六千七百四十八。有云鄣(운장에 있다)。 县二十五：朝鲜(조선)，䛁邯，浿水(패수)，水西至增地入海。莽曰乐鲜亭。含资，带水西至带方入海。黏蝉，遂成，增地，莽曰增土。带方(대방)，驷望，海冥，莽曰海桓，列口，长岑，屯有，昭明，高部都尉治。镂方，提奚，浑弥，吞列，分黎山，列水所出。西至黏蝉入海，行八百二十里。东暆，不而，东部都尉治。蚕台，华丽，邪头昧，前莫，夫租。

고구려(高句驪)현을 나라 고구리(高句麗)로 해석하는 것과 같은 경우 이다.
(※ 낙랑군의 위치에 대한 상세한 사항은 제3편의 2장 5절 참조)

〈산서성 낙랑을 멋대로 이동시킨 재야·식민사학〉

(역문-2) 위만의 아들을 거쳐 손자 우거(右渠) 때에 이르러서는 꾀어낸 한나라 망명자 수가 아주 많게 되었다. 천자(한무제)에게 들어와 뵙지도 않을뿐더러 진번(眞番) 주변 여러 나라들이 글을 올려 천자에게 알현하고자 하는 것도 가로막고 통하지 못하게 했다.

원봉 2년(기원전 109) 한나라는 사신 섭하(涉何)를 보내 우거를 꾸짖고 달랬으나 끝내 천자의 명령마저 받들려고 하지 않았다. 섭하가 돌아가면서 국경인 패수(浿水)에서 마부를 시켜 환송 나온 조선의 패왕(裨王=神王) 장(長)을 찔러 죽였다. (패수를) 건너 요새로 도망친 뒤 천자에게 조선의 장수를 죽였다고 보고하니 천자가 그 공을 기려 섭하에게 요동동부도위(遼東東部都尉)라는 벼슬을 내렸다.

조선이 섭하를 원망해 군사를 일으켜 기습 공격해 섭하를 죽여버렸다.

보고를 접한 천자는 대노하며 죄수들을 모집해 조선을 치게 했다.

그해 가을 누선장군(樓船將軍) 양복(楊僕)을 파견해 제(齊) 땅으로부터
발해(渤海)를 건너게 했고, 좌장군 순체(荀彘)에게 군사 5만을 주어
요동으로 출격시켜 우거를 토벌하게 했다.

(설명) 여기서의 발해는 현재 중국의 내해(內海)인 발해가 아니라,
현재 하남성과 산동성 사이에 있었던 큰 내륙호수인 대야택(大野澤)을 말하는 것
이다. 요동은 요동군이라기보다는 당 태종의 '요동 정벌'처럼 당시 요동에 있던
조선의 대명사로 봐야 할 것이다.
(※ 발해군 위치에 대한 상세한 설명은 제3편의 제2장 9절 설명 참조)
(역문-3) 우거는 군사를 일으켜 험준한 곳에서 대항했다.
좌장군(순체)의 부장인 졸정다(卒正多)가 요동 군사를 거느리고 선봉으로
출정했으나 싸움에 패해 군사는 흩어지고
졸정다도 도망쳐 왔으므로 법에 따라 참형(斬刑)에 처했다.

누선장군은 7천 명의 제(齊)지역에서 차출한 병사로 먼저 왕검성에 이르렀다.
우거가 성을 지키고 있으면서 누선의 군사가 적음을 알고 곧 성을 나
와 누선을 쳤다. 누선의 군대는 패해 흩어져 도망쳤다.
장군 양복은 많은 군사를 잃고 10여 일을 산중에 숨어 살다가 흩어진
병졸들을 다시 거두어 모아들였다.
좌장군도 조선의 패수서군(浿水西軍)을 쳤으나 전진할 수가 없었다.

천자는 두 장군의 전세가 유리하지 않다고 여겨
위산(衛山)에게 군사의 위엄을 갖추고 가서 우거를 달래게 했다.
우거는 사신을 보고는 머리 숙여 사과하기를 "항복하기를 원했으나 두 장군이 저를
속이고 죽일까 두려웠습니다. 이제 믿음의 징표를 보았으므로 항복을 청합니다."
라고 하면서 태자를 보내 들어가 사죄하고, 말 5천 필을 바치면서 또한 군량미를 내
어 주었다.
무리 만여 명이 무기를 휴대하고 막 패수(浿水)를 건너려고 할 때, 사자와 좌장군은
그들이 변을 일으킬까 두려워 태자에게 "이미 항복했으니 병사들에게 무기를 버리라
고 명하시오"라고 말했다. 태자 또한 사자와 좌장군이 자기를 속이고 죽일까 의심하
여 끝내 패수를 건너지 않고 병사들을 이끌고 돌아갔다.
위산이 돌아와 천자께 보고하니 천자가 위산을 죽였다.

(설명) 한나라의 두 장수가
모두 첫 전투에서 선봉장이 참형을 당했을 정도로 치욕적인 대패를 당했다.

한 무제가 우거를 달래고 화해하기 위해 사신을 보내자
우거는 5천 기병과 5천 보병으로 항복을 가장해 한나라를 기습공격하려고 계획했었다. 왜냐하면 진정한 항복이라면 군량미까지 지참시킬 필요가 없기 때문이다.
이는 조부인 위만이 방심했던 번조선의 기준 왕에게 썼던 기습공격을 하려고 했던 것으로 보인다.
여기서 국경 패수가 한나라 도성(장안)에서 많이 멀지 않았다는 사실을 추론해낼 수 있다. 만일 패수가 하북성 난하나 한반도 청천강이라면 나올 수 없는 작전계획이었다. 그럼에도 한 무제가 그런 위험을 미리 방비한 위산을 죽인 것을 보면, 그가 우거와의 전쟁을 중단하고 상호간에 화해를 얼마나 갈망했는지를 알 수 있는 대목이다.
한나라는 우거와 다시 대결국면으로 돌아가게 되었다.

(역문-4) 좌장군이 패수상군(浿水上軍)을 격파하고 전진해 왕검성 아래
이르러 서북쪽을 포위했다. 누선 또한 합세해 성 남쪽에 웅거했다.
우거가 끝내 성을 굳게 지키므로 몇 달이 되어도 함락시킬 수가 없었다.
좌장군은 본시 시중(侍中)으로 천자의 총애를 받았는데 연(燕)과 대(代)의 군사
를 거느렸으므로 굳세었다. 싸움에 이긴 기세를 타고 군사들이 더욱 교만해졌다.

누선장군은 제(齊)의 군사를 이끌고 해(海)로 출정했으나 이미 여러 번 싸움에서 패하고 군사를 잃었다. 앞서 우거와의 싸움에서 이미 크게 패했고, 도망한 군사들은 온갖 고통과 치욕을 맛보아 병사들 모두 두려워했고 장수들은 속으로 부끄러워 했다. (固已多敗亡 其先與右渠戰 困辱亡卒 卒皆恐將 心慙).

우거를 포위하고도 항상 화평을 유지했다. 좌장군이 맹렬히 성을 공격하니 조선의 대신들은 몰래 사람을 보내 사사로이 누선에게 항복을 약속했으나, 말만 오갈 뿐 아직 확실한 결정을 내리지 못했다. 좌장군이 여러 차례 누선과 싸울 시기를 정했으나, 누선은 화해할 약속을 지키려고 싸움에 나가지 않았다.
좌장군 또한 사람을 보내 조선이 항복해올 때를 기다렸으나 조선은 이를 반기지 않고 누선 쪽에 항복할 마음을 두고 있었다.

이 때문에 두 장군은 서로 반목하게 되었다. 좌장군은 속으로 "누선이 전에 군사를 잃은 죄가 있는 데다가 지금은 사사로이 조선과 잘 지내고 있으며, 조선 또한 항복하지 않으니 반역의 뜻이 있는 것이 아닐까?"라며 의심했으나 함부로 입 밖에 내지는 못했다.

(설명) 패수상군은 앞에서 언급한 패수서군과 같은 의미로, 즉 패수는 상류인 서쪽에서 하류인 동쪽으로 흘러가는 강이라는 뜻이다. 그럼에도 식민 사학자 이병도 박사는 패수를 서쪽으로 흘러가는 청천강으로 비정했다. 한나라 군사들은 앞선 전투에서 그야말로 고통스러웠고 치욕을 느낄정도로 참패했기 때문에 두려워한 나머지 포위만 한 채 더 이상 공격하지 못했다는 의미이다. 조선이 자신에게 항복하기를 바라는 좌장군은 항복하려고 하는 조선의 대신들과 누선장군이 반역을 내통하고 있다고 의심하게 된다.

(역문-5) 천자는 "장수들이 (승리를) 이루지 못하므로 위산을 시켜 우거를 달래 항복하도록 하여 우거가 태자까지 보냈다. 그런데도 위산이 이를 마음대로 결정하지 못하고 계교가 서로 달라 마침내 약속이 깨어지고 말았다. 지금도 두 장군이 성을 포위하고도 역시 서로 어긋나고 달라서 오래도록 결단치 못하고 있다."라고 말하며, 제남 태수 공손수(公孫遂)를 보내 이를 바로 잡고 상황에 맞게 처리토록 지시했다.

공손수가 도착하니 좌장군이 "조선이 항복할 지경에 이른지 오래되었는데도 항복하지 않는 것은 사정이 있어서입니다."라고 말하며 누선이 여러 차례 싸우러 나오지 않은 것과 평소 소신을 낱낱이 보고했다. 그리고는 "지금 이와 같으니 (누선을) 체포하지 않으면 크게 해가 될까 두렵습니다. 누선은 혼자가 아니라 조선과 함께 우리 군사를 멸하려 할 것입니다."라고 건의하니 공손수도 이를 옳다고 여겨 대나무 신표를 보내 누선을 불러 좌장군 진영으로 오라고 했다.
수하들을 시켜 누선장군을 체포하고는, 양쪽 군사를 합친 뒤 천자에게 보고했다. 그러자 천자가 공손수를 죽여 버렸다.

(설명) 한 무제는 현 상황이 지난번 위산이 저지른 잘못과 같다고 판단해 다시 공손수를 보내 꼬여진 상황을 바로 잡고 궁극적으로는 우거를 달래 항복하게 하는 것이 목적이었다. 한 무제는 전쟁의 계속보다는 하루라도

빨리 전쟁을 끝내고 우거와 화해를 하고자 했다.
한나라는 좌장군과 누선장군 사이에 반목으로 인해 내분이 일어났다.
특사 공손수가 좌장군의 말만 듣고 독단으로 누선장군을 체포하고는 수군을 육군에 합쳐버리자 한 무제가 격노하며 임의대로 군의 지휘체계를 흩트려 놓은 공손수를 처형해버린다. 지휘체계가 이상해진 한나라는 군사력이 극도로 약해져 곧 철수하지 않으면 안 되는 지경에 이르렀다.
육.수군 총사령관이 된 좌장군은 마지막으로 총공격을 시도했다.

(역문-6) 좌장군이 양군을 합친 뒤 맹렬히 조선을 치니,
조선의 상(相=장관) 로인(路人)과 상 한음(韓陰), 니계상(尼谿相) 삼(參),
장군 왕겹(王唊)이 모여 서로 모의하기를, "처음에는 누선에게 항복하려 했으나 지금 누선은 붙잡혀있다. 좌장군 혼자 군사를 합해 전투는 더욱 맹렬해졌다.
맞서 싸우기도 두려운데 왕은 항복하려고 하지 않는다."라고 말하고는
로인과 한음과 왕겹이 모두 도망쳐 한나라에 항복했다. 로인은 가는 도중에 죽었다.
원봉 3년 여름 니계상 삼이 사람을 시켜 조선왕 우거를 죽이고 항복했음에도
왕검성은 함락되지 않았다. 우거의 대신 성이(成已)가 (한나라에 항복함을) 반대하며 다시 군리(軍吏)를 공격했다. 좌장군이 우거의 아들 장(長)과 항복한 로인의 아들 최(最)를 시켜 백성을 달래고 성이를 죽이게 했다.

(설명) 한나라의 마지막 총공세에 겁을 집어먹은 조선의 대신들과 장군이 결탁해 한나라에 투항하기로 했다. 니계상 삼이 우거를 죽이고 항복했음에도 왕검성은 성이 장군의 분전으로 함락되지 않다가 우거의 아들과 로인의 아들 최가 성이를 죽이자 마침내 평정되고 말았다. 이들은 우리 역사 최초의 반역자들이라 할 수 있다.

특히 이런 반역의 무리에 우거의 아들 장강(長降)이 포함되어 있다는 것은 참으로 기막힌 일이 아닐 수 없다. 전쟁에 승리하면 우거의 아들은 왕위를 물려받을 수 있는 위치에 있었으나, 한나라에 항복하고는 결사항전하고 있는 충신 성이 장군마저 죽게 만들어 결국 나라를 망하게 만든다.
나중에 그는 한나라로부터 제후인 기후(幾候)에 봉해진다.
원래 나라가 망할 때는
외적의 침입보다는 내부 반역자들 때문에 망하는 법이다.

이런 장강의 행동은 백제 패망 시
의자왕의 태자 부여융의 행동과 같다고 할 수 있다.

백제 부여융은 당나라에 항복한 뒤
웅진도독부대방군왕(熊津都督府帶方郡王)을 제수받고는
조국 백제의 복국을 무산 시킨 인물이다.
662년 7월 당나라 수군 및 군량선을 이끌고 가서
백제의 복신(福信), 부여풍(扶餘豊) 등이 투쟁을 벌이던 주류성(周留城)으로 진군해
평정한 후 당나라로 돌아갔다.
또한 당나라 장수 유인궤의 주선으로 백제를 망하게 한 신라왕과 만나 백마의 피로
맹세하는 의식까지 치르고, 백제 부흥군의 주역인 흑치상지를 설득해 당나라에 항복
하게 함으로써 그의 조국 백제는 복국의 꿈을 완전히 접을 수 밖에 없었다.

백제가 망할 때는 웅진성주 예식진이 의자왕을 체포해 당나라에 바치고 항복함으로
써 나라가 순식간에 망하게 된다. 자신의 군주를 묶어 이민족 장수에게 넘기는 내부
반역의 대가로 예식진은 당나라에서 부여융과 흑치상지와 같은 급인 정3품에 해당하
는 벼슬을 받는다.

대제국 고구리가 망한 이유도
민족 반역자 연남생이 당나라 군대의 선봉에 서서 조국인 고구리를 공격했고,
신성(信誠) 등 내부 반역자들이 몰래
연남생과 내통해 굳건했던 평양성의 문을 열었기 때문이다.

(역문-7) 이로써 조선을 평정하고 사군으로 했다(以故遂定朝鮮爲四郡).
삼을 봉해 홰청후(澅淸侯), 한음은 적저후(荻苴候), 왕겹은 평주후(平州侯),
장은 기후(幾侯)로 삼았다.
최는 아버지(로인)가 죽었으나 큰 공이 있었으므로 온양후(溫陽侯)로 삼았다.
좌장군을 불러 공을 다투고 서로 시기하여 계략을 어긋나게 한 죄로 기시(棄市)에
처했다. 누선장군은 병사를 거느리고 열구(冽口)에 이르렀으면 마땅히 좌장군을 기
다려야 함에도 제멋대로 먼저 군사를 풀었다가 많은 병사를 잃어버렸으므로 죽이는
것이 마땅하나 속전(贖錢)을 받고 서인(庶人)으로 삼았다.

태사공(太史公)은 말한다. 우거는 험고(險固)함을 믿다가 나라의 사직을 잃었다.
섭하는 공을 속이다가 전쟁의 발단을 만들었다. 누선은 장수의 그릇이 좁아서 난을
당하고 죄에 걸렸다. 번우(番禺)에서의 실패를 후회하다가 도리어 의심을 받았다.
순체는 공을 다투다 공손수와 함께 죽임을 당했다.
결국 양군(兩軍)이 함께 치욕을 당하고 장수로서 제후가 된 사람이 없었다.
(兩軍俱辱 將率莫候矣) <이상>

(설명) 4군이라 적었으나 실제로는 5군이며, 그 5군에 봉해진 제후는
한나라 사람들이 아니라 모두 내부 반역에 가담했던 우거의 신하들이었다.
즉 식민지 한4군(漢四郡)이 아니라 자치령인 조선5군(朝鮮五郡)이었던 것이다.
이러한《사기 조선열전》의 기록이 나중에 후학들에 의해 곡필 왜곡되기에 이르는
것이다.
위《사기》의 기록으로 부터 약 180년 후에 나온
《한서》에는 "마침내 조선을 멸해 낙랑·현토·임둔·진번으로 하였다.
(遂滅朝鮮爲樂浪玄免臨屯眞番)"로 다르게 적혀 있다.
즉 조선을 평정(平定)한 것이, 조선을 멸망(滅亡)시킨 것으로 바뀌었으며,
자치령 조선5군(홰청·적저·평주·기·온양)이
식민지 한4군(낙랑· 현토·임둔·진번)으로 둔갑되었다.
《사기》에는 5군에 임명된 조선 제후들의 이름까지 자세히 적혀 있으나,
《한서》에는 역사 왜곡을 위해 모두 삭제되었다.
한4군 전쟁을 직접 종군한 사마천이 눈으로 직접 보고 적은《사기》의 내용을
후대에 반고가《한서》를 쓰면서 한사군이 설치되었다고 임의로 역사를 조작했고,
이후 사서들도 모두 따라 적음으로써 마치 한나라가 조선을 멸망시키고 식민지
한4군을 설치했던 것으로 변모했던 것이다.

기시는 참수한 시신을 길거리에 전시하는 극형이다.
당시 육군을 지휘했던 좌장군 순체와
수군 사령관 누선장군 양복이 모두 기시라는 처벌을 받았다는 사실은
번조선 과의 전쟁에서 한나라가 그야말로 참패했음을 의미하는 것이다.
전쟁에 참패하고도 식민지 한4군을 설치할 수 있었던 비결은
후세 역사가(史家)들의 붓장난이었던 것이다.

한사군 전쟁을 직접 종군했던 사마천의 《사기 조선열전》의 마지막 문구는
매우 완곡한 춘추필법으로서 "한나라가 참패한 전쟁이다"라는 표현이다.
원래 전쟁이 끝나면 논공행상을 하는 법이다.
목숨을 걸고 싸워 승리한 장졸들에게 공을 치하해야만
다음 전쟁에서 승리를 기약할 수 있는 법인데,
상을 받은 자는 아무도 없고 극형을 받은 장수들만이 있는 이 전쟁에서
도대체 누가 이기고 누가 졌단 말인가?
그런데도 그런 전쟁의 결과로
식민지 한사군이 설치되었다는 사실을 어찌 역사 왜곡이라 아니할 수 있으리오!

한사군 전쟁 이후 장수들에 대한 처분 결과

한무제의 명을 받고 "조선사군"을 침공한 한무제의 수륙양군의 "장수"들의 전쟁결과		
장수명	직책	전쟁후 결과
섭하(涉何)	천자의 사신	전쟁중 사망
졸정다(卒正多)	천자의 사신	전쟁도중 패전의 책임을 물어 참수 당함
공손수(公孫遂)	천자의 사신	극형(棄市)에 처함
위산(衛山)	천자의 사신	극형(棄市)에 처함
순체(荀彘)	육군사령관	극형(棄市)에 처함
양복(楊僕)	해군사령관	극형(棄市)에 처함

(2) 반역자들이 받은 봉지는 어디인가?

나라를 망하게 한 대가(?)로
한나라의 제후가 된 반역자들의 봉지(封地) 였던
홰청(澅淸), 적저(荻苴), 평주(平州), 기(幾), 온양(溫陽)
즉 나중에 식민지 한사군(漢四郡)으로 둔갑하는
자치령 조선5군(朝鮮五郡)의 땅이 어디인 지 궁금하지 않을 수 없다.

이 봉지는 아마도 위만~우거가 통치하던 번조선의 강역이었을 것이다.

식민사학계는 이 지역을 대동강 평양(낙랑군)을 중심으로 한반도 북부와 요녕성 일대로 말하고 있으며,
재야사학에서는 하북성 난하 또는 북경 일대 라고 주장하고 있다.
그러나 실제 이들의 봉지는 대륙 깊숙이 황하변까지 더 들어가야 한다.
왜냐하면 우리 민족이 지배했던 강역이 중원의 대부분이기 때문이다.
과연 그런지 자세히 알아보기로 하겠다.

《사기》에 오(吳)나라 위소(韋昭)가 붙인 주(註)는 다음과 같다.
① 왕겹(王唊)을 봉한 평주(平州)는 양부(梁父)에 속한다,
② 장강(長降)을 봉한 기(幾)는 하동(河東)에 속한다.
③ 한음(韓陰)을 봉한 적저(荻苴)는 발해(渤海)에 속한다,
④ 삼(參)을 봉한 홰청(澅清)은 제(齊)에 속한다,
⑤ 최(最)를 봉한 온양(溫陽)은 제(齊)에 속한다.

① 왕겹(王唊)을 봉한 평주(平州)는 어디인가?
<중국 고대지명대사전>에서 평주(平州)를 검색하면 아래와 같이 나타난다.
晋分幽州置, 治昌黎 (진 때 유주에서 갈라짐, 창려에 치소),
前燕置, 治襄平 (전연이 양평에 치소)
后燕置, 初治龙城, 后治平郭, (후연이 초기에 용성, 후기에 평곽에 치소)
前秦 置 治和龙, 后魏置 治肥如, (전진이 화룡에 후위는 비여에 치소)
隋置, 唐因之, 亦曰北平郡, 元改为兴平府, 治卢龙
(수,당나라 때 북평군으로 원나라가 영평부로 바꾸고 노룡에 치소)

비여, 노룡, 용성(＝유성) 등이 속하는 유주의 요서군22) 과 양평, 평곽 등이 속하는 요동군23)인 것으로 보아 산서성 남부 일대라는 것을 알 수 있다.

---

22) (辽西郡 요서군) 秦置。有小水四十八，并行三千四十六里。**属幽州(유주)**。户七万二千六百五十四，口三十五万二千三百二十五。县十四：且虑，有高庙。莽曰鉏虑。海阳，龙鲜水东入封大水。封大水，缓虚水皆南入海。有盐官。新安平。夷水东入塞外。**柳城(유성=용성)**，马首山在西南。参柳水北入海。西部都尉治。令支，有孤竹城(고죽성)。莽曰令氏亭。**肥如(비여)**，玄水东入濡水。濡水南入海阳。又有卢水，南入玄。莽曰肥而。宾从，莽曰勉武。交黎，渝水首受塞外，南入海。东部都尉治。莽曰禽房。阳乐，狐苏，唐就水至徒河入海。徒河，莽曰河福。文成，莽曰言房。临渝，渝水首受白狼，东入塞外，又有侯水，北入渝。莽曰冯德。絫。下官水南入海。又有揭石水、宾水，皆南入官。莽曰选武。

23) (辽东郡 요동군)，秦置。属幽州。户五万五千九百七十二，口二十七万二千五百三十九。县十八：**襄平(양평)**。有牧师官。莽曰昌平。新昌，无虑，西部都尉治。

참고로 북평군은 요서군의 동남부에서 분리된 행정구역으로 산서성 최남단 황하변이다. (※ 요동, 요서, 북평군에 대한 설명은 제3편 제2장 1~3절 참조)

② 장강(長降)을 봉한 기(幾)가 속한 하동(河東)은 어디?
하동[24]은 글자 그대로 황하의 동쪽으로 경기(京畿) 지방이었던 산서성 남부를 말함이다. 하동과 왕겹을 봉한 평주는 같은 산서성 남부지역으로서
그곳을 두 명의 제후에게 봉지로 나누어 준 것으로 해석된다.

③ 삼(參)을 봉한 홰청(澮淸)과 최(最)를 봉한 온양(溫陽)이 속한 제(齊) 땅은 어디일까? 원래 양(陽)은 북쪽이란 뜻이 있어 온양은 온(溫)의 북쪽으로 해석되므로, 온양은 황하 북부 하남성 초작시 온현(溫縣)의 북쪽으로 왕옥산에서 발원한 패수가 제원시를 지나 현재 망하(蟒河)라는 이름으로 황하로 들어가는 곳이다.
심수 동쪽에 위치하는 위휘현은 강태공의 고향이며 제의 도읍이었다.
이곳에서 온현은 약 120km 거리이므로 온현 역시 제(齊) 땅이었을 가능성이 높다.

홰청은 위치 미상이나 온양과 같은 제 땅에 속하므로 온현에서 그다지 멀지 않은

望平，大辽水出塞外，南至安市入海。行千二百五十里。莽曰长说。房，候城，中部都尉治。辽队，莽曰顺睦。辽阳，大梁水西南至辽阳入辽。莽曰辽阴。险渎，居就，室伪山，室伪水所出，北至襄平入梁也。高显，安市，武次，东部都尉治。莽曰桓次。**平郭(평곽)**，有铁官、盐官。西安平，莽曰北安平。文，莽曰文亭。番汗，沛，水出塞外，西南入海。沓氏。

24) **(河東郡　하동군)**，秦置。莽曰兆阳。有根仓、湿仓。户二十三万六千八百九十六，口九十六万二千九百一十二。县二十四：安邑，巫咸山在南，盐池在西南。魏绛自魏徙此，至惠王徙大梁。有铁官、盐官。莽曰河东。大阳，吴山在西，上有吴城，周武王封太伯后于此，是为虞公，为晋所灭。有天子庙。莽曰勤田。猗氏，解，蒲反，有尧山、首山祠。雷首山在南。故曰蒲，秦更名。莽曰蒲城。河北，《诗》魏国，晋献公灭之，以封大夫毕万，曾孙绛徙安邑也。左邑，莽曰兆亭。汾阴，介山在南。闻喜，故曲沃。晋武公自晋阳徙此。武帝元鼎六年行过，更名。濩泽，《禹贡》析城山在西南。端氏，临汾，垣，《禹贡》王屋山在东北，沇水所出，东南至武德入河，轶出荥阳北地中，又东至琅槐入海，过郡九，行千八百四十里。皮氏，耿乡，故耿国，晋献公灭之，以赐大夫赵夙。后十世献侯徙中牟。有铁官，莽曰延平。长修，平阳，韩武子玄孙贞子居此。有铁官。莽曰香平。襄陵。有班氏乡亭。莽曰幹昌。彘，霍大山在东，冀州山，周厉王所奔。莽曰黄城。杨，莽曰有年亭。北屈，《禹贡》壶口山在东南。莽曰朕北。蒲子，绛，晋武公自曲沃徙此。有铁官。狐讘，骐，侯国。

곳일 것이다. 《수경주》에
"임치에 홰수가 있는데 서북으로 패로 들어간다. (臨淄惟有澅水, 西北入沛。)" 라는 문구가 있어 임치 부근임을 알 수 있는데, 다들 산동성 임치를 제의 도읍으로 알고 있으나 이는 지명 이동을 통한 역사 왜곡으로, 실제는 강태공의 고향인 황하 북부 하남성 위휘현(衛輝縣) 부근에 있었던 영구(營丘)라는 지명으로 훗날 제헌공이 임치로 개명했다고 한다.

④ 한음(韓陰)을 봉한 적저(荻苴)가 속한 발해(渤海) 25)는 어디?
여기서의 발해는 산동성과 하북성과 요녕성으로 둘러싸여 있는 현 중국의 내해(內海)가 아니라, 바로 《한서 지리지》에서 유주에 속하는 발해군을 말하는 것으로 대략적인 위치는 하북, 하남, 산동성이 만나는 지역의 동쪽 일대이다.
옛날에 발해는 하남성과 산동성의 사이의 경계에 있었던 큰 내륙호수였던 대야택이었다. 지금도 동평(東平), 독산(獨山), 미산(微山)호수등이 발해의 흔적으로 남아 있다.

〈반역자들의 봉지는 산서성 남부와 북부 하남성으로 유주의 일부〉

---

25) **(勃海郡 발해군)** 高帝置。莽曰迎河。**属幽州(속유주)**。户二十五万六千三百七十七，口九十万五千一百一十九。县二十六：浮阳，莽曰浮城。阳信，东光，有胡苏亭。阜城，莽曰吾城。千童，重合，南皮，莽曰迎河亭。定，侯国。**章武(장무)**，有盐官。莽曰桓章。中邑，莽曰检阴，高成，都尉治也。高乐，莽曰为乡。参户，侯国。成平，虖池河，民曰徒骇河。莽曰泽亭。柳，侯国。临乐，侯国。莽曰乐亭。东平舒，重平，安次，脩市，侯国。莽曰居宁。文安，景成，侯国。束州，建成，章乡，侯国。蒲领，侯国。

《사기 조선열전》에 따르면,
"(위만은) 점점 전쟁을 벌여 진번조선 만이와 옛 연, 제를 복속시켰다(稍役屬眞番朝鮮灣夷及故燕齊)"라는 기록이 있어 과거 제나라 땅이기도 했던 황하 북부 하남성인 하내군 지역까지 차지하고 있었음을 알 수 있다.
한 무제가 위만이 기준에게 빼앗은 번조선의 땅과 위만, 우거가 정복한 황하 북부 제, 연의 땅을 항복해온 신하들에게 봉지로 주었던 이유는 그곳이 애초부터 한나라의 땅이 아니었고 장안에서 멀어 직접 통치 할 수 없었기 때문이다.

여하튼 위 기록들로 보면 위만, 우거의 강역은 유주의 일부인
산서성 남부의 일부와 황하 북부 하남성 일대였던 것으로 비정할 수 있다.
현재 중국은 제나라를 산동성 임치 일대라고 주장하고 있으면서도
위만조선의 강역도에는 산동성을 빼고, 한반도에만 그리고 있다.

3. 의병장에서 황제가 된 고두막한

기원전 108년에 한 무제가 전쟁을 일으켜 우거를 멸망시켰다는 《사기 조선열전》의 기록은 우리 사서인 《삼성기전 상》에
"계유년(기원전 108년)에 한나라 무제 때 군사를 움직여 우거를 멸망시켰다. 서압록 사람인 고두막한 (高豆莫汗)이 의병을 일으켜 역시 단군이라 했다."라는 기록과

《북부여기 상》에
"북부여 4세 고우루 단군 13년 계유년(기원전 108)에 한나라 유철 (무제)이 평나(平那)를 노략질하여 우거를 멸망시키더니 사군(四郡)을 두고자 하여 사방으로 병력을 침투시켰다. 이에 고두막한이 의병을 일으켜 가는 곳마다 한나라 침략군을 연파했다. 이에 그 지방의 백성들 모두가 사방에서 일어나 호응함으로써 싸우는 군사를 도와서 크게 떨쳐 보답 했다."라는 기록이 있다.
그 당시 의병을 일으켜 단군이라 했다는 고두막한에 대해 알아보기로 하겠다.

고두막한은 한나라와의 전쟁 직후 혜성처럼 나타난 민족의 위인이었다.
전쟁 이전 그의 상세한 이력에 대한 기록은 없고
《북부여기 하》에
"고두막한은 사람됨이 호탕하고 용맹해 군사를 잘 다루었다.

일찍이 북부여가 쇠약해지고 한나라 도둑들이 왕성해짐을 보고 분연히 세상을 구할 뜻을 세워 졸본에서 즉위하고 스스로 동명(東明)이라 했는데 어떤 이들은 조선의 47세 마지막 고열가 단군의 후손이라고 한다."라는 기록뿐이다. 어지러운 세상을 구하려는 뜻을 세우고자 자칭 동명국의 왕이 되어 들끓는 한나라 도둑들을 소탕하고자 의병 활동에 나서기로 다짐했던 것이다.
그런 그의 시작은 비록 미약했으나 그 나중은 실로 창대해졌다.
《북부여기 하》에
"3년 을해(기원전 106) 동명왕이 스스로 장수가 되어 격문을 전하니 이르는 곳마다 무적이었다. 열흘이 못 되어 5천 명이 모여 한나라 도둑들과 싸울 때마다 먼 곳에서 그 모습만 보아도 흩어져 버리므로 마침내 군대를 이끌고 구려하(九黎河)를 건너 요동의 서안평(西安平)에 이르니 바로 옛 고리국(槀離國)의 땅이었다."라는 기록과
"갑오 22년(기원전 87) 동명왕이 장수를 보내 배천(裵川)의 한나라 도둑들을 쳐부수고 유민들과 힘을 합해 향하는 곳마다 한나라 도둑떼를 연파하더니 그 수비 장수까지 사로잡았으며 방비를 잘 갖추어 적에 대비했다."라는 기록을 보면 그나마 한나라에 의해 설치되었던 자치령 조선5군은 거의 와해 수준이 되었을 것이다.

초기 10일 만에 5천 명의 의병들이 자원해 한구(漢寇)들을 격파하며 나가더니 약 20년 후에는 거의 소탕 직전까지 왔다. 그렇게 판단하는 이유는 기원전 87년에 동명왕 고두막이 당시 상국 북부여를 윽박질러 접수하는 기록이 있기 때문이다. 한나라 도적들과 싸워 연전연승하다 보니 따르는 병사들의 수도 나날이 늘어나 군사력이 막강해진데다가 백성들로부터 영웅으로 급부상해져 상국을 위협해 북부여의 5세 단군에까지 올랐던 것이다.

《북부여기》에
"4세 고우루 단군 34년 갑오(기원전 87) 동명왕 고두막한이 사람을 시켜 고하기를 '나는 천제의 아들인데 장차 이곳에 도읍을 정하고자 하니, 왕은 이땅에서 옮겨 가시오'라고 하니 단제가 매우 곤란해하다 마침내 걱정으로 병을 얻어 붕어했다. 이에 동생 해부루가 즉위했는데 동명왕은 여전히 군대를 앞세워 이를 위협하기를 끊이지 않으매 군신들이 이를 매우 어렵게 여겼다.

이때 국상 아불란이 '통하(通河)의 물가 가섭원에 땅이 있는데 기름지고
오곡이 잘 열립니다. 도읍할만한 곳입니다'라고 왕에게 권해 도읍을 옮겼다.
이를 가섭원(迦葉原)부여 또는 동부여(東夫餘)라고도 한다."라는 기록이 있다.

"5세 고두막 단군 23년 을미(기원전 86) 북부여가 성읍을 들어 항복했는데,
여러 차례 보전하고자 애원하므로 단제가 이를 듣고 해부루를 낮추어 제후로 삼아
분릉으로 옮기게 하고는 북을 치며 나팔수를 앞세우고 수만 군중을 이끌고 도성에
들어와 북부여라고 칭했다. 가을 8월에 서압록 하의 상류에서 한구(漢寇)와
여러 차례 싸워서 크게 이겼다."는 기록과,

《삼성기전 상》에도
"을미년(기원전 86) 한나라 소왕 때 (고두막한이) 부여의 옛 도읍을 차지해
나라 이름을 동명(東明)이라 부르니 이것이 곧 신라의 옛 땅이다."라는 간단한 기록
으로 남아 있다.

군사력이 막강해진 고두막한이 동명국의 왕이라는 지위를 버리고 굳이 북부여의
단제 되기를 염원했던 이유는, 동명국과 같은 일개 소국의 왕은 아무나 될 수 있지
만, 천하를 다스려야 하는 단제는 하늘의 아들이 아니면 안되기 때문이다.
게다가 피를 흘리는 정변으로 보위에 오르기보다는 비록 협박이기는 하나 무혈로 선
위 받는 방식을 택했던 것이다.

여하튼 의병 수준에서 조그맣게 시작한 고두막한이 비록 소국이지만
동명국을 세우고 지역주민들을 규합해 세력이 커져 조선의 정통성을 계승한 북부여
까지 접수할 수있었던 이유는 그에게 막강한 군사력이 있었기 때문이다.
만일 고두막한이 한구들과의 전투에서 지리멸렬했더라면 이런 일이 일어날 수가 없
다는 것이다. 따라서 자치령 조선5군은 거의 와해 수준이었음이 틀림없다.

서두 한사군의 개요 중 'DAUM 백과사전'에 "시간이 흐를수록 토착세력이 한나라
군현에 대한 저항을 격렬하게 했다. 이에 한나라는 기원전 82년 4군 가운데
진번과 임둔의 2개 군을 폐했고, (중략) 통합된 다수의 속현에 한나라에서 관리가
파견되지 못하고 토착 세력의 수장이 지방관리로 임명되어 군현의 임무를 대행했

다. 군현이 통폐합된 이후에도 군현 지배에 대한 토착세력의 반발은 계속되었으며, 특히 예맥 땅 현토군에서의 저항이 심했다. (중략)

중국이 양한(兩漢) 교체기의 혼란에 빠져 이전과 같은 군사·재정 지원을 못 하게 되자 낙랑군과 현토군의 세력은 현저하게 위축돼 갔다"라는 설명이 나온 것이다.

이상과 같이 알아보았듯이 한사군 전쟁 직후
한 무제가 항복한 조선의 5명 대신을 번조선 지역을 나누어 제후로 봉한 적은 있으나, 낙랑·현토·임둔·진번이 라는 식민지 한사군은 설치된 적이 없다. 또한 5명의 반역 대신들이 받은 봉지는 지역주민들의 반발과 동명왕 고두막한의 강력한 의병 활동으로 인해 제대로 통치되지 못하고 고두막한에게 넘어갔던가
아니면 약 20년 후 거의 유명무실해진 것으로 보인다.

원래 낙랑의 땅은 기원전 195년 이후로 낙랑왕 최숭의 후손들이 고구리 대무신왕에게 망할 때까지 계속 다스리고 있었다. 이러한 낙랑국을 후세 중국 사가들이 식민지 한사군의 낙랑군으로 변조한 것으로 보아야 할 것이다. 즉 전한 때까지는
5명의 자치령 이외 추가로 식민지 한사군을 설치하지 못했음이 확실하다.

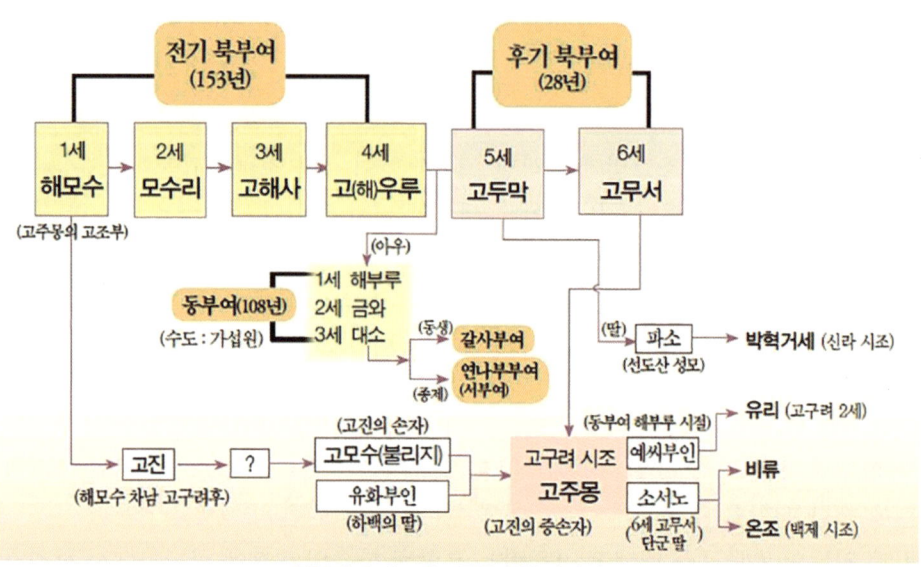

북부여의 계보와 고주몽 혈통의 비사

제4장 한사군으로 조작된 낙랑의 정체

한 무제 유철은 전쟁에 참패하고도,
번조선의 5명 대신들이 자기네 우거왕을 죽이고 항복하자 그들을 제후로 삼아 땅을 나누어 자치령으로 다스리게 했다.
《사기 조선열전》의 기록대로 홰청, 적저, 평주, 기, 온양의 5군이다.

그런데 한사군의 대명사격인 낙랑(樂浪)은 아무리 눈을 씻고 봐도 없다.
그 이유는 180년 후에 반고가 《한서》를 쓰면서 역사 왜곡을 위해
낙랑, 현토, 임둔, 진번의 한사군으로 임의대로 바꿔 적었기 때문이다.
그런데 실제 당시 부근에 낙랑이라는 지명이 있었으나
《사기 조선열전》에서 언급된 5개의 지명에 없었던 이유는
낙랑이 당시 우거왕이 다스렸던 번조선의 땅이 아니라,
북부여의 마조선에 속해 있었기 때문이다.
그 기록의 근거를 《북부여기》에서 찾을 수 있다.
"3세 고해사 단군 원년 임신(기원전 169년) 정월 낙랑 왕 최숭이 곡식 3백 석을 해성(海城)에 바쳤다. 이보다 앞서 최숭은 낙랑에서 진귀한 보물을 산처럼 싣고 海를 건너 마한의 도읍 왕검성에 이르렀다.

이 때가 단군 해모수 병오년(기원전 195 년)의 겨울이었다."라는 기록이 그것이다.

이렇듯 우리의 역사 속에 낙랑(樂浪)이라는 나라가 엄연히 존재했었음에도 식민사학계는 낙랑이라는 글자만 나오면 대동강 평양에 위치했다는 식민지 한사군(漢四郡)의 중심인 낙랑군(郡)으로 보는 나쁜 습관이 있다.

또한 재야 사학계는 하북성 난하 일대를 낙랑군으로 보고 있다.

반면에 북한 사학계는 낙랑국과 낙랑군을 엄연히 구별하고 있어
서로 사관에 큰 차이가 있다고 하겠다.
북한 사학계는 한나라 군현이었던 낙랑군은
중국 북경 부근을 흐르는 대릉하(패수) 동쪽에서부터
요하(열수) 서쪽의 넓은 지역 이었고,
낙랑국의 위치는 대동강 평양 근처라고 주장했다.

1. 낙랑군(郡)으로 둔갑한 낙랑국(國)

대부분의 국민들은 식민사학계로부터 잘못된 역사를 배워서 그런지 낙랑하면
한 무제가 위만조선을 멸망시킨 뒤 설치한 한사군의 하나로 인식한다.
그러다 보니 낙랑국의 왕 최리를 한나라 낙랑 태수로 알고,
낙랑공주도 공주가 아니라 태수의 딸로 생각하고 있다.
그러나 이는 조작된 역사에 물들어져 참역사에 대한 몰이해에서 비롯된 것이다.

낙랑국은 한 무제가 설치했다는 낙랑군과는 성격이 전혀 다르다.
기원전 108년 전한때 설치되어 고구리 미천왕 14년(313)까지 400년간 존속했다고
하는 한사군은 실제 존재하지도 않았지만, 설령 설치되었다고 하더라도
중원지역에 있어야 함에도 반도사관에 의해 한반도 북부로 날조된 것이다.

또한 전한, 신, 후한, 삼국시대, 서진(西晉)에 이르기까지
본국의 주인은 계속 바뀌었는데, 식민지만 줄기차게 대를 이어 존재했다는것인데
몸뚱이는 죽어 없어졌음에도 영혼이 살아 계속 이어졌다는 것과 같으며,
뿌리도 없는 나뭇가지에 계속 꽃이 피고 열매가 열렸다는 것과 무엇이 다르겠는가!
과연 그런지 커튼 뒤에 감춰진 낙랑국에 대해 알아보도록 하겠다.

<재야사학 주장 낙랑군과 낙랑국의 위치>　　　< SBS 역사드라마 자명고>

(1) 호동왕자를 사랑한 낙랑공주

고구리 대무신제의 아들 호동왕자의 사랑을 받기 위해 조국 낙랑국의 자명고를 찢는 낙랑공주의 애절한 사랑 이야기가 드라마로 제작되곤 했다.
그런 낙랑이 처음으로 등장하는 사서는 《단군세기》26)이며,
최씨의 낙랑국이 등장하는 기록은 위에서 언급한 《북부여기》로 최숭의 낙랑국은 대를 이어 내려가다가 37년에 고구리 대무신왕에게 망할 때는 최리(崔理)가 다스리고 있던 나라였다.

따라서 최소 232년간 존재했던 최씨 낙랑국의 역사는 우리 민족사에 속한다고 하겠다. 이런 낙랑국(樂浪國)에는 적군이 침략하면 저절로 울리는 자명고각(自鳴鼓角)이라는 북과 나팔이 있어 적침에 미리 대비가 가능했기에 나라를 보존해 올 수 있었다.

대무신왕 15년(32) 여름 4월 호동왕자가 옥저(沃沮)에 놀러 갔었는데
그때 마침 낙랑국의 임금 최리가 순행하다가 호동을 보고 "그대 얼굴을 보니 보통 사람이 아니오, 혹시 북국신왕(北國神王 = 대무신왕)의 아들이 아니오?"
하고는 본국으로 데리고 돌아가 낙랑공주를 호동에게 아내로 주었다.

후에 호동이 귀국한 다음 몰래 사람을 보내 공주에게
"만약 그대 나라의 무기고에 들어가 고각을 찢고 부수면 내가 예로써 아내로 맞이하겠지만, 그렇지 않으면 거절할 것이다"라고 단호하게 말했다.
이에 낙랑공주가 몰래 무기고에 들어가 예리한 칼로 고각을 찢고 부수고는
호동에게 알리니 호동은 임금에게 낙랑국을 기습하라고 권유했다.

---

26) ① "13세 흘달 단군 16년 갑오(기원전 1767) 은나라 사람들과 함께 하나라 걸왕을 정벌하기로 하여 몰래 신지·우량을 파견하여 견(畎)의 군대를 이끌고 가서 낙랑(樂浪)과 합쳐서 진격하여 관중의 빈·기(邠岐)의 땅에 웅거하며 관청을 설치하였다."
② "23세 아홀 단군 원년 갑신(기원전 1237) 단제의 숙부인 고불가(固弗加)에게 명하여 낙랑골(樂浪忽)을 통치하도록 했다."

낙랑국 왕은 자명고각이 울리지 않아 고구리 군사가 쳐들어온 줄도 모르고 있다가 갑자기 성 밑에 다다른 고구리 군사를 보고 난 후에야 고각이 모두 부서진 것을 알고 공주를 죽이고 나와 고구리에 항복했다. 이렇게 하여 낙랑국은 자명고각이 파괴되면서 고구리 대무신왕 20년(37)에 역사 속으로 완전히 사라지게 되었다.

《삼국사기》에는
"낙랑국을 멸망시키려고 낙랑국 공주와 혼인해 며느리로 삼은 후에
본국으로 돌아가서 무기를 부수게 했다"라고 하여
고구리에서 정략적으로 이용했다는 기록도 함께 싣고 있다.

(2) 기록 속 낙랑의 정체는?

1) 《삼국사기》 초기 기록의 낙랑

① 신라27) : 유리이사금 14년(37)까지의 낙랑은 한사군의 낙랑군이 아닌 낙랑국으로 보인다. 기림이사금 3년(300)의 낙랑, 대방은 양국이라는 표현으로 보아 한사군이 아니라 대무신왕에게 망해서 그간 고구리에 반기를 들었던 낙랑국, 대방국의 잔당이었다.

② 백제28) : 백제의 온조대왕 기록에 나오는 낙랑은 기원전 10년 기록의 태수라는

---

27) (신라) * 시조 박혁거세 30년(기원전 28) 낙랑인이 군사를 거느리고 내침했다가 도둑질이 부끄러운 일이라 하며 돌아갔다.
* 남해차차웅 원년(4) 낙랑의 군사가 와서 금성을 여러 겹으로 포위했다.
* 11년(14) 낙랑은 우리의 내부가 비었으리라 생각하고 와서 금성을 공격했다.
* 유리이사금 13년(36) 낙랑이 북쪽 변방을 침범하여 타산성이 함락되었다.
* 14년(37) 고구리 왕 무휼이 낙랑을 습격하여 없애니 그 나라 사람 5천 명이 와서 의탁하므로 육부에 나누어 살게 했다.
* 기림이사금 3년(300) 3월 낙랑·대방 두 나라가 와서 항복했다.
28) (백제) * 시조 온조왕 8년(기원전 10) 가을 7월 낙랑태수가 사람을 보내와 말했다. (중략) 이로 말미암아 낙랑과 더불어 평화를 손상케 되었다.
11년(기원전 7) 여름 4월 낙랑이 말갈을 시켜 병산의 울짱을 습격해 쳐부수게 하고 100명을 죽였다. 가을 7월 독산·구천의 두 울짱을 세워 낙랑의 통로를 막았다.
17년(기원전 1) 봄 낙랑이 내침하여 위례성에 불을 질렀다.
18년(1) 겨울 11월 왕은 낙랑 우두산성을 습격했으나 큰눈을 만나 바로 돌아왔다.
* 고이왕 13년(236) 위나라 유주자사 관구검이 낙랑태수 유무와 삭방태수 왕준과 함께 고구리를 쳤다. 왕이 그 틈을 타서 낙랑을 습격해 변방 백성들을 잡아왔다.

용어 때문에 낙랑군 태수로 생각될 수도 있으나,
태수는 중국 고유의 관직이 아니라 우리 삼국도 같이 사용했다는 사실이
덕흥리고분에서 명확하게 입증되었다.

특히 백제와 그동안 평화를 유지했다는 것으로 보아
한사군의 낙랑군이 아닌 것은 확실하며,
또한 낙랑이 말갈을 시켜 병산을 습격하게 했다는 것으로 보아
더더욱 한사군 낙랑군은 아니다.
왜냐하면 낙랑군은 말갈하고 통할 수가 없기 때문이다.
고이왕 이후 기록의 낙랑은 중국에게 협조했던 낙랑국의 잔당들로 보인다.

③ 고구리[29] 초기 : 대무신왕 20년(37)이 멸한 낙랑은 한사군의 낙랑군이
아닌 최씨의 낙랑국이며, 이후 기록의 낙랑은 낙랑국을 멸망시킨 고구리에게 항상
적대감을 가졌던 낙랑국의 잔당이었다.

대무신왕 마지막 해(44년) 후한의 광무제가 낙랑국을 쳐서 그곳에 식민지 낙랑군을
설치했다는 《삼국사기》의 기록이 있는데, 《고구리사초략》에는 그런 기록이 없다.
어느 사서가 위사인지 여부는 확인하기 어려우나 고구리의 전성기였던 대무신제때
그런 사건이 일어났을 가능성이 없다는 것이다.

만일 그랬다면 양국 간에 큰 전쟁이 벌어졌을 터인데 그랬다는 기록이 없다.
참고로 살수는 고구리 평양성이 위치했던 산서성 임분시 앞을 흐르는 분하이므로
광무제가 설치했다는 한나라 군현의 위치는 산서성 남부와 황하 이북의 하남성

---

* 책계왕 원년(286) 고구리가 대방을 치니 대방이 우리에게 지원을 청해 지원했다.
* 분서왕 7년(304) 봄 2월 몰래 군사를 보내어 낙랑의 서쪽 현을 습격하여 빼앗았다. 겨울 10월 왕은 낙랑태수가 보낸 자객에게 해를 입어 죽었다.
29) (고구리) * 유리명왕 33년(14) 8월 한의 고구려현을 쳐 빼앗았다.
* 대무신왕 11년(28) 가을 7월 한나라 요동태수가 군사를 거느리고 내침했다.
* 대무신왕 20년(37) 왕이 낙랑을 습격하여 없앴다.
* 대무신왕 27년(44) 가을 9월 후한 광무제가 군사를 보내 海를 건너 낙랑을 쳐서 그 땅을 빼앗아 군현으로 만들었다. 이에 따라 살수 이남은 한에 속하게 되었다.
* 민중왕 4년(51) 겨울 10월 잠우촌의 대가 대승 등 1만여 호가 낙랑으로 가서 한나라에 항복했다.

즉 유주(幽州)를 말하는 것이다.

설사 《삼국사기》의 기록이 맞다 치더라도 그 낙랑군은 곧 해체되고 말았을 것이다. 11년 후인 55년에 요서에 10성을 쌓았기 때문이다. 《삼국사기》에는 요서 10성에 대한 구체적인 지명이 생략되어 있지만, 《태백일사》에는 구체적인 지명의 위치가 상세하게 기록되어 있는데, 낙랑군이 들어갈 자리가 없다.

"태조 융무 3년 요서에 10성을 쌓아 한(漢)의 10성에 대비했다.
① 안시(安市)는 개평 동북 70리에, ② 석성(石城)은 건안 서쪽 50리에,
③ 건안(建安)은 안시 남쪽 70리에, ④ 건흥(建興)은 난하 서쪽에,
⑤ 요동(遼東)은 창려 남쪽에,   ⑥ 풍성(豊城)은 안시 서북 100리에,
⑦ 한성(韓城)은 풍성 남쪽 200리에, ⑧ 옥전보는 한성 서남쪽 60리에,
⑨ 택성(澤城)은 요택 서남쪽 50리, ⑩ 요택(遼澤)은 황하북안 왼쪽에"

〈태조대왕 3년(55)에 쌓은 요서 10성의 위치〉

2) 《고구리사초략》에 기록된 낙랑

지금까지 한, 중, 일 동양사학계는 사서에 기록된 대부분의 낙랑이 우리 민족의 역사였던 낙랑국(國)과 그 잔당들이었음에도 이를 모두 한사군의 핵심인 낙랑군(郡)으로 둔갑시켜 해석함으로써 마치 이 땅에
중국의 식민지가 4백 년간 줄기차게 존재했다고 역사를 날조해왔다.

그러다가 남당 박창화 선생이 일본 궁내청 서고에서 필사한 《고구리사초략》에 의해 완전 허구임이 밝혀졌다. 참고로 자주 사관으로 기록된 《고구리사초략》에는 호태왕 비문의 내용이 숫자 하나 틀리지 않게 모두 기록되어 있는데 반해,
모화사대 사관에 젖어 저술된 《삼국사기》에는 비문에 대해 아무런 기록이 없다. 이런 점으로 미루어보아 《고구리사초략》이 실사에 가까운 기록이라는 것을 알 수 있다.

《고구리사초략》에서의 낙랑 관련 기록에는
"동명 4년 정해(기원전 34) 정월, 낙랑왕 시길(柴吉)과 함께 하남에서 사냥했다."
와 "15년 무술(기원전 23) 5월, 동쪽으로 낙랑까지 순행하니 시길이 딸을 바쳤다."가 있는데 이렇듯 고주몽을 잘 모시던, 낙랑을 한사군 낙랑군으로 보기는 어렵지 않은가!

이러던 낙랑에 무슨 일이 있었는지는 모르겠으나 낙랑군이 반란을 일으키자 대무신제가 친히 정벌에 나섰다. 이후 《삼국사기》에 대무신왕 15년(32) 호동왕자와 사랑에 빠진 낙랑공주가 자명고를 찢는 바람에 고구리군에게 포위된 국왕 최리가 공주를 죽이고 항복했고, 20년(37년)에 낙랑을 습격해 멸망시켰다는 기록이 있는데,

《고구리사초략》에는
"대무 20년 정미(47) 3월, 낙랑이 배반하자 상이 친히 그 도읍 옥저(沃沮)를 쳐서 빼앗으니 최리(崔理)가 북쪽 남옥저로 달아났다."라는 기록과
"대무 27년 갑인(54) 4월, (자명고가 찢어지자) 옥저에서 대군을 이끌고 배를 타고 들어가 그 도읍을 빼앗고 최리 내외를 포로로 잡아 돌아왔다.
낙랑은 시길로부터 4대 80여 년 만에 나라가 없어진 것이다."라고 기록되어 있다.

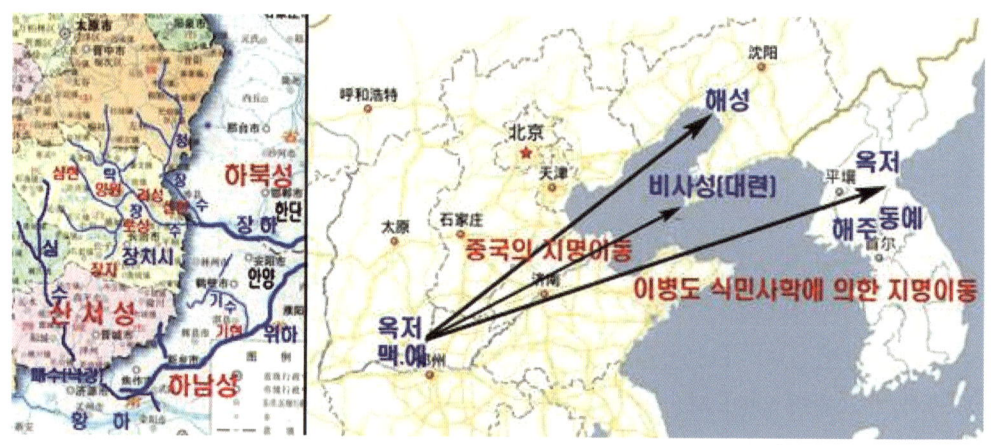

<옥저는 청장수가 흐르는 산서성 동남부 일대(좌), 역사왜곡되어 이동된 옥저(우)>

추가로 "대무 29년 병진(56) 7월, 낙랑의 남은 유민들이 동옥저와 함께 반란을 일으키자 장수를 보내 동옥저 땅을 빼앗아 해서군(海西郡)이라 하고 낙랑의 잔당들을 원하(洹河) 땅에 살게 했다."라는 기록이 있어, 대무 신왕때 멸망시킨 낙랑국의 잔당들이 계속 반란을 일으켰음을 알 수 있다.

자기네 나라를 멸망시켰던 고구리에게 반감이 컸던 이들은 고구리가 강성할 때는 숨죽이고 살다가 고구리가 중국의 침략을 받게 되면 중국을 군사적으로 돕기도 했다.

《중국 고대지명대사전》은 원화(洹河)에 대해 "안양(安陽)하라고도 한다. 산서성 여성(黎城)현에서 나와 하남성 임(林)현까지 흘렀다가 다시 동류해 안양현으로 흐른다.
나루터 동남쪽에서 나오는 물이 원하이고 동류해 내황(內黃)까지 흘러 위하(衛河)로 들어간다."라는 북부 하남성 안양 부근을 지나는 강이 라는 설명인데, 이곳이 옥저의 땅이라는 위《고구리사초략》의 설명과도 일치한다.

(※ 옥저의 위치에 대한 설명은 제3편의 제1장 권10 청장수 참조)

《고구리사초략》에
"태조황제 26년 정축(137)에 주나(朱那)의 잔당들이 낙랑과 함께 패하(浿河) 하구를 공격해와 화직이 그들을 평정했다"와 "141년 4월 낙랑 태수 룡준이 서안평(西安平)을 침입하니 안평태수 상잠이 이를 쳐서 깨고 룡준의 처자 및 병장기를 빼앗아 돌아왔다."라는 기록이 있어 고구리가 낙랑국의 잔당을 평정했음을 알 수 있다.

《후한서 동이열전》에
"질·환제(質·桓帝) 시대(146~167)에 다시 요동의 서안평을 침범해 대방 현령을 죽이고 낙랑 태수의 처자를 포로로 사로잡았다"라는 기록이 있는데,
만약 이 낙랑이 한사군이었다면 자기네가 파견한 낙랑 태수의 처자를 포로로 잡았다는 기록이 되는데 이런 스토리가 과연 성립될 수 있을까?

2. 공손씨의 요동도 한사군인가?

55년 태조대왕이 요서에 10성을 쌓은 이후 한나라의 군현도 설치되지 못했고 낙랑의 잔당들조차 잘 준동하지 못했다가 한나라와 고구리 사이에 큰 전쟁이 벌어졌다. 무도했던 7대 차대왕을 폐하고 신대제를 옹립하는데 앞장섰던 명림답부의 좌원대첩과 고국천제의 좌동친정에서의 대승은, 패배한 후한을 멸망의 구렁텅이로 몰아넣었다. 한사군의 뿌리가 아예 송두리째 뽑히게 되었던 것이다.

1) 좌원대첩과 좌동친전

신대제 3년(167) 유주의 공손역이 현토 태수를 자칭하면서 쳐들어오자 이를 격퇴했으며, 이듬해 한나라 사람 경림이 현토 태수를 자칭하고 쳐들어와 우리 군사 수백 명을 죽이고 노략질하자 이를 쳐서 물리치고 그들의 처자와 그림과 칼(圖釖)을 노획했다.

그러자 신대제 8년(172)에 공손역과 경림과 교현 등이 색두와 함께 병력을 합해 또다시 대군을 이끌고 고구리로 쳐들어왔다. 신대제는 명림답부의 계략대로 성문을 굳게 닫고 지키기만 했다. 시간이 지나면 지날수록 식량이 떨어진 한나라 군대가 굶주리게 되었고 사기마저 떨어지자 돌아가려 했다.

이때 명림답부가 기병 수천 명을 거느리고 추격해 좌원(坐原)의 들판으로 몰아넣으니 굶주림에 지친 한나라 군사들이 맞서 싸울 힘도 없이 몰살당해

단 한 필의 말도 살아서 돌아가지 못했다. 이 소식을 들은 신대제는 크게 기뻐하며 명림답부에게 좌원과 질산을 식읍으로 삼게 했다고 한다.

역사학자 박은식이 쓴 '명림답부전'에는
고구리를 공격한 한나라 군사는 10만 대군 이라고 한다. 그 많은 군사와 말이 모조리 몰살되었다는 것은 명림답부의 지략과 고구리 군사들의 용맹이 얼마나 뛰어났는지를 알 수 있다. 명림답부는 청야(淸野)전술로 작전상 후퇴하면서 주변에 적이 쓸만한 모든 군수물 자와 식량 등을 없애 적군을 지치게 만들었는데 이는 고구리가 중국과 전쟁할 때 주로 사용했던 전술이다.

고국천제 6년(184)에 한나라의 요동 태수가 군사를 일으켜 쳐들어오니 왕자 계수가 막았으나 패하자 제가 직접 정예기병을 거느리고 한나라 군사와 좌원에서 싸워 승리했는데 베어버린 적의 머리가 산더미처럼 쌓였다는 전투이다. 12년 전 10만 대군을 전멸시킨 명림답부의 좌원대첩의 여파로 멸망의 깊은 늪으로 들어서게 된 한나라는 이 좌동친전이 치명타가 되어 급격히 무너지고 만다.

일명 '황건적의 난'으로 알려진 대규모 농민봉기인
황건기의(黃巾起義)가 일어난 것이다.
《삼국사기》에는
"고국천왕 19년(197) 중국에서 큰 난리가 일어나 피난해 귀순하는 한나라 백성들이 매우 많았다."라고 적혀있다. 참고로 좌원과 질산의 위치는 미상이다.

이후 한나라는 정국 불안과 가뭄 등 기상이변으로 민심이 이반해
황건적이 들끓게 되어 결국 망하게 되고 삼국시대를 맞이하게 된다.
중국은 역사의 아이콘인 한나라가 내부 요인에 의해 위·오·촉 삼국으로 분열되었다고 말하고 있으나, 실제로 한나라가 멸망한 이유는 고구리와의 두 차례 큰 전투에서 참패했기 때문이다.

10만 대군이 고구리에게 처참하게 전멸해 생산력이 극격히 저하되었으며 과부·고아들이 양산되면서 사회 불안이 고조되었기에 민란인 황건기의(黃巾起義)가 일어났던 것이다.

이런 상태에서 한사군이 기원전 108년부터 400년간 줄곧 한반도에서 존재 했다는 이론이 과연 성립될 수 있는지 큰 의문이 든다.

2) 반역자 발기

신대제는 슬하에 모두 5명의 황자를 두었다. 목황후 소생으로 장자 현태자, 차자 고국천제, 3자 발기(發岐)가 있었고, 궁인 주씨 소생으로는 4자 산상제(연우)와 5자 계수가 있었다. 고국천제가 소생 없이 죽자 서출 동생인 연우가 뒤를 이어 보위에 올랐다.

연우는 매우 총명하고 지혜로웠으며 외모가 멋져서 형수였던 고국천제의 우(于)황후가 좋아해 남몰래 상통했는데, 우황후가 제의 죽음을 숨긴 채 몰래 연우를 궁중으로 맞아들여 가짜 조서로 보위에 올리고 나서 국상이 났음을 알렸다.

산상제는 황제의 면포를 착용하고서 황후가 바치는 대보를 받았다. 황후가 절하고 말하기를 "신첩은 대행(고국천제)의 총애를 받았으나 자식이 없어 따라 죽어야 마땅합니다만, 대행께서 이르시기를 '당신은 마땅히 내 동생과 혼인해 아들을 낳아 내 뒤를 잇게 하시오.'라고 하셨습니다. 원하옵건대 폐하께서는 따라 죽지 못한 가련한 저에게 조속히 훌륭한 아들을 점지해주시 면, 그로써 대행의 영혼을 위로해 드리겠습니다."라고 말했다.

산상제는 답례로 절하고는 대보를 받고 나서 말하기를 "형수를 처로 맞아 들이는 것은 온당한 일이오. 조속히 태자를 낳아 형황(고국천제)께 바치시오."라고 말했다. 이윽고 산상제가 황후를 데리고 천자의 옥좌에 오르자 백관은 산신에게 불을 밝히며 만세를 불렀다고 기록되어 있다.

고국천제의 동복아우 발기는 연우의 적출형인지라 자신이 보위에 올라야 마땅함에도 그러하지 못한 까닭에 이 소식을 듣고는 대노하며 사병 300명을 데리고 궁궐을 포위하려 했으나 발기의 처자가 함께 그러지 말라고 극력 말렸다. 그럼에도 발기가 말을 듣지 않자 발기의 처가 궁궐로 달려가 고변했다.

국상 을파소가 "나라의 주인은 이미 정해졌소. 제위를 다투는 자는 적이오."라고 교통정리를 하자, 국인들이 산상제를 받들고 발기를 치기로 결정했다. 발기가 와서 보니 궁궐의 문이 굳게 닫혀있고, 사방에는 지키는 병사들이 빽빽이 서 있었다. 만궁이 기다리고 있다가 "태왕께서는 우애 있고 어지신 마음으로 이미 당신을 용서하시었습니다. 그럼에도 더 이상 다가오시면 후회하시게 됩니다."라고 경고했다.

발기는 울분을 터뜨리며 소리를 질렀다. 그리하여 발기를 오랏줄로 묶어 귀양을 보냈고, 그의 군대 모두는 '새 임금 만세!'를 불렀다. 산상제는 형님 발기가 어리석었을 뿐이지 모의한 것은 아니라며, 죄를 면해주고 배천(裵川)형왕으로 봉했다. 그러나 발기는 자신의 과오를 뉘우치지 못하고 무리를 이끌고 모반하여 두눌(杜訥) 땅으로 들어가 스스로 황제라 칭했다.

발기는 요동 태수 공손탁(公孫度)에게 지원을 요청하며 "소국은 불행합니다. 형님이 죽자 형수가 가짜 조서로 (서출) 동생을 제위에 세웠습니다. 대왕께서는 저를 도와주시기를 바랍니다. 나라를 되찾으면 반드시 보답하겠습니다."라고 말했다.

발기가 돌아간 후 공손탁이 "고구리에서 증모처수(烝母妻嫂)는 일상적 관습이다. 지금 발기는 형수를 처로 삼지 못하고 이복동생에게 빼앗겨 예법을 따지며 제위를 다투고 있으니, 이때를 틈타 말로는 발기를 돕는 척하면서 기습한다면 그 나라를 빼앗을 수 있겠다."라고 말하니,

아들 공손연이 "고구리에는 을파소라는 훌륭한 신하가 있어 방비가 튼튼할 것이므로 깊이 들어가는 것은 가당치 않으니, 발기의 무리와 함께 고구리의 서쪽 변방을 빼앗아 차지하는 것이 상책일 것입니다."라고 말했다. 공손탁이 3만의 군사로 말로는 발기를 돕는 척하며 개마·구려·하양·도성·둔유·장령·서안평·평곽군 등을 급습해 차지하고는 발기를 돕지 않았다. 이에 발기는 울분으로 인해 등창이 났다.

9월에 계수가 두눌을 정벌해 그 뿌리를 뽑아버리니, 발기는 배천으로 패주하고는 아들 박고에게 이르길 "나는 적장자인데도 우씨의 거짓 놀음으로 서얼에게

쫓겨났고, 나라의 서쪽 땅마저도 공손씨에게 빼앗겼으니 무슨 면목으로
세상에서 살수 있겠느냐?"라고 말했다.
그리고는 스스로 목을 칼로 그었으나 아들이 구해서 죽지 못했다. 발기가 말하길
"곧 종창이 도질 것이다. 죽지 않으면 무엇 하겠느냐?"라고 말하고는 기어가 물속
에 빠졌다. 발기를 잡으러 뒤쫓아 온 기마병들이 다다랐더니 발기는 이미 죽었었다.
산상제는 왕의 예법에 따라 배령에 장사하여 주고 '배천대왕지릉'이라는 비석도
세워주었다. 박고는 무덤을 지키면서 물고기를 잡아 연명했고,
자신을 '위수(渭水)의 어부'라고 했다. 임금이 여러 번 불렀으나 돌아오지 않았다.
형 공주를 처로 삼아 보내주었다.
참고로 발기의 아들이 배천에 있는 발기의 무덤을 지키면서 자신을 '위수의 아들' 이
라 했다는 기록은 당시 고구리의 강역이 섬서성 중부를 가로 지르는 물길인 위수까지
였다는 것을 의미하는 것이다.

발기와 관련 있는 배천과 두눌의 위치는 미상이며,
공손탁이 차지한 서쪽 변방의 지명 중
하양(河陽)은 왕옥산 앞 황하변이고,
둔유(屯有)는 산서성 동남부 둔유(屯留)현이고,
서안평(西安平)은 황하와 분하가 만나는 하진(河津)시이며,
평곽(平郭)은 요동군에 속하는 현이나 위치는 미상이며,
나머지 지명들의 위치도 미상이다.

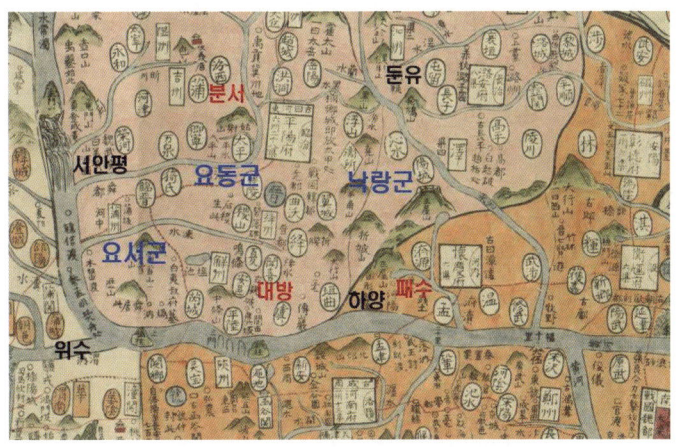

〈공손씨와 관련 있는 지명들〉

3) 공손씨의 요동, 대방
간(고구리)에 붙었다 쓸개(한)에 붙었다 하던 중간세력들은 184년 고국천왕의
좌동친전 이후 완전히 와해 되었다가 슬그머니 되살아나게 되는데, 그 대표적인
세력이 요동 태수 공손탁(公孫度)이고 그 가문은 50년간 고구리와 위나라 사이에
서 독자 세력을 구축하게 된다.

《삼국지》에는 "유주의 요동군 양평현 출신 공손탁(150~204)은 아버지를 따라
현토군으로 옮겨가 살다가, 189년 같은 고향인 서영의 추천으로 당시 한나라 승상
동탁에게 요동 태수로 임명되었다."라고 기록되어 있다.

당시 한나라는 내부에서 '황건적의 난'이 일어나 외부에 있는 요동을 넘볼 여력도 없던
차에 마침 그쪽 지역에 밝은 공손탁이 오니 현지인을 요동 태수로 임명했던 것이다.
이는 현재 한국이 임명하는 북한 5도청의 도지사 선임과 같은 맥락으로 이해 하면 된다.

이후 한나라 조정에서 작위를 내릴 때마다 공손탁은 " 내가 왕인데 어찌 한(漢)이
내리는 지위를 받겠는가? "며 인수를 창고에 던져 버렸다는 일화도 있다.

《고구리사초·략》에는
공손씨 가문의 50년 존속에 대해 "고국천제 12년 (190) 공손탁이 요동 태수가
되어 고향으로 돌아가 예전에 싫어하던 큰 성씨 10여 가문을 죽여 보존함을
얻고자 사신을 조정에 보내왔으나 이를 물리쳤다.
이듬해 부산(富山)의 즉홀백 등이 개마를 침략했기에 이를 토벌하려 하니
공손탁이 돕겠다고 청했으나 허락하지 않았다."라고 기록되어 있어
공손탁은 한나라와 고구리 사이에서 양다리 걸치기 외교를 했던 것으로 보인다.

그러던 중 고구리에서 서출 동생 산상제가 즉위하자
반란을 일으킨 적형(嫡兄) 발기가
공손탁을 찾아가 지원을 요청하자 공손탁은 발기를 도와주는 척하다가
고구리의 서쪽 땅을 차지해버렸다. 그러나 을파소가 역적 발기의 반란을 평정한 후
좋은 계책으로 잃어버린 서쪽 땅을 서서히 복구했다.

산상제 8년(204)에 공손탁이 죽자 아들 공손강(康)이 요동 태수를 대신 했다.
11년 (207) 정해 4월에 조조가 원상(원소 아들)을 정벌하러 오자
공손강은 조조가 자신을 습격할까 걱정했으나, 적대관계였던 고구리에게 항복할 수는

없었던지라 원상을 유인한 후 그의 목을 베어 조조에게 바쳤다.
사람 들은 공손강이 필히 뒤탈이 생길 거라고 말했다.

13년(209) 기축에 공손강은 둔유(屯有=遼中) 이남의 땅을 차지하고 대방국(帶方國)이 되었고, 이듬해 3월에 공손강이 고구리의 서안평(西安平)에 처들어왔다가
이기지 못하고 돌아갔다.
25년(221) 신축에 공손강이 죽고 동생 공손공(恭)이 섰다.

220년 조조의 아들 조비가 후한의 헌제로부터 제위를 찬탈해 위(魏)나라를 칭하자,
221년 유비가 촉한(蜀漢)을 세우고 스스로 황제라 했고,
229년 손권이 오나라를 세우고 황제를 자칭했다.
드디어 중국에서는 한나라가 사라 지고 위·오·촉 삼국시대가 열렸다.

228년에 공손강의 아들 연(淵)이 숙부 공을 감금하고는 연왕(燕王)임을 자칭했다.
공손연은 간사한 꾀를 내어 오왕 손권에게 사신을 보내 칭신하며
위나라를 함께 치자고 제의해 손권이 군사를 보냈는데
공손연이 위나라와의 관계 개선을 위한 미끼로 삼기 위해 동오의 장군들을 죽이려
하자, 이들이 고구리로 달아나 연합해 공손씨를 치자고 제안했다.

위나라는 간악한 공손연을 제거하기 위해
공손연에게 위나라의 '대사마 낙랑공'으로 봉한다는 사신을 보내면서
공손연을 죽이라고 지시했다. 그러나
그 음모를 미리 간파한 공손연이 병사를 많이 늘어세워 책명 받는 곳을 포위해버리
자 사신들은 아무런 음모가 없었던 것처럼 행동해야 했다.

드디어 위나라와 고구리 사이에 고위동맹(高魏同盟)이 체결되었고
위나라가 공손연을 쳐서 토벌했다. 이로써 공손씨의 요동은 3대 50년 만에 망했다.
그런데 중화 사대주의에 물든 식민사학계에서는 이 공손씨의 세력까지
한반도 한사군 400년의 연장선상에 있었다고 주장하고 있는데,
그야말로 어불성설이라 아니할 수 없다.
본국(위나라)에서 자기네 식민지 총독(공손연)을 공격해
멸망시킬 수는 없는 일 아니겠는가!

공손강이 둔유 남쪽에 세운 대방국은 《한서 지리지》에서 낙랑군30) 에 속한 현으로 산서성 남부 문희현 일대이고, 둔유는 지금의 산서성 동남부 장치시의 둔유(屯留)현이다. 대방고지(帶方故地)라는 용어가 있듯이 대방은 백제의 시국처이기도 했다.
《중국 고대지명대사전》에는 대방군31)에 대해 "한나라 때 대방현을 설치했고, 후한 말 공손강이 낙랑군을 나누어 남부를 대방군 땅으로 했고, 대수를 이름으로 했다"라고 하면서 지금의 한반도 황해도와 평안도 남부라고 설명하고 있다.

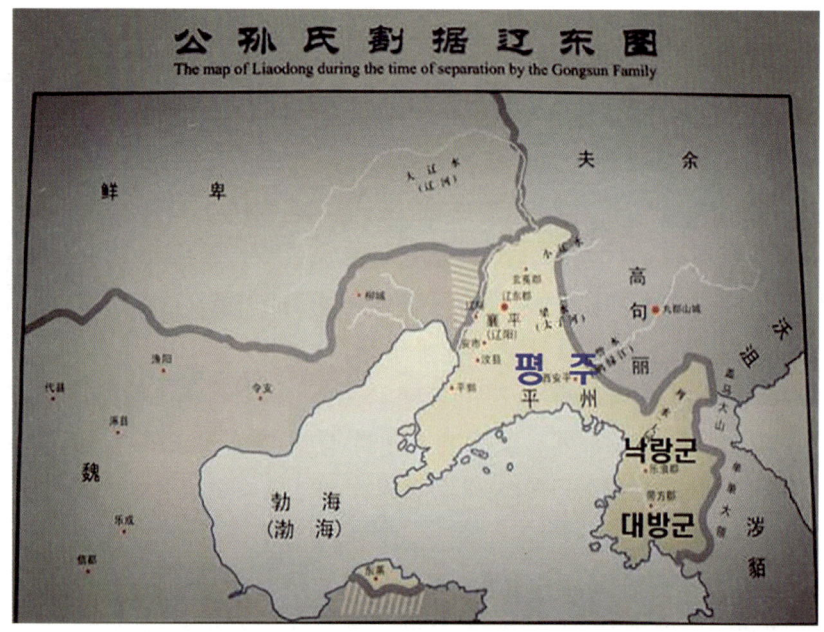

〈중국이 제멋대로 그린 공손씨의 요동도〉

이는 명백한 지명이동을 통한 역사 왜곡이다.

---

30) (乐浪郡 낙랑군) 武帝元封三年开。莽曰乐鲜。属幽州(속 유주)。户六万二千八百一十二，口四十万六千七百四十八。有云鄣。县二十五：朝鲜，誎邯，浿水(패수)，水西至增地入海。莽曰乐鲜亭。含资，带水(대수)西至带方入海。黏蝉，遂成，增地，莽曰增土。带方(대방)，驷望，海冥，莽曰海桓，列口，长岑，屯有(둔유)，昭明，高部都尉治。镂方，提奚，浑弥，吞列，分黎山，列水所出。西至黏蝉入海，行八百二十里。东暆，不而，东部都尉治。蚕台，华丽，邪头昧，前莫，夫租。

31) 带方郡：汉置带方县，后汉末公孙康割乐浪郡，南部为带方郡地，以带水为名，晋因之，后没于高丽，自高句骊并乐流后，带方遂为高马列主义、百济竞争之地，后魏复置带方县于此。

공손씨의 나라는
고구리의 남쪽인 산서성 동남부와 북부 하남성 황하변 일대에 있던 작은 독자 세력 이었다. 이러한 공손씨의 대방국이 한반도 황해도까지 들어오게된 이유는 강단사 학계가 중화 사대주의와 일제 식민사학에서 아직도 깨어나지 못하고 있기 때문이다.

《삼국지 위서》 동이전에
"237년 명제(明帝)가 몰래 대방태수 유흔과 낙랑 태수 선우사를 파견해 해(海)를 건너가 대방, 낙랑의 두 군을 평정했다. (생략) 한인(韓人)들이 모두 격분해 대방을 공격하니 태수 궁준(弓遵)과 낙랑태수 유무(劉茂)가 정벌했다"라는 기록이 있는데 이상하게도 태수들의 이름이 바뀌었다.
또한 "238년에 사마의가 군사를 크게 일으켜 공손연을 죽이고 또 몰래 해(海)를 건너가 낙랑군과 대방군을 수습했다. 그 후로 해외가 안정되어 동이(東夷)들이 굴복했다"라는 해괴한 기록이 있다.

《고구리사초략》에는
"동양대제 11년 정사(237) 3월에 유흔·선우사·오림 등이 대방, 낙랑 등 소국들을 침공해 공손연과 한 몸이 됐다"라는 기록이 있다. 그들은 위나라에서 파견된 태수가 아니라 반고구리 적대세력이었다. 왜냐하면 공손연을 제거하려는 위나라가 대방, 낙랑을 공격해 그걸 공손연에게 줄 리가 없을 테니까 말이다.

또한 "240년 대방사람 궁준(弓遵)이 위나라의 대방 태수를 자칭하며 고구리의 변방을 침략하고 신라, 왜와도 소통해 많은 근심거리를 만들기에 장수를 보내 제거했다"라는 기록이 있다.
이 낙랑이 한사군이었다면 어찌 그들이 신라, 왜와 소통할 수있었을까.
또 태수를 자칭했다는 말은 위나라에서 정식으로 임명한 태수가 아니라는 것을 의미한다.

게다가 "12년 무오(238) 정월에 위나라가 사신을 보내 함께 공손연을 토벌하기를 요청하기에 5천 병력을 남소(南蘇)로 보내 관망하며 성원하라 했다.
8월에 공손연을 멸한 뒤 약속을 저버리고 교만, 방자해지자
상이 대노하며 사마의와의 소통을 끊었다"라는 기록이 있다.

그토록 살벌한 상항에서 위나라가 몰래 낙랑, 대방군을 수습했다는 건 도무지 납득이 되지 않는다. 그렇다고 동이(고구리)가 굴복한 적이 없고 동양대제(동천왕)가 먼저 선공을 가했더니 위나라 무구검이 쳐들어왔던 것이다.

4) 무구검의 침공 때 존재한 낙랑, 대방
246년에 고구리가 위나라 무구검에게 잠시나마 큰 난리를 겪는 중에
낙랑 태수 유무(劉茂)와 대방 태수 왕준(王遵)이 남쪽으로 들어와
무구검을 돕자,
백제의 고이왕이 그 비어있음을 틈타 두 곳을 기습해 많은 수의 변방 백성을
잡아가는 어부지리를 취했다는 기록이 있는데, 중국은 이 두 태수와 동양대제(동천왕)가 남옥저로 달아날 때 추격했던 현토 태수 왕기 등이 한사군이었다고 주장하고 있으나 이들은 고구리에게 종종 반기를 드는 적대 세력들이었다.

위나라는 낙랑, 대방 등에서 누군가가 찾아와 충성을 맹세하면 관할이 아님에도 태수로 봉했고 또 스스로 태수를 칭한 자들도 있었다. 훗날 유무는 흉노족의 전조(前趙)에서 왕준은 선비족 모용외 밑에서 벼슬했던 것으로 보아 이들은 위나라 파견 태수가 아니라 낙랑국 잔당들에 의한 적대 행위였는데
낙랑군으로 해석된 것이다.

① 현토군은 본시 누구 땅인가?
현토군은 최초 낙랑군의 예맥 땅인 산서성 동남부에 있었다가 서북쪽으로 이전했다. 아래 《고구리사초략》의 연혁들에 의하면,
현토의 땅은 건국 초기부터 고구리의 영토였음을 알 수 있다.
"추모대제 13년 병신(기원전 25) 5월,
소서노 황후의 외가 오빠 을음을 현토 태수로 삼아 남구에 머물게 하였다."
라는 기록과
"대무신제 9년 병신(36) 12월, 개마의 반중과 한나라 사람들이 함께 구려성으로 쳐들어오자 현토 태수 구추가 달려가 구하다가 병이 나서 죽었고, 송옥구가 대신해 싸워 이를 평정했다."라는 기록이 그것이다.

그러다가 "태조황제 10년(121) 신유 12월, 요광이 구려의 거수를 꼬드겨 현토 도위로 삼고 비리의 반적 위구태와 함께 모의해, 자몽의 옛 땅을 회복 하고자 천서에 새로이 현토부를 두고 거기에서 머물렀다. 이에 제께서 마한·개마의 1만 기병을 이끌고 천서를 공격했으나 이기지 못하고 돌아왔다."
라는 기록에서 고구리가 반역도당에게 잠시 현토를 잃었으나 한사군하고는 아무런 상관이 없음을 알 수 있다.

이후 "신대제 3년 정미(167) 2월, 유주의 공손역이 현토 태수를 자칭하면서 구리(丘利)에 쳐들어와 화진이 이를 격파했다."라는 기록과 "5년 기유(169) 4월, 한나라 사람 경림이 현토 태수를 자칭하고, 교현과 함께 구리의 땅에 쳐들어와 노략질하기에 화백이 이를 쳐서 물리치고 그들의 처자와 도인(圖釰)을 노획했다." 라는 기록에서 현토는 다시 고구리의 강역이 되었음을 알 수 있다.

동양대제(동천왕) 5년 신해(231), 위나라가 공손연을 요동태수·거기장군으로 삼아 우리의 현토성을 기습했다. 우위장군 주희에게 명해 이를 쳐서 깨뜨렸다."라는 기록이 있고,
11년 정사(237), 공손연이 연왕을 자칭하고 교만하게 거드름을 피우니, 동양대제가 위나라에 사신을 보내 공손연을 토벌할 계획을 상의했다.

위나라는 무구검을 유주자사로 삼아 선비·오환과 함께 요대에 진을 치니, 공손연이 나와 이들을 격파하니 무구검은 우북평으로 철수했다. 우리 군대가 현토 서쪽의 땅이 비어있음을 틈타 백여리를 취했다."라는 기록에서 현토는 고구리의 땅이었음을 알 수 있다.

또한 "중천제 12년 을묘(259) 겨울 12월, 갑자기 위나라 군대가 쳐들어와 노략질하기에, 목원으로 하여금 날랜 기병 5천을 추려 양맥곡에서 들이쳐서 대파했다. 위나라 장수 위지개를 목 베고 8천여 급을 베었더니 노획한 병장기와 마필도 셀 수 없이 많았다. 이를 양곡대전이라 한다. 반적 왕간은 도주했다. 제는 목원을 현토 태수로 삼고 부산공으로 봉했으며, 후에 마산공으로 바꾸어 봉했다."라는 기록이 있어 역시 현토는 고구리의 땅이었음을 알 수 있다.

《고구리사초략》에 의하면

당시 서진의 낙랑군은 완전 허구였음을 알 수 있다. 대한민국이 현재 이북5도청을 운영하는 것과 같은 이치로 서진은 평주를 임의대로 자기네 행정구역으로 바꾸었다는 것을 알 수 있다.

"서천대제 5년 갑오(274) 가을 8월, 서진이 유주의 다섯 군을 떼어내 평주로 삼았다. 일설에는 범양·상곡·북평·요서라 하고, 다른 설에는 창려·요동·대방·낙랑·현토라고 했다. 이 땅들 모두 이미 서진의 소유가 아니었고 교위·태수·참군은 허위로 말한 것이었으니, 웃을 일이 아니겠는가!"

3. 미천대제가 소멸시켰다는 한사군(?)

《삼국사기》에는

"미천왕 3년(302) 가을 9월, 왕이 군사 3만을 거느리고
현토군을 공격해 8천 명을 사로잡아 평양으로 옮겨 살게 했다."라는 기록 이후 무려 9년간의 기록이 생략되어 있고,
"12년(311) 가을 8월, 장수를 보내 요동 서안평을 공격해 빼앗았다.
14년 겨울 10월, 낙랑군을 침공해 남녀 2천여 명을 사로잡았다.
15년 가을 9월, 남쪽으로 대방군을 침공했다. 16년 봄 2월, 현토성을 격파했다. 적의 사상자가 매우 많았다."라는 짧은 기록만이 있을 뿐이다.

한, 중, 일 사학계는
미천태왕 3년 기록에 언급되는 현토군, 12년의 요동군,
14년의 낙랑군, 15년의 대방군
모두가 기원전 108년 한나라 무제가 한반도에 설치한 식민지 한사군이며,
그 식민지가 이 땅에 400년간 줄기차게 존속되다가 미천왕 때에 이르러서야 소멸되었다고 주장하고 있다. 과연 이러한 주장이 옳은지 그 여부를 《고구리사초략》의 기록을 통해 상세히 알아보도록 하겠다.

1) 현토군이 아닌 남소성 공격
위 《삼국사기》의 3년 현토군 기록은 《고구리사초략》에 "3년(302) 임술 가을 9월 3일, 상이 친히 정예 3만을 이끌고 현토(玄菟) 땅으로 진군해, 15일에 남소(南蘇)성을 쳐서 빼앗았다. 남소는 본시 우리의 신성한 땅으로 무구검에게 빼앗겼다가, 혹은 우리가 혹은 저들이 아침에 차지했다가 저녁에 잃은지 오래되었다.

상이 야인 시절에 이곳을 여러 차례 지나며 지리·인정·성곽·해자와 허실 을 상세히 살폈던 적이 있었기에, 선방을 대주부로 삼아 은밀히 토착민 우두머리들과 상통하면서 수군과 육군을 동시에 진군시켜 태수 경창 등
다섯의 목을 베고 8천 명을 사로잡아 평양으로 옮겼다."라는 기록이 있다.

미천대제가 진군한 당시 현토는 고구리의 땅이었고, 현토에 주둔하면서 그곳에서 가까이 있는 남소성을 공격해 빼앗았다는 말이다. 당시 남소성은 고구리가 뺏고 빼앗겼던 격전지였다. 미천대제가 남소 태수의 목을 친 것으로 보아 당시 경창은 서진을 추종하는 반고구리 세력이었던 것으로 보인다.

이런 내용을 《삼국사기》에서 간단하게 기록하는 바람에 한, 중, 일 사학계가 이를 근거로 한사군의 하나인 현토군이 한반도에서 400년간 존재했다고 주장했던 것이다. 만일 《고구리사초략》이 없었더라면, 아마도 그들 주장의 허구를 밝혀내지 못했을 것이다.

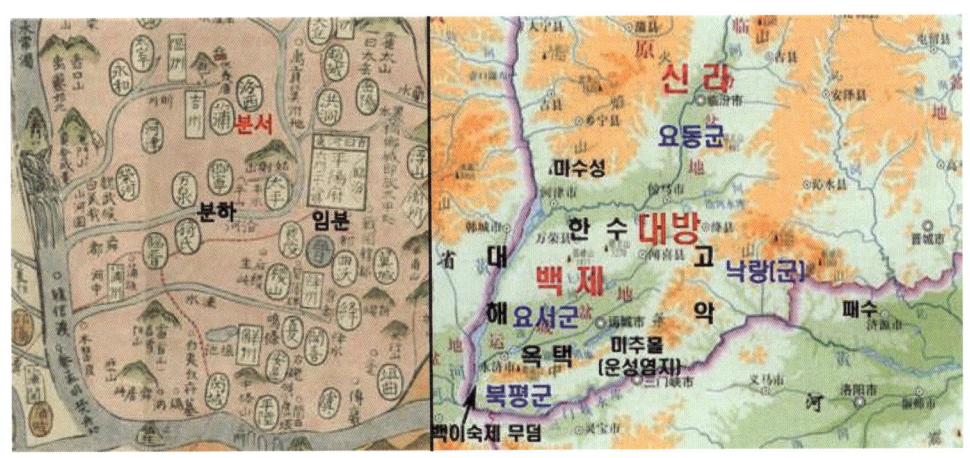

〈산서 남부 임분시 서북쪽 분서(汾西), 낙랑의 서도 대방현은 문희현 부근〉

2) 낙랑 정벌 후 직접 통치한 미천제
《삼국사기 백제본기》에
"분서(汾西)왕 7년(304) 봄 2월 몰래 군사를 보내 낙랑의 서쪽 현을 습격해 빼앗았다. 겨울 10월 왕은 낙랑 태수가 보낸 자객에게 해를 입어 죽었다."라는 짧은 기록이 있는데, 이 기록만 놓고 보면 이 낙랑은 마치 한사군의 낙랑군으로 인식될 수도 있다. 참고로 백제 분서왕 7년은 고구리 미천태왕 5년이다.

《고구리사초략》에는 위 상황이 훨씬 더 상세하게 설명되어 있다. "미천대제 5년 (304) 갑자 봄 2월, 백제의 분서왕이 낙랑의 서도를 습격해 파하고는 그 땅을 군(郡)으로 만들었다. 그 땅은 본래 분서의 모친인 보과(寶菓)의 친인 대방의 도읍이었기에 분서가 모친을 위해 탈취한 것이다.
낙랑왕 자술은 장막사에게 사신을 보내 화친을 청했고,
상은 장막사에게 분서왕과 서로 모의해 낙랑을 분할 시키라고 명령했다.

낙랑왕 자술은 이에 화가 치밀어 고구리에게는 척화(斥和)했고,
백제 분서왕이 서도를 습격해 탈취한 것에 대해 분을 참지 못해 원수를 갚고자 했다. 이해 10월, 낙랑왕 자술의 신하에 황창랑이란 자가 있었는데, 계림사람으로 예쁘게 생기고 담력과 용기가 있었다. 황창랑이 미녀처럼 꾸미고 분서를 찾아 가니, 분서가 그 미모에 빠져 수레 안으로 부르자 황창랑이 분서를 칼로 찔러 죽였다."
라는 기록이 있다.

미천대제는 5년(304) 5부·9진·37소국에 명해 보·기병의 훈련을 감독하게 하고, 재주 있는 장정들을 가려 뽑아 좌·우위군(衛軍)에 배속시킨 다음 군병을 이끄는 용병술을 가르쳐 숙련시키게 했다. 8년(307) 정묘 가을 9월에 는 수륙군 30만을 압록의 들에서 사열하고는, 그들에게 30만 대군의 육성에 들어간 재물과 수고를 참작해 넉넉하게 보상해주는 등 나라의 군사력을 크게 키우는데 힘썼다.

이어 이듬해 고구리가 낙랑을 공격하자 자술이 칭신하며 화친을 청하니 고구리는 일단 선방의 가문과 자술과의 혼인을 통해 낙랑을 안심시키고 나중에 정벌하기로 했다. 얼마 후 안평이 평정되자 미천대제는 낙랑 땅도 평정하고자 했다.

《고구리사초략》에 "미천대제 14년 계유(313) 정월에 상이 태보 선방에게 '이제 낙랑을 깨야겠는데 어떤 계책이 좋겠오?'라고 물으니 선방은 '자술은 용맹하나 지모가 없으니 지략으로 취함이 좋고 정벌함은 마땅치 않을 것 즉 계략을 써서 기습으로 취하시길 청합니다'고 아뢰었다. 상이 그러자며
선방을 정남대장군으로 삼아 장수들을 이끌고 가서 형편을 보아가며 도모하라고 명했다."라는 기록이 있으며, 장막사에게 백제 비류왕을 회유해

낙랑의 자술왕과 서로 반목(反目)시키라고 명했다.

그러자 같은 해 "4월, 장통(張統)이 모용외(慕容廆)에게 투항하니 모용외는 장통을 낙랑 태수로 삼고 왕준(王遵)을 참군사(參軍事)로 삼는데 이것이 소위 모용외가 설치했다는 낙랑군이다."라는 기록이 있는데,
《삼국사기》에는 전혀 언급이 없는 기록이다.
오히려 《자치통감 진기(晉紀)》에 "313년 낙랑·대방 지역의 군벌 장통이 미천왕의 공격을 견디다 못해 일부 백성들을 이끌고 선비족의 모용외에게 항복하니 모용외는 자신의 세력권인 요서·요동 지역에 낙랑 유민을 받아 낙랑군을 설치하고 장통을 태수로 삼았다."라고 기록되어 있다.
그야말로 난민수용소 수준의 허울뿐인 낙랑군이었다.

이와 관련해 요동, 요서 일대에다 낙랑군을 비정하는 주장에 대해 주류사학계에서는 이 시기 모용외가 설치한 낙랑군과 혼동한 것으로 보고 있다.
재야사학계에서는 이 내용이 교치(僑置: 타국에 임시 설치)와는 무관하다고 주장하고 있다. 여하튼 한사군하고는 아무 상관 없는 낙랑군이다.

고구리가 낙랑을 어찌 섬멸했는지는 《고구리사초략》에 잘 묘사돼 있다.
"313년 10월, 선방이 낙랑 왕 자술과 살천원(薩川原)에서 만나 사냥하기로 했는데 자술이 고구리 정예기병들이 심히 많음을 보더니만 도망치려 하기에 선방이 쫓아가 자술을 사로잡았다." 이를 신호탄으로 해서 총공격명령이 내려졌다.

이어 "다른 장수들은 강가에 있는 낙랑의 모든 읍들을 평정했으며 교위부(校尉府)를 깨고 교위와 속국(屬國) 등 일곱 사람을 사로잡았으며 낙랑성을 습격해 깨고 남녀 2천여 명을 포로로 바쳤다. 미천제는 선방을 낙랑 왕으로 삼고 작위를 태공으로 올려 낙랑의 무리들을 지키게 했다."라는 기록이다.

이로써 자술에 의해 재건을 꿈꾸던 낙랑국 잔당들은 고구리에서 왕과 태수를 보내 직접 통치함으로써 꿈을 접고 영원히 역사의 뒤안길로 사라졌다.
《고구리사초략》에
"미천대제 17년 병자(316) 봄 정월에 주담(周淡)을 낙랑 태수로 삼았고
21년 경진(320) 정월에 낙랑 왕 선방이 죽으니 26년 을유 (325) 여름 4월
방부(方夫)를 낙랑 왕으로 봉했다."라는 책봉 기록이 있다.

참고로 낙랑 태수는
1976년 평남 덕흥리에서 발견된 호태왕의 신하였던
유주자사 진의 고분벽화에서 그 모습을 드러냈다.
강단사학계에서는 자사, 태수 관직명은 중국에서만 사용했던 관직이라고 주장하지만, 《고구리사초략》에 의하면 고구리에서도 자사, 태수라는 관직명을 사용했다는 기록이 있다.

이렇듯 상세히 살펴보았듯이 《고구리사초략》에 등장하는 낙랑의 대부분은 고구리에게 멸망한 낙랑국의 잔당들이 반고구리 세력이 된 것이었는데 이들을 식민사학계는 무조건 중국 군현인 낙랑군으로 해석했다.
그렇게 해서 본국의 주인이 바뀌어도 400년간 한반도에서 줄기차게 존재했다는 식민지 한4군이 생겨났던 것이다. 게다가 한4군이란 애당초 존재하지 않았고 설사 설치되었더라도 십 수년간 산서성 남부일것이다.
한4군! 이거 순 억지 주장 아니겠는가 !

제3편 수경주와
한서 지리지의
지명들

제1장 《수경주》에 녹아있는 우리 역사

제2장 《한서 지리지》의 유주는 어디인가

제1장 《수경주》에 녹아있는 우리 역사

필자가 우리 고대사 지명의 원래 위치를 찾음에 있어
가장 많이 이용했던 자료를 들라면, 지금은 접속이 막혀 있는
《중국 고대지명대사전》이라는 사이트였는데 그곳에서 지명 설명의 상당 부분을
《수경주》에서 인용하고 있음을 알게 되었다.
그래서《수경주》한글 번역본을 구해보려 했으나 시중에 나와 있지 않았다.
미발간된 주된 이유는 아마도 반도사관을 고수하고 있는 식민사학계에서
《수경주》의 내용은 우리 역사 강역과 아무 상관이 없다고 보았기 때문일 것이다.
그러나 일부 내용들로 인해 중국이 저지른 지명이동을 통한 역사왜곡의 진상이
밝혀질 수도 있다는 것만은 사실이다.

《수경주(水經注)》는
북위의 역도원이 편찬한 모두 40권으로 되어있는 고대 지리지이다.
원래는 한(漢)의 상흠 또는 진(晉)의 곽박(郭璞)이 지었다고 하는
《수경(水經)》에다가 주석을 붙인 것인데, 그 부분이 본문의 20배가량 된다.
황하(黃河) 수계에서 시작해 회하(淮河)와 양자강(揚子江)의 수로를 따라
그 주변 지역의 지리적 상황, 명승고적, 역사적 사건, 민간전설, 풍물 등
다양한 내용이 기록되어 있다.

《수경》이 137개 하천의 발원지, 경과지점, 합류점, 하구가 약술되어있는 반면에

《수경주》에서는 지류를 합해 1,252개 하천의 자연, 인문, 지리를 자세히 다루었기에
《수경주》에 인용된 서적만도 무려 437종류에 이른다.
원래 저술된 40권 가운데 10세기 무렵에 5권이 없어져 버린 부분을
18세기 이후 많은 학자들에 의해 본래의 모습으로 되돌리려는 문헌학적 노력이
진행되었다고 하는 데, 그중 가장 상세한 고증본은 1615년에 명나라의 주모위(朱謀㙔)가 복원한《수경주소(水經注疏)》와 1955년에 출판한 양수경(楊守敬)의
《수경주소(水經注疏)》이다.

그러나 명, 청 시기의 복원이라는 것이 말이 좋아 복원이지,
중원을 지배했던 동이족에 대한 내용은 지워버리고
중국의 자료로 대체하는 작업이 주가 아니었나 싶을 정도로
우리 역사, 문화와 관련된 내용이 많이 사라졌다는 것이다.
특히 권14에 언급된 물길들은 우리 역사와 밀접한 관련이 있는 물길로
그 위치를 모르게 하기 위해 14권에 따로 모아 편집하기도 했다.

산동성 청주(靑州)시 소재 역도원 동상

原序(목차)

卷一 ~ 卷五　河水(하수) 이하 河水의 지류

卷六　　　汾水　澮水　涑水　文水　原公水　洞過水　晉水　湛水

卷七 ~ 卷八　濟水

卷九　　　清水　沁水　淇水　蕩水　洹水

卷十　　　清漳水

卷十一　　易水　滱水

卷十二　　聖水　巨馬水

卷十三　　灢水

卷十四　　濕餘水　沽河　鮑丘水　濡水　大遼水　小遼水　浿水 (동이 역사)

卷十五　　洛水　伊水　瀍水　澗水

卷十六　　穀水　甘水　漆水　滻水　沮水

卷十七 ~ 卷十九　渭水

卷二十　　漾水　丹水

卷二十一　汝水

卷二十二　潁水　洧水　潩水　潧水　渠〈沙水〉

卷二十三　陰溝水　汳水　獲水

卷二十四　睢水　瓠子河　汶水

卷二十五　泗水　沂水　洙水

卷二十六　沭水　巨洋水　淄水　汶水　濰水　膠水

卷二十七 ~ 卷二十八　沔水

卷二十九　沔水　潛水　湍水　均水　粉水　白水　比水

卷三十　淮水(회수) 이하 회수의 지류

卷三十一　滍水　淯水　㶏水　㵐水　溮水　潕水　涢水

卷三十二　漻水　蘄水　決水　沘水　泄水　肥水　施水　沮水　漳水　夏水　羌水　涪水　梓潼水　涔水

卷三十三 ~ 卷三十五　江水(강수) 이하 강수의 지류

卷三十六　青衣水　桓水　若水　沫水　延江水　存水　溫水

卷三十七　淹水　葉榆河　夷水　油水　澧水　沅水　浪水

卷三十八　資水　漣水　湘水　灕水　溱水

卷三十九　洭水　深水　鍾水　耒水　洣水　漉水　瀏水　㵋水　贛水　廬江水

卷四十　　漸江水　斤江水　江以南至日南郡二十水　禹貢山水澤地所在

목차를 간단히 살펴보면 다음과 같다.

권1 ~ 권5 : 하수의 본류에 대해 상류에서 하류 순으로 설명.
권6 : 하수의 큰 지류인 분수와 그 지류들에 대한 설명.
권7 ~ 권8 : 하수의 대 지류인 제수에 대한 설명.
권9 : 제수 부근에 있는 하수의 지류에 대한 설명.
권10 : 하수의 큰 지류인 청, 탁장수에 대한 설명.
권11 : 장수 다음에 있는 하수의 지류인 역수와 구수에 대한 설명.
권12 : 성수와 거마수에 대한 설명,
(현재 북경 남쪽을 흐르는 물길로 보이도록 왜곡 편집되어 있다.)
권13 : 루수는 원래 하수의 지류였는데, 이를 천지에서 발원해 대동시를
거쳐 북경 부근으로 흐르는 물길로 보이도록 위장 편집했다.
권14 : 하수의 지류 중 우리 민족사와 관련된 물길을 위치 순서에
상관없이 무작위로 모아놓았다.
권15 ~ 권16 : 하남성 낙양 부근의 하수 지류에 대한 설명.
권17 ~ 권19 : 하수의 큰 지류인 섬서성을 가로지르는 위수에 대한 설명.
권20 ~ 권29 : 하수의 지류들에 대한 설명.
권30 : 회수의 본류에 대한 설명.
권31 ~ 권32 : 회수의 지류들에 대한 설명.
권33 ~ 권35 : 강수(양자강) 본류에 대한 설명.
권36 ~ 권40 : 강수의 지류들에 대한 설명.

《수경주》 40권 전체의 번역은 워낙 방대한지라 필자 개인이 혼자 하기에는 시간이 너무 많이 걸려 역부족이었다. 또 우리 역사와 상관없는 부분까지 굳이 번역할 필요가 없기에 여기서는 그 번역 분량을 아래와 같이 대폭 줄이기로 했다.

* 하수 권1, 2, 3, 5는 수경만 번역하고,
권15 ~ 권40은 수경도 번역하지 않는다.
* 하수 권4와 권6~14의 수경은 모두 번역하고,
수경주는 우리 역사와 관련되는 부분만 발췌해서 번역하도록 하겠다.

수경(水經)

卷 1 河水

崑崙墟在西北，去嵩高五萬里，地之中也。其高萬一千里。河水出其東北 陬，屈從其東南流，入渤海。又出海外，南至積石山下，有石門。

서북쪽에 있는 곤륜의 옛 터가 우뚝 솟아올라 오만 리를 가는데 땅의 중심이다. 그 높이가 만천리이다.

하수는 그 동북쪽 모퉁이에서 나와 굽어져 흘러, 그 동남쪽으로 흘러 발해로 들어간다. 또 해 밖에서 나와 남쪽으로 석문이 있는 적석산 아래까지 흐른다.

卷 2 河水

又南入蔥嶺山，又從蔥嶺出而東北流。其一源出于闐國南山，北流與蔥嶺所出河合，又東注蒲昌海。又東入塞，過敦煌、酒泉、張掖郡南，又東過隴西河 關縣北，洮水從東南來流注之。又東過金城允吾縣北，又東過楡中縣北。又東 過天水北界。又東北過武威媼圍縣東，又東北過天水勇士縣北。又東北過安定 北界麥田山。

또 남쪽 총령산으로 들어갔다가, 또 총령산을 가로질러 나와서 동북쪽으로 흐른다. 그 한 근원이 전국 남산에서 나오는데, 북쪽으로 흘러 청령에서 나오는 근원과 하수가 합쳐져, 또 동쪽 포창해로 흐른다. 또 동쪽으로 요새로 들어가는데, 돈황군, 주천군, 장액군의 남쪽이다. 또 동쪽으로 룽서군 하관현 북쪽을 지나는데, 조수가 동남쪽으로 굽어져 흘러 들어온다. 또 금성군의 윤오현 북쪽을 지나고, 또 동쪽으로 유중현 북쪽을 지나간다. 또 동쪽으로 천수군의 북쪽 경계를 지난다. 또 동북쪽으로 무위군의 온위현 동쪽을 지나고, 동북쪽으로 천수군의 용사현 북쪽을 지난다. 또 동북쪽으로 안정군의 북쪽 경계인 맥전산을 지난다.

卷 3 河水

又北過北地富平縣西, 又北過朔方臨戎縣西, 屈從縣北東流, 至河目縣西, 屈南過五原西安陽縣南, 屈東過九原縣南, 又東過臨沃縣南, 又東過雲中楨陵 縣南, 又 東過沙南縣北, 從縣東屈南, 過沙陵縣西。又南過赤城東, 又南過定襄桐過縣西, 又南過西河圓陽縣東, 又南過離石縣西。又南過中陽縣西, 又南 過土軍縣西, 又南過上郡高奴縣東,

또 북쪽으로 북지군의 부평현 서쪽을 지나고, 또 북쪽으로 삭방군의 임융현을 지나고, 종현에서 꺾여서 북동쪽으로 하목현 서쪽까지 흘러, 남쪽으로 꺾여 (병주에 속하는) 오원군의 서안양현 남쪽을 지나고, 동쪽으로 꺾여 구원현 남쪽을 지나고, 또 동쪽으로 임옥현 남쪽을 지나고, 또 동쪽으로 (병주에 속하는) 운중군의 정릉현 남쪽을 지나고, 또 동쪽으로 사남현 북쪽을 지나고, 종현 동쪽에서 남쪽으로 꺾여서 사릉현 서쪽을 지나간다. 또 남쪽으로 적성 동쪽을 지나고, 또 남쪽으로 (병주에 속하는) 정양군의 동과현 서쪽을 지나고, 또 남쪽으로 (병주에 속하는) 서하군의 은양현 동쪽을 지나고, 또 남쪽으로 이석현 서쪽을 지난다. 또 남쪽으로 중양현 서쪽을 지나고, 또 남쪽으로 토군현 서쪽을 지나고, 또 남쪽으로 (병주에 속하는) 상군의 고노현 동쪽을 지난다.

券 4 河水

(水經4-1) 又南過河東北屈縣西, 又南過皮氏縣西, 又南出龍門口, 汾水從東來注之。 또 남쪽으로 하동군 북굴현 서쪽을 지나고, 또 남쪽으로 피씨현 서쪽을 지나고, 또 남쪽으로 용문구로 나오고, 분수가 동쪽에서 가로질러 들어온다.

(注-1) 河水南逕北屈縣故城西, 西四十里有風山, 風山西四十里, 河南孟門 山。
(생략) 故《穆天子傳》曰：北登孟門, 九河之隥。孟門, 即龍門之上口也。
(생략) 《魏土地記》曰梁山北有龍門山, 大禹所鑿, 通孟津河口, 廣八十步, 巖際鐫跡, 遺功尚存。

하수는 남쪽으로 북굴현 고성 서쪽을 경유하는데, 서쪽 40리에 풍산이 있다.
풍산 서쪽 40리가 하남 맹문산이다.
옛 《목천자전》에 말하기를 북쪽으로 맹문에 오르는데 구하의 층계이다.
즉 맹문은 용문의 윗 하구이다. 《위토지기》에서 말하기를 양산 북쪽에 있는 용문산에서 하우가 맹진의 하구까지 통하도록 양쪽 바위 사이에 폭 80보의 수로를 뚫은 곳이고 공이 늘 존재한다고 전해졌다.

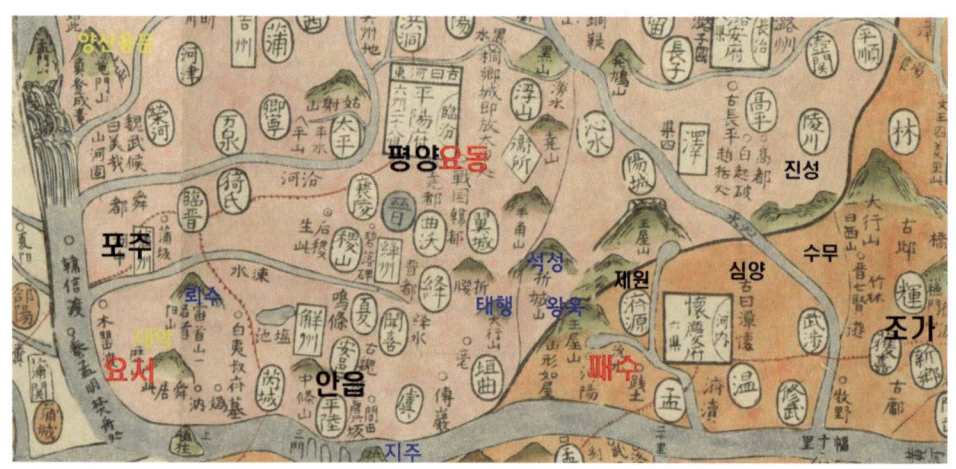

〈권 4 하수는 산서성 서남부의 황하 부근에 대한 설명〉

(해설-1) 권4 하수는 하동군 북굴현 맹문산(용문)부터 산서성 서남부를 남류하다 꺾여져서 동쪽으로 왕옥산까지의 황하 본류에 대한 설명이다.
풍산은 황제헌원이 자부선인에게 배워 일명 황제중경을 가지고 지나간 산이다.
공빈의 《동이열전》에
"인간의 지혜를 뛰어넘는 학문을 통달한 자부선인(紫府仙人) 문하에서
황제(헌원)가 내황문(內皇文)을 배워가 염제(신농)의 뒤를 이어 임금이 됐다."라는 문구가 있다.
용문은 하수가 큰 암벽으로 막혀 있어 가장 물살이 센 곳으로 중국의 요임금과 조선의 단군왕검 때 대홍수의 원인이 된 곳이다. 치수에 성공한 조선에게 오행치수법을 전해 받은 하우가 용문에서 맹진까지 폭 80보의 수로를 뚫어 물길을 잡았다. 어려운 관문을 통과했다는 뜻인 등용문(登龍門)의 어원이 여기 용문에서 유래했는데, 거센 용문의 호구(壺口)폭포를 거슬러 올라온 잉어를 두고 한 말이다.

(水經4-2) 又南過汾陰縣西，又南過蒲坂縣西，又南至華陰潼關，渭水從西來注之。

또 남쪽으로 분음현 서쪽을 지나고, 역시 남쪽으로 포판현 서쪽을 지나고, 역시 남쪽으로 화음현의 동관까지 흐르는데, 위수가 서쪽에서 가로질러 들어온다.)

(注-2)《地理志》曰：縣, 故蒲也。王莽更名蒲城。應劭曰：秦始皇東巡, 見 有長坂, 故加坂也。(생략) 又《風土記》云：耕于歷山。而始寧、剡二縣界上, 舜所耕田, 于山下多柞樹, 吳、越之間, 名柞爲櫪, 故曰歷山。(생략) 按《地理志》曰：又南, 涑水注之, 水出河北縣雷首山。县北与蒲坂分, 山有夷齊 庙。阚駰《十三州志》曰：山, 一名独头山, 夷齐所隐也。山南有古冢, 俗谓之夷齐墓也。其水西南流, 亦曰雷水。

《지리지》에서 말하기를 포판현은 옛 포현이다. 왕망이 포성으로 이름을 바꿔 불렀다. 진시황이 동쪽을 순시할때 긴 둑을 보았다고 하여 판이 추가되었다.
또《풍토기》에 전하기를 순이 저 섬 2현의 경계가 시작되는 역산에서 밭을 간 곳이고, 산아래에서 많은 나무를 베었는데 오와 월 사이였다.

《지리지》에 의하면, 또 남쪽으로 속수가 들어와 하북현 뇌수산으로 나간다.
(하북)현의 북쪽이 포판과 나눠지고, 산에는 백이, 숙제의 사당이 있다.
감인이《13주지》에서 말하기를 뇌수산은 일명 독두산으로 백이, 숙제가 은둔한 곳이다. 산 남쪽에 옛 무덤이 있는데, 소위 백이, 숙제의 묘이다.
그물은 서남쪽으로 흐르는데 뇌수라고 한다.

(해설-2) 중국은 만리장성의 역사 왜곡을 위해 진시황이 하북성 동단 진황 도시까지 동순해 불노초를 찾으러 떠나는 서복 일행을 배웅했다고 선전하고 있으나 그럴 경우 최소 왕복 6개월~1년이 걸린다, 창해역사 여홍성의 일화에서도 알 수 있듯이 진시황의 동순지는 진짜 진장성이 있었던 산서남부 또는 북부 하남성이었다.

포판을 도읍으로 한 순임금이 밭을 경작했던 역산이 있는 곳이 바로
오, 월 사이라고 하는데 이에 대한 추가연구가 필요하다. 현재 중국이 주장하는

오와 월은 광동성 일대이기 때문이다. 역산 주변에 맹자가 말한 순이 태어난 제풍과 거기서 살다가 이사한 부하가 있는데 동이족들이 살던 땅이었다.

요서군의 상징인 고죽국 백이, 숙제 묘가 있는 뇌수산은 하동군의 하북현에 있었다. 河北을 다들 지금의 하북성으로 알고 있으나, 예전에는 황하 북쪽 뇌수산이 있던 지역을 하동(河東)군에 속하는 하북현이라고 했다.

《설문》을 쓴 허신이 말하기를

"(이제묘가 있는) 수양산은 요서군에 있다."라고 했다.

바로 이 하곡(河曲) 일대가 고구리의 요동, 요서 하는 요서군의 땅이었다.

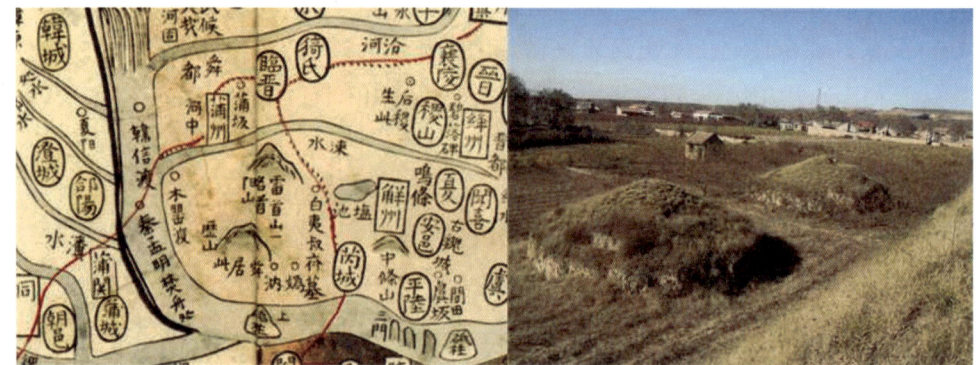

〈하곡 지점에서 2008년에 발견된 백이,숙제의 무덤은 요서군의 상징〉

(水經4-3) 又東過河北縣南, 又東過陝縣北, 又東過大陽縣南, 又東過砥柱 間, 又東過平陰縣北, 清水從西北來注之. 又東至鄧.

또 동쪽으로 하북현 남쪽을 지나고, 또 동쪽으로 섬현 북쪽을 지나고, 또 동쪽으로 대양현 남쪽을 지나고, 또 동쪽으로 지주의 틈을 지나고, 또 동쪽으로 평음현 북쪽을 지나고, 청수가 서북쪽을 가로질러 주입되고, 또 동쪽으로 등까지 흐른다.

(注-3) 縣與湖縣分河。蓼水出襄山蓼谷, 西南注于河。河水又東, 永樂澗水 注之, 水北出于薄山, 南流逕河北縣故城西, 故魏國也。晉獻公滅魏, 以封畢萬。

卜偃曰：魏, 大名也。萬後其昌乎。後乃縣之, 在河之北, 故曰河北縣 也。

(생략) 城內有龍泉, 南流出城, 又南, 斷而不流。永樂溪水又南入于河。

(생략)《地理风俗记》曰：河南平阴县, 故晋阴地, 阴戎之所居。又曰：在平城之南, 故曰平阴也。魏文帝改曰河阴矣。

하북현은 호현과 하수를 나눈다. 료수가 양산 료곡에서 나와 서남쪽으로 하수에 주입된다. 하수는 또 동쪽으로 영락간수가 주입되고, 물은 북쪽으로 박산에서 나와 남쪽으로 흘러 하북현 고성 서쪽을 지나는데, 옛 위나라 땅이다. 진헌공이 위를 멸하고 필만을 봉했다. 복언이 말하기를 위는 큰 이름이다. 필만이 후에 그를 창이라 했다. 훗날 현이 되었는데 하수의 북쪽이라 옛날에 말하기를 하북현이라 했다.

성 내에 용천이 있고, 남쪽으로 흘러 성을 나와 또 남쪽으로는 끊어져서 흐르지 않는다. 영락계수가 또 남쪽으로 하수에 들어온다.
《지리풍속기》에서 말하기를 옛 진음 땅이고, 음융이 거주하던 곳이다. 또 말하기를 평성의 남쪽에 있다. 옛날에 말하기를 평음이라 했다. 위 문제가 하음으로 바꿨다.

(해설-3) 북쪽에서 남쪽으로 흐르던 하수가 동쪽으로 꺾인 이후 처음 만나는 곳이 영락진(永樂鎭)이다. 그곳으로 영락간수와 영락계수가 하수로 들어온다는 문구는 역도원 당시 이미 영락궁이 있었다는 말인 것이다.
그러나 영락궁에 대한 언급이 없는 이유는
그것이 고구리 유적이었기 때문일 것이다.
중국은 명나라 영락제와 연관이 있다고 강조하고 있으나,
영락진이란 지명으로 북위 때부터 불렸다고 하니
고구리 장수태왕이 부황인 영락대제를 위해 행궁을 지어 모신 곳이 확실하다.

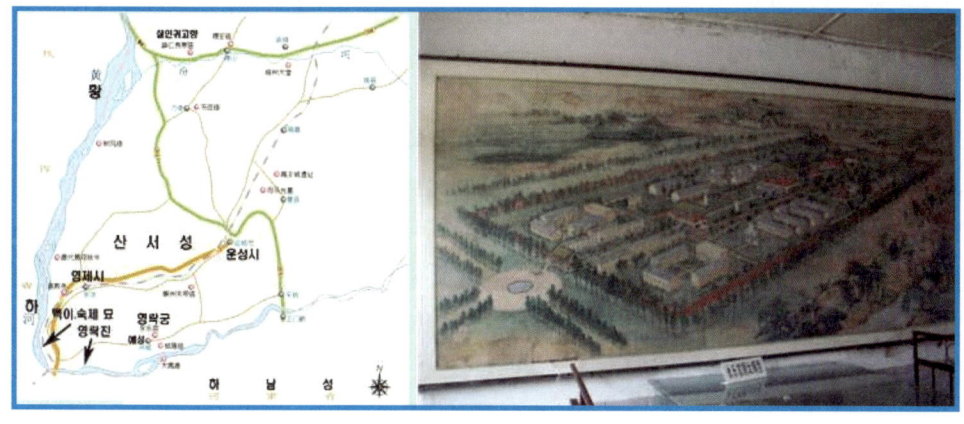

〈백이숙제 묘에서 가까웠던 영락진에 있던 영락궁 모습〉

중국이 주장하는 북위의 수도 평성은
산서 북부에 있는 대동시가 아니라 북부 하남성 맹진현이었다.
그 이유는 산서성 고구리를 지우기 위해서였다. 한 고조 유방이 흉노에게 평성의
백등산에서 일주일간 포위당했다가 풀려났다는 유명한 일화가 있다.

卷 5 河水

又東過平縣北，湛水從北來注之。又東過鞏縣北，洛水從縣西，北流注之。
又東過成皋縣北，濟水從北來注之。又東過滎陽縣北，蒗蕩渠出焉。又東北過 武德
縣東，沁水從西北來注之。又東北過黎陽縣南，又東北過衛縣南，又東北 過濮陽縣
北，瓠子河出焉。又東北過東阿縣北，又東北過茌平縣西，又東北過 高唐縣東，又
東北過楊虛縣東，商河出焉。又東北過漯陰縣北，又東北過利縣北，又東北過甲下
邑，濟水從西來注之，又東北入于海。

또 동쪽으로 (하남군) 평현 북쪽을 지나고, 담수가 북쪽에서 가로질러 흘러 들어온
다. 또 동쪽으로 (하남군) 공현 북쪽을 지나고, 낙수가 현 서쪽을 가로질러 북쪽으
로 흘러 들어온다. 또 동쪽으로 (하남군) 성호현 북쪽을 지나고, 제수가 북쪽을 가
로질러 와서 주입된다. 또 북쪽으로 (하남군) 형양현 북쪽을 지나고, 랑탕거가 여기
서 나온다. 또 동북쪽으로 (하내군) 무덕현 동쪽을 지나고, 심수가 서북쪽에서 가
로질러 와서 주입된다. 또 동북쪽으로 (위군) 여양현 남쪽을 지나고, 또 동북쪽으로
(하내군) 위현 남쪽을 지나고,

또 동북쪽으로 (동군) 복양현 북쪽을 지나고, 호자하가 여기서 나온다.
또 동북쪽으로 (동군) 동아현 북쪽을 지나고, 또 동북쪽으로 (동군) 치평현
서쪽을 지나고, 또 동북쪽으로 (평원군) 고당현 동쪽을 지나고, 또 동북쪽으로
(평원군) 양허현 동쪽을 지나고, 상하가 여기서 나온다. 또 동북쪽으로 (평원군)
탑음현 북쪽을 지나고, 또 동북쪽으로 (제군) 리현 북쪽을 지나고, 또 동북쪽으로
(천승군) 갑하읍을 지나고, 제수가 서쪽에서 가로질러 와서 주입되고, 또 동북쪽으
로 해로 들어간다.

(해설) 권5 하수가 지나는 지역이 대체로 고대 중국의 땅이라 우리와 관련된 자료가 별로 없어 주석 없이 수경만 번역하고 간단한 해설을 덧붙인다.

북쪽으로 산서성 지역을 빠져나온 하수가 북쪽 하내군과 남쪽 하남군 사이를 흘러 가, 하남성의 동단인 동군 지역과 인접한 평원(平原)군32) 지역을 지나 동쪽으로 흘러가서 바다로 들어간다고 기술되어 있다.

《한서 지리지》에서

하남성의 동단이 동군(東郡)이라고 했으니 거기까지가 고대 중국의 강역이었다는 말이다. 그 동쪽에 있는 청주(青州)에 속하는 산동성 평원군부터는 백제의 강역으로 추정된다. 그중 예주의 하내군에 속하는 무덕현을 지난다고 했는데, 무덕현은 그 유명한 패수(浿水)와 아주 가까운 지명이다. 참고로 패수는《한서 지리지》에서는 유주의 낙랑군에 속하는데, 훗날《위서지형지》에서는 회주의 무덕군에 속하고, 《금사지리지》에서 무덕군은 하내군과 합쳐져 회주에 속한다. 따라서 패수와 하내군은 접했거나 아주 가깝게 위치했다는 말인데, 이런 패수를 난하나 청천강 부근에서 찾아서야 되겠는가!

놀라운 사실은 권7 제수 편의 첫 부분이 바로 패수에 관한 설명이라는 것이다.

사서	주	군	주요 지명
한서지리지	유주	낙랑군	**패수**, 조선, 수성, 대방, 열수
	예주	하내군	회, 무덕, 산양, 하양, 수무, 온, 심수, 태행산
위서지형지	회주	하내군	야왕, 심수, 하양, 태행산, 적
	회주	무덕군	**패수**, 온, 회성
수서지리지	회주	하내군	하내, 온, 제원, 하양, 왕옥, 신향, 수무
구당서	하북도	회주	하내, 온, 하양, 태행, 무덕, 수무, 무척
금사지리지	회주		**패수**, 태행산, 황하, 심수, 수무, 휘주, 무척

〈하내군 지역과 무척 가깝게 있는 패수〉

---

32) (平原郡), 高帝置。莽曰河平。屬青州。戶十五萬四千三百八十七, 口六十六萬四千五百四十三。縣十九：平原, 有篤馬河, 東北入海, 五百六十里。鬲, 平當以為鬲津。莽曰河平亭。師古曰：「讀與隔同。」 高唐, 桑欽言漯水所出。重丘, 平昌, 侯國。羽, 侯國。莽曰羽貞。般, 莽曰分明。韋昭曰：「音逋垣反。」 師古曰：「爾雅說九河云『鉤般』, 郭璞以為水曲如鉤, 流般桓也。然今其土俗用如、韋之音。」 樂陵, 都尉治。莽曰美陽。祝阿, 莽曰安成。瑗, 莽曰東順亭。阿陽, 漯陰, 莽曰翼成。應劭曰：「漯水出東武陽, 東北入海。」 朸, 莽曰張鄉。富平, 侯國。莽曰樂安亭。應劭曰：「明帝更名厭次。」 安惠, 師古曰：「惠, 古德字。」 合陽, 侯國。莽曰宜鄉。樓虛, 侯國。龍頷, 侯國。莽曰清鄉。安。侯國。

卷 6

汾水 澮水 涑水 文水 原公水 洞過水 晉水 湛水
(분수, 회수, 속수, 문수, 원공수, 동과수, 진수, 담수)

(水經-1) 汾水出太原汾陽縣北管涔山, 東南過晉陽縣東, 晉水從縣南東流注之。
又南, 洞過水從東來注之。又南過大陵縣東, 又南過平陶縣東, 文水從西來流注之
。又南過冠爵津, 又南入河東界, 又南過永安縣西。

분수는 태원군의 분양현 북쪽 관잠산에서 나와, 동남쪽으로 진양현 동쪽을 지나고, 진수가 현을 가로질러 남동류해서 주입된다. 또 남쪽으로 동과수가 동쪽에서 가로질러 와서 주입된다. 또 남쪽으로 대륙현 동쪽을 지나고, 또 남쪽으로 평도현 동쪽을 지나고, 문수가 서쪽에서 가로질러 흘러와서 주입된다.

또 남쪽으로 관작진을 지나고, 또 남쪽으로 하동군의 경계로 들어가고, 또 남쪽으로 영안현 서쪽을 지난다.

(注-1)《山海經》曰《北次二經》之首, 在河之東, 其首枕汾, 曰管涔之山,
其上無木, 而下多玉, 汾水出焉, 西流注于河。《十三州志》曰出武州之燕京山。
亦管涔之異名也。(생략) 太原郡治晉陽城, 秦莊襄王三年立。《尚書》所謂旣脩太原者也。《春秋說題辭》曰:高平曰太原。原, 端也, 平而有度。
《廣雅》曰:大鹵, 太原也。《釋名》曰:地不生物曰鹵, 鹵, 鑪也。《穀傳》曰:中國曰太原, 夷狄曰大鹵。《尚書大傳》曰:東原底平, 大而高平者謂之太原, 郡取稱焉。(생략) 汾水又南與石桐水合, 即綿水也。水出界休縣之綿山, 北流逕石桐寺西, 即 介之推之祠也。(생략)

子推, 晉之人也。文公有內難, 出國之狄, 子推隨其 行, 割肉以續軍糧。
後文公復國, 忽忘子推, 子推奉唱而歌, 文公始悟, 當受 爵祿, 子推奔介山,
抱木而燒死, 國人葬之, 恐其神魂賈于地, 故作桂樹焉。
(생략)

故彘縣也, 周厲王流于彘, 即此城也。王莽更名黃城, 漢順帝陽嘉三 年,
改曰永安。縣, 霍伯之都也。(생략)

《산해경》에서 말하기를《북차 2경》의 으뜸으로 하수의 동쪽에 있으며, 그 머리는 분수를 베게로 하며 관잠의 산이라고 말하는데 그 위에는 나무가 없고 아래에는 옥이 많고 분수가 나오는 곳으로 서쪽으로 흘러 하수로 주입된다.

《십삼주지》에서 말하기를 무주의 연경산에서 나오는데 다른 이름으로 관잠의 산이라 한다.

태원군을 다스리는 치소인 진양성은 진 장양왕 3년에 세워졌다.
《상서》 소위 이전에 태원이란 곳이다.
《춘추설제사》에서 말하기를 고평이 태원이다. 원은 단이고 평은 도가 있다.
《광아》에서 말하길 대로가 태원이다.
《석명》에서 말하길 생물이 없는 땅이 로인데 로는 로(항아리)다.
《곡전》에서 말하기를 중국에선 태원이라 하고 이적은 대로라고 했다.
《상서대전》에서 말하기를 동쪽 언덕이 낮고 평탄한데, 크게 높고 평탄한 곳을 태원이라 했는데 군의 명칭을 여기서 취했다.

분수는 또 남쪽으로 석동수와 합해진다. 즉 면수이다.
면수는 계휴현의 면산에서 나와 북쪽으로 흘러 석동사의 서쪽을 지나는데 즉 개자추의 사당이다. 자추는 진의 사람이다. 문공에게 내란이 있어 북적으로 출국했는 데 자추가 같이 따라갔다가 (자기 넓적다리) 고기를 군량으로 제공했다.
훗날 문공이 돌아왔으나 소홀히 해 자추를 잊고 있다가 자추의 노래를 듣고 당연히 작록을 내려야겠다고 느꼈는데 자추가 개산으로 달아나 나무를 끌어안고 타죽어 나라 사람들이 장례를 지내고, 그 신과 같은 영혼이 땅에서 떨어질까 봐 옛 계수를 심었다.

옛 체현이다. 주 만왕이 지나간 체 즉 그 성이다. 왕망이 황성이라 개명했고, 한나라 순제 양가 3년(134) 영안현으로 바꿨는데 곽백의 도읍이다.

(해설-1) 권 6은 하수의 큰 지류인 분수와 그 지류들에 대한 설명인지라 아마도 명, 청 시대 편집을 거치면서 많은 내용이 변질, 삭제되었을 것으로 추정된다.
《신당서 열전145 동이》[33] 에 의하면, 분수는 말갈의 백산에서 나오는 압록수

---

[33] 《新唐書》 列傳145-東夷 "有马訾水出靺鞨之白山, 色若鸭头号鸭渌水, 历国内城西, 与盐难水合 又西南至安市, 入于海。而平壤在鸭渌东南, 以巨舻济人 因恃以为堑" (마자수는 말갈의 백산에서 시작되고 색이 오리의 머리 색깔과 흡사하여 압록수라 부른다. 국내성 서쪽으로 흘러 염난수와 합해지고, 서남쪽으로 안시에 이르러 바다(황하)로 흘러 들어간다. 평양성은 압록의 동남쪽에 있어 커다란 배로 사람을 건네고 믿음직한 참호 역할을 하고 있다.)

였으며 그 강변에 국내, 평양, 안시(환도) 등 도성들이 위치했던 고구리의 중심지였고, 더 나아가 우리 민족 상고사의 배달국과 조선의 주 활동무대였음이 밝혀졌다.
(※ 고구리 도읍지에 대해서는 제4편 1장 참조)

분수가 나온다는 관잠산에 대한 설명에서 분수의 근원지인 일명 분원천지(汾源天池)에 대한 언급이 없다는 점이 위와 같은 맥락이라 하겠다.
<바이두 백과>34)에는 "산서성 녕무현 서남 20km에 있는 해발 1,954m의 관잠산 기슭에 위치하며, 15개의 자연 호수가 있고 총면적 4㎢에 저수량 800만㎦이고 수심은 20여m이다."라고 설명되어 있으며, <대청광여도>에도 선명하게 그려져 있다. 바로 이 관잠산이 바로 민족의 성산인 백산(白山)이었고 분원천지가 바로 백산천지 였던 것이다.

<대청광여도에 그려진 천지와 대원>

6권 분수에 대한 설명에서 누락된 천지는 이상하게도 권13 루수(灅水) 편35) 에 "루수는 지하로 통해 태원군 분양현 북쪽 연경산 들판에 있는 소위 천지라는 큰 호수를 받아들인다."라는 문구와 이후 천지에 대한 설명이 있다.
이는 마치 분수가 천지와 아무 상관 없고 압록수가 아닌 것처럼 인식되도록 교묘하게 편집한 것으로 보인다.

---

34) 宁武天池位于山西省宁武县城西南20公里海拔1954米的管涔山麓地，是一处高山群湖，有天池、元池、琵琶海、鸭子海、小海子、干海、岭干海、双海、老师傅海等大小天然湖泊15个，总面积约4平方公里，处于海拔1771－－1849米之间。蓄水量800万立方米，水深20余米。池里生存着草鱼、鲤鱼、鲫鱼、鲢鱼等水生动物。又名"汾源天池"

35) 耆老云:其水潛通，承太原汾陽縣北燕京山之大池，池在山原之上，世謂之天池，方里餘，澄淳鏡淨，潭而不流，若安定朝那之湫淵也。

여하튼 관잠산을 빠져나온 분수가 남쪽으로 흘러 태원시로 가기 전에 서쪽 루번(婁煩)현에 있는 고성에 대해 아무런 설명이 없다. '바이두 백과'36)에서는 고대 북방 소수민족인 루번국이 남하해서 지은 도성이라고 하는데, 성곽 4면의 총길이가 3,500m로 자금성의 크기와 비슷한 것으로 보아 국가급 도성임이 분명 하다. 필자는《고구리사초략》에서 언급된 고구리 초기의 서쪽 도읍(西都)으로 추정하고 있다.

〈태원시 서쪽 루번현에 있는 고성의 정체는?〉

분하가 태원군의 치소인 진양성을 지난다고 설명하고 있다. 진양성은 내부 연못의 크기만 가로 3.5km x 세로 4.75km에 달하는 엄청난 크기의 국가급 도성이다. 지금의 태원 지역은 백산(白山)과 흑수(黑水) 사이에 있었다는 배달국의 신시와 고구리의 첫 도읍지였던 졸본(卒本)성으로 추정된다. 또한 태원시 서쪽에 고주몽이 묻혔다는 용산(龍山)이 있어 더욱 확신이 든다.

또한《한서 지리지》에서 "병주는 정북쪽이고 유주(幽州)는 동북쪽이다."라고 했는데 태원군은 병주(幷州)에 속하는 군이다. 그런데 유주의 요서, 요동군의 위치가 이제묘(夷齊墓)의 발견으로 산서성 남부 운성 임분 일대임이 명백하게 밝혀졌으므로, 병주는 그 서쪽인 섬서성 중부에 위치해야 타당할 것이다.

---

36) 娄烦古城遗址, 山西省太原市娄烦县马家庄乡新城东沟村皇帝峁上, 是东周时代遗址。 为中国北方古代少数民族娄烦国南下后的建都、 被赵武灵王攻破后的都城遗存, 时代约在公元前400年至前306年。 娄烦古城遗址的发现对于研究原始部落群演变为国家的过程具有典型意义, 同时对于研究春秋战国时期的城池建筑和布局特色具有重要意义。

그럼에도 요동군의 북쪽에 병주가 위치한다는 비정에는 실소를 금할 길이 없다. 현재 중국은 병주를 산서성 중부의 태원(太原)과 동남부의 상당(上黨)외 안문(雁門), 오원(五原), 삭방(朔方), 운중(雲中), 정양(定襄), 서하군(西河), 상군(上郡)등 대부분이 섬서성 북부인 점으로 미루어보아
본시 병주는 섬서 중부에 있었던 행정구역이 아닌가 싶다.

지금의 태원시의 남쪽 평요현에 사방 성곽의 길이가 6천m를 넘고 해자까지 파여 있는 큰 국가 도성급인 평요고성이 있는데 그에 대한 아무런 설명이 없다는 점이 참으로 이상하다. 필자는 고구리의 국내성으로 보고 있는데, 그러한 역사적 사실을 숨기기 위해 명, 청 학자들이 미리 삭제편집을 해버린 것은 아닐지?
(※ 고구리의 도읍지에 대해서는 제4편의 제1장 참조)

〈태원 남쪽 평요고성은 고구리 국내성일 가능성이 크다.〉

설날, 단오, 추석과 함께 4대 명절에 속하는 한식(寒食)과 관련된
개자추라는 인물에 대한 설명이다.
그런데 한식과 단오는 중국에서 유래된 명절이라기보다는 우리 민족 고유의 명절이 아닌가 싶다.
원래 고주몽의 탄신기념일이었던 음력 5월 5일 단오는
초나라 굴원(屈原)의 제삿날로 변질되어버렸다.
중국인들은 한식을 자기네 명절로 여기지 않는것 같다. 또한 개자추의 활동무대는 조선의 강역이었기에 그는 단군의 신하였을 가능성이 높다.

체현은 산서성 남부인 하동(河東)군에 속하는 현으로 최체(最彘)라고도 한다. 돼지(彘)는 흔하게 쓰이는 글자가 아니기 때문에 아마도 체현은 교체(郊彘)라는 아명으로 불렸던 동천태왕과 밀접한 관계가 있을 것이다. 제사에 쓰일 돼지가 달아나서 주통천(酒桶村)까지 쫓아가서 잡았는데 거기서 만난 여인을 산상태왕이 총애하여 태어난 사내아이가 훗날 동천태왕이 된다. 그래서 주통천이 아마도 체현일 가능성이 높다. 현재 지명은 곽주(霍州)시이고 경내에 고대에 태산이라 불렸던 해발 2,532m의 곽태산(霍泰山)이 임분 시 동북쪽에 있다. 당시 고구리의 도읍지가 국내성(평요고성)이었으므로 위 돼지 이야기가 성립되지 못할 정도로 멀지는 않은 거리이다.

(水經-2) 歷唐城東, 又南過楊縣東, 西南過高梁邑西, 又南過平陽縣東, 又南過臨汾縣東, 又屈從縣南西流, 又西過長脩縣南, 又西過皮氏縣南, 又西至汾陰縣北, 西注于河。
당성 동쪽을 지나고, 또 남쪽으로 양현 동쪽을 지나고, 서남쪽으로 고량읍 서쪽을 지나고, 남쪽으로 임분현 동쪽을 지나고, 또 굽이쳐 가로질러 현의 서남쪽으로 흐르고, 또 서쪽으로 장수현 남쪽을 지나고, 또 서쪽으로 피씨현 남쪽을 지나고, 또 서쪽으로 분음현 북쪽까지 가서 서쪽으로 하수에 주입된다.

(注-2) 薛瓚注《漢書》云, 堯所都也。東去彘十里。汾水又南與彘水合, 水出東北太岳山,《禹貢》所謂岳陽也。即霍太山矣。(생략) 彘水又西流逕永安縣故城南, 西南流, 注于汾水。汾水又南逕霍城東, 故霍國也。(생략) 汾水又南逕 平陽縣故城東, 晉大夫趙鼂之故邑也。應劭曰：縣在平河之陽, 堯、舜竝都之也。
《魏土地記》曰：平陽城東十里, 汾水東原上有小臺, 臺上有堯神屋石碑。
설찬이《한서》에 붙인 주에 이르기를 요가 도읍한 곳이다.
동쪽으로 가면 체현까지 10리이다. 분수는 또 남쪽으로 체수와 합쳐지고,
그 물길은 동북쪽 태악산에서 나오는데 우공의 소위 악양으로 즉 곽태산이다.
체수는 또 서쪽으로 흘러 연안현 고성 남쪽을 지나고, 서남류해서 분수에 주입된다.
분수는 또 남쪽으로 곽성의 동쪽을 지나는데, 옛 곽국이다.
분수는 또 남쪽으로 평양현 고성 동쪽을 지나는데, 진의 대부 조조의 읍이다.
응소가 말하기를 평하의 북쪽이고, 요, 순이 같이 도읍으로 했다.

《위토지기》에 말하기를 평양성 동쪽 10리에 있는 분수의 동쪽 언덕 위에 작은 대가 있는데, 대 위에는 요신을 모신 돌비석이 있다.

〈임분시에 조성된 가짜 요능〉　　　　　　〈산동성 견성현에 있는 요묘〉

(해설-2) 산서성 남부에 있는 임분(臨汾)시의 옛 지명은 평양(平陽)으로
요임금의 도읍지였다고 하면서, 동쪽 10리에 요임금을 모신 비석의 대가 있었다고
설명되어있다. 그런데 정작 현재 중국에서 임분시 동쪽에 조성해놓은 요릉(堯陵)에
대한 주석이 없는 것으로 보아 그 무덤은 후대에 세워진 가짜임이 입증되었다고 하겠
다.
참고로《단군세기》에
"경자 93년(기원전 2241) 3월 15일에 단군왕검께서 봉정(蓬亭)에서 붕어하니
교외 십 리 되는 곳에 장사지냈다."라는 기록도 있어
단군왕검의 무덤일 가능성도 없지는 않아 더 연구되어야 할 과제이다.
중국의 여러 사서에 기록37)된 요임금의 진짜 무덤은 곡림(谷林)으로 현재
산동성 하택시 견성현(菏澤鄄城县)에 있다.
심지어《제왕세기》38)에는
요임금의 도읍 평양(平陽)이 곧 성양(成陽＝곡림)이라고 기록되어 있다.

---

37)《吕氏春秋》云："尧葬谷林"；东汉学者高诱说："尧葬成阳，此云谷林，成阳山下
　　有谷林。"魏晋学者黄莆在《帝王世纪》说："谷林即成阳"。《乾隆御批纲鉴》亦说"尧
　　帝崩于成阳，葬谷林，谷林既成阳。"《水经注》云"成阳西二里有尧陵"。
38)《帝王世纪》说："尧都平阳"。平阳即成阳，一地而二名。

임분시에 감춰진 우리 역사는 바로
신라의 초기도읍지 금성(金城)으로 현재 이름은 금성보유적(金城堡遺跡)이다.
《삼성기전 상》에
"을미년(기원전 86)에 고두막한이 부여의 옛 도읍을 차지해 동명(東明)이라 칭하니 이곳이 곧 신라의 옛 땅이었다."라 기록이 있는데 이곳이 바로 그곳이다.

〈임분시 북쪽에 있는 신라 금성〉

(水經-2)
(澮水)出河東絳縣東澮交東高山, 西過其縣南, 又西南過虒祁宮南, 又西至王澤, 注于汾水。
(涑水)出河東聞喜縣東山黍葭谷, 西過周陽邑南, 又西南過左邑縣南, 又西南過安邑縣西, 又南過解縣東, 又西南注于張陽池。
(文水)出大陵縣西山文谷, 東到其縣, 屈南到平陶縣東北, 東入于汾。
(原公水)出茲氏縣西羊頭山, 東過其縣北, 又東入于汾。
(洞過水)出沽縣北山, 西過楡次縣南, 又西到晉陽縣南, 西入于汾, 出晉水下口者也。(晉水)出晉陽縣西懸甕山, 又東過其縣南, 又東入于汾水。
(湛水)出河內軹縣西北山, 東過其縣北, 又東過波縣之北。又東過母辟邑南, 又東南當平縣之東北, 南入于河。
(회수) 하동군 강현 동쪽 회교의 동쪽 고산에서 나와,
서쪽으로 그 현 남쪽을 지나고, 또 서남쪽으로 사기궁 남쪽을 지나고,
서쪽으로 옥택까지 흘러 분수로 주입된다.

(속수) 하동군 문희현 동쪽 산인 서가곡에서 나와, 서쪽으로 주양읍 남쪽을 지나고, 또 서남쪽으로 좌읍현 남쪽을 지나고, 또 서남쪽으로 안읍현 서쪽을 지나고, 또 남쪽으로 해현 동쪽을 지나고, 또 서남쪽으로 장양 호수에 주입된다.
(문수) 대륙현 서산 문곡에서 나와, 동쪽으로 그 현까지 가서, 남쪽으로 꺾여 평도현의 동북쪽까지 가서 동쪽으로 분수에 들어간다.
(원공수) 자씨현 서쪽 양두산에서 나와, 동쪽으로 그 현 북쪽을 지나 동쪽으로 분수로 들어간다.
(동과수) 첨현 북산에서 나와 서쪽으로 유차현 남쪽을 지나고, 또 서쪽으로 진양현 남쪽까지 흘러, 서쪽으로 분수에 들어가고, 진수 하구로 나온다.
(진수) 진양현 서쪽 현옹산에서 나와, 또 동쪽으로 그 현 남쪽을 지나고, 또 동쪽으로 분수에 들어간다.
(담수) 하내군 적현 서북 산에서 나와, 동쪽으로 그 현을 지나고, 또 동쪽으로 피현 북쪽을 지난다. 또 동쪽으로 무벽읍 남쪽을 지나고, 또 동남쪽으로 당평현의 동북쪽으로 흘러 남쪽으로 하수에 들어간다.

〈권6은 산서남부에 있는 물길에 대한 설명〉

(注) 洞過水出沾縣北山, 其水西流, 與南溪水合, 水出南山, 西北流注洞過 水。洞過水又西北, 黑水西出山, 三源合舍, 同歸一川, 東流南屈, 逕受陽縣 故城東。
동과수는 첨현 북산에서 나와 서쪽으로 흘러 남계수와 합쳐져 남산에서 나와 서북쪽으로 흘러 동과수에 주입된다. 동과수와 또 서북쪽 흑수의 서쪽 이 산에서 나오는데, 3개의 근원이 하나의 물길이 되어 동쪽으로 흐르다

남쪽으로 꺾여서 수양현 고성 동쪽을 지난다.

(해설) 마지막에 설명된 담수 이외 모두 분수의 지류들이다.
담수의 위치는 권6이 아니라 권7에 편집되었어야 했다.
권7 제수편의 초입부분이 패수인지 모르도록 의도적으로 숨겨 편집하다 보니
그렇게 된 것 같아 보인다.

동과수에 합쳐지는 흑수가 바로 '백산과 흑수 사이'의 바로 그 흑수이다.
회수는 당나라 때 염난(鹽難)수로 불렸으며, 평양성 앞을 흐르는 분수를 살(薩)수
라 했고 그 살수와 염난수가 합쳐져 압록(鴨綠)수라 불렸던 것이다.

卷 7 濟水(제수)-1

(水經) 濟水出河東垣縣東王屋山, 爲沇水；又東至溫縣西北, 爲濟水。又東 過其縣北, 屈從縣東南流, 過隤城西, 又南當鞏縣北, 南入于河。
與河合流, 又東過成皐縣北, 又東過滎陽縣北, 又東至礫溪南, 東出過滎澤北。
又東過陽武縣南, 又東過封丘縣北, 又東過平丘縣南, 又東過濟陽縣北, 又東過冤朐縣南, 又東過定陶縣南, 又屈從縣東北流,

제수는 하동군 원현의 동쪽 왕옥산에서 나오는데 연수라고 한다. 또 동쪽으로 온현 서북쪽까지 흐르는데 제수라고 한다. 또 동쪽으로 그 현 북쪽을 지나고, 현에서 종으로 꺾이고 동남쪽으로 흘러 퇴성 서쪽을 지나고, 또 남쪽으로 당공현 북쪽을 지나 남쪽으로 하수로 들어간다.

하수와 합해져, 또 동쪽으로 성고현 북쪽을 지나고, 동쪽으로 력계 남쪽까지 흘러, 동쪽으로 나와 형택 북쪽을 지난다. 또 동쪽으로 양무현 남쪽을 지나고, 또 동쪽으로 봉구현 북쪽을 지나고, 또 동쪽으로 평구현 남쪽을 지나고, 또 동쪽으로 제양현 북쪽을 지나고, 또 동쪽으로 원구현 남쪽을 지난다. 또 동으로 정도현 남쪽을 지나고, 또 현에서 종으로 꺾여 동북류하고,

(注-1)《山海經》曰：王屋之山, 聯水出焉, 西北流, 注于泰澤。郭景純云：聯、沇聲相近, 即沇水也。潛行地下, 至共山南, 復出于東丘。今原城東北有 東丘城。孔安國曰：泉源爲沇, 流去爲濟。(생략)
《風俗通》曰：(생략) 今濟水重源出軹縣西北平地, 水有二源：東源出原城東 北, 昔晉文公伐原以信, 而原降, 即此城也。俗以濟水重源所發, 因復謂之濟源城。其水南逕其城東故縣之原鄕。杜預曰：沁水縣西北有原城者是也。南流與西源合。西源出原城西, 東流水注之。水出西南, 東北流注于濟。濟水又東逕原城南, 東合北水, 亂流東南注, 分爲二水, 一水東南流, 俗謂之爲衍水, 即沇水也。衍、沇聲相近, 傳呼失實也。濟水又東南, 逕絺城北而出于溫矣。
其一水枝津南流, 注于溴。溴水出原城西北原山勳掌谷, 俗謂之爲白澗水, 南逕原城西。《春秋》：會于溴梁, 謂是水之墳梁也。《爾雅》曰：梁莫大于溴梁。梁, 水堤也。溴水又東南逕陽城東, 與南源合, 水出陽城南溪, 陽亦樊也。
一曰陽樊。(생략)

《산해경》에 이르기를
왕옥산에서 련수가 나와 서북으로 흘러 태택으로 들어간다. 곽경순이 전하기를
련과 연의 소리가 서로 비슷해 즉 연수이다.
지하로 공산 남쪽까지 흐르다 지금의 원성 동북에 있는 동구에서 다시 나온다.
공안국이 말하기를 샘의 근원은 연수인데 흘러가는 물은 제수가 된다.

《풍속통》에서 말하기를,
지금의 제수는 적현 서북 평지에 두 근원이 있는데, 동쪽 근원은 원성 동북쪽에서
나오는데 제원성이라고 한다. 남쪽으로 그 성 동쪽을 지나는데 옛 현의 원향이다.
두예가 말하기를 심수현 서북쪽에 원성이 있는데 남쪽으로 흘러 서원과 합쳐진다.
서원은 원성 서쪽에서 나와 동류해 흐르고 물은 서남에서 나와 동북류해서 제수로
들어간다. 제수는 동쪽으로 흘러 원성 남쪽을 지나 동쪽에서 북쪽 물과 합쳐져 급하
게 흘러 동남쪽으로 들어가는데 두 개 물길로 나뉜다. 한 물길은 동남류하는데 소위
연(衍)수라고 하는데 즉 연(沇)수이다. 衍과 沇의 음은 서로 가깝다.

제수는 동남쪽으로 흘러 희성 북쪽을 지나 온현에서 나온다. 그 물길은 지진을 남류
해 격수(湨水)로 들어간다. 격수는 원성 서북에 있는 원산 훈장곡에서 나온다.
소위 백간수라 하는데 남쪽으로 흘러 원성 서쪽을 지난다.
《춘추》에 있는 '격량에서의 모임'은 소위 격수의 제방이다.
《이아》에서 말하는 격량은 격수의 제방이다. 격수는 동남쪽으로 흘러 양성 동쪽을
지나고 남쪽 근원과 합쳐졌다가 양성 남쪽 개천으로 나오는데, 양은 번이다.
하나로 양번이라 한다.

(해설-1) 명, 청 시대의 학자들이 《수경주》를 재편집하면서 동이족의 역사 와 밀접
한 관련이 있는 습여수(濕餘水), 고하(沽河), 포구수(鮑丘水), 유수(濡水), 대요
수(大遼水), 소요수(小遼水), 패수(浿水) 등 7개 강은 위치의 순서에 상관없이 모
두 권14에 모아두었다. 물론 다분히 고의적인 편집이었다. 그래서 그런지 이 물길
들이 하수의 지류가 아닌 것으로 인식하는 학자들이 대부분이다.

한 가지 분명한 것은 제7권 제수의 앞부분에 나오는 濮水＝沇水라는 설명은 우리 역사에서 가장 중요한 지명인 패수에 대한 설명이라는 사실이다. <대청광여도>에 하남성 제원시 밑에 沇水가 그려져 있다. 제수는 권 7~8에 걸쳐 설명되어 있는데 7권의 제수가 하수로 들어갔다가, 나와서 8권에서 다시 동쪽으로 흐른다고 했다. 7권의 제수는 이 강이 패수라는 사실을 은폐하기 위해 사용된 이름으로 보인다.

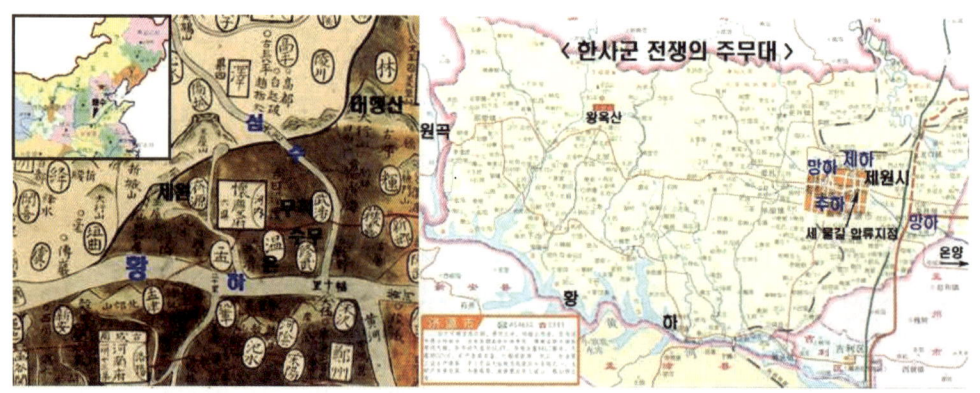

<대청광여도의 沇水＝溴水＝濝水＝浿水와 현재 제원시를 흐르는 濝水>

(注-2)《春秋》, 樊氏叛, 惠王使虢公伐樊, 執仲皮歸于京師, 即此城也。其 水東北流, 與漫流水合, 水出軹關南, 東北流, 又北注于溴, 謂之漫流口。溴水又東合北水, 亂流東南, 左會濟水枝渠。又東南, 塗溝水注之。水出軹縣西南山下, 北流東轉, 入軹縣故城中, 又屈而北流出軹郭。又東北流注于溴。溴水又東北逕波縣故城北。溴水又東南流, 天漿澗水注之。水出軹南皐向城北, 又東流注于溴。溴水又東南流, 右會同水, 水出南原下, 東北流逕白騎塢南。
東北流逕安國城西, 又東北注溴水。溴水東南逕安國城東, 又南逕毋辟邑西, 溴水又南注于河。

《춘추》에 번씨가 반란을 일으키자 혜왕이 괵공을 보내 번을 정벌했고, 가운데 가죽을 가지고 경사로 돌아간 바로 그 성이다. 그 물은 동북류해 만류수와 합쳐진다. 물은 적관 남쪽에서 나와 동북류해 북쪽에 격수로 들어간다. 격수는 동쪽에서 북수와 합쳐져 동남쪽으로 급하게 흐르다가 좌측 제수의 지거와 만난다. 또 동남으로 흘러 도구수로 들어간다. 물은 적현 서남쪽산 아래에서 나와 북쪽으로 흐르다 동쪽으로 변해 적현 옛 성으로 들어간다. 역시 꺾여 북류해 적곽에서 나왔다가 동북류해 격수로 들어간다.

격수는 동북쪽으로 파현고성의 북쪽을 지나고 동남류해 천장간수로 들어간다. 물은 적현 남쪽에 있는 고향성 북쪽에서 나와 동류해 격수로 들어가 동남류해 우측에서 같은 물과 만나고 물은 남쪽 평원 아래에서 나와 동북류해 백기오 남쪽을 지난다. 동북류해 안국성 서쪽을 지나고 동북쪽에서 격수로 들어간다. 격수는 동남류해 안국성 동쪽을 지나고 남쪽으로 흘러 무벽읍 서쪽을 지난다. 격수는 남쪽으로 흘러 하수로 들어간다.

(해설-2) 제수의 두 군데 발원지에 대한 설명으로 지금의 하남성 제원(濟源)성을 지난다고 밝히고 있으며,
《대원대일통지》39)와 《명일통지》40)와 《중국 고대지명대사전》41) 에서의 추하(溴河)에 대한 설명과 아주 흡사한데, 추하는 위에서 언급된 격수와 같은 강이다. 溴水(추수)는 본(本)에 따라 湨水(격수)로도 기록되어 있는데, 글자 모양이 흡사하다 보니 혼용되어 사용되었다. 위에서 언급된 湨梁(격량)42)에 대한 《중국 고대지명대사전》의 설명도 서로 혼용되어 사용되었다고 한다.
두 글자에 대한 《강희자전》43)에도 원래는 격(湨)수가 원본이었는데,

---

39) 《玄覽堂叢書續集 第三十冊, 大元大一統志卷第一百二十二》溴河在濟源縣, 其源有三其一源出自原城西北琮山訓掌谷口俗呼爲白澗水, 春秋會諸侯于溴梁卽此一源出縣西二十里曲陽城西南山一源出陽城南溪至縣西南官橋村北出焉 東流至縣東與泷水合又東流去縣十里至皮城村入河陽界東入于河 (추하는 제원현에 있고 3곳에서 발원한다. 첫째는 원성의 서북 종산 훈장곡에서 발원하는데 사람들이 백간수라 부른다. 춘추에서 말하는 제후가 모인 추량이 이곳이다. 둘째 발원지는 제원현 서쪽 20리 곡양성 서남산이다. 셋째 발원지는 양성 남쪽 지현 서남의 관교촌 북에서 출발한다. 동으로 흘러 지현의 롱수와 합한다. 또 동으로 흘러 10리를 가면 피성촌에 들어가 하양의 경계에서 황하로 들어간다.)
40) (明一統志) 原山: 在河南済源县西北三十里, 今名琮山, 溴水所出, 相连者为莽山, 泷水出焉。(원산은 하남 제원현 서북 삼십리에 있다. 지금은 종산이라 부르는데 추수가 나오는 곳이다. 상련자가 망산이라 한다. 롱수가 여기서 나온다.)
41) 추수(溴水)는 제원현(하남)에 있다. 물의 근원이 세 군데 있는데, 동남류해 롱수(瀧水)와 합해져 동남으로 흘러 온현에서 황하로 흘러 들어가는 강이다.
42) 湨梁 : 梁, 水堤也, 即今河南济源县溴水, 《尔雅释地》梁莫大于湨梁, 《左传襄公十六年》"分会诸侯于湨梁,"按石经宋本岳本作溴, 今本作湨, 阮元校勘记, 湨声与溴场迥别, 陆氏公羊音义云, 溴本又作湨, 今公羊亦作溴。(격량 : 량은 제방으로 즉 현 하남성 제원현 격수이다. <이아역지> 제방이 격량보다 크다 <좌전 양공16년> 많은 제후들이 추량에서 분회를 가졌다. '석경송본악본'에 의하면 격자가 현재본에는 추로 되어 있다. '완원교감기'에 격과 추 소리는 구별에 거리가 있음에도 '육씨공양음이'에 이르길 격이 추로 되었고 현본은 격으로 되어있다.
43) 湨 jú 【廣韻】【正韻】古闃切【集韻】【韻會】扃闃切, 𣂏音昊。水名。【春秋·襄十

글자가 아주 비슷한 추(溴)수가 나중에 혼용되었다고 설명하고 있다.

조선왕조 후기에 역사가인 안정복은 그의 《순암복부고3》44)에서
浿水 = 溴水라는 견해를 피력했다.
참고로 하남성 제원시에서 3개의 물길이 만나는데,
가장 서쪽에서 발원해 남쪽을 흐르는 물길을 지금도 추하(溴河)라고 부른다.

격수의 물흐름에 대한 설명으로,
추수(溴水) = 격수(溴水) = 패수(浿水)라는 문헌적 근거는

《산해경(山海经)》의 남산2경45)에
"동쪽 5백 리에 성산이 있고, 그 동쪽 5백 리에 회계산이 있는데 작수가 나와 남쪽으로 흘러 격(추)으로 들어간다. 역시 동쪽 5백 리에 이산이 있는데 격(추)수가 나오는 곳이다."라는 문구가 있다. 그 溴(溴)에 곽박(郭璞)이 '一作 浿'라는 주석을 달았기 때문이다. 아울러 다음 문구에 사용된 貝+鳥 = 鵙와 昊+鳥 = 鵙 자가 모두 때까치 격이며 '강희자전'의 조식의 악조론46)과 '오음집운'을 인용해 음은 다르나 뜻은 같은 자이며 조개 貝가 붙은 鵙가 원래 글자라고 설명47) 되어있다.

六年】會于溴梁.【註】溴水出河內軹縣。
溴 xiù 【玉篇】尺又切, 音臭。水氣也。

44) (順菴覆瓿稿3) 浿字之作溴, 前日丈席下書有云, 蓋盛京通志皆作溴, 故恐失照察而然也. 史漢朝鮮傳稱浿者不啻數十, 而皆作浿字, 則爲浿字無疑矣. 溴字亦水稱, 春秋有溴梁, 註溴水出河內入河, 此與浿字自別矣. 浿水說前日稟正于丈席, 有卽可之敎,在鄙撰地理考中, 執事相或入覽矣. (浿자에서 溴가 만들어졌다. 《성경통지》에서는 모두 溴자로 되어 있다. 《한사 조선전》에도 패자로 일컬은 것이 수십 개밖에 안 되어 모두 패자로 하였음에 의심이 없다. 溴수 역시 물길의 이름이며 춘추시대에 溴梁에서 제후회의가 열렸으며 추수는 河內에서 출원하여 바다로 들어간다. 溴와 浿자는 스스로 구분이 된다. 대개 패수와 추수는 다른 글자로 알려져 있으나, 한나라부터 명나라 시대까지 지리적 연원으로 浿水와 溴水 공히 河內에서 출원하여 바다로 들어간다고 되어있다. 따라서 패수가 추수로서 동남쪽으로 흐르는 수계로 봄이 타당하다.)
45) <山经·南山经> 又东五百里曰成山(성산)。四方而三坛, 其上多金玉, 其下多青 臛 , 闋水出焉, 而南流注于虖勺, 其中多黄金。又东五百里曰会稽之山(회계산), 四方。其上多金玉, 其下多砆石。勺水出焉, 而南流注于溴。又东五百里曰夷山。无草木, 多沙石, 溴水出焉, 而南流注于列涂。
46) 《曹植·惡鳥論》鵙聲嗅嗅, 故以名之。感陰而動, 殘害之鳥也。互詳鵙字註。
47) 鵙《唐韻》《正韻》古闃切《集韻》局闃切, 音昊。鵙本字。《說文》伯勞也。又《五音集韻》弃役切, 音。義同

卷 8 濟水(제수)-2

(水經) 又東至乘氏縣西, 分爲二：又東北過壽張縣西界安民亭南, 汶水從東 北來注之。又北過須昌縣西。又北過穀城縣西。又北過臨邑縣東, 又東北過盧縣北, 又東北過臺縣北, 又東北過菅縣南, 又東過梁鄒縣北, 又東北過臨濟縣南, 又東北過利縣西, 又東北過甲下邑, 入于河。

△其一水東南流者, 過乘氏縣南, 又東過昌邑縣北, 又東過金鄕縣南, 又東 東過東緡縣北, 又東過方與縣北, 爲菏水。菏水又東過湖陸縣南, 東入于泗水。

又東南過沛縣東北, 又東南過留縣北, 又東過彭城縣北, 獲水從西來注之。

又東南過徐縣北, 又東至下邳睢陵縣南, 入于淮。

또 동쪽으로 (제음군) 승씨현 서쪽까지 흘러 두 물길로 나눠진다. 또 동북쪽으로 (동군) 수장현의 서쪽 경계 안민정 남쪽을 지나고, 문수가 동북쪽에서 와서 들어간다. 또 북쪽으로 (동군) 수창현 서쪽을 지나고, 또 북쪽으로 (동군) 곡성현 서쪽을 지난다. 또 동북쪽으로 (동군) 임읍현 동쪽을 지나고, 또 동북쪽으로 (태산군) 로현 북쪽을 지나고, 또 동북쪽으로 대현 북쪽을 지나고, 동북쪽으로 (제남군) 관현 남쪽을 지나고, 또 북쪽으로 (제남군) 양추현 북쪽을 지나고, 또 북쪽으로 (천승군) 임제현 남쪽을 지나고, 또 동북 쪽으로 (제군) 리현 서쪽을 지나고, 또 동북쪽으로 갑하읍을 지나 하수로 들어간다.

다른 한 물길은 동남류하는데, 승씨현 남쪽을 지나고, 또 동쪽으로 (산양군) 창읍현 북쪽을 지나고, 또 동쪽으로 금향현 남쪽을 지나고, 또 동쪽으로 동민현 북쪽을 지나고, 또 동쪽으로 (산양군) 방여현 북쪽을 지나 하수가 된다.

하수는 또 동쪽으로 (산양군) 호륙현 남쪽을 지나 동쪽으로 사수에 들어간다. 또 동남쪽으로 (패군) 패현 동쪽을 지나고, 또 동남쪽으로 (초국) 류현 북쪽을 지나고, 또 동쪽으로 (팽성군) 팽성현 북쪽을 지나고, 획수가 나아가 서쪽에서 와서 주입된다. 또 동남쪽으로 (임회군) 서현 북쪽을 지나고, 하비의 (임회군) 휴릉현 남쪽까지 흘러 회수로 들어간다.

(注) 故《地理志》曰：濮水自濮陽南入鉅野, 亦《經》所謂濟水自乘氏縣兩分, 東北入于鉅野也。濟水故瀆又北, 右合洪水。水上承鉅野薛訓渚, 歷澤西北, 又北逕闞鄉城西。(생략)《皇覽》曰：蚩尤冢在東郡壽張縣闞鄉城中, 冢高七丈, 常十月祠之。有赤氣出如絳, 民名爲蚩尤旗。《十三州志》曰：壽張有蚩尤祠。又北與濟瀆合, 自渚迄于北口百 二十里, 名曰洪水。

옛《지리지》에서 말하기를
"복수는 복양에서 남쪽으로 거야택에 들어간다. 즉 수경의 소위 제수가 승씨현부터 양분되어 동북쪽으로 거야택에 들어간다. 제수의 옛 도랑 역시 북쪽으로 우측에서 홍수와 합쳐진다. 강은 위에서 거야택의 (가상현) 설훈저로 이어지는데 역택의 서북쪽이고, 또 북쪽으로 감향성 서쪽을 지난다."

《황람》에서 말하기를
"치우총이 동군 수장현 감향성 안에 있는데, 높이가 7장이고 항상 10월에 제사 지낸다. 진홍색인 붉은 기운이 나오는데 민간에서 치우기라 한다."

《십삼주지》에서 말하기를
"수장현에 치우사당이 있다. 북쪽에서 제수의 도랑과 합쳐 지는데, 저을부터 북쪽 입구에서 120리이고, 이름을 홍수라고 말한다."

(해설) 권8에서 제수는 두 물길로 갈라지는데 한 물길은 동쪽 산동성으로 흘러 하수(河水)로 들어가고, 다른 한 물길은 하수(菏水)로 들어가 명칭이 바뀌어 남부 하남성의 여러 현을 지나 회수로 흘러간다는 설명이다.
제수는 뭔가를 은폐하려고 편집된 것으로 보인다. 원래 제수는 산동성 제남(濟南)군 쪽으로 흘러가는 물길이었는데, 제원(濟源)시를 지나는 패수와 관련된 우리 역사를 은폐하기 위해 같은 濟자인 제수로 위장 명명한 것이 아닌가 하는 생각이 든다.
이에 대해 후학들의 추후 연구가 필요한데 여하튼 역사왜곡의 구린 냄새가 물씬 풍기는 부분이다.

권8의 뒷부분 주석은 우리에게 아주 중요한 역사적 사실을 알려주고 있다.
그것은 바로 동방의 전신, 무신, 군신으로 모시고 있는 치우천왕(蚩尤天王)의 무덤 위치이다. 현재 중국 정부는 북경 서북쪽에다 탁록현이라 명명하고 치우의 묘 및 유적을 조성했고, 산동성 문상현에서는 황하의 대홍수 후 어디선가 떠내려온 '蚩尤祠'라는 석비로 치우총을 조성해놓았는데, 그곳들이 가짜임을 입증해주는 사료이다.

<바이두 백과>48) 에 의하면, 1973년 산동성의 서남부 양곡(陽谷)현 십오리원(十五里元)진에 있는 용산(龍山)문화유적에서 그 모습을 드러낸 황고총(皇姑冢)은 치우라는 황제의 무덤으로 규격은 70m x 20m x 5m이라고 한다.
치우의 후예인 묘족들이 무덤에 매년 제사를 지내는 것만 봐도 진짜 치우의 무덤이라는 것을 알 수 있다.
(※ 치우와 탁록에 대한 자료는 제3편 2장의 6절 참조)

<산동성 양곡현 치우총 앞에서 제를 올리는 묘족들>

---

48) 遗址为缓起高台地，东西长约70米，南北宽约20米，顶部高出地面约5米。因其据当地传说，古代有一皇帝南巡，路经此地，匆忙间御马将一民间小姑娘践踏而死，皇帝见状悲痛不已，下令将其谥封皇姑，并葬于此地，立碑修庙，以示纪念，故名"皇姑冢"。也有专家根据史料考证其与蚩尤有关，认为皇姑冢即"蚩尤冢"。

卷 9
清水, 沁水, 淇水, 蕩水, 洹水
(청수, 심수, 기수, 탕수, 원수)

(水經)
(清水)出河內脩武縣之北黑山, 東北過獲嘉縣北, 又東過汲縣北, 又東入于河。
(沁水)出上黨涅縣謁戾山, 南過穀遠縣東, 又南過陭氏縣東, 又南過陽阿縣東, 又南出山, 過沁水縣北, 又東過野王縣北, 又東過州縣北, 又東過懷縣之北, 又東過武德縣南, 又東南至滎陽縣北, 東入于河。
(淇水)出河內隆慮縣西大號山, 東過內黃縣南, 爲白溝, 屈從縣東北, 與洹水 合, 又東北過廣宗縣東, 爲清河, 又東北過東武城縣西, 又北過廣川縣東, 又東過脩縣南, 又東北過東光縣西, 又東北過南皮縣西, 又東北過浮陽縣西, 又東北過灖邑北, 又東北過鄉邑南, 又東北過窮河邑南, 又東北過漂榆邑, 入于海。
(蕩水)出河內蕩陰縣西山東, 又東北至內黃縣, 入于黃澤。
(洹水)出上黨泫氏縣, 東過隆慮縣北, 又東北出山, 過鄴縣南, 又東過內黃縣 北, 東入于白溝。

(청수) (하내군) 수무현의 북쪽 흑산에서 나오고, 동북쪽으로 (하내군) 획가현 북쪽을 지나고, 또 동쪽으로 (하내군) 급현 북쪽을 지나고, 또 동쪽으로 하수로 들어간다.
(심수) 상당군의 열현 알려산에서 나오고, 남쪽으로 (상당군) 곡원현 동쪽을 지나고, 또 남쪽으로 (상당군) 기씨현 동쪽을 지나고, 또 남쪽으로 (상당군) 양하현 동쪽을 지나고, 또 남쪽으로 산을 나와 (하내군) 심수현 북쪽을 지나고, 또 동쪽으로 (하내군) 야왕현 북쪽을 지나고, 또 동쪽으로 (하내군) 주현 북쪽을 지나고, 또 동쪽으로 (하내군) 회현의 북쪽을 지나고, 또 동쪽으로 (하내군) 무덕현 남쪽을 지나고, 또 동남쪽으로 (하남군) 형양현 북쪽 을 지나고, 동쪽으로 하수로 들어간다.
(기수) 하내군 융려현 서쪽 대호산에서 나오고, 동쪽으로 (위군) 내황현 남쪽을 지나는데 백구라 한다. 현의 동북쪽을 꺾여 흘러 원수와 합쳐지고, 또 동북쪽으로 광종현 동쪽을 지나는데 청하라 한다. 또 동북쪽으로 (청하군) 동무성현 서쪽을

지나고 또 북쪽으로 (신도국) 광천현 동쪽을 지나고, 또 동쪽으로
(신도국) 수현 남쪽을 지나고, 또 동북쪽으로 (발해군) 동광현 서쪽을 지나고,
또 동북쪽으로 (발해군) 남피현 서쪽을 지나고, 또 동북으로
(발해군) 부양현 서쪽을 지나고, 또 동북쪽으로 예읍 북쪽을 지나고, 또 동북쪽으로
향읍 남쪽을 지나고, 또 동북쪽으로 궁하읍 남쪽을 지나고, 또 동북쪽으로 표류읍
을 지나 해로 들어간다.
(탕수) 하내군 탕음현의 서산 동쪽에서 나와서, 또 동북쪽으로 내황현까지 흘러
황택으로 들어간다.
(원수) 상당군 현씨현에서 나오고, 동쪽으로 (하내군) 융려현 북쪽을 지나고, 또
동북쪽으로 산을 나와, (위군) 업현 남쪽을 지나고, 또 동쪽으로 (위군) 내황현
북쪽을 지나고, 동쪽으로 백구로 들어간다.
(注)《韓詩外傳》曰：武王伐紂到邢丘，更名邢丘曰懷。春秋時，赤翟伐晉圍 懷是也
。王莽以爲河內，故河內郡治也。舊三河之地矣。韋昭曰：河南、河東、河內爲
三河也。縣北有沁陽城，沁水逕其南而東注也。(생략) 郭緣生《述征記》曰：河之北
岸，河內懷縣有殷城。或謂楚、漢之際，殷王卬治之，非也。
余按《竹書紀年》云：秦師伐鄭，次于懷，城殷。即是城也。(생략)《春秋·僖公二十
五年》，取大叔于溫，殺之于隰城是也。京相璠曰：在懷縣西南。又逕殷城西，
東南流入于陂，陂水又值武德縣，南至滎陽縣北，東南流入于河。
先儒亦咸謂是溝爲濟渠。故班固及闞駰竝言濟水至武德入河。蓋濟水枝瀆條分，
所在布稱，亦兼丹水之目矣。(생략) 湅水出焉。

《한시외전》에서 말하기를
무왕이 주를 정벌하고 형구에 이르러 형구를 회로 이름을 변경했다.
춘추시기 적적이 진을 정벌하면서 포위한 곳이 회다. 왕망이 하내라고 했고, 옛 하
내군의 치소이다. 구 삼하의 땅이다. 위소가 말하기를 하남군 하동군 하내군을
삼하라고 했다. 회현의 북쪽으로 심양성 이 있고, 심수는 그 남쪽을 지나 동쪽에서
하수로 주입된다.《춘추 희공 25년》대숙이 온현을 취하고 나서 죽었는데 습성이
다. 경상번이 말하기를 회현 서남에 있다. 또 은성 서쪽을 지나고, 동남쪽으로 흘러
피수로 들어가고, 피수는 무덕현을 만나고, 남쪽으로 형양현 북쪽까지 흐르고,
동남쪽으로 흘러 하수로 들어간다. 옛유학자 모두 소위 도랑을 제거라고 했다.
반고와 감인은 함께 제수가 무덕까지 흘러 하수로 들어간다고 말했다.
어찌 제수의 지류 도랑이 갈라졌겠는가, 넓게 칭해 또한 단수의 눈을 겸한다.

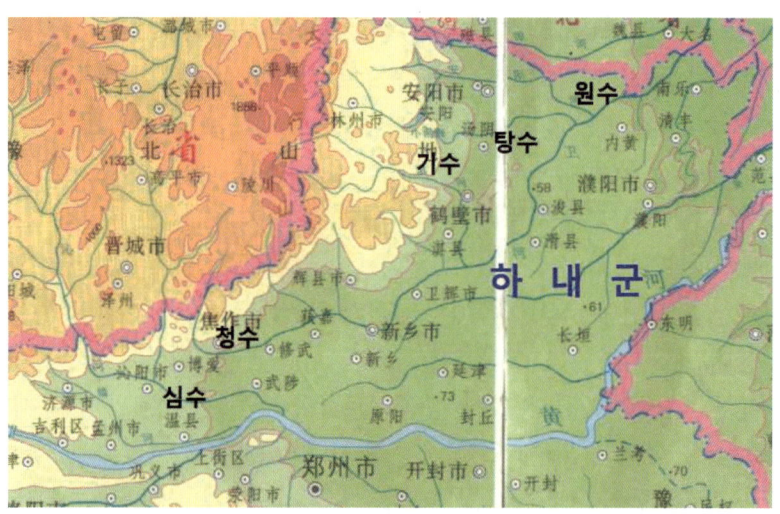

〈하내군은 지금의 황하북부 하남성〉

(생략) 예수가 여기(예읍)에서 나온다.

(해설) 삼하는 하남군, 하동군, 하내군을 지칭하는데
하내군은 황하북부 하남성, 하남군은 남부 하남성, 하동군은 산서성 남부이다.
권9는 삼하의 하나 였던 하내군 지역의 물길에 대한 설명이다. 그중 하나인 심수는
산서성 남부에서 발원해 산서성과 하내군 지역을 흘러 황하로 들어가는 큰 강이다.
고구리 역사와 밀접한 관계가 있을 강임에도 아무런 언급이 없다.
위《춘추》에서의 설명은 하내군에 속했던 회현에 대한 설명이다. 이 회현은 훗날
《위서 지형지》와《금사 지리지》가 기록될 때 회주로 승격해 하내군과 무덕군이
속하게 된다. 무덕현은 군으로 승격해 온현과 패수 등이 속하게 된다.
따라서 패수와 하내군은 인접했거나 아주 가까웠다는 결론을 내릴 수 있다.
이런 패수가 어찌 하북성 난하나 청천강일 수 있으리오!

기수의 하류가 동북쪽으로 발해군에 속하는 여러 현들을 지나가는데 훗날 학벽(鶴壁)에서 대조영이 대진국을 건국했으며, 또한 바로 동북쪽으로 예수가 나오는 예읍의 북쪽을 지나간다. 예맥과 동예로 알려져 있는 예의 북쪽이 옥저와 접해 있다.
아울러《단군세기》37세 마물 단군 조에 "경오 56년 (기원전 591년) 단제께서 남쪽을 둘러보시다가 기수(淇水)에 이르러 붕어하시니 태자 다물이 즉위했다."

는 기록으로 조선의 강역이었음을 알 수 있다.

卷 10 濁漳水(탁장수), 清漳水(청장수)

(水經) 濁漳水出上黨長子縣西發鳩山, 東過其縣南, 屈從縣東北流, 又東過 壺關縣北, 又東北過屯留縣南, 潞縣北, 又東過武安縣, 又東出山, 過鄴縣西, 又東過列人縣南, 又東北過斥漳縣南, 又東北過曲周縣東, 又東北過鉅鹿縣東, 又北過堂陽縣西, 又東北過扶柳縣北, 又東北過信都縣西。又東北過下博縣之西, 又東北過阜城縣北, 又東北至昌亭, 與滹沱河會。又東北至樂成陵縣北別出, 又東北過成平縣南, 又東北過章武縣西, 又東北過平舒縣南, 東入海。
清漳水出上黨沾縣西北少山大要谷, 南過縣西, 又從縣南屈, 東過涉縣西, 屈從縣南, 東至武安縣南黍窖邑, 入于濁漳。

탁장수는 상당군 장자현 서쪽 발계산에서 나와, 동쪽으로 그 현의 남쪽을 지나고, 현에서 굽이쳐 꺾여서 동북류하고, 또 동쪽으로 (상당군) 아관현 북쪽을 지나고, 동북쪽으로 (상당군) 둔류현 남쪽과 (상당군) 로현 북쪽을 지나고, 또 동쪽으로 (위군) 무안현을 지나고, 또 동쪽으로 산을 나와 (위군) 업현 서쪽을 지나, 또 동쪽으로 (광평국) 열인현 남쪽을 지나고, 또 동북쪽으로 척장현 남쪽을 지나고, 또 동북쪽으로 (광평국) 곡주현 동쪽을 지나고, 또 동북쪽으로 (거록군) 거록현 동쪽을 지나고, 또 북쪽으로 (거록군) 당양 현 서쪽을 지나고, 또 동북쪽으로 (신도국) 부류현 북쪽을 지나고, 또 동북쪽으로 (신도국) 신도현 서쪽을 지난다.
또 동북쪽으로 (신도국) 하박현 서쪽을 지나고, 또 동북쪽으로 (발해군) 후성현 북쪽을 지나고, 또 동북쪽으로 창정까지 흘러가 호타하와 만난다. 또
동북쪽으로 낙성능현까지 흘러가서 북쪽에서 별도로 나오고, 또 동북쪽으로 (발해군) 성평현 남쪽을 지나고, 또 동북쪽으로 (발해군) 장무현 서쪽을 지나고, 또 동북으로 (대군) 평서현 남쪽을 지나 동쪽으로 해로 들어간다.
청장수는 상당군 점현 서북쪽 소산대요곡에서 나와, 남쪽으로 현 서쪽을 지나고, 또 현을 굽이쳐 남쪽으로 꺾이고, 동쪽으로 (위군) 무안현 남쪽 소교읍에서 탁장수로 들어간다.

(注-1) 漳逕章武縣故城西, 故濊邑也, 枝瀆出焉, 謂之濊水。東北逕參戶亭, 分爲二瀆。枝水又東注, 謂之蔡伏溝。又東積而爲淀。一水逕亭北, 又逕 東平舒縣故城南。代 郡有平舒城, 故加東。《地理志》: 勃海之屬縣也。《魏土 地記》曰: 章武郡治。故世以爲章武故城, 非也。又東北分爲二水, 一右出爲淀, 一水北注滹沱, 謂之濊口。清漳亂流, 而東注于海。(생략) 清漳又東南與 輘水相得。輘水出輘陽縣西北輘山, 南流逕輘陽縣故城西南, 東流至栗城, 注于清漳也。

청장수는 (발해군) 장무현 고성 서쪽을 지나간다. 옛 예읍이다. 작은 도랑이 여기서 나오는데 소위 예수이다. 동북쪽으로 참호정을 지나 2개의 물길로 나눠진다. 작은 물길은 동쪽으로 흘러 소위 채복구로 들어간다. 동쪽으로 쌓이는데 정수라고 한다. 한 물은 정자 북쪽을 지나가 동평서현 고성 남쪽을 지나간다. 대군에 평서성이 있어 옛날에 동자가 붙었다.《지리지》발해군의 속현이다.
《위토지기》에 이르기를
장무군에서 다스렸고 옛날엔 세칭 장무고성이라 했는데 그렇지 않다.
동북쪽으로 흘러 두 물길로 나뉘는데 하나는 우측에서 나와 정수가 되고
한 물길은 북쪽에서 호타수로 들어간다. 소위 예구이다.
청장수는 급하게 흘러 동쪽에서 해로 들어간다.
청장수는 또 동남쪽으로 요수와 서로 만난다. 요수는 요양현 서북 요산에서 나오고, 남쪽으로 흘러 요양현 고성 서남쪽을 지나고, 동쪽으로 흘러 조성까지 이르러 청장수에 들어간다.

(해설-1) 장수와 탁장수는 산서성 동남부에서 나와서 흐르다가 합쳐진 물길이 하류 쪽에서 발해군의 속현인 장무현 서쪽을 지나가는데 그곳이 예수의 발원지인 예읍이라는 설명이다. 식민사학계는 이런 동예를 한반도의 강원도 북부로 비정했는데, 그렇다면 청, 탁장수가 강원도를 흐르는 강이어야 할 것이다. 그러나 청, 탁장수가 산서성 남부를 흐르는 물길이라는 말은 그곳에 예가 있었다는 말인 것이다.

《삼국지 위서》동이전49)에
"고구리는 요동의 동쪽 천 리에 있다. 남쪽으로 조선(현)과 예맥에 접하고,
동쪽으로 옥저, 북쪽으로 부여와 접한다.

도읍은 환도의 아래에 있고, 넓이는 방 2천 리, 가구 수는 3만이다."라는 기록과

《후한서》동이열전50)에
"예의 북쪽은 고구려(현)과 옥저에 접하고, 남쪽은 진한과 접하고, 동쪽으로 대해, 서로는 낙랑에 접한다. 예와 옥저와 구려는 본래 모두 조선의 땅이었다."
라는 기록을 정리하면 고구리의 동쪽에 옥저가 있고 그 남쪽에 예(濊)가 있다는 말이다. 예맥은 맥족이 사는 예 땅을 말하는 것이다.

《수경주》권9 기수(淇水)51)편에
"청하는 동북으로 흘러 예수(濊水)가 나오는 예읍(濊邑) 북쪽을 지난다.."
라는 기록이 있는데,《중국 고대지명대사전》은 "기수52) : 하남성 임현 임기진에서 나와 동북쪽으로 흘러 기양을 지나 석하와 합쳐져 꺽여 동남쪽으로 흘러 탕음을 경유해 기현까지 흘러 위하로 들어간다."라고 설명하고 있다.

청장수53)에 대해서는 "장하의 상류로 산서성 평정현 남쪽 대민곡이 발원지이다. 서남쪽으로 흘러 화순의 경계로 흐르다 꺽여 남쪽으로 흘러 요현을 경유해 서장수와 합쳐져 하남성 섭현으로 들어가 탁장하와 만나 합쳐진다."
라고 설명하며,

탁장수54)에 대한 설명은 "장하의 상류로 발원지가 두 군데이다.

---

49) 《三國志 魏書》東夷傳 : 高句麗在遼東之東千里 , 南與朝鮮‧濊貊 , 東與沃沮 , 北與夫餘接。都於丸都之下 , 方可二千里 , 戶三萬。
50) 《後漢書》東夷列傳 : 濊北与高句骊‧沃沮 , 南与辰韩接 , 东穷大海 , 西至乐浪。濊及沃沮‧句骊 , 本皆朝鲜之地也。
51) 『水經注』券九 淇水 : 淸河又東北過濊邑北 , 濊水出焉。又東北過鄕邑南 , 淸河又東 , 分爲二水 , 枝津右出焉。東逕漢武帝故臺北
52) 淇水 : 源出河南林县东南临淇镇 , 东北流经淇阳合淅河 , 折东南流 , 经汤阴至淇县 , 入卫河 ,《诗卫风》淇水左右 ,《汉书地理志》共县北山 , 淇水所出 , 东到黎阳入河 ,《三国魏志武帝纪》建安九年 , 太祖遏淇水入白沟 , 以通粮道。
53) 清漳水 : 漳河之上游也 , 源出山西平定县南大黾谷 , 西南流入和顺境 , 折南流迳辽县 , 合西漳水入河南涉县 , 与浊漳河合 ,《汉书地理志》沾县大黾谷 , 清漳水所出。
54) 浊漳水 : 漳河之上游也 , 有二源 , 北源出山西沁县西北千峰岭 , 南源出长子县西南发鸠山 , 东至长治县治东南 , 改北流经潞城、襄垣二县与北源合 , 又东北流至黎城县与小漳水合 , 改东南流经潞城、黎城、平顺入河南涉县 , 合于清漳。《周礼职方氏》冀州 , 川曰漳 , 浸曰汾潞。《后汉书郡国志注》"上党记曰 : 潞 , 浊漳也。" 阙

북쪽 발원지는 산서성 심현 서북쪽 천봉령이고, 남쪽 발원지는 장자현 서남 발구산에서 나와 장치현 동남까지 동류하다가 북쪽으로 방향을 바꿔 로성현과 양원현을 지나 북쪽에서 발원한 물길과 만나고 여성현까지 동북쪽으로 흘러 소장수에 합쳐진다. 다시 동남쪽으로 방향을 바꿔 흘러 로성과 여성, 평순을 지나 하남성 섭현으로 들어가 청장수와 합쳐진다. (이하생략)"이다.

즉 탁장수는 산서성 남부에 있는 장치시 장자현에서 발원해 산서성 남부를 흘러 동남쪽에 있는 하남성 섭현에서 청장수와 합쳐지는 강이고, 청장수는 산서성 중동부에서 발원해 남쪽으로 흐르다 탁장수와 만나는 강이다. 따라서 청,탁장수가 지나는 예읍(濊邑)은 합류한 강의 하류에 있는 발해군 지역인 하남성 동단이나 하북성 남단에 있다고 하겠다.

《삼국지》와 《후한서》에서
예가 고구리의 동남쪽에 있다고 했으니,
그곳에서 서북쪽으로 그다지 멀지 않은 곳에 있는 고구리가 위치했던 것이다.
이렇듯 중원 황하변에 있어야 하는 예의 위치를 한반도 강원북도로 이전시킨 것이 바로 망국의 반도사관인 것이다.

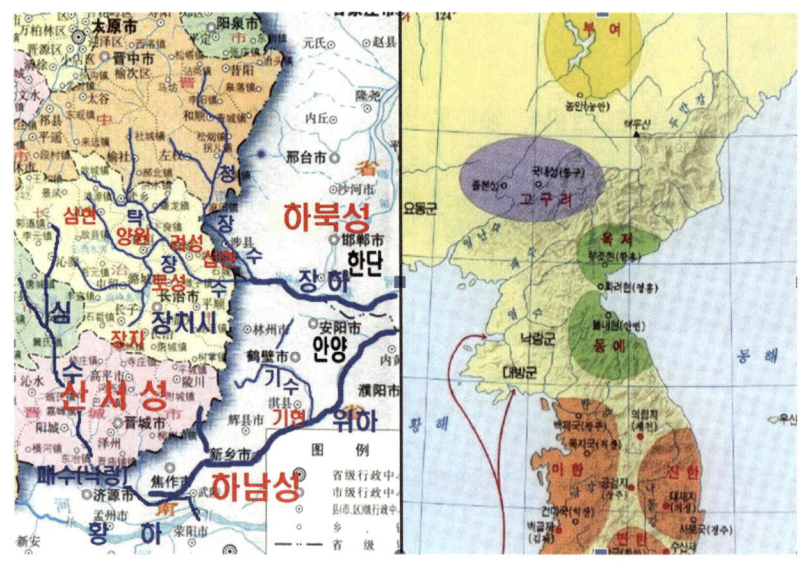

〈산서 동남부를 흐르는 탁장수와 청장수〉 〈강원도로 옮겨진 예/옥저〉

駰曰，潞水为冀州浸，即漳水也。世人亦谓浊漳为潞水。

요수(遼水)에 대해서는
《흠정대일통지》권121 요주(遼州)편에
"요수(遼水): 일명 요양수(遼陽水) 또는 서장수(西漳水)라고도 하는데, 화순현 서북에서 발원해 팔부령으로 들어가 동쪽으로 흘러 주의 성 서남쪽으로 지나며 청장수에 들어간다."라고 설명되어 있으며,
명나라 때 이묵이 그린 <대명여지도의 산서여도>에 그려져 있다.

卷 11 易水(역수), 滱水(구수)

(水經) 易水出涿郡故安縣閻鄉西山, 東過范陽縣南, 又東過容城縣南, 又東 過安次縣南, 又東過泉州縣南, 東入于海。滱水出代郡靈丘縣高氏山, 東南過廣昌縣南, 又東南過中山上曲陽縣北, 恒水從西來注之。又東過唐縣南, 又東過安憙縣南, 又東過安國縣北, 又東過博陵縣南, 又東北入于易。

역수는 탁군 고안현 염향 서산에서 나와, 동쪽으로 (탁군) 범양현 남쪽을 지나고, 또 동쪽으로 (탁군) 용성현 남쪽을 지나고, 또 동쪽으로 (발해군) 안차현 남쪽을 지나고, 또 동쪽으로 (어양군) 천주현 남쪽을 지나, 동쪽으로 해로 들어간다.

구수는 대군 영구현 고씨산에서 나오고, 동남쪽으로 (대군) 광창현 남쪽을 지나고, 또 동남쪽으로 중산국 (상산군) 상곡양현 북쪽을 지나고, 항수가 굽이쳐 서쪽에서 와서 주입된다. 또 동쪽으로 (중산국) 당현 남쪽을 지나고, 또 동쪽으로 안희현 남쪽을 지나고, 또 동쪽으로 (중산국) 안국현 북쪽을 지나고, 또 동쪽으로 (서하군) 박능현 남쪽을 지나고, 또 동북쪽에서 역수가 들어온다.

(注) 易水東分爲梁門陂, 易水又東, 梁門陂水注之, 水上承易水于梁門, 東 入長城, 東北入陂。陂水北接范陽陂, 陂在范陽城西十里, 方十五里, 俗亦謂之爲鹽臺陂。陂水南通梁門淀, 方三里。淀水東南流, 出長城注易, 謂之范 水。易水自下, 有范水通目。又東逕范陽縣故城南, 即應劭所謂范水之陽也。
(생략) 易水逕縣南、鄚縣故城北, 東至文安縣與滹沱合。《史記》: 蘇秦曰:

燕, 長城以北, 易水以南。正謂此水也。是以班固、闞駰之徒, 咸以斯水謂之 南易
。(생략)《史記》曰：帝嚳氏沒, 帝堯氏作, 始封于唐。望都縣在南, 今此 城南對
盧 奴故城, 自外無城以應之。(생략) 然則俗謂之都山, 即是堯山, 在唐東北望都界
。皇甫謐曰：堯山一名豆山。今山于城北如東, 嶄絕孤峙, 虎牙桀立,
山南有堯廟, 是即堯所登之山者也。(생략) 《帝王世紀》曰：堯母慶都所 居,
故縣目曰望都。張晏曰：堯山在北, 堯母慶都山在南, 登堯山見都山, 故望都縣以
爲名也。

역수는 동쪽으로 양문피에서 분리되었고, 역수는 또 동쪽으로 양문에서 피수로 들어가는데, 물이 위로 올라가 역수가 양문에서 동쪽으로 장성으로 들어가고, 동북쪽으로 피수로 들어간다. 피수는 북쪽으로 범양에서 피와 접하는데, 피는 범양성 서쪽 십리에 있고 방 15리인데, 세속에서 소위 염대피라는 것이다.
피수는 남쪽으로 양문에서 정수와 통하는데 방 3리이다. 정수는 동남류해 장성을 나와 역수로 들어가는데, 소위 범수라고 한다. 역수는 스스로 아래 범수라는 통목이 있고, 또 동쪽으로 범양현 고성 남쪽을 지나는데, 즉 응소의 소위 범수의 북쪽이라는 것이다. (생략)
역수는 안차현 남쪽을 지나는데, 막현 고성 북쪽이고, 동쪽으로 문안현까지 흘러 호타수와 합쳐진다. 《사기》에서 소진이 연 장성 이북이고 역수 이남이라고 말한 바로 소위 이 물길이다. 반고와 감인의 무리들 모두 소위 남쪽 역수라고 했다.

《사기》에서 말하기를
제곡씨가 지고, 제요씨가 일어났는데, 처음으로 당에 봉해졌다.
망도현이 남쪽에 있는데, 지금 이 성 남쪽이 로노성과 마주하고 있는데, 스스로 이 외 응한 성이 없었다. 그리하여 속칭 도산이라고 하는데 즉 요산이고 당현 동북쪽 망도현과의 경계에 있다.
황보밀이 말하기를 요산은 일명 두산이다. 성 북쪽 산이 동쪽과 같이, 높고 끊겨 외롭게 우뚝 솟아 마치 범 이빨이 홰에 선 것 같은데, 산 남쪽에 요의 사당이 있는데, 요가 산에 올라가던 곳이다.
《제왕세기》에서 말하기를
요의 모친 경도가 살던 곳이고, 옛 현목에서는 망도라고 했다.
장안이 말하기를 요산이 북쪽에 있고, 요의 모친 경도산이 남쪽에 있어,
옛날에 망도현이라고 이름했다.

(해설) 역수와 구수의 대략적인 위치는 지금의 하남, 산동, 하북성이 만나는곳 일대이다. 역수가 근원에서 나와 동쪽으로 유주에 속하는 탁군의 범양현을 지난다고 하는데, 범양현의 위치가 과연 현재 북경 부근인가 하는 점이다. 여러 자료를 맞춰봐도 하남성의 동단인 동군에 속하는 범현과 유주 탁군의 범양현이 같다고 볼 수 밖에 없을 것이다. 마찬가지로 소진의 연 장성의 위치 역시 북경이 아니라 이지역에서 찾아야 할 것이다.

요의 모친과 관련 있는 경도산이 남쪽에 있고, 요임금의 요산은 그 북쪽에 있다는 설명이다. 이곳에 두 사람의 무덤까지 있으며, 항간에서는 요임금의 당도(唐都)가 산서성 남부 평양(平陽, 임분)이 아니라, 바로 이곳 산동성 견성현 부근인 성양(成陽)이라는 주장이 제기되기도 한다.
《수경주》권6의 분수(汾水)편에
임분시를 지나는 물길 설명에 요임금의 무덤에 대한 언급이 없는 것으로 보아 현재 산서성 임분시에 있는 조성되어있는 요임금 무덤은 가짜라는 것이 명백하게 입증되었다고 하겠다.

〈산동성의 서단 견성현에 있는 요묘〉

卷 12 聖水(성수), 巨馬水(거마수)

(水經) 聖水出上谷, 東過良鄉縣南, 又東過陽鄉縣北, 又東過安次縣南, 東入于海。
巨馬河出代郡廣昌縣淶山, 東過逎縣北, 又東南過容城縣北, 又東過勃海東平舒縣北, 東入于海。

(성수) 상곡군에서 나오고, 동으로 (탁군) 량향현 남쪽을 지나고, 또 동쪽으로 (탁군) 양향현 북쪽을 지나고, 또 동쪽으로 (발해군) 안차현 남쪽을 지나 동쪽으로 해로 들어간다.

(거마하) 대군 광창현 래산에서 나오고, 동쪽으로 (탁군) 주현 북쪽을 지나고, 동남쪽으로 (탁군) 용성현 북쪽을 지나고, 동쪽으로 발해군 동평서현을 지나고, 동쪽으로 해로 들어간다.

(注) 故燕地, 秦始皇二十三年, 置上谷郡。王隱《晉書·地道志》曰：郡在谷之頭, 故因以上谷名焉。王莽更名朔調也。水出郡之西南聖水谷, 東南流逕大防嶺之東首。(생략) 聖水自涿縣東與桃水合, 水首受淶水于徐城東南良鄉, 西分垣水, 世謂之南沙溝, 即桃水也。東逕逎縣北, 又東逕涿縣故城下與涿水合。
(생략) 《地理志》曰：淶水東南至容城入于河。河, 即濡水也, 蓋互以明會矣。
巨馬水于平舒城北, 南入于滹沱, 而同歸于海也。

옛 연 땅으로 진시황 23년(기원전 224)에 상곡군을 설치했다.
왕은의《진서지도기》에서 말하기를
군이 계곡의 머리에 있다는 이유로 옛날에 여기를 상곡이라 이름했다.
물은 상곡군의 서남쪽 성수곡에서 나오고, 동남류해서 대방령의 동쪽 머리를 지나간다. 성수는 탁현 동쪽에서 도수와 합쳐지고, 물머리는 서성 동남쪽 (탁군) 랑향에서 래수를 받아들이고, 서쪽이 원수로 분리되는데, 세칭 남사구라 하는데, 즉 도수이다. 동쪽으로 (탁군) 주현 북쪽을 지나, 동쪽으로 탁현 고성 아래를 지나 탁수와 합해진다.

《지리지》에서 말하기를 래수는 동남으로 용성까지 흘러 하수로 들어간다. 하는 즉유수이다. 거마수는 평서현 북쪽에서 남쪽으로 호타수로 들어가는데 같이 해로 돌아가는 것이다.

(해설) 상곡군에서 나온 성수와 대군에서 나온 거마하는 우리 역사에 등장하는 물길은 아니나, 두 물길이 흘러가는 탁군 지역은 삼국지 유비와 장비의 고향으로 훗날 수양제의 요동정벌 때 군사들의 집합장소가 된다. 그런데 그 위치는 지금의 북경 부근이 아니라, 하남성의 동부와 산동성의 서단과 하북성의 남단이 만나는 지역이어야 할 것이다.

卷 13 灅水(루수)

(水經) 灅水出鴈門陰館縣, 東北過代郡桑乾縣南, 又東過涿鹿縣北, 又東南 出山, 過廣陽薊縣北, 又東至漁陽雍奴縣西, 入笥溝。

루수는 안문군 음관현에서 나와, 동북쪽으로 대군 상건현 남쪽을 지나고, 또 동쪽으로 (상곡군) 탁록현 북쪽을 지나고, 또 동남쪽으로 산을 나와, 광양군 계현 북쪽을 지나고, 또 어양군 옹노현 서쪽을 지나, 사구로 들어간다.

(注-1) 灅水出于累頭山, 一曰治水。泉發于山側, 沿波歷澗, 東北流出山, 逕陰館縣故城西, 縣, 故樓煩鄉也。(생략) 灅水又東北流, 左會桑乾水, 縣西 北上下, 洪源七輪, 謂之桑乾泉, 即㶟涫水者也。耆老云：其水潛通, 承太原 汾陽縣北燕京山之大池, 池在山原之上, 世謂之天池, 方里餘, 澄淳鏡淨, 潭而不流, 若安定朝那之湫淵也。(생략)

루수는 루두산에서 나오는데 치수라고 말한다. 샘은 산측에서 발원해 물결을 따라 계곡을 지나고, 동북으로 흘러 산에서 나와 (안문군) 음관현 고성 서쪽을 지나는데, 현은 옛 루번향이다.

루수는 또 동북류해 좌측에서 상건수를 만나고, 현 서북쪽 위아래로 7개의 넓은 근원지가 있다. 소위 상건천이라 하는데 즉 삭관수이다. 노인이 이르기를 그 물은 지하로 흐르다가 태원군 분양현 북쪽 연경산의 큰 못으로 올라오는데, 못은 위 평원의 위에 있는데, 세상에서는 소위 천지라고 한다. 사방 1리 정도이고, 맑은 물들이 거울처럼 깨끗하며, 깊어서 흐르지는 않으며, 안정조나의 추연이다.

(注-2) 一水南逕白登山西, 服虔曰：白登, 臺名也, 去平城七里。如淳曰：平城旁之高城若丘陵矣。今平城東十七里有臺, 即白登臺也。臺南對岡阜, 即 白登山也。故《漢書》稱上遂至平城, 上白登者也。爲匈奴所圍處。孫暢之《述 畫》曰：漢高祖被圍七日, 陳平使能畫作美女, 送與冒頓。閼氏恐冒頓勝漢, 其寵必衰, 說冒頓解圍于此矣

한 물은 남쪽으로 백등산 서쪽을 지나고, 복건이 말하기를 백등은 대의 명칭이고 평성에서 7리 떨어져 있다. 여순이 말하기를 평성 곁의 높은 성은 큰 언덕이다. 지금의 평성 17리에 대가 있는데, 즉 백등대이다. 대의 남쪽으로 언덕을 마주하고 있는데 즉 백등산이다.

옛 《한서》에서
상이 평성까지 이르렀다고 칭하는데, 상이 백등에 올랐다. 흉노가 포위한 곳이다. 손창의 《술화》에서 말하기를 한 고조가 포위된 지 7일 되는 날 진평이 미녀를 그린 그림을 모둔에게 보냈다. 알씨는 모둔이 한에게 이기면 자신에게 내릴 총애가 필히 약해질 것을 두려워해 모둔에게 포위를 풀도록 말했다.

(注-3) 涿水出涿鹿山, 世謂之張公泉, 東北流逕涿鹿縣故城南, 王莽所謂抪 陸也。黃帝與蚩尤戰于涿鹿之野, 留其民于涿鹿之阿。即于是也。其水又東北與阪泉合, 水導源縣之東泉。《魏土地記》曰：下洛城東南六十里有涿鹿城, 城 東一里有阪泉, 泉上有黃帝祠。《晉太康地理記》曰：阪泉亦地名也。泉水東北 流與蚩尤泉會, 水出蚩尤城, 城無東面。《魏土地記》稱, 涿鹿城東南六里有蚩 尤城。泉水淵 而不流, 霖雨併則流注阪泉亂流東北入涿水。涿水又東逕平原郡南, 魏徙平原之民置此, 故立僑郡, 以統流雜。涿水又東北逕祚亭北, 而東北入灤水。

탁수는 탁록산에서 나오는데 세상에서 소위 장공천이다. 동북류해 (상곡군) 탁록현 고성 남쪽을 지난다. 왕망이 포류라 했다. 황제가 치우와 탁록의 들에서 싸워 그 백성을 탁록의 언덕에 머무르게 했다. 즉 그렇다. 그 물은 또 동북쪽으로 판천과 합쳐져, 물은 도원현의 동쪽 샘이다.
《위토지기》에서 말하기를
하락성 동남 60리에 탁록성이 있고, 성 동쪽 1리에 판천이 있는데, 샘 위에는 황제의 사당이 있다.
《진태강지리기》에서 말하기를 판천 역시 지명이다.

샘물은 동북류해 치우천과 만나 물은 치우성을 나가는데, 성은 동쪽 면이 없다.
《위토지기》에서 칭하기를
탁록성 동남 6리에 치우성이 있다. 샘물은 못이라 흐르지 않다가, 장마가 되면 판천으로 흘러 들어가 난류로 동남쪽으로 탁수로 들어간다. 탁수는 또 동쪽으로 평원군 남쪽을 지나고, 위가 평원의 백성을 이주시켜 옛 입교군을 둠으로써, 큰 줄기의 흐름이 섞였다. 탁수는 또 동북으로 조정 북쪽을 지나, 동북쪽으로 루수에 들어간다.
(해설) 위 수경에서 루수가 지나는 군현들은 원래 위치가 아니라 현재 북경 부근으로 지명이 이동된 순서대로 왜곡 편집되었음이 확실하다. 가장 큰 이유는 원래는 (산서 남부에 있는) 상곡, 어양군의 동쪽에 (하남성 안양 부근에 있는) 대군이 위치해야 함에도 그 반대로 되어있기 때문이다.
(위치에 대한 상세한 설명은 제3편 제2장의 6절(상곡, 어양)과 7절(대군) 참조)

아울러 권6 분하 편에서 언급되었어야 할 천지가
　느닷없이 권13에서 언급된 것 역시 원래 하북성 남단에 있던 상건하를 천지에서 발원해 산서성 북부 대동(大同)시를 거쳐 북경 부근으로 흐르는 물길로
왜곡했던 것이다.
그래야 명나라 때 이동한 북경 부근의 유주 비정에 맞출 수 있기 때문이다.

또 탁수가 나온다는 탁록현은 상곡군에 속하고, 탁수는 탁군의 탁현을 흐른다고 기술되어 있다. 이 물길이 연결된 하나의 탁수인지 서로 다른 동명 이수(同名異水)인지는 아직 확실치 않다. 여하튼 현재 중국은 북경 서북쪽에다 탁록현이라 명명하고 치우 유적까지 조성해놓고 역사를 왜곡하는 중이다. 위 물길에 대한 주석은 산서 남부에 있었던 원래 탁수에 대한 설명임이 분명하다.

인용한 서적도 지명이동 전의 옛 책이며,
청주는 산동성 서부였으므로 북경 서북쪽에 어찌 탁수가 있을 수 있으리오!

卷 14
濕餘水　沽河　鮑丘水　濡水　大遼水　小遼水　浿水
습여수, 고하, 포구수, 유수, 대요수, 소요수, 패수

(水經)(濕餘水) 出上谷居庸關東, 東流過軍都縣南, 又東流過薊縣北, 又北 屈東南至狐奴縣西, 入于沽河。
(沽河) 從塞外來, 南過漁陽狐奴縣北, 西南與濕餘水合, 爲潞河 ; 又東南至 雍奴縣西, 爲笥溝 ; 又東南至泉州縣, 與淸河合, 東入于海。淸河者, 派河尾也。
(鮑丘水) 從塞外來, 南過漁陽縣東, 又南過潞縣西, 又南至雍奴縣北, 屈東入於海。
(濡水) 從塞外來, 東南過遼西令支縣北, 又東南過海陽縣西, 南入于海。
(大遼水) 出塞外衛白平山, 東南入塞, 過遼東襄平縣西。又東南過房縣西, 又東過安市縣西, 南入於海。又玄菟高句麗縣有遼山, (小遼水)所出,
(浿水) 出樂浪鏤方縣, 東南過臨浿縣, 東入于海。

(습여수) 상곡군 거용관 동쪽에서 나와, 동류해 (상곡군) 군도현 동쪽을 지나고, 또 동류해 계현 북쪽을 지나고, 북쪽으로 꺾여 동남쪽으로 (어양군) 호노현 서쪽까지 가서, 고하로 들어간다.

(고하) 요새 밖에서 굽이쳐 들어와, 남쪽으로 어양군 호노현 북쪽을 지나고, 서남쪽으로 습여수와 합쳐져 로하가 된다. 또 동남쪽으로 (어양군) 옹노현 서쪽까지 가서 사구가 된다. 또 동남쪽으로 (어양군) 천주현까지 가서 청하와 합쳐져, 동쪽으로 해로 들어간다. 청하는 하수 꼬리에서 갈라진다.

(포구수) 요새 밖에서 굽이쳐 들어와, 남쪽으로 어양군 어양현 동쪽을 지나고, 또 남쪽으로 (어양군) 로현 서쪽을 지나고, 또 남쪽으로 (어양군) 옹노현 북쪽까지 흘러, 꺾여서 동쪽으로 해로 들어간다.

(유수) 요새 밖에서 굽이쳐 들어와, 동남쪽으로 요서군 영지현 북쪽을 지나고, 또 동남쪽으로 해양현 서쪽을 지나 남쪽으로 해로 들어간다.

(대요수) 요새 밖을 지키는 백평산에서 나와 동남쪽으로 요새로 들어가고, 요동군 양평현 서쪽을 지나고, 또 동남쪽으로 방현 서쪽을 지나고, 또 동쪽으로 안시현 서쪽을 지나고, 남쪽으로 해로 들어간다.

(소요수) 또 현토군 고구려현에 요산이 있는데 소요수가 나오는 곳이다.

(패수) 낙랑군 루방현에서 나와, 동남쪽으로 임패현을 지나, 동쪽으로 해로 들어간다.

(注-1) (濕餘水　沽水　鮑丘水) 濕餘水出上谷居庸關東, 故《地理志》曰：濕餘水自軍都縣東, 至潞南入沽是也。(생략) 漁水又西南入沽水。沽水又南與螺山 之水合, 水出漁陽城南小山。《魏土地記》曰：城南五里有螺山, 其水西南入沽水。沽水又南逕安樂縣故城東,《晉書·地道記》曰：晉封劉禪爲公國。俗謂之 西潞水也。(생략) 沽水又南, 濕餘水注之。沽水又南, 左會鮑丘水, 世所謂東 潞水也。沽水又南逕潞縣爲潞河。(생략) 沽河又東南逕泉州縣故城東, 王莽之泉調也。沽水又東南合清河, 今無水。清、淇、漳、洹、滱、易、淶、濡、沽、滹沱, 同歸于海。故《經》曰派河尾也。(생략) 鮑丘水又東南逕漁陽縣故城 南, 漁陽郡治也。秦始皇二十二年置, 王莽更名通潞, 縣曰得漁。(생략) 鮑丘水又西南歷狐奴城東, 又西南流注于沽河, 亂流而南。鮑丘水入潞, 通得潞河之稱矣。(생략) 又東南流, 逕薊縣北, 又東至潞縣, 注于鮑丘水。又南逕潞縣 故城西, 王莽之通潞亭也。

습여수는 상곡군 거용관 동쪽에서 나온다.
옛 지리지에 이르기를 습여수는 (상곡군) 군도현 동쪽부터
(어양군) 로현 남쪽까지 흘러 고수로 들어간다.
어수는 또 서남쪽으로 흘러 고수로 들어가고
고수는 남쪽으로 흘러 어양성 남쪽 소산에서 나오는 라산의 물길과 합쳐진다.
《위토지기》에서 말하기를
성 남쪽 5리에 라산이 있고, 그 물은 서남쪽으로 흘러 고수로 들어가고,

고수는 남쪽으로 흘러 (어양군) 안락현 고성 동쪽을 지난다.
《진서지도기》에 이르기를
진이 유선을 공국으로 봉했다. 소위 세칭 서로수라고 한다. (생략) 고수는 남쪽으로 습여수가 들어가고, 고수는 남쪽으로 흘러 좌측에서 포구수와 만나는데,
세칭 동로수이다. 고수는 남쪽으로 로현을 경유하므로 로하라고 했다.
고하는 또 동남으로 천주현 고성 동쪽을 지나고, 고수는 또 동남쪽으로 청하와 합쳐지는데, 지금은 물이 없다. 청, 기, 장, 원, 구, 역, 래, 유, 고, 호타수가 같이 해로 돌아간다. 옛 경에서 말하길 물길은 하수의 끝자락이다.

포구수는 동남쪽으로 어양군의 치소인 어양현 고성 남쪽을 지난다.
진시황 22년에 설치했고, 왕망이 통로로 개명했으며, 현은 고기를 얻는다고 말한다. 포구수는 또서남쪽으로 호노성 동쪽을 지나고, 또 서남쪽으로 흘러 고수로 들어가고 남쪽에서 난류가 된다.
포구수가 로수에 들어가기에 통상 로하로 지칭한다. 또 동남쪽으로 흘러 계현 북쪽을 지나고, 또 동쪽으로 로현까지 가서 포구수에 주입된다. 또 남쪽으로 로현 고성 서쪽을 지나는데, 왕망의 통로정이다.

(해설-1) 명, 청 때 수경주 편집자들은 우리 역사와 관련된 물길들은 위치 순서에 상관없이 따로 권14에 모아놓았다.
(주-1)은 습여수, 로하, 포구수에 대한 설명인데, 이 물길들로 인해 상곡, 어양군의 위치를 밝혀지기 때문일 것이다. 원래 위치는 제10권 탁장수에 들어가야 함에도 지명이동을 통한 왜곡을 위해 권14로 옮겨졌다.

《한서 지리지》에서 상곡군에 속하는 군도현에 대한 설명에
"습여수가 동쪽으로 로(路)현까지 흘러 남쪽으로 고(沽)수로 들어간다."
라는 문구에서 로현은 어양군에 속하는 현이다.
따라서 상곡군의 동쪽에 어양군이 접하고 있었다는 것을 알 수 있다.

그렇다면 고수(沽水)가 들어가는 로현(潞縣)은 과연 어디일까?
먼저 《자전(字典)》55) 에는
"潞는 옛 강 이름으로 지금의 탁장하(濁漳河)이고,

---

55) ① 古水名。即今山西浊漳河。其浸汾、潞。--《周礼》 ② 春秋国名。如：潞氏 (单称"潞"或"路"。为赤狄的一支。故址在山西省潞城县东北) ③ 假借为"羸"(léi)。瘦弱,疲病 士民罢潞,国家空虚。--《吕氏春秋·不屈》 通"略、路、落、露"

음이 같은 路, 潞, 露, 落, 略는 서로 통용되는 글자."라고 설명되어있다.
《중국 고대지명대사전》에는 로현(潞縣)56)에 대해 "옛 로자국으로 한나라가 로현을 설치했는데 고성은 현 산서성 로성현 동북쪽 40리이다. 전한에서 설치한 로(路)현은 후한 때 로(潞)로 바뀌었으며, 로수(潞水)에서 그 이름을 가져왔다.
《수경주》에 포구수는 로현 고성 서쪽을 지난다."
라고 설명하며, 로수(潞水)57) 에 대해서는
"《상당기》에 로수는 지금의 탁장수이며,
《수경주》에 고수는 서로수이고
포구수는 세칭 동로수라고 하는데 만나서
남쪽 로현을 흐르는 물길이 로하"라고
설명되어 있다.

《중국 고대지명대사전》에는

탁장수58)에 대해 "장하의 상류로 발원지가
두 군데이다. 북쪽 발원지는 산서성 심현
서북쪽 천봉령이고, 남쪽 발원지는 장자현
서남 발구산에서 나와 장치현 동남까지
동류하다가 북쪽으로 방향을 바꿔

《庄子·天地》:"无落吾事!"路、潞、落三字都同"露", 训败, 即它们音义都相同。

56) (潞縣) 古潞子国, 汉置潞縣, 故城在今山西潞城县东北四十里, 后魏改刈陵, 移治漳水北, 城遂废。汉置路县, 后汉改曰潞, 以潞水为名,《水经注》 鲍丘水迳潞县故城西,《寰宇记》 潞县在幽州东六十里, 本汉旧县,《通鉴》"契丹既强, 寇气势汹汹诸州皆偏, 幽州东十里之外, 人不敢樵牧, 越德钧为节度使, 于州东五十里, 城潞县而戍之, 民始得耕稼。" 今北京通县东八里甘棠乡, 有古城, 盖隋唐时潞县治, 五代唐移今能源县治, 明废。辽置, 今阙, 当在热河巴林境。

57) (潞水) 亦作潞川, 即今浊洋水,《周礼职方氏》冀州, 川曰漳, 浸曰汾潞,《后汉书郡国志》注《上党记》曰 潞, 浊漳也。《水经注》"沽水俗谓之西潞水, 鲍丘水世谓之东潞水, 会流南戏潞县为潞河。" 今尚称北运河为潞河, 潞县后汉置, 明废, 故城在今北京通县东。在山西潞城县北, 源出县东北二十里微子城, 西北流入漳水, 此水以在潞地, 遂蒙潞名, 非职方冀浸之潞也。

58) 浊漳水: 漳河之上游也, 有二源, 北源出山西沁县西北千峰岭, 南源出长子县西南发鸠山, 东至长治县治东南, 改北流经潞城、襄垣二县与北源合, 又东北流至黎城县与小漳水合, 改东南流经潞城、黎城、平顺入河南涉县, 合于清漳。《周礼职方氏》冀州, 川曰漳, 浸曰汾潞。《后汉书郡国志注》"上党记曰:潞, 浊漳也。"阙骃曰, 潞水为冀州浸, 即漳水也。世人亦谓浊漳为潞水。

로성현과 양원현을 지나 북쪽에서 발원한 물길과 만나고 여성현까지 동북쪽으로 흘러 소장수에 합쳐진다. 다시 동남쪽으로 방향을 바꿔 흘러 로성과 여성, 평순을 지나 하남성 섭현으로 들어가 청장수와 합쳐진다."라고 설명되어 있다.

즉 탁장수 일명 로수는 고수와 포구수가 로현에서 합쳐진 물길로 산서성 동남부를 흐르는 강이다. 따라서《한서 지리지》의 설명대로 상곡군은 산서성 동남부에 있는 로성의 서쪽이고, 어양군은 그 동쪽이라는 것이 된다. 그러므로 상곡, 어양군의 위치가 북경 부근이었다는 중국의 주장은 허무맹랑한 거짓임이 판명되었다. 아마도 중국은 치우천왕의 역사왜곡을 위해 북경 부근으로 지명이 옮겨진 상곡군에 속하는 탁록현의 원래 위치를 숨기기 위해 고하와 관련되는 물길들을 권14로 분류한 것으로 보인다.

(注-2 濡水) 濡水出禦夷鎭東南, 其水二源雙引, 夾山西北流, 出山, 合成 一川。又西北逕禦夷故城東, 鎭北百四十里北流, 左則連淵水注之, 水出故城東, 西北流逕故城南, 又西北逕綠水池南, 池水淵而不流。(생략) 濡水又東南 逕盧龍故城東, 濡水又南, 黃洛水注之, 水北出盧龍山, 南流入于濡。濡水又 東南, 洛水合焉, 水出盧龍塞西, 南流注濡水。濡水又屈而流, 左得去潤水, 又合敖水, 二水竝自盧龍西注濡水。濡水又東南流逕令支縣故城東, 王莽之令氏亭也。(생략)

《地理志》曰:盧水南入玄, 玄水又西南逕孤竹城北, 西入濡水。故《地理志》曰:玄水東入濡, 蓋自東而注也。《地理志》曰:令支有孤竹城, 故孤竹國也。《史記》曰:孤竹君之二子伯夷、叔齊, 讓國於此, 而餓死於 首陽。

(생략) 水出新安平縣, 西南流逕新安平縣故城西,《地理志》:遼西之屬 縣也。又東南流, 龍鮮水注之, 水出縣西北, 世謂之馬頭水。(생략) 濡水又東南至絫縣碣石山, 文穎曰:碣石在遼西絫縣, 王莽之選武也。絫縣並屬臨渝, 王莽更臨渝爲馮德。《地理志》曰:大碣石山在右北平驪成縣西南, 王莽改曰揭 石也。

유수는 어이진 동남쪽에서 나오는데 2개의 근원이 있고 산을 끼고 서북류 해산을 나와 하나로 된다. 또 서북쪽으로 어이 고성의 동쪽을 지나는데 진의 북쪽 140리를 북류하고 좌측으로 연수와 이어져 주입되고, 물은 고성 동쪽을 나와 서북류해 고성 남쪽을 지나고, 또 서북쪽으로 록수지 남쪽을 지나고, 지수는 연못이라 안 흐른다.

유수는 또 동남쪽으로 노룡 고성 동쪽을 지나고, 유수는 또 남쪽으로 황락수로 들어가고, 황락수는 북쪽으로 노룡산을 나와, 남류해 유수로 들어간다.

유수는 또 동남쪽으로 낙수와 합해지고 노룡새 서쪽에서 나와, 남류해 유수로 들어간다. 유수는 또 꺾어져 흐르는 좌측으로 윤수를 얻어간다. 또 오수와 합해지고, 두 물길이 나란히 노룡서쪽에서 류수로 들어간다. 유수는 또 동남류해 영지현 고성 동쪽을 지난다.

《지리지》에서 말하기를

노수는 남쪽에서 현수로 들어가고, 현수는 서남쪽으로 고죽성 북쪽을 지나고 서쪽에서 유수로 들어간다.

《지리지》에서 이르기를 영지현에 고죽성이 있는데 옛 고죽국이다.

《사기》에서 말하기를

고죽군의 두 아들 백이와 숙제가 나라를 양보하고 수양산에서 굶어 죽었다.

(생략) 물길은 신안평현에서 나와 서남류해서 신안평현 고성 서쪽을 지나간다.

《지리지》 요서군에 속한 현들이다. 동남류해 용선수로 들어가고 물길은 현의 서북쪽에서 나오는데 세칭 마두수라고 한다.

유수는 동남쪽으로 루현 갈석산까지 흐른다. 문경이 말하기를 갈석산은 요서군 루현에 있다. 루현은 임유현에 병속되었다.

《지리지》에서 말하기를

대갈석산은 우북평군 려성현 서남에 있는데, 왕망때 게석산으로 바꿨다.

(해설-2) 권14에 실려있는 유수에 대한 설명은 권4 하수 편에 있어야 제 위치일 것이다. 유수는 노룡현과 영지현의 고죽성을 지난다고 했는데 그곳이 바로 요서군 지역이고 하구 루현에 갈석산이 있다는 설명이다.

(요서군의 위치에 대해서는 제3편 제2장의 1절 참조)

명, 청 때 편집자들은 권13과 권14의 물길들이 河 대신 海로 들어간다고 표현했는데, 이는 황하가 아니라 바다로 인식하도록 고의적으로 유도한 것이라 할 수 있다. 이것도 중국이 자주 쓰는 일종의 역사 왜곡의 한 방법이라 할 수 있다.

(注-3, 大遼水) 遼水亦言出砥石山, 自塞外東流, 直遼東之望平縣西, 王莽之長說也。屈而西南流, 逕襄平縣故城西, 秦始皇二十二年, 滅燕置遼東郡, 治此。漢高帝八年, 封紀通爲侯國, 王莽之昌平也, 故平州治。又南逕遼隊縣

故城西。《地理志》：房，故遼東之屬縣也。遼水右會白狼水，水出右北平白狼 縣東南，北流西北屈，逕廣成縣故城南，王莽之平虜也，俗謂之廣都城。(생략) 白狼水又東北逕昌黎縣故城西，《地理志》曰：交黎也，東部都尉治，王莽之禽虜也。應劭曰：今昌黎也。(생략)《地理志》曰：渝水自塞外南入海。一水 東北出塞爲白狼水，又東南流至房縣注于遼。《魏土地記》曰：白狼水下入遼也。《十三州志》曰：大遼水自塞外，西南至安市入于海。

요수는 또한 지석산에서 나온다고 말하고, 요새 밖에서부터 동류해 요동군의 망평현 서쪽으로 똑바로 가서, 꺾여서 서남쪽으로 흘러 양평현 고성 서쪽을 지나는데, 진시황 22년(기원전 224)에 연을 멸망시키고 요동군을 설치 했는데 치소였다. 한 고조 8년(기원전 199)에 기통을 제후국으로 봉했는데, 옛 평주의 치소이다. 또 남쪽으로 요대현 고성 서쪽을 지난다.
《지리지》에서 말하기를 방현은 옛 요동군에 속한 현이다.
요수는 오른쪽으로 백랑 수와 모인다. 물은 우북평군 백랑현의 동남쪽에서 나와 북류해 서북쪽으로 꺾이고, 광성현 고성 남쪽을 지나는데, 소위 광도성이다.
백랑수는 또 동북쪽으로 흘러 창려현 고성의 서쪽을 지난다.
《지리지》에서 말하기를
요서군 교려현이며 동부도위의 치소이다. 응소가 말하기를 지금의 창려이다.
《지리지》에서 말하기를
투수는 요새 밖에서부터 남쪽을 해로 들어간다. 한 물줄기는 동북쪽으로 요새를 나와서 백랑수가 되는데, 또한 동남쪽으로 흘러 방현에 이르러 요수로 들어간다.
《위토지기》에서 말하기를
백랑수는 아래로 요수에 들어간다.
《13주지》에서 말하기를
대요수는 요새 밖으로부터 서남쪽으로 안시까지 흘러 해로 들어간다.

(小遼水) 縣，故高句麗，胡之國也。漢武帝元封二年，平右渠，置玄菟郡于 此，王莽之下句麗。水出遼山，西南流逕遼陽縣與大梁水會，水出北塞外，西南流至遼陽入小遼水。故《地理志》曰：大梁水西南至遼陽入遼。《郡國志》
曰：縣，故屬遼東，後入玄菟。其水西南流，故謂之爲梁水也。小遼水又西南 逕襄平縣爲淡淵，晉永嘉三年涸。小遼水又逕遼隊縣入大遼水。西南至遼隊 縣，入於大遼水也。

옛 고구려현은 오랑캐의 나라이다.

한 무제 원봉 2년(기원전 108) 우거를 평정하고 현토군을 여기에 설치했는데, 왕망이 하구려라 했다.

물이 요산에서 나와 서남류해 요양현을 지나고 대양수와 만난다.

물길이 북쪽 요새 밖에서 나와 서남류해 요양까지 흘러 소요수로 들어간다.

옛《지리지》에 이르기를 대양수가 서남쪽으로 요양까지 흘러 요로 들어간다.

《군국지》에 이르기를

(요양)현은 옛날에는 요동군에 속했다가 후에 현토군으로 들어갔다.

그 물길은 서남류하는데 옛날에 양수라고 일컬었다.

소요수는 서남으로 흘러 양평현을 지나 묽은 연못이 되는데 진 영가 3년(309)에 물이 말랐다.

소요수는 서남쪽으로 요대현까지 흘러 대요수로 들어간다.

(해설-3) 대요수와 소요수에 대한 기록은

《수경주》이외《신당서 열전145 동이》59)에도 비슷한 내용이 있다.

"대요수와 소요수가 있는데 대요수는 말갈의 서쪽 남산에서 시작되고 남으로 안시성으로 흐른다.

소요수는 요산 서쪽에서 시작해 역시 남쪽으로 흐른다."라고 기록되어 있다.

요동군을 흐르는 대요수와 관련된 지명들이 요서군 지명인 것으로 보아 대요수는 요동, 요서군의 경계 부근일 것이고, 소요수와 관련된 지명들은 현토군 지명들이다. 즉 소요수는 현토군 요산 쪽에서 남류하고, 대요수는 남쪽으로 안시로 흘러가 서남쪽으로 해로 들어간다는 것이다.

소요수는《흠정대일통지》권121 요주(遼州)편에 언급된 요수(轑水)와 같은 물길로 보인다. "요수(轑水): 일명 요양수(遼陽水) 또는 서장수(西漳水)라고도 하는데, 화순현 서북에서 발원해 팔부령으로 들어가 동쪽으로 흘러 주의성 서남쪽으로 지나며 청장수에 들어간다."라는 설명이며,

명나라때 이묵이 그린 '대명여지도의 산서여도'에도 그려져 있다.

---

59)『新唐書』'列傳145-東夷' 高麗, 本扶餘別種也. 地東跨海距新羅, 南亦跨海距百濟, 西北度遼水與營州接, 北靺鞨. 其君居平壤城, 亦謂長安城, 漢 樂浪郡也, 去京師五千里而贏, 隨山屈繚爲郛, 南涯浿水, 王築宮其左. 又有國內城·漢城, 號別都. 水有大遼·少遼: 大遼出靺鞨西南山, 南歷安市城(안시성), 少遼出遼山西, 亦南流, 有梁水(양수)出塞外, 西行與之合. 有馬訾水出靺鞨之白山, 色若鴨頭, 號鴨淥水, 歷國內城西, 與鹽難水合, 又西南至安市, 入于海. 而平壤在鴨淥東南, 以巨艦濟人, 因恃以爲塹.

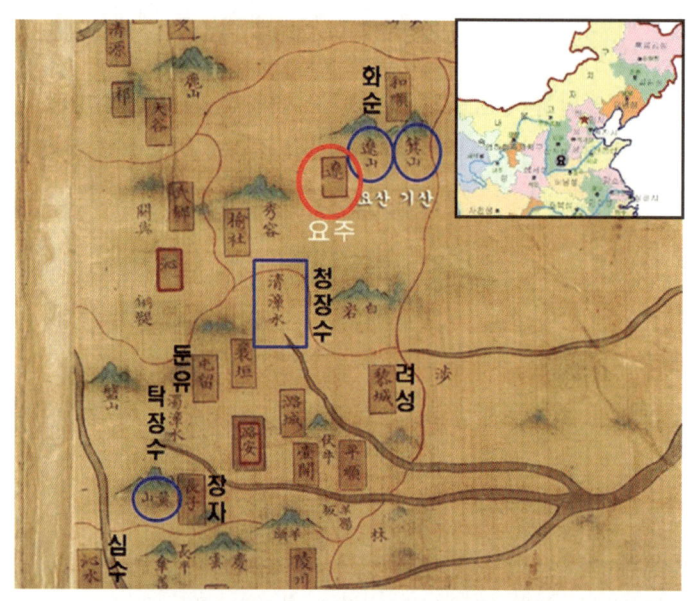

〈명나라 이명이 그린 대명여지도의 산서여도〉

(注-4, 浿水) 許愼云：浿水出鏤方, 東入海。一曰出浿水縣。
《十三州志》曰：浿水縣在樂浪東北, 鏤方縣在郡東。蓋出其縣南逕鏤方也。昔燕人衛滿自浿水西至朝鮮。朝鮮, 故箕子國也。(생략) 戰國時, 滿乃王之, 都王險城, 地方數千里, 至其孫右渠, 漢武帝元封二年, 遣樓船將軍楊僕、左將軍荀彘討右渠, 破渠于浿水, 遂滅之。若浿水東流, 無渡浿之理, 其地今高句麗之國治, 余訪番使, 言城在浿水之陽。其水西流逕故樂浪朝鮮縣, 即樂浪郡治, 漢武帝置, 而西北流。故《地理志》曰：浿水西至增地縣入海。又漢興, 以朝鮮爲遠, 循遼東故塞至浿水爲界。考之今古, 於事差謬, 蓋《經》誤證也。

허신이 전하기를 패수는
루방에서 나와 동쪽으로 흘러 해로 들어간다.
패수현에서 나온다고도 말한다.
《13주지》에서 말하기를
패수현은 낙랑군의 동북쪽에 있고, 루방현은 군의 동쪽에 있다.
그 현에서 나와 남쪽으로 루방을 지난다.
옛 연 땅 사람 위만이 패수의 서쪽으로부터 조선에 왔다. 조선은 옛 기자국이다.
전국 시기 위만이 왕이 되어 왕검성에 도읍했고 영역은 사방 수천 리였고, 그 손자
우거에 이르렀는데, 한 무제 원봉 2년(기원전 108) 누선장군 양복과
좌장군 순체를 파견해 패수에서 우거를 깨고 드디어 멸망시켰다.

만약 패수가 동류한다면 패수를 건널 수 없다. 그 땅은 지금 고구리가 다스리는데, 방문한 번국의 사신에게 물으니 대답하기를 평양성은 패수의 북쪽에 있는데 그 물은 서쪽으로 흘러 한 무제가 설치한 낙랑군에서 다스리는 낙랑군의 조선현을 지나 서북류한다. 그리하여 옛《지리지》에서 말하기를 패수는 서쪽으로 증지현까지 흘러 해로 들어간다고 한 것이다. 또한 한나라가 흥하자 조선이 멀어 요동의 옛 요새에서 패수까지를 경계로 했다.
고금을 고려하니 일은 어긋나고 그릇되어 수경의 잘못이다.

〈허신이 전한 패수의 물길과 정확히 일치하는 강〉

(해설-4) 위에서 허신의 말을 인용한 문구의 물흐름과 정확히 일치하는 강이 지금도 추수(湫水)라는 이름으로 북부 하남성 제원(濟源)시를 흐르고 있다.
또한 명, 청의 편집자들이 浿水를 비슷한 글자인 湨水 또는 湫水라는 이름으로 제7권 제수(濟水)편에 숨겨놓았다는 사실도 밝혀졌다. 즉 패수＝추수＝격수라고 곽박이《산경》남산2경의 추수에
'一作浿'라는 주석을 달아놓 았기때문이다.

후반부에 있는 번국의 사신에게 물어보니 대답했다는 패수 내용 문구는
역도원의 주석이 아니라 명, 청 시대 편집자들이 임의로 붙인 가짜주석이다.
역도원 당시 고구리는 북위의 번국이 된 적이 없기 때문이다. 따라서
《수경》에서 패수가 동류하는 물흐름이 착오였다는 문구 역시 잘못된 것이다.

제2장 한서 지리지의 유주는 어디인가?

(1) 한서 지리지의 주군(州郡) 현황

州	郡	置	戶	口	縣	首縣
	京兆尹	高帝	195,702	682,468	12	長安
	左馮翊	高帝	235,101	917,822	24	高陵
	右扶風	高帝	216,377	836,070	21	咸陽
	弘農郡	武帝	118,091	475,954	11	函谷關
	河東郡	秦	236,896	962,912	24	安邑
	武都郡	武帝	51,376	235,560	9	武都
	隴西郡	秦	53,964	236,824	11	狄道
	金城郡	昭帝	38,470	149,648	13	允吾
	天水郡	武帝	60,370	261,348	16	平襄
	武威郡	武帝	17,581	76,419	10	姑臧
	張掖郡	武帝	24,352	88,731	10	觻得
	酒泉郡	武帝	18,137	76,726	9	祿福
	敦煌郡	武帝	11,200	38,335	6	敦煌
	安定郡	武帝	42,725	143,294	21	高平
	北地郡	秦	64,461	210,688	19	馬領
	九真郡	武帝	35,743	166,013	7	胥浦
	河間國	文帝	45,043	87,662	4	樂成
	廣陽國	高帝	10,740	70,658	4	薊
	甾川國	故齊	50,289	227,031	3	劇
	膠東國	故齊	72,002	323,331	8	即墨
	高密國	故齊	40,531	192,536	5	高密
	泗水國	故東海	25,025	119,114	3	淩
	六安國	故楚	38,345	178,616	5	六
并州	太原郡	秦	169,863	680,488	21	晉陽
	上黨郡	秦	73,798	337,766	14	長子
	上郡	秦	103,683	606,658	23	黃帝冢
	西河郡	武帝	136,390	698,836	36	富昌

	朔方郡	武帝	34,338	136,628	10	朔方
	五原郡	秦	39,322	231,328	16	九原
	雲中郡	秦	38,303	173,270	11	雲中
	定襄郡	高帝	38,559	163,144	12	成樂
	鴈門郡	秦	73,138	293,454	14	善無
	戶口 合計		707,394	3,321,572	157	
司隸	河內郡	高帝	241,246	1,067,097	18	懷
	河南郡	秦	276,444	1,740,279	22	雒陽
	戶口 合計		517,690	2,807,376	40	
兗州	東郡	秦	401,297	1,659,218	22	濮陽
	陳留郡	武帝	296,284	1,509,050	17	陳留
	山陽郡	武帝	172,847	801,288	23	昌邑
	濟陰郡	故梁	290,025	1,386,278	9	定陶
	泰山郡	高帝	172,086	726,604	24	奉高
	城陽國	故齊	56,642	205,784	4	莒
	淮陽國	高帝	35,544	981,423	9	陳
	東平國	故梁國	131,753	607,976	7	無鹽
	戶口 合計		1,556,478	7,877,621	115	
豫州	潁川郡	秦	432,491	2,210,973	20	陽翟
	汝南郡	高帝	461,587	2,596,148	37	平輿
	沛郡	秦	409,079	2,030,480	37	相
	梁國	秦	38,709	106,752	8	碭
	魯國	秦	118,045	607,381	6	魯
	戶口 合計		1,459,911	7,551,734	108	
荊州	南陽郡	秦	359,316	1,942,051	36	宛
	南郡	秦	125,579	718,540	18	江陵
	江夏郡	高帝	56,844	219,218	14	西陵
	桂陽郡	高帝	28,119	156,488	11	郴
	武陵郡	高帝	34,177	185,758	13	索
	零陵郡	武帝	21,092	139,378	10	零陵
	長沙國	秦	43,470	235,825	13	臨湘
	戶口 合計		668,597	3,597,258	115	

揚州	廬江郡	故淮南	124,383	457,333	12	舒
	九江郡	秦	155,012	780,525	15	壽春邑
	會稽郡	秦	223,038	1,032,064	26	吳
	丹揚郡	故鄣郡	107,540	405,171	17	宛陵
	豫章郡	高帝	67,462	351,965	18	南昌
	戶口 合計		677,435	3,027,058	88	
冀州	魏郡	高帝	212,849	909,655	18	鄴
	鉅鹿郡	秦	155,951	827,177	20	鉅鹿
	常山郡	高帝	141,741	677,956	18	元氏
	清河郡	高帝	201,774	875,422	14	清陽
	趙國	秦	84,202	349,952	4	邯鄲
	廣平國	武帝	27,984	198,558	16	廣平
	真定國	武帝	37,126	178,616	4	真定
	中山國	高帝	160,873	668,080	14	盧奴
	信都國	景帝	65,556	304,384	17	信都
	戶口 合計		1,088,056	4,989,800	125	
幽州	涿郡	高帝	195,607	782,764	29	涿
	勃海郡	高帝	256,377	905,119	26	浮陽
	代郡	秦	56,771	278,754	18	桑乾
	上谷郡	秦	36,008	117,762	15	涿鹿
	漁陽郡	秦	68,802	264,116	12	漁陽
	右北平郡	秦	66,689	320,780	16	平剛
	遼西郡	秦	72,654	352,325	14	令支
	遼東郡	秦	55,972	272,539	18	襄平
	玄菟郡	武帝	45,006	221,845	3	高句驪
	樂浪郡	武帝	62,812	406,748	25	朝鮮
	戶口 合計		916,698	3,922,752	176	
青州	平原郡	高帝	154,387	664,543	19	平原
	千乘郡	高帝	116,727	497,020	15	千乘
	濟南郡	故齊	147,061	642,884	14	東平陵
	齊郡	秦	154,826	554,444	12	臨淄
	北海郡	景帝	127,000	593,159	26	營丘

	郡名	設置	戶數	口數	縣數	治所
	東萊郡	高帝	103,292	502,693	17	掖
	戶口 合計		**803,293**	**3,454,743**	**103**	
徐州	琅邪郡	秦	228,960	1,079,100	51	東武
	東海郡	高帝	358,414	1,559,357	38	郯
	臨淮郡	武帝	268,283	1,237,764	29	徐
	楚國	武帝	114,738	497,804	7	彭城
	廣陵國	高帝	36,773	147,022	4	廣陵
	戶口 合計		**1,007,168**	**4,521,047**	**129**	
益州	漢中郡	秦	101,570	300,614	12	西城
	廣漢郡	高帝	167,499	662,249	13	梓潼
	蜀郡	秦	268,279	1,245,929	15	成都
	犍為郡	武帝	109,419	489,486	12	僰道
	越嶲郡	武帝	61,208	408,405	15	邛都
	益州郡	武帝	81,946	580,463	24	滇池
	牂柯郡	武帝	24,219	153,360	17	故且蘭
	巴郡	秦	158,643	708,148	11	江州
	戶口 合計		**972,783**	**4,548,654**	**119**	
交州	南海郡	秦	19,613	94,253	6	番禺
	鬱林郡	秦	12,415	71,162	12	布山
	蒼梧郡	武帝	24,379	146,160	10	廣信
	交止郡	武帝	92,440	746,237	10	羸
	合浦郡	武帝	15,398	78,980	5	徐聞
	日南郡	秦	15,460	69,485	5	朱吾
	戶口 合計		**179,705**	**1,206,277**	**48**	

(2) 덕흥리고분의 유주자사

1976년 평남 덕흥리에서 고구리 고분이 발굴되었는데 무덤의 주인공은 고국원제 때 태어나 소수림제와 고국양제 시대를 거쳐 영락대제(광개토호태왕) 18년(408년)까지 77세를 살면서 요동 태수와 유주 자사60)를 지낸 진이라는 인물이었다.

벽면에는 유주 자사 진 앞에 13명의 태수61)가 시립하고 있는 벽화와 함께 아래 묵서명62)이 발견되었는데, 호태왕비문에 새겨진 영락(永樂) 연호의 사용과 자손의 지위가 후왕(侯王)에 이르렀다는 문구로 보아 고구리는 황제국이었음을 알 수 있다. 아울러 '장례 후 부가 7세에 미쳐'라는 문구로 보아 약 200년 후 이곳으로 이장된 무덤이었다.

또한 고구리의 일개 유주 자사의 무덤의 크기가 공주에서 발견된 백제 무녕왕릉의 약 1.5배가 되어 당시 고구리의 국력의 정도를 알 수 있으며, '무덤을 만드는데 1만 명의 공력이 들었고 날마다 소와 양을 잡고 술, 고기, 쌀은 먹지 못할 정도였다.'라는 문구로 보아 당시 고구리의 풍요로움이 어느 정도였는지 잘 알 수 있다 하겠다.

"□□군 신도현 도향 [중]감리 사람으로 석가문불의 제자인 □□씨 진은 역임한 관직이 건위장군 국소대형 좌장군 용양장군 요동태수 사지절 동이교위 유주자사였다. 진은 77살로 죽어 영락 18년(무신) 12월 25일에 (무덤을) 완성하여 영구를 옮겼다. 주공이 땅을 보고 공자가 날을 택했으며 무왕이 때를 정했다. 날짜와 시간의 택함이 모두 좋아 장례 후 부(富)는 7세에 미쳐 자손이 번창하고 관직도 날마다 올라 자리는 후왕에 이르렀다. 무덤을 만드는데 1만 명의 공력이 들었고, 날마다 소와 양을 잡아서 술과 고기와 쌀은 다 먹지 못할 정도이다.

---

60) 刺史 : 주(州)를 다스리는 지방장관으로 지금의 도지사급
61) 太守 : 군(郡)을 다스리는 지방행정관으로 지금의 시장·군수급
62) □□郡信都[縣]都鄕[中]甘里 釋加文佛弟子□□氏鎭仕位建威將軍[國]小大兄左將軍龍驤將軍遼東太守使持節東[夷]校尉幽州刺史鎭 年七十七薨[焉]永樂十八年 太歲在戊申十二月辛酉朔卄五日 乙酉成遷移玉柩周公相地 孔子擇日武王[選]時歲使一良葬送之[後]富及七世子孫 番昌仕宦日遷位至侯王 造欌萬功日煞牛羊酒 米粲可盡[掃]旦食鹽[豆]食一記 [之][後]世寓寄無疆

아침에 먹을 간장을 한 창고 분이나 두었다.
기록하여 후세에 전한다. 무덤 찾는 이가 끊이지 않기를..."
위 묵서명과 벽화에서 가장 논란이 되었던 것은 무덤의 주인공이
'요동 태수'와 '유주 자사'를 지냈다는 문구로 고구리 호태왕때
요동은 물론 유주 지역까지 직접 다스리고 있었다는 것을 의미하는 것이다.
한, 중, 일 사학계에서는 자사와 태수라는 벼슬은 중국에서만 사용한 관직명이라고
우기며 중국에서 유주 자사를 역임했던 진이 고구리로 망명한 것이라고 주장했다.
북한의 사학계는 고대 유주가 북경 근처라고 하면서 광개토태왕 때 북경까지 진출
했다는 증거라고 주장했다.

〈1976년 발견된 덕흥리 고분벽화〉

유주자사 진 앞에 서 있는 13명의 태수 옆에 지명이 쓰여 있는데,
(1) 연군(燕郡) 태수 (2) 범양(范陽) 내사 (3) 어양(漁陽) 태수
(4) 상곡(上谷) 태수 (5) 광령(廣寧) 태수 (6) 대(代)군 내사
(7) 북평(北平) 태수 (8) 요서(遼西) 태수 (9) 창려(昌黎) 태수
(10) 요동(遼東) 태수 (11) 현토(玄兎) 태수 (12) 낙랑(樂浪) 태수이고
1명은 판독 불능상태이다.

이들은《한서 지리지》의 유주에 속하는 요동군, 요서군, 낙랑군, 현토군, 상곡군,
어양군, 우북평군, 대군, 탁(丞)군, 발해(渤海)군의 10개 군과 대동소이한
지명들이다. 위 12개 군의 지명 중 8개 군이 일치하며, 범양은 탁(涿)군에서

광령은 상곡군에서, 창려는 요서군에서 분리되어 군으로 승격된 행정구역이고 연군은 연지(燕地)와 같다.

중국은 고대 유주의 땅이 서쪽은 지금의 산서성 북부 대동시 부근에서부터 동쪽으로 한반도 북부까지였다고 주장했다. 상세히 말하자면 대군은 산서성 북부 대동시 일대, 상곡군은 북경의 서북쪽, 범양군은 북경의 서남쪽, 어양군은 북경의 동부, 우북평군은 어양의 동부 당산시 일대, 요서군은 우북평의 동부 진황도시 일대, 창려군은 요녕성의 서부, 요동군은 요하의 동부, 낙랑군은 평안도 일대, 현토군은 길림성 집안 부근이라는 실로 엄청난 크기이다. 어떻게 1개 주가 이렇게 클 수 있단 말인가? 과연 그런지 관련 자료를 통해 유주에 속한 각 군의 위치에 대해 상세히 알아보도록 하겠다.

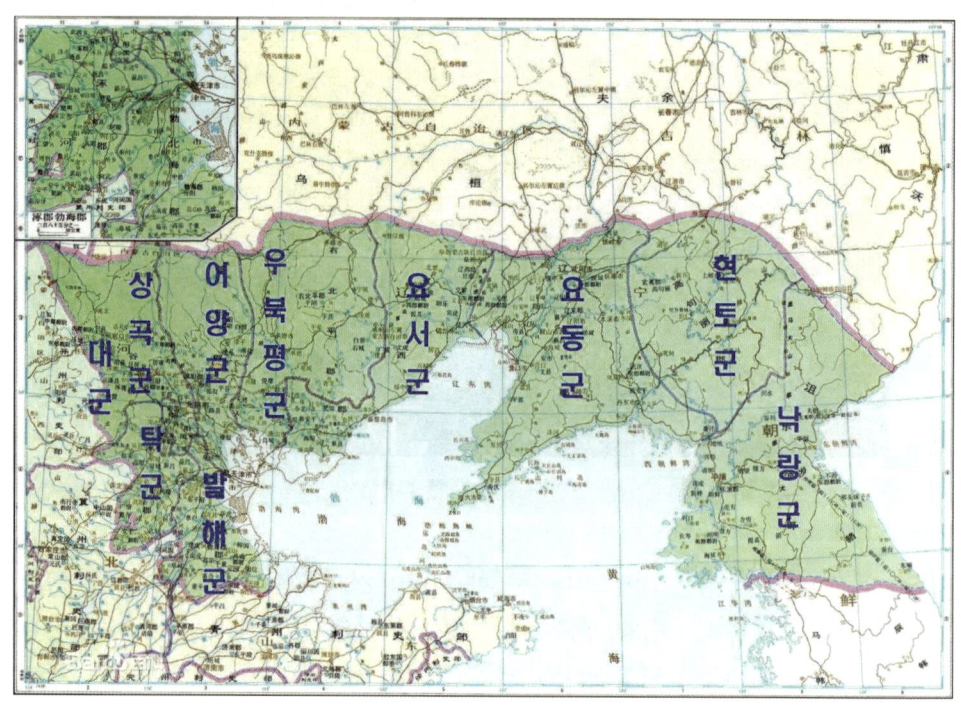

〈중국이 제멋대로 비정한 유주에 속한 군들의 위치도〉

(3) 유주의 역사 연혁

고대 9주의 하나인 유주를 최초로 설치한 임금은 단군왕검이 중국 총독으로 파견한 동이족 순임금이었다. 《대명일통지 요동지》63)는 유주에 대해

"순임금이 우공 기주의 동북쪽을 분리해 유주라 했는데
지금의 광녕 서쪽 땅이고, 청주의 동북쪽을 분리해 영주(營州)라 했는데
광녕 동쪽 땅이다. 상 , 주나라 때는 숙신씨의 땅이라 했고,
기자가 조선으로 도피한 곳이며 주 무왕이 그 땅에 봉했고 조선과의 경계가 되었다,
전국시대 연에 속했으며 진나라가 연을 없애고 유주를 요서군으로 영주를 요동군으로 했다."라고 하며, 《주례직방(周禮職方)》에 "동북쪽을 유주라 일컬었다."

《이아. 석지(尔雅. 釋地)》에는 "연(燕)을 유주라 일컬었다."라고 기록되어 있다.
원래 우공(禹貢)의 구주(九州)에는 기(冀)、연(兖)、청(青)、서(徐)、양(揚)、
형(荊)、예(豫)、량(梁)、옹(雍) 등이 있었는데, 《상서 순전》에 순임금이
기주를 기(冀), 유(幽), 병(并), 영(營)주로
나눠 12주로 했다는 기록에서
처음으로 그 이름이 등장한다.
즉 유주는 우공의 기주 땅의 일부였다.

그런데 이상한 점은 청나라 건륭제때 그려
진 대청광여도(大淸廣與圖)에는 우공[64]의
기주 땅(禹貢冀州地)이 순임금의 도읍인
포판(浦阪)과 아주 가까운 산서성 남부 임
분시 부근에 그려져 있다는 점이다.
만일 대청광여도에 그려진 기주 땅의 위치
가 맞는다면 《한서 지리지》에 언급된 유주
땅의 일부 역시 그곳에서 무척 가까워야 할
것이다.
과연 그런지 여부를 유주 속군들의 각종 자
료를 통해 확인해보도록 하겠다.

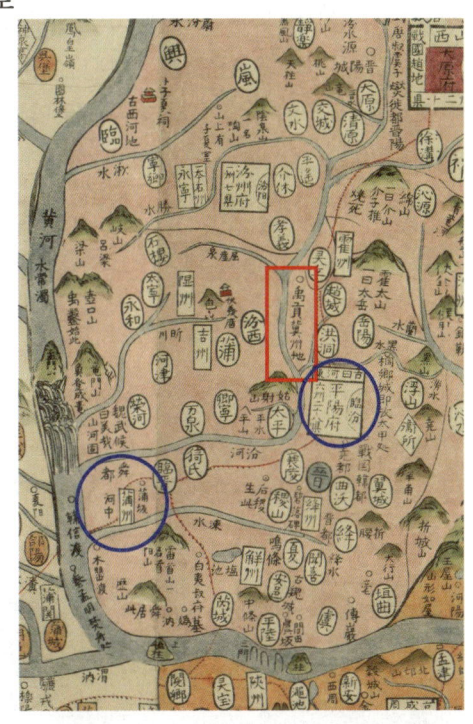

〈대청광여도, 산서 남부가 우공의 기주〉

---

63) 『大明一統志 遼東志』券一 1461년에 명나라 이현 등이 편찬한 지리책. "舜分冀東北为幽州 , 即今广宁以西之地。青东北为营州 , 即今广宁以东之地。商周为肃慎氏地 , 箕子避地朝鲜 , 武王即其地封之 , 是为朝鲜界。战国属燕 , 秦灭燕以幽州为辽西郡 , 营州为辽东郡。"
64) 우(禹)가 치수 후 천하를 9주로 나누어 공부(貢賦)를 정했다고 기술한 고대 지리서.

1. 요서군의 위치는 어디인가?

(1) 중국의 고죽국 왜곡

요녕성 심양에서 북경으로 가는 고속도로에서 하북성 진황도시 노룡현 부근을 지나면 '河北盧龍 夷齊故里' 라는 커다란 안내판이 서 있는 것을 볼 수 있다.
그래서 그런지 대부분의 사람들이 하북성 노룡현을 백이, 숙제의 고향으로 인식하고 있다. 문제는 그 안내판 문구의 해석을 지금의 '하북성 노룡현' 으로 인식하도록 중국 정부가 교육하고 있다는 것이다.

진황도시 정부에서는 거주 한국인들에게 상나라의 고죽국이 진황도시 노룡현에 있었다고 설명하곤 하는데, 고대사에 대해 잘 모르는 거주 한국인들은 그곳을 방문하는 한국인들에게 시정부에서 알려준대로 그대로 홍보하고 있다.
문제는 다들 고죽국이 상나라의 제후국이 아닌 우리 (단군)조선의 역사인지도 모르고 있을 뿐만 아니라, 고죽국이 고대 한,중간의 강역을 밝힘에 있어 얼마나 중요한지 그 이유에 대해서도 알지 못하고 있다는 것이다.

실제로 노룡현 정부는 현 중심지에 있는 자그마한 동네 야산에 비석 몇 개를 꼽아 놓고는 그곳이 백이, 숙제가 굶어 죽은 수양산이라고 선전하고 있다.
그런데 그 야산은 높이가 채 10m도 안되는 낮고 자그마한 동산이라 고사리가 날 수 없는 야산이다. 그곳에는 비석만 있을 뿐 백이, 숙제의 무덤도 없다. 즉 가짜 수양산인 것이다.

<진황도시 노룡현의 가짜 수양산> < 백이,숙제의 고향이라는 가짜 안내비석>

중국 정부는
노룡(盧龍)현에는 백이, 숙제의 고향인 고죽국,
창려(昌黎)현에는 영평부(永平府)와 갈석산,
진황도시 항에는 진시황의 불로초 출발지,
그리고 산해관 노룡두(山海關老龍頭)를 진시황 만리장성의 출발점이라고 선전하고 있으며 그 근처에 진시황의 만리장성과 관련 있는 맹강녀사당(孟姜女廟)까지 조성해 놓았다. 그 이유는 지금의 만리장성 안쪽은 고대 중국의 땅이라는 역사 왜곡을 하기 위해서였다. 명나라 영락제 때부터 20세기 민국에 이르기까지 이러한 지명이동을 통한 역사 왜곡을 위해 한중간의 모든 경계 지명을 북경 부근과 진황도시로 옮긴 것으로 모두 가짜 유적이라 할 수 있다. 당시 조선왕조는 명나라의 속국인지라 이런 역사 왜곡에 동조할 수밖에 없었던 것으로 보인다.

〈가짜 진시황 불노초 출발지〉   〈가짜 갈석산〉

〈가짜 진시황 만리장성〉

〈가짜 맹강녀묘〉

이러한 점은 사육신 성삼문(成三問)의 시조에도 잘 나타나 있다.
그는 훈민정음 연구를 위해 당시 요동으로 귀양 온, 명나라 음성학자 황찬을 만나기 위해 13번이나 방문했었다고 한다. 오가는 길에 있는 백이, 숙제가 굶어 죽었다는 수양산을 보고 아래와 같은 시조 한 수를 지었다고 한다.

그런데 성삼문이 본 수양산은 진짜 수양산이 아니라 명나라가 역사를 조작하기 위해 옮겨놓은 현재 하북성 진황도시 노룡현에 있는 가짜였던 것이다.
즉 이 말은 성삼문 이전에, 이미 명나라에서 역사 왜곡을 위한 지명이동이 진행되었음을 알려주는 것이다. 당시 성삼문이 산서성 하곡지점까지 가서
거기 있는 진짜 이제묘를 보면서 이 시를 지었을 리는 없었을 것이다.

(원문) 首陽山(수양산) 바라보며 夷齊(이제)를 恨(한)하노라
주려 주글진들 採薇(채미)도 하낫 건가
비록에 푸새엣 거신들 그 뉘 따헤 낫다니
(해설) 수양산을 바라보며 백이, 숙제를 한탄한다.
아무리 굶주려 죽을지언정 고사리를 뜯어 먹어서야 되겠는가?
비록 산에서 나는 풀이라 하더라도 그것이 누구의 땅에서 났더란 말인가?

(2) 한서 지리지에 기록된 요서군

《한서 지리지》에서 유주에 속하는 요서군에 대한 설명은 다음과 같다.
(遼西郡) 秦置。有小水四十八, 并行三千四十六里。屬幽州。戶七萬二千六百五十四, 口三十五萬二千三百二十五。縣十四：且慮65) 有高廟。海陽 龍鮮水東入封大水 封大水 緩虛水 皆南入海 有鹽官。新安平 夷水東入塞外。柳城 馬首山在西南 參柳水北入海 西部都尉治。令支66) 有孤竹城。應劭曰 故伯夷國今有孤竹城。肥如67) 玄水東入濡水 濡水南入海陽 又有盧水南入玄。
應劭曰 肥子奔燕燕封於此也。賓從。交黎68) 渝水首受塞外 南入海 東部都尉治。應劭曰今昌黎。陽樂。狐蘇 唐就水至徒河入海。徒河。文成。臨渝 渝 水首 受白狼 東入塞外 又有侯水 北入渝。絫69) 下官水南入海 又有揭石水 賓水 皆南入官。

---

65) 師古曰 且音子余反 慮音廬
66) 應劭曰 令音鈴。 孟康曰 支音祇。師古曰 令又音郎定反。
67) 師古曰 濡音乃官反。
68) 師古曰 渝音喩。其下並同。동한 안제 원초 2년(115)에 교려현이 창려현으로 바뀌었다.(东汉安帝元初二年（115），改交黎县为昌黎县，为辽东属国治所。)
69) 師古曰 絫音力追反。

(요서군) 진나라에서 설치. 작은 물길이 48개 있는데, 모두 합쳐 3,046리를 흐른다. 유주에 속한다. 72,654호에 인구는 352,325명이다. 현은 14개 이다. 차려현에는 고묘가 있다. 해양현은 용선수가 동쪽으로 봉대수에 들어가는 곳이며 봉대수와 완허수 모두 남쪽에서 해로 들어가며 염관이 있다.
신안평현에서 이수가 동쪽으로 요새 밖으로 들어간다. 유성현의 서남쪽에 마수산이 있으며 참류수가 북쪽으로 해로 들어가는 곳으로 서부도위의 치소이다.

영지현에는 고죽성이 있다. 응소가 말하길 옛 백이국이 지금의 고죽성에 있다. 비여현은 현수가 동쪽 유수로 들어가고 유수는 남쪽 해양으로 들어가는 곳이고, 역시 노수가 있는데 남쪽으로 현수로 들어간다. 응소가 말하길 비자가 연으로 달아나니 연이 이곳에 봉했다고 말했다. 빈종현. 교려현에서 유수가 상류에서 새 밖에서 만나서 남쪽으로 바다로 들어가며 동부도위의 치소이다. 응소가 지금의 창려라고 말했다. 양락현. 호소현은 당취수가 도하까지 흘러 해로 들어가는 곳이다. 도하현. 문성현. 임유현에서 유수가 상류에서 백랑수를 받아 동쪽으로 요새 밖으로 들어간다. 역시 후수가 있는데 북쪽으로 유수로 들어간다. 루현에서 하관수는 남쪽으로 해로 들어간다. 또한 게석수와 빈수가 있는데 모두 남쪽으로 하관수로 들어간다. (이상)

요서군에서 역사기록에 자주 언급되는 현으로는
요서군의 치소이며 훗날 노룡(盧龍)현이 되는 비여현, 동부도위의 치소이며 후한 때 창려(昌黎)현으로 이름이 바뀌는 교려현, 임유현, 진장성과 관련 있는 루현 등이 있으나, 이들 자료로부터 요서군의 위치를 알아내기는 사실상 어렵다.

비여현에 대한 중국 바이두(百度)백과의 역사연혁[70]은 다음과 같다.
"지금의 노룡현을 지칭한다. 은상 시기 고죽국의 땅, 춘추 시기 북연에 속했고 후에 비자국이라 했다. 진한부터 진나라 때 유주 요서군에 속했는데,

---

70) (원문) 指今卢龙县，殷商时期为孤竹国地，春秋属北燕，后为肥子国。秦汉至晋均属幽州辽西郡，西汉时期，初置肥如县。隋开皇十八年（公元598年）于肥如地境始设卢龙县，属北平郡。唐至辽、金时期属平州。元朝时，这里是设永平路。从明朝起称为永平府。

서한 초에 비여현이 설치되었다. 수 문제 18년(598) 비여의 경내에 노룡현을 처음
으로 설치해 북평군에 속하게 했다. 당과 요금 시기에는 평주라 했고, 원나라 때
여기에 영평부가 설치되었고 명나라 때부터 영평부라 칭하기 시작했다."에 언급된
여기는 지금의 하북성 진황도시 노룡현을 말하는 것이다. 중국의 역사연혁은 옳으
나 원래 지명이 아니라 명나라 때 이동된 지명으로 설명되어 있다.

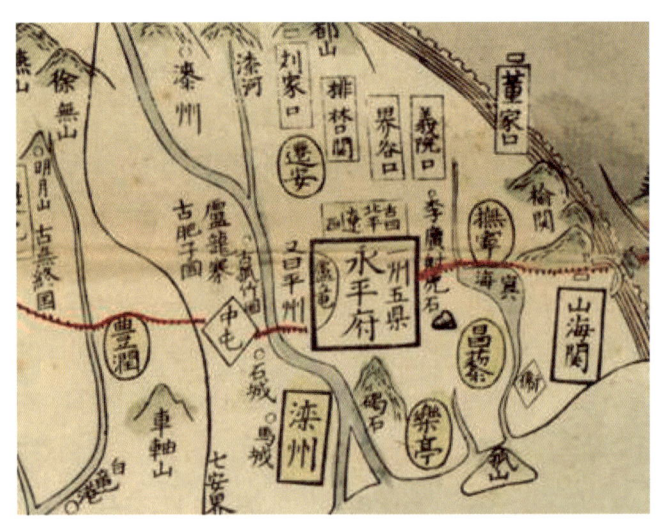

⟨대청광여도의 노룡현에 그려진 영평부(고죽국)와 갈석산은 가짜⟩

안시성과 관련 있는 유성현의 서남쪽에 있는 마수산 (馬首山)에 대한
'바이두백과'[71]의 설명으로도 대략적인 위치 파악이 가능하다.
"① 마수산은 마두산이다. 산서성 신강현 서북 40리로 향녕과 직산현의 경계다.
 ② 마수산은 일명 수산 또는 수산이라고도 한다. 정관 18년(645) 당 태종이
고구리를 친정하면서 이곳에서 진을 쳤다. 요나라 말기 발해인 대연림이 반란을 일
으켰다가 요군에게 수산에서 참패한 곳이 이곳이며, 역시 금나라 병사가 수산에서
고영창을 격파한 곳이기도 하다. 산 위에는 구덩이와 동굴이 여러 군데 있는데,
고구리와 요나라 때 노천철광의 유적이라는 전설이 있다."라고

---

71) ① 马首山 即马头山。在今山西新绛县西北四十里，与乡宁、稷山县交界处。《清
一统志·绛州》: 马首山"俗名马头山。《州志》:《左传》'赵盾田于首山'，即此"。
② 马首山，古山名。一作首山、手山。即今千山余脉的一支，在今辽宁辽阳市西南
15里处，现称首山或手山。贞观十九年(645)，唐太宗亲征高丽，曾军于此。辽
末，渤海人大延琳反辽，被辽军败于"手山"，即指此。金兵破高永昌于"首山"，亦
指此。今山上有几处古代留下的坑洞，传说为高句骊和辽代开采铁矿的遗址。

두 산이 동명이산(同名異山)으로 ②의 마수산은 요녕성 요양에 있는 산이라고 설명하고 있다. 현재 한국의 식민강단사학계도 서만주 요녕성을 흐르는 요하를 기준으로 해서, 동쪽은 요동군이고 서쪽은 요서군이라고 주장하고 있다. 과연 이 주장이 맞는지 산서성 신강현 서북 40리가 옳은지 요서군의 원래 위치에 대해 상세히 알아보도록 하겠다.

〈산서성 신강현 서북 40리에 있는 마수산은 요서군의 서부 치소〉

(3) 고죽국은 조선의 제후국

요서군에 대한 설명에서 그 위치를 찾음에 있어 가장 중요한 문구는 바로
'令支有孤竹城(고죽성이 있는 영지현)' 이다.
고죽성은 바로 고죽국을 의미하는 것이다. 중국에서는 이 고죽국을
은나라의 제후국이라고 주장하고 있으나, 고죽국은 엄연히 조선의 제후국이었다.

그 근거로는 행촌 이암 선생이 쓴《단군세기》에
"22세 색불루 단군 20년 (을묘, 기원전 1266) 람국(藍國)이 매우 강성해 고죽군(孤竹君)과 더불어 여러 적들을 쫓고 남으로 이동하니 은나라 땅과 가까웠다. 이에 병사를 나눠 진격해 빈기(邠岐)에 웅거하도록 하면서 나라를 여(黎)라 칭하고 서융과 함께 은나라 제후들 사이를 차지하고 있도록 하였으니 황제의 교화가 멀리 항산(恒山) 이남에까지 미치게 되었다."라는 기록이 있다.

빈72)(邠)은 섬서성 서안 바로 서쪽에 있는 함양시의 빈(彬)현이며,
기73)(岐)는 그 보 다 훨씬 서쪽에 있는 섬서성 보계시의 기산현이다.
서안 서쪽에 있는 피라미드에 서 동이족의 부장품이 나와 중국 발굴단이 덮어버렸다
고 하는데, 아마도 그 무덤 주인의 이야기를 하는 듯하다.

〈고죽국의 위치와 단군세기에 언급된 관련 지명들〉

중국통사 참고자료 고대부분(中國通史參考資料古代部分)-4에 따르면,
"람수는 산서성 둔류현 서남에서 나와 동쪽으로 흘러 장으로 들어간다
(藍水, 源出於山西屯留縣西南, 東东流入漳。)"라는 자료가 있어 위 문구에
언급된 람수 즉 람국의 위치를 알 수 있으며,

보다 상세한 자료로는 《중국 고대지명대사전》에 "강수(絳水) 74)는 산서성
둔류현 서남 80리 반수산 남쪽에서 나와 동으로 로성현 경계와 만나는 장촌까지 흘러

---

72) 同"豳"。古代诸侯国名。周后稷的曾孙公刘由邰迁居于此,在今陕西彬县。如:邠
国(古代传说的西方极远之国);邠疆(邠地边界);邠风(即《豳风》)
73) 又如：岐阳(岐山的南边；旧县名)；岐周(西周。周初立国于岐山，所以称岐周)
74) 绛水： 源出山西屯留县西南八十里盘秀山之阴，八泉涌出如珠，合而东流，至潞
城县界交漳村入漳，水经注谓之陈水，《清一统志》水经注有绛水而无蓝水，其绛水
所行之道，皆今蓝水也，而别有陈水，则今绛水所行之道也，与今府县诸志不合，
惟魏书地形志有绛水，又有蓝水，与今水道相同。

장수로 들어간다. 《수경주》에서는 진수라 한다,
『청일통지』 수경주에 강수라고 있는데 무람수라 하는데 그 물길이 모두 같다. 다른 이름으로 진수라 한다. '위서지형지'에는 강수와 람수가 있는데 물길이 같다. 즉 강수=람수"라는
설명이 있다. 즉 람국의 위치가 산서성 남부이므로 람국과 가깝게 있어야 하는
고죽국 역시 그 부근일 것이다.

"36세 매륵 단군 52년(무진, 기원전 653)에 병력을 보내 수유(須臾)의 군대와 함께
연(燕)을 정벌했다. 연이 이를 제(齊)에 알리니 제가 고죽(孤竹)에 쳐들어왔는데
이기지 못하고 화해를 구걸하고는 물러갔다."라는 기록이 있어
고죽국은 연, 제와 매우 가깝게 있었다는 것을 알 수 있다.
이 기록은 《사기》에도 같은 내용이 기록되어 있다.
"제 환공 23년에 북방의 만족(蠻族)인 산융(山戎)이 연을 침공하자 연은 곧 제에게
구원을 요청해왔고 이를 응낙한 환공은 연에 출병하여 멀리 만족을 고죽 땅까지 몰
아내고는 군사를 돌렸다." 여기서의 만족과 산융이 바로 조선이었던 것이다.

또한 《사기》에
제 환공이 여러 제후들에게 회맹(會盟)을 주도하며 "나는 이미 남으로 소능(召
陵)까지 원정해 웅산(熊山)을 보았고, 북으로는 산융(山戎)과 이지(離枝)와
고죽(孤竹)까지 토벌했다. 서쪽으로는 대하(大夏)를 토벌코자 사막을 넘어간
일도 있었다."라고 말했다는 기록이 있다. 제 환공이 북쪽에 있는 산융과 고죽
까지 토벌했다는 말은 고죽국이 중국의 주장대로 은나라의 제후국이 아니라 조선의
제후국이라는 의미이며, 설사 토벌했더라도 겨우 산서성 서남부를 정벌한 것에 불과
했다.

(2) 고죽국의 왕자 백이, 숙제

백이, 숙제는 사마천이 쓴 《사기 열전》에서 가장 먼저 등장하는 인물이다.
물론 시대적으로 가장 이른 인물인 데다가 그 시대가 요구하는 인물상이 바로
백이, 숙제와 같이 도덕적으로 깨끗한 청절지사(淸節志士)였기 때문이다.
그래서 백이, 숙제와 관련된 기록들이 많은데 그것으로부터 중국과 일제가 말살
해버린 우리의 고대사 강역을 유추해낼 수 있다는 사실이다.

백이와 숙제는 고죽국(孤竹國)의 왕자로
백이(伯夷)가 장남이고, 숙제(叔齊)가 셋째 아들이었다.
고죽국의 왕 고죽군(孤竹君)은 세 아들 중에서 가장 똑똑해 보이는
셋째 숙제에게 왕위를 물려주려고 했다. 그러나 숙제는
"비록 부왕께서 저를 후사로 정하셨더라도 두 형님께서 계시는데 제가 어찌 그 자리를 잇겠습니까? 큰 형님께서 뒤를 이으셔야 합니다."라고 말하며 맏형인 백이에게 양위하겠다고 하자 백이는 "네가 왕위를 잇는 것이 부왕의 뜻이다. 내가 이어받을 이유가 없다."라고 말하고는 고죽국을 떠나자 숙제도 뒤를 이어 떠나갔다.
어쩔 수 없이 왕위는 둘째 아들에게 돌아갔다.

고죽국을 떠나 동해변에 살다 세월이 흘러 늙어버린 그들은 주(周)의 서백 창(西伯昌)이 노인을 잘 대접해준다는 말을 듣고 몸을 의탁하기 위해 찾아갔으나 이미 서백은 죽었고 무왕(武王)을 칭한 그의 아들이 서백을 문왕(文王)으로 추존하고는 그 위패를 수레에 싣고 종주국인 은(殷)나라를 치기 위해 군대를 일으켜 동쪽으로 진군하려던 참이었다.

두 사람은 무왕의 수레로 달려가 말고삐를 붙잡고는 "부왕의 장례도 치르지 않고 전쟁터로 떠나시니 그것을 어찌 효(孝)라 할 수 있겠습니까? 또한 신하 된 몸으로 군주를 죽이려 하니 그것을 어찌 인(仁)이라 하겠나이까?"
라고 진군을 정지할 것을 권했다. 이 말을 듣고 있던 무왕의 신하들이 그들의 목을 치려하자 곁에 있던 강태공이 "그들은 의인(義人)들이니 살려주거라."라고 구명해 줘 백이와 숙제는 무사히 그 자리를 빠져나오게 되었다.

무왕이 은나라를 멸망시키자 모두들 주나라를 종주국으로 섬겼으나
오직 백이, 숙제만이 무왕이 천도(天道)와 인도(人道)를 저버린 일을 용서하지 않았다. "주나라를 섬기는 것은 수치로다.
의(義)를 지키어 주나라 땅에서 나는 곡식을 먹을 수는 없노라."라고 하면서
수양산(首陽山)에 들어가 고사리로 연명하다가 얼마 후 굶어 죽은 청절지사였다.

《사기》를 쓴 사마천은 사람으로써의 인(仁)과 의(義)를 지켰음에도 굶어 죽은 백이, 숙제의 비극과 극악했던 도척(盜跖)이라는 자가 대대손손 부귀영화를 누리며 잘 사는 것을 비교하면서 "과연 천도(天道)란 존재하는 것인 가?"라는 깊은 절망감에 빠진다고 자책했다.

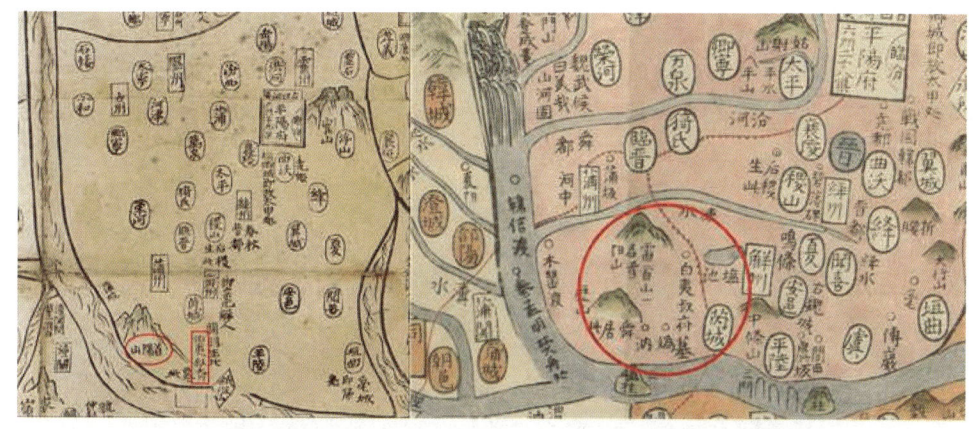

〈산서성 서남단 하곡지점에 수양산이 그려진 고지도와 대청광여도〉

(4) 수양산의 위치는 어디인가?

수양산이 중요한 이유는
《사기 정의》에 "《설문》에 이르기를
수양산은 요서에 있다(說文云首陽山在遼西)"는 기록과
《한서 지리지》에서 유주의 요서군에 대한 설명에서 속현인 영지현에
백이, 숙제와 관련된 고죽성(孤竹城)이 있다는 기록이 있어
수양산이 있는 곳이 바로 요서군의 땅이기 때문이다.
또한 수양산이 있는 곳이며 진장성의 서단(西端)이기도 한 롱서(陇西)에 대해서는
《사기 정의》 조대가주 유통부에 전하길
"백이, 숙제가 굶어 죽은 수양산은 롱서의 머리에 있다 (正義曹大家注幽通賦云：
夷齊餓於首陽山, 在隴西首)"는 기록과,
같은 책에 "롱서 수양현으로 지금의 롱서에 수양산이 있다. (隴西首陽縣是也。今隴
西亦有首陽山)"는 기록과,
또 백이의 노래에서 전하길 "그들은 서산에 올랐는데, 서산은 롱서와 가까운 곳이
다. (而《伯夷 歌》云。登彼西山。則當隴西者近爲是也)"는 기록이 있다.
수양산의 위치에 대해서는 《사기 집해》에서 마융이 말하기를
"수양산은 하동 포판의 화산 북쪽에 있고, 황하가 꺾이는 곳에 있다. (集解馬融曰：
首陽山在河東蒲阪華山之北, 河曲之中)"는 기록이 있으며, 여기서의 하동(河東)은
산서성 남부이며 하곡(河曲)은 남쪽으로 흐르던 황하가 동류하기 위해 꺽이는

지점이고, 영지(令支)현은 산서성 운성시 서부 영제(永濟)시다.
대청광여도(大淸廣餘圖)에는 하곡 지점 동쪽에 뇌수산(雷首山＝수양산)과
포판(浦阪), 백이, 숙제의 묘(伯夷叔弟之墓)라는 글자까지 명확하게 기재되어 있다.

〈산서성 하곡 지점에서 발견된 백이,숙제 묘〉

위《사기 집해》의 마융의 주석 이외 지리서 중 가장 믿을만한《수경주》권 4 하수
(河水)편에 순임금의 도읍이었던 포판(蒲板)에 대한 설명 다음에
하곡지점에 있는 하북현(河北縣) 뇌수(雷首)산75)에 대한 설명이 나온다.
뇌수산은 백이,숙제의 무덤이 있는 수양산의 다른 이름이다.

그럼에도 지금까지 수양산은 학자마다 주장이 달라 각각 하북성 노룡현
또는 감숙성, 섬서성, 하남성, 산동성, 심지어는 조선왕조의 어떤 학자는
황해도 해주 등 여러 주장이 제기되었던 것이 사실이다. 실제로 중국 지도 및 백과
사전 에도 6군데의 수양산이 명시되어있다. 이러한 주장들은 2008년에
필자가 산서성 서남단에서 백이,숙제의 진짜 무덤과 수양산을 발견함으로써
모두 잘못된 낭설임이 백일하에 밝혀지게 되었다.

그런데 고지도에 그려진 이제묘(夷齊墓)를 찾는다는 것은 서울에서 김서방 찾기
보다 어려운 일이었겠으나, 다행히 정확한 위치가 그려진 현대 지도를 구할 수 있
었다. 드디어 2008년 10월에 산서성 서남단 하곡지점을 답사해

---

75)　按《地理志》曰：縣有堯山、首山祠，雷首山在南。事有似而非，非而似，千載眇邈，非所詳耳。又南，涑水注之，水出河北縣雷首山，縣北與蒲坂分，山有夷齊廟。闞駰《十三州志》曰：山，一名獨頭山，夷、齊所隱也。山南有古冢，陵柏蔚然，攢茂丘阜，俗謂之夷齊墓也。其水西南流，亦曰雷水。

백이, 숙제의 무덤을 발견함으로써
이러한 역사적 사실들이 유물적 증거와 사서의 기록으로 명확히 입증된 것이다.

따라서 원래 요서군은 영제시 일대였는데, 지금은 요녕성 요하 서쪽으로 옮겨져 있다. 명나라 때부터 지금까지 중국이 정부 차원에서 저질렀던 지명 이동을 통한 역사왜곡의 전모가 백일하에 드러나게 된 것이다.

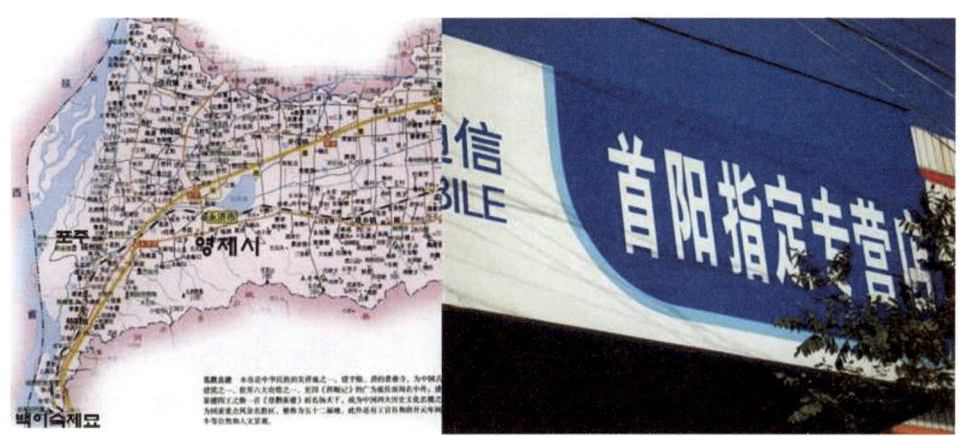

〈현대지도의 산서성 서남단 수양진에 보이는 이제묘〉

2. (우)북평군의 위치는 어디인가?

우북평군이 가장 먼저 등장하는 기록은 《사기 흉노전》[76]의 "연의 장수 진개가 동호를 격파하니 동호가 천 여리를 물러났다. 연이 장성을 쌓으니 조양(상곡군)에서 양평(요동군)까지이다. 상곡, 어양, 우북평, 요서, 요동을 동호로부터 지켰다." 라는 연 장성 관련 기록이다.

평남 덕흥리 출토 유주자사 진의 고분벽화에는 북평 태수라고 쓰여있는데, 이는 서진 때 북평군으로 개칭했기 때문이다.
당나라때 평주라고 했으며 유주의 치소였다가 범양절도사가 설치되면서 이름이 없어졌다. 중국은 이런 우북평(右北平)군이 지금의 북경 부근에 있었다고 주장하고 있다. 과연 그런지 상세히 알아보도록 하겠다.

먼저 아래 《한서 지리지》에서 유주(幽州)에 속하는 우북평(右北平)군에 대한 설명을 보도록 하겠다. 려성현에 있는 大揭石山(대게석산) 이외에는 관련 자료 부족으로 위치추적이 힘든 상태이다. 참고로 대게석산은 대갈석산 (大碣石山)으로 인식된다. 갈석산에 대해서는 같은 유주에 속하는 낙랑군(樂浪郡)편에서 상세히 설명한다,

(右北平郡), 秦置。莽曰北順。屬幽州。戶六萬六千六百八十九, 口三十二萬七百八十。縣十六：平剛, 無終, 故無終子國。浭水 [77] 西至雍奴入海, 過郡二, 行六百五十里。石成。廷陵。俊靡, 灅水[78] 南至無終東入庚。 贅[79], 都尉治。徐無。字, 榆水出東。土垠[80], 白狼。師古曰 有白狼山, 故以名縣。夕陽, 有鐵官。昌城。驪成, 大揭[81]石山在縣西南。廣成。聚陽。平明。

(우북평군) 진나라에서 설치해 왕망 때 북순. 유주에 속하고, 가구수 66,689호에 인구수 320,785명. 16개 속현이 있다. 평강현, 무종현은 옛 무종자국이고

---

76) 《史記 匈奴傳》 其後燕有賢將秦開爲質於胡, 胡甚信之. 歸而襲破走東胡, 東胡卻千餘里. 燕亦築長城, 自造陽至襄平. 置上谷.漁陽.右北平.遼西.遼東郡以拒胡.
77) 師古曰： 浭音庚。即下所云入庚者同一水也。
78) 師古曰： 灅音力水反, 又音郎賄反。
79) 師古曰： 音才私反。
80) 師古曰： 垠音銀。
81) 師古曰： 揭音桀。

경수가 서쪽으로 옹노까지 흘러 해로 들어가는데 2개 군을 지나고 650리 길이다, 석성현, 연릉현, 준미현 루수가 남쪽으로 무종현 동쪽까지 흘러 경수로 들어간다, 자현은 도위 치소, 서무현, 자현 유수가 동쪽에서 나온다, 토은현, 백랑현, 사고가 말하길 백랑산이 있어 옛 현의 이름이 되었다.
석양현에 철관이 있다, 창성현, 려성현 대게석산이 서남쪽에 있다,
광성현, 취양현, 평명현.

(1) 누구를 위한 영락궁인가?

남쪽으로 흘러 내려가던 황하가 섬서성에서 흘러나온 위수(渭水)와 만나 동쪽으로 꺾이는 하곡(河曲) 지점에서 약간 하류 쪽으로 가면 영락진(永樂鎭)이라는 지명이 있다, 이곳에 영락궁(永樂宮)이라는 유적이 있었는데 아래쪽 황하에 삼문협 수고(三門峽水庫)가 생기는 바람에 수몰 위기에 처하게 되어 1959년에 예성(芮城)현으로 이전된 상태다.

〈영락궁이 있었던 영락진 위치도〉

중국에서는 원나라 때부터 이 건축물을 짓기 시작해
약 110년만인 명나라 영락제 때 준공한 도교 사원[82]이라
영락제의 연호를 따서 영락궁이라 명명했다고 홍보하고있다.
그런데 역사상 영락이라는 연호를 사용한 황제는,
명나라 영락제 이전에 고구리의 광개토호태왕이 있다.
필자는 이 영락궁이 우리 호태왕과 관련이 있는 것으로 확신한다.
과연 어떤 관련이 있는지 상세히 알아보도록 하겠다.

---

82) (원문) 永乐宫始建于元代，施工期前后共110多年,才建成了这个规格宏大的道教宫殿式建筑群

우선《중국 고대지명대사전》83)은

영락현에 대해 "후위에서 설치했다. 북주때 북평고현으로 옮겨 다스렸다가 폐했다. 북주에서 설치해 황성현에 속했다.

당나라 때 황성현 동북 2리의 영고보를 영락현으로 설치했다.

송나라때 진으로 내렸다. 산서성 영제현 동남 120리에 있다.

《원화지》《환우기》 모두 후주에서 영락현을 설치했으나 군으로 되지는 않았다고 전하기에, 《수지》에 영락군으로 적힌 것은 오기이다."라고 설명하고 있으며,

《중국 고금지명대사전》84)의 설명은

"북주 때 치소는 황성현에 속했다. 당나라가 황성현의 동북 2리에 있는 영고보를 영락현으로 나누었다. 송 때 진으로 되고 고성은 산서성 영제현 동남 120리에 있다.

《환우기》주 때 영락현이 되었고, 군으로 가진 않았다.

《수지》에 영락군으로 되어 있는데 盖자는 오기다.

한나라 때 북평 현이라 했고, 북위 때 (= 고구리 장수태왕때) 영락현으로 불렀다.

당나라 천보 원년(742년) 만성현으로 개칭했다."

〈영락궁 현판과 주 건물인 삼청각 모습〉

---

83) 《中國古代地名大詞典》永乐县 ： 后魏置，北周移治北平故县，而此城废。北周置，寻省，以地属黄城县，唐分黄城于县东北二里永固堡重置永乐县，宋省为镇，故城在今山西永济县东南一百二十里，按《元和志》、《寰宇记》 皆云后周置永乐县，不去置郡，隋志作永乐郡，盖字之误也。

84)《中國古今地名大詞典》后魏置，故城在今河北省满城县西北鱼条山下，北周移治北平故县，而此城废。后魏置，故治在今河北省徐水县西。后魏置，故治在今山西祁县东。辽置，为锦州治，元省入州，即今辽宁省锦县治。北周置，寻省，以地属黄城县，唐分黄城于县东北二里永固堡重置永乐县，宋省为镇，故城在今山西永济县东南一百二十里，按《元和志》、《寰宇记》皆云后周置永乐县，不去置郡，隋志作永乐郡，盖字之误也。汉为北平县，北魏称永乐县，唐天宝元年（742）改为满城县。

<바이두 백과>85)의 설명은
"동위 540년 북평현 서북 땅을 쪼개 영락현을 설치해 낙랑군에 속하게 해 치소로 했다. 북주 때 영락현을 창려군으로 했다가,
북주 때 북평 고성으로 옮겨 다스렸다.
수 문제 3년(583) 창려군을 파하고 영락현을 이역주로 변경했다가,
수 양제 3년(607) 주를 파하고 상곡군으로 하고 영락현으로 거듭 다스렸다.
당 고조 4년(621) 영락현을 역주에 바꿔 속하게 했다.
천보원년(742) 영락현을 만성현으로 처음 변경했다."

위 세 사료를 종합, 검토해보면 영락현이라는 지명은
명나라 영락제 때 생겨난 것이 아니라,
고구리의 영락대제(호태왕) 때문에 생겨난 지명임을 알수 있다.
즉 한나라 때 영락현을 북평현으로 불렀으며, 영락현이 지명으로 최초로 설치된 북위(386~534) 때는 고구리 광개토호태왕의 아들인 장수태왕이 통치했던 기간이었다. 본격적으로 영락현이라는 지명을 사용한 시기는
북주(557~581, 고구리 평원태왕) 때인데 북주는 겨우 24년간 존재했던 나라이므로 행정구역을 개편할 정도로 힘센 나라가 아니었다.

또한,《중국 고금지명대사전》의
"당나라때 황성현 동북 2리의 영고보를 영락현으로 설치했다"라는 문구에서,
영락현은 호태왕릉과 깊은 관련이 있을 것으로 보인다.
왜냐하면《삼국사기》에는 관련 기록이 없지만,《고구리사초략》에는 호태왕의
릉을 황산(黃山)에 조성했다는 기록이 있는데, 이 황산(黃山)과 황성현(黃城縣)이
깊은 관련이 있을 것으로 보인다. 참고로 고국원제 13년(343)에 도읍을 동황성(東黃城)으로 옮겼는데 그곳이 영락현과 접하는 황성(黃城)과 깊은 관련이 있는 것이
아닌지 조심스럽게 추정해본다.
따라서 지명 영락진은 아마도 장수태왕이 요절한 부황의 영혼을 달래기 위해
중국과의 경계 황하변에 사당을 지어 모신 것이 아닌가 생각된다.
분명 호태왕의 공적비석도 여기 있었을 것으로 추정된다. 36톤이나 되는 무게의
비석은 육로로의 이동이 불가해 청나라 말기에 이곳에서 배에 태워져

---

85)《中國百度百科》 東魏兴和二年（公元540年）析北平县西北境，增置永乐县，属乐良郡，同时为郡治。北齐时，永乐县为昌黎郡郡治。北周时永乐县徙治于北平故城，隋开皇三年（公元583年）罢昌黎郡，永乐县更隶易州，大业三年（公元607年）罢州为上谷郡，仍辖永乐县。唐武德四年（公元621年）永乐县改属易州，天宝元年（公元742年）永乐县始更名满城县。

압록강변 집안현으로 옮겨졌을 것으로 추정된다. 물론 관련 자료가 없어 확정하기는 곤란하나, 혹시라도 옛날 영락진 주변 돌 성분을 분석해보면 아마 입증이 가능하리라 본다.

〈영락진에 있던 영락궁 조감도와 건축물 모형도〉

현재 영락궁은
영락진 출신인 당나라 때 사람인 여씨(呂氏) 시조를 모시는 사당으로 위장되어있는 상태이다. 그러면서 사방 4방향 중 유일하게 북쪽을 관장하는
현신(玄神)을 모시는 사당이 있는 점이 뭔가 의미심장하며,
참고로 고구리의 대막리지 연개소문의 묘도
산서성 영락진 뒷산에 있는 구봉산 (九峰山) 86)에 있다.
여하튼 고구리의 찬란했던 역사를 복원하기 위해서는 깊이 연구해야 할 건축물이다.

---

86) 九峰山位于运城市芮城县境内大王镇以北10公里的中条山脉南麓，海拔1600米，不仅山清水秀，风景优美，还因吕洞宾隐居修行19年而声名远播，被誉为吕仙道教圣地，而且九峰山与"永乐宫"两相辉映，更具特色。
(구봉산) 산서성 운성시 예성현 경내 대왕진 북쪽 10km 되는 중조산맥의 남쪽 기슭에 있는 해발 1,600m 높이의 산으로 영락궁과 관련 있다.

3. 요동군의 위치는 어디인가?

현재 식민사학계에서는
서만주를 흐르는 요하를 경계로 그 서쪽이 요서군이고
그 동쪽은 요동군이며, 고구리의 도읍 평양성은 옛 낙랑군 땅인
한반도 북부 대동강 평양이라는 반도사관에 입각한 어불성설의 주장을 하고 있다.
중국을 통일했던 수, 당나라가 고구리를 침공하면서 사용한 용어가
요동정벌(遼東征伐)이다. 그 이유는 우리 민족국가의 상징이며 대명사였던
고구리(高句麗)의 중심이 요동군에 있었기 때문일 것이다.
그런 요동군의 위치가 과연 어디였는지에 대해 살펴보기로 하겠다.

아래는 《한서 지리지》에서 유주에 속하는 요동군에 대한 설명이다.
(遼東郡) 秦置。屬幽州。戶五萬五千九百七十二, 口二十七萬二千五百三十九。
縣十八：襄平 有牧師官。新昌。無慮[87] 西部都尉治。師古曰 即所謂醫巫閭。
望平 大遼水出塞外, 南至安市入海, 行千二百五十里。房。候城 中部 都尉治。
遼隊[88]。遼陽 大梁水西南至遼陽入遼。險瀆[89]。應劭曰 朝鮮王滿 都也。依水險
, 故曰險瀆。臣瓚曰 王險城在樂浪郡浿水之東, 此自是險瀆 也。師古曰 瓚說是也
。居就。室偽山 室偽水所出 北至襄平入梁也。高顯。
安市。武次 東部都尉治。平郭 有鐵官 鹽官。西安平。文。番汗 沛水[90]出塞外
西南入海。應劭曰 汗水出塞外 西南入海。沓氏[91]。應劭曰 氏水也。師古曰
凡言氏者 皆謂因之而立名。

(요동군) 진나라 때 설치했고 유주에 속한다. 55,972가구에 인구 272,539명이고
18개 속현이 있다. 양평현에 목사관이 있다. 신창현, 무려현은 서부 도위의 치소이
다. 사고가 말하길 즉 소위 의무려이다. 망평현에서 대요수가 요새 밖으로 나와 남
쪽으로 안시까지 흘러 해로 들어가는데, 길이 1,250리 이다. 방현, 후성현은
동부도위의 치소. 요대현, 대양수가 서남쪽으로 나와

---

87) 應劭曰 慮音閭。
88) 師古曰 隊音遂。
89) 師古曰 浿音普大反。
90) 應劭曰 番音盤。師古曰 沛音普蓋反。汗音寒。
91) 應劭曰 音長答反。

요양현까지 흘러 요수로 들어간다. 험독현, 응소가 말하기를 조선왕 위만의 도읍이다. 험한 물에 의지해 옛날에 험독이라 했다.
신찬이 말하기를 왕검성은 낙랑군 패수의 동쪽에 있고 이를 스스로 험독이라 했다. 사고가 말하길 신찬의 말이 옳다.
거취현, 실위산현은 실위수가 나오는 곳으로 북쪽으로 양평까지 흘러 양수로 들어간다. 고현현, 안시현, 무차현은 동부도위 치소, 평곽현에 철관과 염관이 있다.
서안평현, 문현, 번한현에서 패수가 요새 밖으로 나와 서남쪽에서 해로 들어간다.
응소가 말하길 한수가 요새 밖으로 나와 서남쪽에서 해로 들어간다.
답씨현. 응소가 말하길 씨수이다.
사고가 말하길 무릇 사람의 씨를 말하는 것으로 모두 이로 인해 이름이 생겼다.

(이상)

위 요동군의 속현 중에서 기록에 자주 등장하는 유명한 현으로는 서남쪽에서
나온 대양수가 흘러 요수로 들어가는 요양현,
위만의 도읍지였던 험독현,
당 태종 이세민이 참패한 안시현,
고구리의 전략적 요충지였던 서안평현 등이 있으며,
양평현과 후성현은 호태왕비문 5년 기사[92]에 새겨져 있는 현이다.
요동군의 정확한 위치를 밝힐 수 있는 열쇠는 속현인 안시(安市)현과 양수(梁水)의 두 지명이다. 요동군을 흐르는 양수(梁水)는 위나라 장수 관구검과
고구리 동천태왕과의 전투가 벌어졌던 곳이며, 안시(安市)성에서는 요동을 정벌하러 왔던 당 태종이 패해 퇴각했던 격전지인지라 관련 자료가 많아 정확한 위치추적이 가능하다 하겠다. 먼저 요동군은 요서군의 위치가 백이, 숙제의 묘 발견으로 산서성 서남부 영제시임이 명확하게 밝혀졌으므로 그 동쪽 어딘가에 있어야 하므로 대략적으로 산서성 남부 운성(雲城)시 또는 임분(臨汾)시 일대가 될 것이다.

---

92) (비문) 其詞曰昔者永樂五年歲在乙未王以**碑麗**不貢整旅躬率往討**叵富山負山至鹽水(람수)**上破其丘部落六七百營牛馬羊不可稱數於是旋駕因過襄平(양평)道東來候城(후성)力城北豊五備猶遊觀土境田而還 (해석) 그 글에 이르되, 지난날 선왕께서는 비려가 조공을 하지 않고 군대를 정비하므로 영락 5년 을미에 군사를 몸소 이끌고 가서 파산, 부산, 부산을 토벌하고 염수 또는 람수(藍水) 위에 이르러 그 지방의 600~700 영을 파하고, 소·말·양떼들을 얻은 것이 이루 헤아릴 수 없을 만큼 많았다. 이어서 왕은 행차를 돌려서 과거에 하던 대로 양평(襄平) **길을** 지나 동으로 후성(候城), 역성, 북풍, 오비유로 와서 영토를 시찰하고 수렵을 한 후 돌아왔다.

고구리의 도읍지의 위치에 대한 기록이 있는
《신당서 열전145 동이》93)에
"대요수와 소요수가 있는데
대요수는 말갈의 서쪽 남산에서 시작되고 남으로 안시(安市)성으로 흐른다.
소요수는 요산 서쪽에서 시작되는데 역시 남쪽으로 흐른다,
양수(梁水)는 요새 밖에서 시작되어 서쪽으로 흐르다 합쳐진다.
마자수는 말갈의 백산에서 시작되고 색이 오리의 머리 색깔과 흡사하여
압록수라 부른다. 국내성 서쪽으로 흘러 염난수와 합해지고,
서남쪽으로 안시에 이르러 해(＝황하)로 흘러 들어간다.
평양성은 압록의 동남쪽에 있어 커다란 배로 사람을 건네고 믿음직한 참호 역할을
하고 있다."라고 언급 되어 있다.

(1) 요동군의 양수는 어디인가?

《한서 지리지》의 요동군 설명에 "실위산94)현에서 나온 실위수가 북쪽 양평현까지 흘러 양수로 들어간다."와 "대양수가 서남으로 요양현95)까지 흘러 요수로 들어간다."라는 문구가 있어 양수와 요수가 속했음을 알 수 있으며,
《중국 고대지명대사전》 96) 에 "양수는 산서성 장자현 동쪽에 있다.
《수경주》에 양수는 양산 남쪽에서 나와, 북쪽으로 장자현 고성 남쪽까지 흘러 북쪽에서 장수로 들어간다."라는 설명이 있어 양수는 산서성 동남부에 있는 장자현을 흐르는 강임을 알 수 있다. 참고로 위장 관구검과 고구리 동천태왕이 전투를 벌인 양구(梁口)는 양수의 입구를 말하는 것이다.
또한 《흠정대일통지》권121 요주(遼州) 97)편에 "요수: 일명 요양수이며

---

93) 『新唐書』'列傳145-東夷' 高麗, 本扶餘別種也. 地東跨海距新羅, 南亦跨海距百濟, 西北度遼水與營州接, 北靺鞨. 其君居平壤城, 亦謂長安城, 漢 樂浪郡也, 去京師五千里而嬴, 隨山屈繚爲郛, 南涯浿水, 王築宮其左. 又有國內城·漢城, 號別都. 水有大遼·少遼: 大遼出靺鞨西南山, 南歷安市城(안시성), 少遼出遼山西, 亦南流, 有梁水(양수)出塞外, 西行與之合. 有馬訾水出靺鞨之白山, 色若鴨頭, 號鴨淥水, 歷國內城西, 與鹽難水合, 又西南至安市, 入于海. 而平壤在鴨淥東南, 以巨艫濟人, 因恃以爲塹.
94) 室僞山 室僞水所出 北至襄平入梁也
95) 遼陽 大梁水西南至遼陽入遼。
96) 梁水在山西长子县东,《水经注》梁水出南梁山, 北流至长子县故城南, 又北入漳水。
97) 輬水(遼水)一名遼陽水又名西漳水源出和順縣西北入八賦嶺東流經州城西南入淸漳水 <水經注>輬水出輬河縣西北輬山南流逕輬河縣故城西南東流至粟城注於淸漳

서장수라고도 하는데, 화순현 서북에서 발원하여 팔부령으로 들어가
동쪽으로 흘러 주의 성 서남쪽으로 지나며 청장수에 들어간다.
《수경주》에 요수는
요하현 서북쪽 요산에서 발원하여 남쪽으로 요하현 옛 성 서남쪽을 지나
동쪽으로 속성에 이르러 청장수에 합류한다."라는 기록이 있으며,
명나라 때 이묵이 그린 〈대명여지도의 산서여도〉에 요와 요산이 산서성 동남부 장치시 일대에 그려져 있는데, 이곳이 바로 위《한서 지리지》의 요동군에서 언급한 요인 것이다. 서만주에 있는 지금의 요하는 역사왜곡을 위해 지명이 옮겨진 것이다.

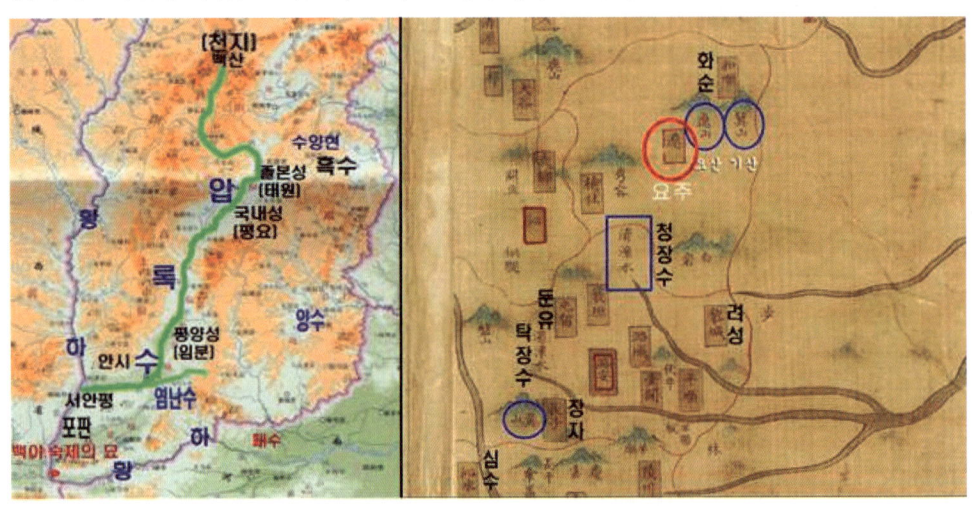

〈신당서 열전동이의 압록수와 고구리 도읍지〉   〈대명여지도의 산서여도〉

(2) 양평(襄平)현과 후성(侯城)현의 위치

양평과 후성은 호태왕비문에 등장하는 지명이다.
양평(襄平)현의 위치는 양수의 대략적인 위치가 밝혀졌으므로 알 수 있다. 요동군의 실위산(室潙山)현에 대한 설명에 "실위수가 북쪽으로 양평까지 흘러 양수로 들어가는 곳"이라고 했고 그 양수는 산서성 남부 장자현 동쪽을 흐르는 물길이니 양평은 장자현 서쪽 부근에 있는 지명일 것이다. 같은 요동군에 있는 후성은 양분현의 남쪽에 있는 후마(侯馬)시가 유력해 보인다. 호태왕 비문 이외 관련 자료는 없으나 옛 요동군 지역에서 후(侯)자가 들어간 유일한 현대지명이기 때문이다.
중국 정부에서는 요녕성의 성도 심양(瀋陽)시 옆에 있는 요양(遼陽)을 양평이라고 선전하고 있다.

(3) 요동군의 안시는 어디인가?

위 《신당서 열전동이》에서의 압록수에 대한 지리를 정리해 설명하자면,
국내성, 평양성, 안시성, 서안평 모두 압록수변에 위치해야 기록과 일치한다.
그러나 현재 한, 중, 일 사학계는 압록수를 현재의 압록강, 국내성을 압록강 동쪽이
아닌 북쪽인 집안, 평양성을 압록의 동남쪽이 아닌 대동강 평양, 안시성을 압록의
서남쪽이 아닌 요령성 요하 강변으로 비정하고 있는데,
이는 《신당서》 기록과 전혀 일치하지 않는다.

또한 같은 기록에는 압록수의 흐름이 초반에는 수직으로 흐르다 염난수와 합쳐진 후
서류한다고 설명되어 있는데, 현재의 압록강과는 그 흐름이 근본적으로 다르다고
할 수 있다. 《신당서》의 기록이 잘못된 것일까?
지명 비정이 잘못된 것일까? 필자는 후자라고 본다.
그렇다면 위 기록에서 말하는 압록수는 과연 어디일까?
《신당서》 기록에 양수와 압록수가 같이 언급되어 있으므로 압록수는 양수처럼
산서성 남부를 흐르는 물길임을 쉽게 알 수 있다.
안시성과 밀접한 관련 있는 요서군에 속하는 마수산에 대해
《중국 고대지명대사전》[98]은 "마수산 : 산서성 신강현 서북 사십리.
속명 말머리 산으로 지금의 화염산이다."
라는 설명이 있어 위 압록수의 안시성 앞 흐름과 위치가 정확하게 일치된다.

게다가 《신당서》에서 설명한 압록수의 물길을 산서성 분하(汾河)에다 대입해보면
희한하게도 한 치의 오차도 없이 정확하게 맞아 떨어진다. 따라서
국내성은 태원 남쪽 평요(平遙)고성, 평양성은 임분(臨汾)시, 안시성은 여량 산맥의
남단인 신강(新絳)현, 서안평은 황하와 분하가 만나는 운성시 하진(河津)시로, 염
난수는 지금의 회하(澮河)로 비정된다. 말갈의 백산은 태원 북쪽 산서 천지가 있는
산을 말하는데 우리 민족의 시원지인 태백산이기도 하다.

---

[98] 马首山 : 在山西新绛县西北四十里,俗名马头山,《张州志》左传赵盾田于首山,即此,一名火炎山。

이렇게 지리 비정된 상태에서 관구검(무구검)과 수, 당 전쟁 기록을 대입하면 한 치의 오차도 없이 정확하게 맞아 들어간다는 것을 알 수 있다. 이처럼 산서성 남부에 있어야 할 요서군과 요동군이 중국의 지명이동을 통한 역사왜곡으로 인해 현재 요녕성 요하를 기준으로 서쪽은 요서군으로 동쪽은 요동군으로 인식하는 망국의 반도 사관이 이땅에 뿌리 내리게 된 것이다.
국가가 적극 개입한 지명 조작을 통한 희대의 역사 왜곡 사기극의 전모가 백일하에 드러난 것이다.

4. 현토군의 위치는 어디인가?

현토군은 낙랑군과 함께 기원전 108년에 한 무제가 설치한 한사군의 하나로 잘 알려져 있다. 중국 바이두(百度)백과에서는 현토군의 강역99)에 대해
"대략 개마고원 또는 그 주변 평원으로 함경남북도와 중국 요녕성과 길림 성의 동부 일대이고 치소는 함경남도 경내이다."라고 하는데,
한일 식민사학계 역시 중국의 주장과 맥을 같이 하고 있다.
과연 그런지 현토군의 위치에 대해 상세히 알아보기로 하겠다.

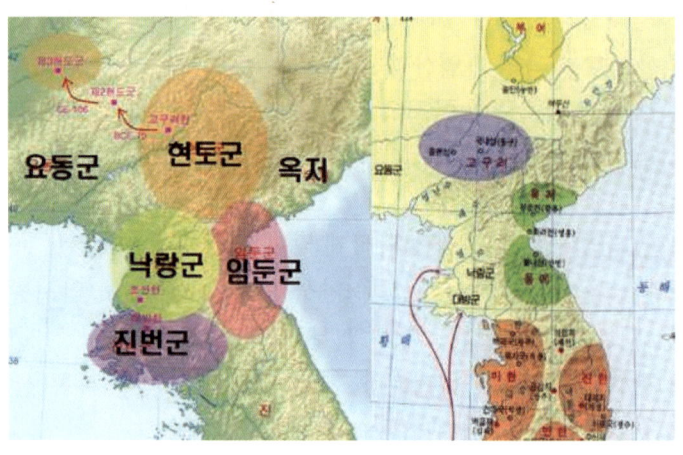

〈식민사학계의 현토군과 민족 분포도〉

---

99) 大约是今盖马高原及其周边平原、朝鲜咸镜南道、咸镜北道以及中国辽宁东部、吉林省东部一带，郡治大体在咸镜南道境内。

(1) 한서 지리지의 현토군

먼저 《한서 지리지》에 기록된 현토군에 대한 설명은 다음과 같다.
(玄菟郡) 武帝元封四年開。高句驪, 莽曰下句驪。屬幽州。應劭曰 故眞番, 朝鮮 胡國。 戶四萬五千六, 口二十二萬一千八百四十五。縣三：高句驪, 遼山, 遼水所 出, 西南至遼隊入大遼水。又有南蘇水, 西北經塞外。應劭曰 故 句驪胡 。上殷台 。西蓋馬。馬訾水西北入鹽難水, 西南至西安平入海, 過郡 二, 行二千一百里。

(현토군) 한 무제 원봉 4년(B.C 77년)에 설치. 고구려현은 왕망이 하구려현이라 불렀다. 유주에 속함. 응소가 말하기를 옛 진번으로 조선호국이다.
가구 45,006호에 인구는 221,845명. 3개 현이 속한다. 고구려현의 요산은 요수가 나오는 곳이며 서남쪽으로 요대까지 흘러 대요수로 들어간다.
또 남소수가 있는데 서북쪽으로 요새 밖으로 흘러간다.
응소가 말하길 옛 구려호다. 상은대현, 서개마현, 마자수는 서북으로 염난수에 들어가 서남으로 흘러 서안평에서 해로 들어간다. 2개 군을 지나고 2,100리다.

먼저 네티즌들이 자주 인용하는 '왕망이 고구려를 하구려로 불렀다'의 고구려는 나라 이름이 아니라 고구려현이라는 지명을 말하는 것이다. 고구리는 북부여의 시조 해모수가 태어난 고향 지명이라 북부여의 별칭이기도 했다. 혼돈을 피하기 위해 '麗'가 나라 이름으로 쓰일 때는 '려'가 아니라 '리'로 발음한다고 한자사전에 명기되어있다.

중국은 위 현토군 문구를 악용해 동북공정을 진행하면서 '고구리는 중국의 지방정권'이라는 구호를 내걸 었는데 《한서 지리지》에 기록된 고구려현은 나라이름 리(麗)가 아니라 가라말 려(驪)이다.

〈麗자를 설명하는 한자사전〉

위 현토군에 대한 설명에서 언급된 '요산에서 나온 요수가 서남쪽으로 흘러가는 요대100)'는 요동군의 "요대현은 왕망이 순목이라 했고, 요양현은 대양수가 서남으로 흘러 요양에서 요수로 들어간다, 왕망이 요음이라 했다."
라는 요대현과 같은 곳이라 이 두 군은 인접한 지역이라 할 수 있다.
또한 고구려현의 요산은 요수가 나오는 곳이라 했는데, 이곳은 명나라 때 이묵이 그린 '대명여지도의 산서여도'에 그려져 있다. 즉 현토군에 속한 고구려현은 요산이 있는 산서성 동남부 화순 부근일 것이다. 게다가 요동군에 속하는 양수(梁水)가 흐르는 산서남부 장자현도 탁장수 상류에 보인다.

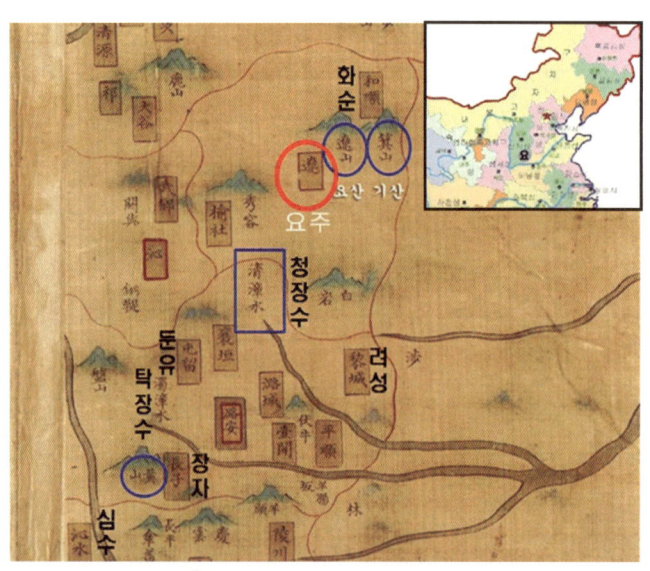

<명나라 때 이묵이 그린 대명여지도의 산서여도>

《한서 지리지》에 의하면, 유주의 현토군에는 고구려현, 상은대현, 서개마 현의 3개 속현이 있다. 고구려현에는 남소수가 흐르는 남소성(南蘇城)이 있는데, 《삼국사기》에 "고국원왕 9년(339년) 모용황이 쳐들어와 신성(新城)에 이르자 고구리가 화맹을 요청해 그냥 돌아갔다."라는 기록과 같은 내용이 적힌 《통감101)》의 신성에 붙은 "신성 서남쪽에 방산이 있고,

---

100) 遼隊, 莽曰順睦。遼陽, 大梁水西南至遼陽入遼。莽曰遼陰
101) 일명 《資治通鑑》으로 북송의 司馬光이 쓴 역사책. 처음 이름은 《通志》였다. 편년체 형식으로 기원전 403년 ~ 959년의 중국 16개 왕조 1362년의 역사를 다루었으며 모두 16紀 294권이다. (원문) "皝擊高句麗, 兵及新城,〔新城, 高句麗之西鄙, 西南傍山, 東北接南蘇木底等城。"

동북쪽으로 남소성, 목저성 등과 접한다."라는 주석102)이 있어 남소성은 신성(新城)의 동북쪽에 접하는 성임을 알 수 있다.《중국 고대지명대사전》에는 다음과 같이 여러 신성103)이 나타나는데, 여기서의 신성은 ① 지금의 산서성 문희현 동쪽에 있었다는 '곡옥 신성'을 말하는 것으로, 현재 행정구역명 은 산서성 임분(臨汾)시 양분(襄汾)현 신성(新城)진이다.

〈곡옥 신성의 동북쪽 남소성은 현토군, 곡옥현 북쪽 적색 원이 양분현 신성진〉

(신성)

① 춘추시대 진의 땅.《좌전》희공4년 태자가 신성으로 달아났다.

〈두주〉' 신성 곡옥'지금의 산서성 문희현 동쪽 20리.

② 춘추시대 정의 땅.《춘추》희공6년 여러 제후들이 정을 정벌해 신성을 포위했다.

〈두주〉'정의 신밀, 현 영양 밀현' 하남성 밀현 동남쪽 30리에 있는 옛 밀성.

③ 춘추시대 송의 땅《춘추》문공14년 동맹을 신성에서 맺었다.

〈두주〉'송의 땅, 양나라 곡열현에 있다.' 지금의 하남성 상구현 서남.

④ 춘추시대 진의 땅.

---

102)《通鉴注》新城，西南傍山，东北接南苏木底等城

103) 新城 ： 春秋晋地，《左传僖公四年》太子奔新城，《杜注》"新城曲沃"在今山西闻喜县东二十里。春秋郑地，《春秋僖公六年》诸侯伐郑，围新城，《杜注》"郑新密，今荥阳密县，" 今河南密县东南三十里有故密城。春秋宋地，《春秋文公十四年》同盟于新城，《杜注》"宋地，在梁国谷热县西，" 在今河南商丘县西南。春秋秦地，《左　新城，秦谓之新里，为秦取梁地，《春秋地名考略》 新城，即梁国之地，秦取之，战国时为秦公子封邑。在辽宁省兴京县北，晋咸康五年，慕容皝击高句丽，兵及新城，高句丽乞盟，乃还，《通鉴注》新城，西南傍山，东北接南苏木底等城。在山西朔县西南，《史记秦纪》庄襄王三年，蒙夷攻赵新城，《通典》齐置朔州于故城西南新城， 一名新平城，后移马邑。在湖北襄阳县东南十里，《宋元通鉴》 咸淳三年，砟贵援襄樊，殛术谓诸将宜整形舟师以备新城，明日，贵舟果趋新城。

《좌전》문공4년 진후가 진을 정벌해 원신성을 포위했다.
〈두주〉'진나라 읍' 지금의 섬서성 징성현 동북쪽 20리에 고신성이 있다.
⑤ 요녕성 흥경현 북쪽, 진나라 함강 5년(339) 모용황이 고구리를 쳐서 병사들이 신성에 이르자 고구리가 동맹을 원하기에 돌아왔다.
《통감》주 신성 서남쪽에 방산이 있고, 동북쪽으로 남소·목저성 등과 접한다.
⑥ 산서성 대동시 삭현 서남에 있다.
《사기 진기》장양왕3년 몽염이 이족을 공격해 신성을 넘었다.
《통전》제나라가 삭주고성의 서남 신성을 치소로 했다.
일명 신평성이고, 후에 마읍으로 옮겼다.
⑦ 호북성 양양현 동남 10리. (이하 생략)

(2) 현토군 = 예맥 = 옥저의 위치

① 삼국지에 기록된 현토군

서진 때 진수(陳壽, 233~297)가 쓴《삼국지 위서》30 동이전 동옥저조[104]에
"한나라 초에 연의 망명객 위만이 조선의 왕이 되면서 옥저 모두가 복속되었다. 한 무제 원봉 2년(기원전 109)에 조선을 정벌하여 위만의 손자 우거를 죽이고, 그 땅을 나누어 사군을 설치했는데, 옥저성으로 현토군을 삼았다. 뒤에 이 맥의 침략을 받아 군을 고구려현의 서북쪽으로 옮기니 지금의 이른바 현토의 옛 관청이라는 곳이 바로 그곳이다. 옥저는 다시 낙랑에 속하게 되었다."라는 기록이 있고,

같은 책 부여조[105]에는
"장성의 북쪽에 있는 부여는 현토에서 천 리쯤 떨어져 있다. 남쪽은 고구리와, 동쪽은 읍루와, 서쪽은 선비와 접해 있고, 북쪽에는 약수가 있다. 면적은 사방 2천 리이며 호수는 8만이다. (중략) 부여는 본래 현토에 속했다."라는 기록이 있어 현토의 대략적인 위치를 알 수 있다.
《후한서 동이열전》에는 위 내용에 "본 예 땅이다(本濊地也)"가 추가되어 있다.
여기서의 고구리는 나라가 아니라 현토군에 속한 고구려현을 말하는 것이다.

---

104) 漢初 燕亡人衛滿王朝鮮 時沃沮皆屬焉. 漢武帝 元封二年 伐朝鮮殺滿孫右渠 分其地爲四郡 以沃沮城爲玄菟郡. 後爲夷貊所侵 徙郡句麗西北 今所謂玄菟故府是也. 沃沮還屬樂浪.
105) 夫餘在長城之北 去玄菟千里 南與高句麗 東與挹婁 西與鮮卑接 北有弱水 方可二千里 戶八萬 (생략) 夫餘本屬玄菟.

② 후한서에 기록된 예맥의 위치

인터넷 백과사전의 현토군(玄菟郡)에 대한 다음 설명은
《후한서 동이열전》106)의 기록을 근거한 것으로 보인다.
"현토군은 본시 예맥(濊貊)의 땅이다.
기원전 128년에 예맥의 군장 남려(南閭)가 우거를 배반하고 28만 명을 이끌고
요동에 귀속했으므로 그 지역에 창해군이 설치되었으나 거리가 멀어 유지하기 힘들어
곧 철폐되었다. 기원전 108년 한 무제는 위만조선이 멸망하자 현토군을 설치했다가,
기원 전 82년에 임둔군과 진번군을 폐지하고 소속 현들을 현토군에 편입시켰다. 그러
나 토착민들의 저항이 계속되자 현토군도 기원전 75년에 서북쪽 구려로 옮겨 가면서
현토군의 본래 현들과 옛 임둔군 소속 현들 대부분이 폐지 되었다."

위에서 언급된《후한서》기록에 현토군은 원래 예맥(濊貊)의 땅에 설치되었다고 했
는데, 예는 땅 이름을 맥은 종족 이름을 나타내는 것이다. 예의 위치에 대해서는
《수경주(水經注)》권10 탁. 청장수(濁·清漳水)107)편에
"청장수는 장무현 고성 서쪽을 지나니 옛 예읍(濊邑)이다. 여기에서 한 지류가 나
오니 곧 예수(濊水)로 동북쪽 참호정을 지나 두 지류로 나뉜다. (중략)
또 동북쪽에서 두 강으로 나뉜다. 한 물은 우측에서 나와 정이라 했고, 한 물은 북으
로 흘러 호라 했다. 소위 예구(濊口)이다. 청장수는 마구 흘러 동쪽으로 바다로 들
어간다."라는 문구가 있어 청장수가 예읍(濊邑)을 지난다
는 사실을 알 수 있다.

또한《수경주(水經注)》권9 기수(淇水)108)편에 "역시 동북으로 흘러 예수(濊水)가

---

106) 濊北與高句驪·沃沮, 南與辰韓接, 東窮大海, 西至樂浪. 濊及沃沮·句驪, 本皆朝
鮮之地也. (생략) 元朔元年, 濊君南閭畔右渠, 率二十八萬口詣遼東內屬, 武帝以
其地爲蒼海郡, 數年乃罷. 至元封三年, 滅朝鮮, 分置樂浪·臨屯·玄菟·眞番四郡. 至
昭帝 始元五年, 罷臨屯·眞番, 以幷樂浪·玄菟. 玄菟復徙居句驪. 自單單大領已東,
沃沮·濊貊悉屬樂浪.
107) 清、漳迳章武县故城西，故濊邑也。枝渎出焉，谓之濊水。东北迳参户亭，分为
二渎。《魏土地记》曰：章武郡治。故世以为章武故城，非也。又东北，分为二水。
一水右出为淀，一水北注呼池，谓之濊口。清漳乱流，而东注于海
108) 又東北過濊邑北，濊水出焉。又東北過鄉邑南，清河又東，分爲二水，枝津右出
焉。東逕漢武帝故臺北，

나오는 예읍(濊邑) 북쪽을 지난다. 동북으로 흘러 향읍 남쪽을 지나고 청하는 동으로 흘러 두 물길로 갈라진다. 지류는 나룻터 우측에서 나온다. 동쪽으로 흘러 한 무제의 옛 대북을 지난다."라는 문구에서도 예수와 예읍이 언급되어 있다.

《중국 고대지명대사전》은 기수(淇水)109) 에 대해 "하남성 임현 동남쪽 임기진에서 나와 동북쪽으로 흘러 기양을 지나 석하와 합쳐진다. 동남쪽으로 꺾여 탕음(湯陰)현을 지나 기(淇)현까지 가서 위하로 들어가는 강"이라고 설명하고 있다. 참고로 탕음현은 대조영이 세운 대진국의 도읍지였다.

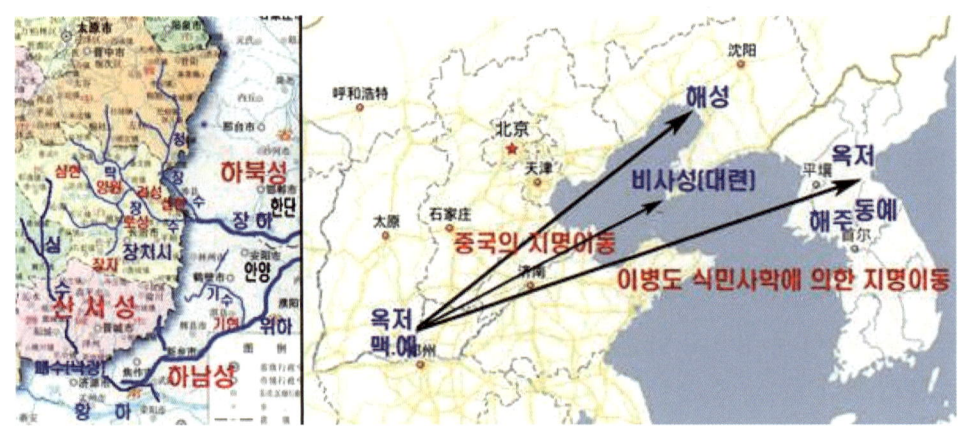

〈탁·청장수가 흐르던 산서성 동남부에서 한반도로 이동된 예와 옥저〉

청장수에 대해 《중국 고대지명대사전》110)은
"청장수 : 장하의 상류로 산서성 평정현 남쪽 대민곡이 발원지다. 서남쪽으로 흘러 화순의 경계로 흐르다 꺾여 남쪽으로 흘러 요현을 경유해 서장수와 합쳐져 하남성 섭현으로 들어가 탁장하와 만나 합쳐진다."는 설명이다. 청장수는 산서성 중동부에서 발원해 남쪽으로 흐르다 하남성 섭현에서 탁장수(濁漳水)와 만나 장하(漳河)가 되는 물길이고, 기수는 하남성 탕음현과 기현을 지나 위하로 흘러간다.

---

109) 源出河南林县东南临淇镇，东北流经淇阳合淅河，折东南流，经汤阴至淇县，入卫河，《诗卫风》淇水左右，《汉书地理志》 共县北山，淇水所出，东到黎阳入河，《三国魏志武帝纪》建安九年，太祖遏淇水入白沟，以通粮道。
110) 清漳水: 漳河之上游也，源出山西平定县南大黾谷，西南流入和顺境，折南流迳辽县，合西漳水入河南涉县，与浊漳河合，《汉书地理志》沾县大黾谷，清漳水所出。

따라서 청장수가 지나는 예읍 즉 예(濊)의 땅은 산서성 동남부에 있었다. 그 서남에 낙랑군과 접하는 하내군에 속했던 하남성 무덕현이 있고 북쪽에 현토군에 속하는 고구려현과 옥저가 있었다. 따라서 고구리 예맥족은 산서성 남부일 수밖에 없다는 결론에 도달하게 된다.

또한 《단군세기》의 3세 가륵 단군 조에 기록된 추장 소시머리(牛首)가 반란을 일으킨 곳이 예읍(濊邑)이고, 37세 마믈 단군이 남쪽을 순시하다 붕어한 곳이 기수(淇水)이니 그곳들은 모두 우리 민족의 강역이었던 것이다.

5. 낙랑군의 위치는 어디인가?

지금까지 대한민국에서 열린 고대사 학술세미나에서 가장 자주 했던 주제는 아마도 한사군(漢四郡)의 핵심인 낙랑군(樂浪郡)의 위치였을 것이다.
이를 두고 식민사학계와 재야사학계 간에 거센 논쟁이 벌어지곤 했는데
쟁점은 바로 낙랑군의 존속기간과 그 위치 때문이다.
식민사학계는 본국 한나라가 망해도 식민지 한사군은 줄기차게 대를 이어
400년을 한반도 북부에 굳건하게 존재했다고 하는데
그 희한한 한사군의 정체는 과연 무엇일까?

이어지는 위키백과의 설명은
식민사학계의 400년 한반도 한사군 이론과 같다고 보아야 할 것이다.

"낙랑군(樂浪郡, B.C 108년~313년)은 한 무제가 위만조선을 점령하고 세운 한사군 중 하나로, 현토군과 함께 최후까지 남은 변방의 군으로 한반도 북부를 관할했다고 한다. (지휘체계도 없이) 한나라 멸망 후에도 중국의 변방 군으로 존속했으며 고구리 미천왕 때까지 420년에 걸쳐 한반도 및 만주 일대의 민족들과 대립하고 교류하면서 많은 영향을 끼쳤다".

조선왕조의 실학자들과 한, 중, 일 사학계는
낙랑군의 위치를 평양을 중심으로 하는 한반도 북부로 보고 있다.
반면 재야사학계와 북한에서는
중국의 요녕성이나 하북성 일대라는 주장을 제기하고 있는데,
사학계에서는 이를 학문적 가치가 없는 것으로 판단하고 있다." 과연 그럴까?

〈국회 동북아역사왜곡 특별위원회 주최 학술세미나〉

또한 우리의 역사 강역을 밝힘에 있어 가장 중요한 지명인 패수는 낙랑군에 속한다.
이 위치에 대해
식민사학계는 반도사관에 입각해 한반도 북부 패수설을 신봉하고 있으며,
재야사학계는 윤내현 교수와 북한의 이지린의 하북성 난하(灤河)설을 인용하고 있다.
일부는 북경 부근에 있는 영정하 또는 조백신하 패수설을 주장하기도 한다.

과연 어느 학설이 옳은지 상세히 살펴보도록 하겠다.

《한서 지리지》에서 유주에 속하는 낙랑군에 대한 설명은 다음과 같다.
(樂浪郡) 武帝元封三年開。屬幽州。應劭曰 故朝鮮國也。 戶六萬二千八百 一十二，
口四十萬六千七百四十八。有雲鄣。縣二十五：朝鮮，應劭曰 武王 封箕子於朝鮮。
邯。浿水，水西至增地入海。含資，帶水西至帶方入海。黏 蟬。遂成。增地。帶方。
駟望。海冥。列口。長岑。屯有。昭明， 南部都尉 治。鏤方。提奚。渾彌。
吞列。分黎山，列水所出 西至黏蟬入海 行八百二十 里。東暆。
不而，東部都尉治。蠶台。華麗。邪頭昧。前莫。夫租。

(낙랑군) 한 무제 원봉 3년(B.C 78) 설치. 유주에 속함.
응소가 말하길 옛 조선국이다.
62,712 가구에 인구 406,748명이다. 운장이 있다. 25개 현이 속한다.
조선현, 응소가 말하길 주 무왕이 기자를 조선(현령)에 봉했다,
감현, 패수현 물길은 서쪽으로 증지까지 흘러 해로 들어간다,
함자현에서 대수가 서쪽으로 대방까지 흘러 해로 들어간다,

점제현, 수성현, 증지현, 대방현, 사망현, 해명현, 열구현, 장잠현, 둔유현, 소명현은 남부도위 치소, 루방현, 제해현, 혼미현, 탄열현, 분리산현 열수가 나와 서쪽으로 점제까지 820리를 흘러 해로 들어간다, 동이현, 불이현은 동부도위 치소, 잠태현, 화려현, 사두매현, 전막현, 부조현.

위《한서 지리지》기록에 의하면, 유주의 낙랑군에 속하는 25개 현 중에 한사군 전쟁의 주 무대였던 패수현과 조선현, 백제의 시국처인 대방현, 장성이 시작하는 수성현, 신사비로 알려진 점제현 등이 유명한 지명들이다. 특히 가장 먼저 언급된 조선현에 대해 응소가 붙인 "주 무왕이 기자를 조선에 봉했다.(武王封箕子於朝鮮)"라는 주석은 주 무왕이 기자를 조선현의 현령에 봉했다는 말임에도, 소중화 조선왕조 유학자들에 의해 나라 조선의 왕으로 변모되어 역년 이천년이 넘는 단군조선이 반토막 나고 허구의 천년 기자조선이 생겨났기도 했다. 기자조선의 정체는 조선의 제후였던 번조선에서 6명의 기자 후손이 왕(부단군)을 한 것이 전부였거늘 이것이 확대 과장 해석된 것이라할 수 있다.

(1) 식민사학과 재야사학의 패수설

《한서 지리지》에서 유주에 속하는 낙랑군 지역을 흐르는 패수는
아래 기록들에 의해 한나라와 조선의 경계일 뿐만 아니라,
고구리와 백제의 남북경계였다는 사실을 알수 있어
우리 고대사의 강역이 어디까지였는지를 밝힐 수 있는 중요한 지명이다.
혹자는 이름만 같은 패수였지 서로 다른 강이었다는 억지 주장도 펴는데
이는 어불성설이라 하겠다.

① 《사기 조선열전》에 당시 한나라의 연(燕)과 조선과의 경계,
② 《신당서 열전동이》111) 에 고구리의 남쪽 경계,

---

111) 高丽 , 本扶餘別种也。地东跨海距新罗 , 南亦跨海距百济 , 西北度辽水与营州接 , 北靺鞨。其君居平壤城 , 亦谓长安城 , 汉乐浪郡也 , 去京师五千里　而赢随山屈缭为郛，<u>南涯浿水</u> , 王筑宫其左。又有国内城、汉城 , 号别都。水有大辽、少辽：大辽出靺鞨西南山 , 南历安市城；少辽出辽山西 , 亦南流 , 有梁水出塞外 , 西行与之合。有马訾水出靺鞨之白山 , 色若鸭头 , 号鸭渌水 , 历国内城西 , 与盐难水合 , 又西南至安市 , 入于海。而平壤在鸭渌东南 , 以巨舻济人 , 因恃以为堑。

③《삼국사기》112)에 비류, 온조가 무리를 데리고 패수, 대수를 건너 미추홀에서
살았으며, 온조가 위례성에서 한산으로 천도해 북쪽 경계로 삼은 곳.
④ 371년, 고구리 군대가 쳐들어오자 근초고왕113)이 군사를 매복시켰다가
기습해 승리한 곳,
⑤ 395년 호태왕114) 이 백제를 쳐서 8천 명을 참살하는 대승을 거둔 곳.
⑥《고구리사초략》에는 태조황제 26년(137)115) 5월 낙랑의 사람들과 함께
패구(패수의 입구)를 공격했다는 기록이 있어
고구리와 백제의 남북경계로 상호간에 격전지 였음을 알 수 있다.
⑦ 또한《수경주》116)에 위만이 망명하면서 건넌 강으로 기록되어 있으며, 물길에 대
해서는 "패수는 낙랑군 루방현에서 나와 동남쪽으로 임패현을 지나 동쪽으로 海로
들어간다. 허신이 전하기를 패수는 루방에서 나와 동쪽으로 海로 들어간다.
일설에는 패수현에서 나온다.
《십삼주지》에서 말하기를 패수현은 낙랑의 동북쪽에 있고 루방현은 낙랑군의 동쪽
에 있다. 그 현에서 나와 남쪽으로 루방을 지나간다."라는 설명이 있어 패수는 서쪽
에서 동쪽으로 흘러가는 강임을 알 수 있다.

1) 식민사학계의 한반도 패수설
패수의 위치를 비정하려면 위 조건들이 반드시 충족되어야 함에도
식민사학계의 한반도 패수설은 전혀 그러지 못하고 있다.
한반도 패수설에는 압록강설, 대동강설, 청천강설 등이 있는데
모두 서쪽으로 흘러가는 강이라, 패수는 동류하는 강이라는 위《수경주》의 설명과는
반대 방향일 뿐만 아니라, 물길의 흐름도 전혀 일치하지 않는다,
최초의 자전(字典)인《설문(說文)》을
저술한 허신의 설명이 틀린 건지, 식민사학계의 패수설이 잘못된 건지

---

112) 遂與弟率黨類 渡浿帶二水 至彌鄒忽以居之 北史及隋書 皆云 東明之後有 仇
台 篤於仁信 初立國于帶方故地 (중략) 十三年 八月 遣使馬韓 告遷都 遂畵定疆
場 北至浿河 南限熊川 西窮大海 東極走壤
113) 二十六年 高句麗擧兵來 王聞之 伏兵於浿河上 俟其至 急擊之 高句麗兵敗北
114) 四年 秋八月 王與百濟 戰於浿水之上 大敗之 虜獲八千餘級
115) 二十六年丁丑五月, 朱那余党與樂浪人襲浿口桶口太子被創入山谷而薨,從臣于
恢葬而歸其鄉.
116) 浿水出樂浪鏤方縣, 東南過臨浿縣, 東入于海。許慎云：浿水出鏤方，東入海。
一曰出浿水縣。《十三州志》曰：浿水縣在樂浪東北，鏤方縣在郡東。蓋出其縣南逕
鏤方也。

둘중 하나는 틀린 주장이 분명할 것이다.

압록강 패수설은 이병도의 스승으로 임나일본부설을 주장했던
쓰다 소우키치(津田 左右吉)와
《아방강역고》를 쓴 다산 정약용이 주장한 학설이며,
대동강 패수설은 만선사관의 대가로 조선사편수회 간사로 근무했던
이나바 이와기치(稻葉岩吉)와 《삼국사기》잡지 지리 4편에 《당서》와 그 지리지[117]
와 '수양제 동정조서[118]' 의 문구를 근거로 대며 지금의 대동강이 패수임이
분명하다고 적혀있고, 《세종실록 지리지》에 그대로 인용되어 있다.

학자별 패수의 위치 비정 비교

〈지금까지 온갖 학설이 난무했던 패수의 위치〉

그러나 이 근거들은 이미 고구리 평양성이 대동강에 있음을 전제로 한 것이므로
그 근거가 될 수 없고 억지로 끼워 맞힌 것이다. 청천강 패수설은
식민사학자 이병도의 '한국고대사연구'[119]에서 기인 되었으며,

---

117) "등주(登州)에서 동북쪽으로 가서 남쪽으로 바다를 끼고 패강의 어귀 초도를 지나면 바로 신라의 서북이 된다."
118) "창해의 도군이 주로 천리에 높은 돛은 번개같이 가고, 큰 배는 구름 가듯하여 패강을 지나 평양에 도착한다."라고 하면서 "고구리의 평양성은 지금의 서경인 것 같고, 패수는 바로 대동강이다."
119) "패수현은 역사상에 저명한 패수(청천강) 유역에 위치하였기 때문에 그 이름을 취하게 된 것이다. 『한서』지리지 패수현조를 보면 패수가 패수의 상류처에 위치한 것을 말하여주거니와 그러면 본류의 상류처냐, 또는 북지류의 그것이냐

그의 '위만조선과 한의 동방침략도'가 수록된 '국사대관'의 이론을 후학들로 구성된 주류사학계가 그대로 계승하고 있다.
여하튼 한반도 북부 패수설은
낙랑군 위치가 평양이라는 반도사관에서 나온 것이다.

식민사학계의 이론대로라면, 고구리 전성기 때 한강 남쪽 충주에다 중원고구리비를 세웠고, 이후 신라 진흥왕에게 한강을 빼앗기고 북쪽으로 밀린 적도 있다.
이렇듯 고구리의 남쪽 경계는 시대별로 약간씩 다르지만 대략 한강으로 보고 있다.
그런데 식민사학계의 한반도 패수설을 '패수는 고구리의 남쪽 경계(南涯浿水)'라는 《신당서》 기록에 대입해보면 아주 희한한 현상이 나타난다.
만일 청천강이 패수라면 고구리의 남쪽 경계(패수)의 남쪽에 평양성이 있게 되며, 평양성 북쪽에서 백제와 고구리가 전투를 벌이는 어불성설의 상황이 전개된다.
또한
백제 전성기(근초고왕) 때의 영토는 북쪽으로 황해도까지라면서, 전성기도 아닌 아신왕 때 백제가 청천강(패수)에서 고구리 광개토태왕과 싸웠다는 말은 전후좌우가 전혀 맞지 않는다.

또한 연암 박지원이 《열하일기》1권 도강록120)에서 언급했듯이
이미 《삼국사기》, 《세종실록 지리지》, 《동국여지승람》 등에서
패수의 위치를 한반도 북부로 비정함으로써 우리의 역사 강역을 스스로 축소했음을 엿볼 수 있다.
이렇듯 소중화 조선왕조의 사대주의 사관으로부터 시작된 반도사관을
조선총독부의 식민사학자들이 이론적으로 재정립해, 우리 고대사를 철저하게 축소·왜곡시켰던 것이다. 이렇게 조작된 식민사학이 광복 이후 서울대 사학과교수가 된 이병도를 통해 대한민국 사학계에 그대로 전승되어 지금까지 교과서에 버젓이 실려있는 것이다.

　　가 문제인데, 고래로 교통상 요지요 또 웅주(雄州)로 이름난 곳을 든다면, 북지류의 영변(평남)을 꼽지 않을 수 없다. 영변이라 하면 유명한 묘향산의 보현사와 낙산의 철옹성을 연상케 한다. 이곳이 평북의 태천, 귀성 등지와 연결되고 평남의 개천 또는 안주와 연결되는 요지인 만큼, 고려 성종 때에는 방어사(防禦使)가 되고, 근조선 세종 때에는 대도호부(大都護府)로 승격되어 내려오던 것이다. 그래서 나는 패수현의 위치를 영변 일대로 비정하여 왔다."

120) "아아! 후세 선비들이 이러한 경계를 밝히지 않고 함부로 한사군을 죄다 압록강 안쪽으로 몰아넣어 억지로 역사적 사실로 만들다보니, 패수(浿水)를 그 속에서 찾되 혹은 압록강을 패수라 하고 혹은 청천강을 패수라 하며 혹은 대동강을 패수라 한다. 이리하여 조선의 강토는 싸우지도 않고 저절로 줄어들었다."

〈식민사학계가 주장하는 패수 위치와 고구리・백제의 전성기 지도〉

2) 재야사학의 난하 패수설
이러한 모순투성이의 강단사학계의 반도사관을 일제식민사학이라며 강하게 질타하고 있는 재야사학계의 대부분은 하북성 난하(灤河) 패수설을 주장하고 있다.
그 이유는 난하 부근 창려현에 갈석산이 있고, 또한 근처 노룡현에 요서(遼西)군을 상징하는 고죽국(孤竹國)이 있었던 것으로 믿고 있기 때문이다.
그나마 난하 상류의 흐름이 서류하고 있으나
《수경주》에서 언급한 물길의 방향 과는 일치하지 않는다.

그런데 재야사학은 패수가 한나라와 조선과의 경계에 대해서만 강조할 뿐
고구리와 백제와의 남북경계에 대해서는 침묵으로 일관하고 있다.
그도 그럴 것이 난하(패수) 남쪽에는 백제가 들어갈 땅이 없고,
발해만의 바닷물만 있기 때문이다. 결국 재야사학도
백제의 본토 위치를 한반도 남서부로 인식하고 있는데
이것 역시 반도사관이 아니고 무엇이겠는가? 즉 난하 패수설 역시 사서에 기록된 조건을 제대로 충족시키지 못하고 있다는 말인 것이다.

지금까지 재야사학에서 해왔던 패수 학술대회는 발해만으로 흘러가는 여러 물길 중에서 《수경주》의 설명과 가장 비슷한 강을 찾는 패수 선발대회였다.

또 어떤 발표자들은 패수는 시대에 따라 이동되어 여러 강이 있었으며 일반명사라는 한심한 주장까지 했는데, 이는 아무런 근거도 없는 낭설일 뿐이다.
그러다 보니 지리비정의 전후좌우가 안 맞아
엉터리 식민사학계로 부터 유사사학(類似史學)이라는 멸시와 조롱을 받고 있는데, 이런 식민사학의 행위야말로 X 묻은 개가 겨 묻은 개 나무라는 격이 아닐 수 없다.
이렇듯 예나 지금이나 강단, 재야사학을 불문하고 학자들마다 패수의 위치를 제멋대로 비정해 우리의 고대사 강역을 잘못 해석해왔던 것이 사실이다.

(2) 패수는 어느 강인가?

한사군의 핵심 낙랑군의 위치는 패수를 찾으면 저절로 해결되는데, 반도사관에 입각한 강단사학계의 한반도 패수설과 재야사학의 난하 패수설 중 어느 이론이 맞는 건지, 아니면 둘 다 오류인지 여부를 알아보도록 하겠다.

1) 溴水(추수) = 湨水(격수) = 浿水(패수)

《수경주》에 위만이 망명하면서 건넌 강이라고 기록된 패수가
《삼국지 위서 동이》[121]권30 집해에는
"한나라에서 노관을 연왕으로 삼았다. 조선과 연(燕)은 추수(溴水)를 경계로 삼았다. 노관이 배반하고 흉노로 갔다. 연나라 사람 위만이 호복을 입고 동쪽으로 추수(溴水)를 건너 망명을 했다."라는 기록이 있어 패수 = 추수임을 알수 있다.
참고로 溴水는 출간본에 따라 격수(湨水)라고도 되어 있다.
그렇다면 패수/추수/격수는 다 같은 강인지?
또 그 위치는 어디인지를 밝히기 위해 관련 기록들을 보기로 하겠다.

《대원대일통지》[122]에 "추하는 제원현에 있고 3곳에서 발원한다.
첫째는 원성의 서북 종산 훈장곡에서 발원하는데 사람들이 백간수라 부른다.
춘추에서 말하는 제후가 모인 추량이 여기다.
둘째 발원지는 제원현 서쪽 20리 곡양성 서남산이다.
세째 발원지는 양성 남쪽 지현 서남의 관교촌 북에서 출발한다.
동으로 흘러 지현의 롱수와 합한다.

---

121) 漢以盧綰燕王 朝鮮與燕界於溴水 及反入匈奴 燕人衛滿亡命胡服東渡水
122) 《玄覽堂叢書續集 第三十冊, 大元大一統志卷第一百二十二》溴河在濟源縣, 其源有三其一源出自原城西北琮山訓掌谷口俗呼爲白澗水, 春秋會諸侯于溴梁卽此一源出縣西二十里曲陽城西南山一源出陽城南溪至縣西南官橋村北出焉 東流至縣東與洭水合又東流去縣十里至皮城村入河陽界東入于河

또 동으로 흘러 10리를 가면 피성촌에 들어가 하양의 경계에서 황하로 들어간다."라
는 기록이 있다.

《명일통지》123)에 "원산은 하남 제원현 서북 삼십리에 있다. 지금은 종산이라 부르
는데 추수(溴水)가 나오는 곳이다. 상련자가 망산이라 한다.
롱수가 여기서 나온다."라는 기록이 있고,

《중국 고대지명대사전》에는 "추수(溴水)는 제원현(하남)에 있다.
물의 근원이 세 군데 있는데, 동남류해 롱수(瀧水)와 합해져 동남으로 흘러 온현에
서황하로 흘러 들어가는 강이다."라고 설명하고 있다. 추수는 지금도 추하(溴
河)라는 이름으로 현대 지도와 중국 군사지도에 그대로 남아있다.
이 추수의 물 흐름은 앞에서 언급한《수경》에서의 패수의 물 흐름과도 정확히 일치하
고 있다.

위 기록들에 언급된 溴水(추수)는 본(本)에 따라 湨水(격수)로도 기록되어 있다.
두 글자의 발음은 溴(xiù)와 湨(jú)로 서로 다르나,
글자 모양이 너무 흡사하다보니 혼용되어 사용되었을 것이다.
《중국 고대지명대사전》의 湨梁(격량) 124)에 대한 설명도
서로 혼용되어 사용되었다고 한다.
두 글자에 대한《강희자전》125)에도 원래는 격(湨)수가 원본이었는데,
글자가 아주 비슷한 추(溴)수가 나중에 혼용되었다고 설명하고 있다.

---

123) (明一統志) 原山:在河南済源县西北三十里，今名琼山，溴水所出，相连者为莽山，泷水出焉。
124) 湨梁 : 梁，水堤也，即今河南济源县湨水，《尔雅释地》梁莫大于湨梁，《左传襄公十六年》"分会诸侯于湨梁，"按石经宋本岳本作湨，今本作溴，阮元校勘记，湨声与溴场迥别，陆氏公羊音义云，湨本又作溴，今公羊亦作溴。(격량 : 량은 제방으로 즉 현 하남성 제원현 격수이다. <이아역지> 제방이 격량보다 크다 <좌전양공16년> 많은 제후들이 추량에서 분회를 가졌다. '석경송본악본'에 의하면 격자가 현재본에는 추로 되어 있다. '완원교감기'에 격과 추 소리는 구별에 거리가 있음에도 '육씨공양음이'에 이르길 격본이 추로 되었고 지금 본은 격으로 되어 있다.
125) 湨 jú 【廣韻】【正韻】古闃切 【集韻】【韻會】扃闃切，𠀤音狊。水名。【春秋·襄十六年】會于湨梁. 【註】湨水出河內軹縣。
  溴 xiù 【玉篇】尺又切，音臭。水氣也。

조선왕조 후기에 역사가인 안정복이 쓴 《순암복부고3》126)에서는
"浿자에서 溴가 만들어졌다.
《성경통지》에서는 모두 溴자로 되어 있다.
《한사 조선전》에도 패자로 일컬은 것이 수십 개밖에 안 되어 모두 패자로 하였음에 의심이 없다. 溴수 역시 물길의 이름이며 춘추시대에 溴梁에서 제후회의가 열렸으며 추수는 河內에서 출원하여 바다로 들어간다.
溴와 浿자는 스스로 구분이 된다. 대개 패수와 추수는 다른 글자로 알려져 있으나, 한나라부터 명나라 시대까지 지리적 연원으로 浿水와 溴水 공히 河內에서 출원하여 海로 들어간다고 되어있다. 따라서 패수가 추수로서 동남쪽으로 흐르는 수계로 봄이 타당하다."라고 하여 浿水 = 溴水라는 자신의 견해를 피력했다.

2) 《수경주》의 격수와 패수

역도원의 《수경주(水經注)》는
河水(하수=황하)와 淮水(회수)와 江水(장강=양자강)의 본류와 그 지류의 물길에 대해 설명해 놓은 책이다.
권1~권5까지 가 하수 본류에 대한 설명이고, 이후 권6~권29까지는 하수지류에 대한 설명이다.
패수가 《수경주(水經注)》권14에 언급되어있음에도 불구하고, 황하와 아무 상관 없는 북경이나 난하 또는 한반도로 비정하는 행위야말로 넌센스로 그 책을 읽은 적이 없다는 고백이나 마찬가지이다.
권6부터는 황하의 지류인 분하부터 설명하며 상류부터 하류순으로 편집되어 있는데, 浿水는 권14에 등장하고 溴水는 권7 제수(濟水) 127)편에서찾을 수 있다.

126) (順菴覆瓿稿3) 浿字之作溴, 前日丈席下書有云, 蓋盛京通志皆作溴, 故恐失照察而然也. 史漢朝鮮傳稱浿者不啻數十, 而皆作浿字, 則爲浿字無疑矣. 溴字亦水稱, 春秋有溴梁, 註溴水出河內入河, 此與浿字自別矣. 浿水說前日稟正于丈席, 有卽可之教,在鄙撰地理考中, 執事相或入覽矣.

127) 其一水，枝津南流，注於溴。溴水出原城西北原山勋掌谷，俗谓之为白涧水。南迳原城西。《春秋》会于溴梁，谓是水之坟梁也。《尔雅》曰：梁莫大於溴梁。梁，水堤也。溴水又东南，迳阳城东，与南源合。水出阳城南溪，阳亦樊也，一曰阳樊。《国语》曰：王以阳樊赐晋，阳人不服，文公围之。仓葛曰，阳有夏、商之嗣典，樊仲之官守焉，君而残之，无乃不可乎？公乃出阳人。《春秋》，樊氏畔，惠王使虢公伐樊，执仲皮归于京师。即此城也，其水东北流，与漫流水合。水出轵矣南，东北流，又北注于溴，谓之漫流口。溴水又东合北水，乱流东南，左会济水枝渠。溴水又东迳钟繇坞北，世谓之钟公垒。又东南，涂沟水注之，水出轵县西南山下。北流，东转，入轵县故城中，又屈而北流，出轵郭。汉文帝元年，封薄昭为侯国也。又东北流，注于溴。溴水又东北，迳波县故城北，汉高帝封公上不害为侯国。溴水

권7 초입에 기록된 연(沇)수 = 湨水가 바로 湨水 = 淇水로
산서성 남단 왕옥산 밑에서 발원해 동류해 황하와 심수 사이에 있는 제원(濟源)현
을 지나 온(溫)현에서 황하로 들어가는 강으로, 바로 이 지역이 《한서 지리지》와
《위서 지형지》의 하내군(무덕군 포함) 지역이었던 것이다.

권14는 모두 우리 고대사와 관련 있는 물길들이라 그런지 정확한 위치 파악이 안 되
도록 상, 하류의 순서 없이 의도적으로 14권에 따로 모아놓은 것이다.

《산해경(山海經)》의 산경 남산2경128)에
"동쪽 5백리에 성산이 있고, 그 동쪽 5백리에 회계산이 있는데 작수가 나와 남쪽으
로 흘러 격(추)으로 들어간 다. 역시 동쪽 5백 리에 이산이 있는데 격(추)수가 나
오는 곳이다."라는 문구가 있다. 그 湨(漠)에 곽박(郭璞)이 '一作 淇'라는 주석을
달았다. 즉 湨水(漠水) = 淇水라는 말이었다.
아울러 옆 문구에 사용된 貝+鳥 = 鵙와 昊+鳥 = 鵙 자가 모두 때까치 격이며
'강희자전'의 조식의 악조론129)과 '오음집운'을 인용해 음은 다르나
뜻은 같은 자이며 조개 貝가 붙은 鵙가 원래 글자(本字)라고 설명130)되어있다.

又东南流，天浆涧水注之。水出轵南睾，向城北。城在睾上，俗谓之韩王城，非也。京相璠曰：或云，今河内轵西有地名向。今无。杜元凯《春秋释地》亦言是矣。盖相袭之向，故不得以地名而无城也。阚骃《十三州志》曰，轵县南山西曲，有故向城，即周向国也。《传》曰：向姜不安于莒而归者矣。汲郡《竹书纪年》曰：郑侯使韩辰归晋阳及向。二月，城阳、向，更名阳为河雍，向为高平。即是城也。其水有二源俱导，各出一溪，东北流，合为一川，名曰天浆溪。又东北迳一故城，俗谓之冶城。水亦曰冶水。又东流注于湨。湨水又东南流，右会同水，水出南原下，东北流，迳白骑坞南，坞在原上，据二溪之会，北带深隍，三面岨崄，惟西版筑而已。东北流，迳安国城西，又东北，注湨水。湨水东南，迳安国城东，又南，迳无辟邑西，世谓之无比城，亦曰马髀城，皆非也。朝廷以居废太子，谓之河阳庶人。湨水又南注于河。东至温县西北为济水。又东过其县北。

128) <山经·南山经> 又东五百里曰**成山(성산)**。四方而三坛，其上多金玉，其下多青䨼，閡水出焉，而南流注于虖勺，其中多黄金。又东五百里曰**会稽之山(회계산)**，四方。其上多金玉，其下多砆石。勺水出焉，而南流注于**湨**。又东五百里曰夷山。无草木，多沙石，湨水出焉，而南流注于列涂。
129) 《曹植·恶鸟论》鵙聲嗅嗅，故以名之。感陰而動，殘害之鳥也。互詳鵙字註。
130) 鵙《唐韻》《正韻》古闃切《集韻》局闃切，**音昊。鵙本字**。《說文》伯勞也。又《五音集韻》弃役切，音。義同

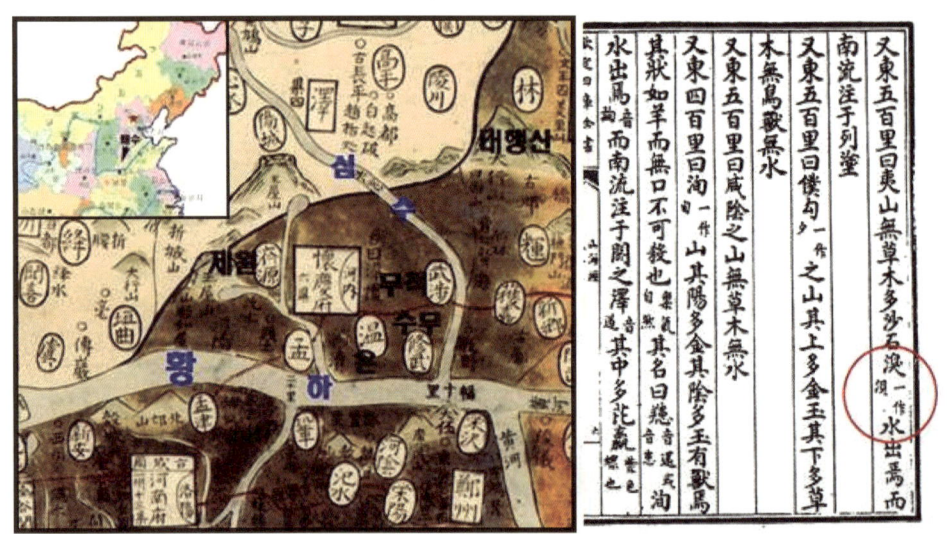

〈대청광여도의 금사지리지 지명들〉 〈산해경 곽박의 㵎水=浿水〉

3) 패수 위치가 기록된 사서들

앞에서 언급한 《수경》과 《한서 지리지》 외에, 패수의 위치가 기록된 다른 사서로는 북위의 역사서인 《위서(魏書) 지형지》와 금나라의 역사서인 《금사 (金史) 지리지》 권 5가 있는데, 회주에는 하내(河內)군과 하내에서 분리된 무덕(武德)군이 속하는데 이 중 무덕군에 패수가 포함되어 있음을 알 수 있다.

①《위서》권106상 지형지2상[131]

---

131) 『魏書』卷106上 地形志2上 (怀州) 天安二年置，太和十八年罢，天平初复。领郡二县八 户二万一千七百四十 口九万八千三百一十五
(河內郡) 汉高帝置。领县四 户九千九百五 口四万二千六百一 野王二汉、晋属，州、郡治。有太行山、华岳神。沁水二汉、晋属，治沁城。有沁水，济水。河阳二汉、晋属，后罢，孝昌中复。轵后汉、晋属，治轵城。有轵关。
(武德郡) 天平初分河内置。领县四 户一万一千八百三十五 口五万五千七百一十四。平皋二汉、晋属河内。有平皋陂、平皋城、安昌城。温二汉、晋属河内。有温、<u>浿水</u>。怀二汉、晋属河内。有长陵城、怀城。州二汉、晋属河内。有雍城、中都城、金城。

(회주) 천안 2년(467) 설치했고, 태화 18년(494) 폐했다가 천평 초(534~7)에 복원되었다. 2개 속군에 8개 속현이 있고, 가구는 21,740호에 인구는 98,315명이다.
(하내군) 한나라 고조 때 설치. 4개 속현에 가구는 9,905호이고 인구는 42,601명이다. 한, 진나라에 속했고 주와 군의 치소인 야왕현에 태행산과 화악산이 있다.
한, 진나라에 속했고 심성이 치소인 심수현에 심수와 제수가 있다.
하양현은 한, 진나라에 속했고 폐했다가 중흥(525~8) 때 복구했다.
후한과 진에 속했고 적성이 치소인 적현에는 적관이 있다.

(무덕군) 천평 초(534~7)에 하내군에서 분리되었다. 4개 속현에 가구는 11,835호에 인구 55,714명이다. 한, 진나라의 하내군에 속했던 평고현에 평고피, 평고성, 안창성이 있다. 한, 진나라의 하내군에 속했던 온현에 온과 패수가 있다.
한, 진나라의 하내군에 속했던 회현에 장능성과 회성이 있다. 한, 진나라의 하내군에 속했던 주에는 옹성과 중도성과 금성이 있다.

② 《금사》권26 지제7 지리 하
"회주(懷州) 132)는 송나라가 하내군을 방어했다. 86,756호에 4개 속현과
6개 속진이 있다. 하내기에 태행단층이 있는 태행산, 황하, 심수, 패수가 있고,
무덕, 백향, 만선, 청화의 4진이 있다. 수무(修武)현에 탁록성이 있고 승은진이
하나 있다. 산양현은 흥정 4년(1220) 수무현 중천촌을 산양현으로 하여 휘주에
예속시켰다. 무척현에 태행산, 천문산, 황하, 심수가 있고, 송곽진이 하나 있다."

위 《금사 지리지》에 언급된 회주에 속한 현들은 《한서 지리지》의 예주에 속한
하내군(河內郡) 133)과 《위서 지형지》 회주에 속한 하내군과

---

132) 『金史』卷二十六 志第七 地理下 (懷州, 上), 宋河內郡防禦。户八万六千七百五十六。縣四、鎮六: 河內倚。有太行陘、太行山、黃河、沁水、淇水。鎮四武德、柏鄉、萬善、清化。修武有濁鹿城。鎮一承恩。山陽興定四年以修武縣重泉村為山陽縣, 隸輝州。武陟有太行山、天門山、黃河、沁水。鎮一宋郭。
133) 河內郡(하내군), 高帝元年為殷國, 二年更名。莽曰後隊, 屬司隷。户二十四萬一千二百四十六, 口百六十七萬七千九十七。縣十八: 懷(회), 有工官。莽曰河內。汲(급), 武德(무덕), 波, 山陽(산양), 東太行山在西北。河陽(하양), 莽曰河亭。

무덕군조에도 같이 포함되어있다. 《한서 지리지》에 유주의 낙랑군에 속했던 패수는
《위서 지형지》에는 534년경에 하내군에서 분할된 무덕군에 있고,
《금사 지리지》에는 회주의 하내의 현에 속했다고 기록되어 있다.
무덕군은 《한서 지리지》에서 하내군에 속했던 무덕현이 승격된 것이다.

여러 사서에 패수와 같은 군에 속했던 현들을 정리해보면 패수는 하내군 지역인
북부 하남성에 특히 온현과 아주 가깝다는 사실을 추출할 수 있다.
따라서 북부 하남성에서 《수경주》[134]에서 설명한 패수의 물길을 가진 강을
찾으면 정답이 나온다. 지금도 패수는 추하(溴河)라는 이름으로 하남성 제원시를
흐르고 있다. 이런 패수가 어찌 한반도나 하북성 난하 부근에 있을 수 있단 말인가!

식민사학이나 재야사학의 비정이 둘 다 잘못이기는 매한가지로
오십보 백보라 할 수있다.
식민사학계가 장님이라면
재야사학은 애꾸눈이다.
아무도 지금까지 《위서 지형지》와 《금사 지리지》를 읽어보지도 않고 임의대로 지명
비정을 해왔다.

**지금까지도 재야사학자들은 자기 학설의 잘못도 모르면서
식민사학계의 오류를 질타하며, 그들로부터 역사 권력이나 빼앗으려고 혈안이
되어있다.
지금까지 재야사학계나 식민사학계 모두,
우리 민족의 고향인 중원 땅을 코도 풀지 않고 그대로 중국에게 넘겨주고 말
았으니 이 어찌 땅을 치고 통곡 할 일이 아니겠는가!**

州 , 共 , 故國。 北山 , 淇水所出 , 東至黎陽入河。 平皐(평고) , 朝歌(조가) , 紂所
都。 周武王弟康叔所封 , 更名衛。 莽曰雅歌。 **脩武(수무) , 溫(온)** , 故國 , 己姓 , 蘇
忿生所封也。 壄王 , 太行山(태행산)在西北。 衛元君爲秦所奪 , 自濮陽徙此。 莽曰
平野。 獲嘉 , 故汲之新中鄕 , 武帝行過更名也。 軹 , **沁水(심수)** , 隆慮 , 國水東北
至信成入張甲河 , 過郡三 , 行千八百四十里。 有鐵官。 蕩陰。 蕩水東至內黃澤。 西
山 , 羑水所出 , 亦至內黃入蕩。 有羑里城 , 西伯所拘也。

134) "패수는 낙랑(樂浪)군 루방(鏤方)현에서 나와 동남쪽으로 임패(臨浿)현을 지나
동쪽으로 해(海)로 들어간다. 허신이 전하기를 패수는 루방에서 나와 동쪽으로
해로 들어간다. 일설에는 패수현에서 나온다. '십상주지'에서 말하기를 패수현은
낙랑의 동북쪽에 있고 루방현은 낙랑군의 동쪽에 있다. 그 현에서 나와 남쪽으
로 루방을 지나간다"

사서	주	군	주요 지명
한서지리지	유주	낙랑군	**패수,** 조선, 수성, 대방, 열수
한서지리지	예주	하내군	회, 무덕, 산양, 하양, 수무, 온, 심수, 태행산
위서지형지	회주	하내군	야왕, 심수, 하양, 태행산, 적
위서지형지	회주	무덕군	**패수,** 온, 회성
수서지리지	회주	하내군	하내, 온, 제원, 하양, 왕옥, 신향, 수무
구당서	하북도	회주	하내, 온, 하양, 태행, 무덕, 수무, 무척
금사지리지	회주		**패수,** 태행산, 황하, 심수, 수무, 휘주, 무척

〈중국 사서들에 기록된 하내군과 패수의 관계〉

4) 낙랑군에 있는 갈석산 위치

패수는 갈석산과 가깝게 위치해야 한다. 이유는《한서 지리지》에
패수와 수성현이 같은 낙랑군에 속하는데,《사기 색은》에 "태강지지에 낙랑군
수성현에 갈석산이 있는데 장성이 시작되는 곳."이라는 문구가 있기 때문이다.

① 갈석산 관련 기록들
《한서 지리지》에도 갈석산[135]의 위치가 다음과 같이 언급 되어있다. "견산 및 기산
길은 형산까지 이어져 유에서 황하로 들어가고, 호구와 뇌수를 지나 대악까지 이어
지고, 지주와 석성을 지나 왕옥산까지 이어지고, 태행과 항산을 지나 갈석까지 이어
졌다가 海로 들어간다."

---

135) 道汧及岐, 至于荊山, 師古曰:「自此以下, 更說所治山水首尾之次也。治山通
水, 故舉山言之。汧山在汧縣西。道讀曰導。後皆類此。汧音苦堅反。」 逾于河;
師古曰:「即梁山龍門。」 壺口、雷首, 至于大嶽; 師古曰:「自壺口、雷首而至大
嶽也。雷首在河東蒲阪南。大嶽即所謂嶽陽者。」 底柱、析城, 至于王屋; 師古
曰:「底柱在陝縣東北, 山在河中, 形若柱也。析城山在濩澤西南。王屋山在垣縣
東北。」 太行、恒山, 至于碣石, 入于海。師古曰:「太行山在河內山陽西北。恒
山在上曲陽西北。言二山連延, 東北接碣石而入于海。行音胡郎反。」

갈석산에 이르기까지 열거된 지명들의 위치에 대해 안사고가 다음과 같은 주를 달 았다. "유는 양산 용문이며, 뇌수는 하동군 포판현 남쪽, 지주는 섬현 동북쪽, 석 성산은 호택 서남쪽, 왕옥산은 원현 동북쪽, 태행산은 하내군 산양현 서북쪽, 항산 은 상군 곡양현 서북쪽이다." 그런데 놀랍게도 대부분이《대청광여도》에 산서성 남 단 황하변에 그려져 있는 지명들이다. "

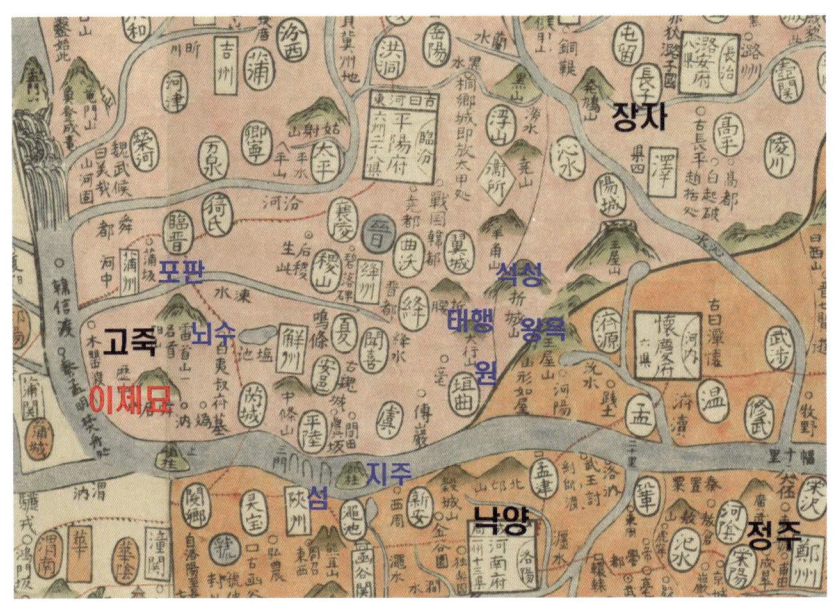

〈대청광여도에 그려진 한서 지리지의 갈석산 설명〉

또한《중국 고대지명대사전》136)에서 정리한 갈석산 관련 기록은 다음과 같다.

136) 《书禹贡》夹右竟石入于河,《孔传》"碣石,海畔山。"其所在古今传说不一, (甲)《汉书武帝纪注》"文颖曰,碣石在辽西垒县", 郭璞注《水经注》"谓在临榆南水 中, 盖因垒县后汉省入盐榆, 即文颖之说也, 水经溧水注云, 碣石沦于海中", 濡 水注又云, 濡水东南至垒县碣石山, 今海有石如甬道数十里, 当山顶有大石如柱 形, 世名之曰天桥术, 韦昭以为喝石, 明一统志则曰在昌黎西北五十里, 府志又以 为即今县北十里之仙人台, 皆言在是黎境, 而又各不同, (乙)《汉书地理志》"右北 平骊城县, 大揭石山在西南。"骊城,《禹贡锥指》骊城之山称大碣石必有小碣石 在, 盖即垒县海帝之石矣, (丙)《后汉书郡国志》"常山九门县, 碣石山, 战国策云 在县界,"《书疏》郑云, 战国策碣石在今九门县, 今属常山郡, 盖别有碣石与此名 同。(丁)《史记正义》"碣石,在幽州蓟县西三十五里,"(戊)《史记索隐》"太康 地志, 乐浪遂城县有碣石, 长城所起。"(已)《北齐书文宣帝纪》天保四年, 大破 契丹于青山, 道至营州, 登碣石山,《唐书地理志》"营州柳城县有碣石山,"(庚) 《隋书地理志》"北平卢龙县有碣石"。《括地志》通曲通考诸说相同,《清一统志》云 "卢龙南不滨海, 今县志亦无此"。(辛)《肇域志》"山东海丰县马谷山, 即大碣石。"

《우공》에 전하기를 "(갈석산은) 우측 끝의 돌을 끼고 황하로 들어간다."
《공전》에 전하기를 "갈석은 해반산이라고 한다."
(갑) 《한서 무제기》 주석에 "문영이 말하길 갈석은 요서군 루현에 있다."
《수경주》에 전하기를 "(요서군의) 임유 남쪽 물 가운데 있다." 또한
《수경주》 유수의 주에 전하기를 "유수는 동남쪽으로 루현 갈석산까지 흐른다."
《명일통지》에는 창려 서북 50리에 있다고 한다.
(을) 《한서 지리지》 "우북평군 려성현은 대게석산 서남에 있다."
《우공추 지》 "려성의 산을 대갈석산으로 칭했다는 것은 소갈석산이 필히 있단 말이다."
(병) 《후한서 군국지》 "갈석산은 상산군 구문현에 있다."
(정) 《사기 정의》 "갈석은 유주 계현 서쪽 35리에 있다."
(무) 《사기 색은》 "태강지지에 낙랑군 수성현에 갈석이 있는데 장성이 시작 되는 곳이다"
(기) 《당서 지리지》 "영주 유성현에 갈석산이 있다."
(경) 《수서 지리지》 "북평군 노룡현에 갈석이 있다."
(신) 《조역지》 "산동성 해풍현 마곡산이 대갈석이다."

위 기록들 중 (갑), (을), (병), (무), (경)에 언급되었듯이, 갈석산은 요서군의 루현과 임유현, 북평군의 려성현과 노룡현, 낙랑군 수성현, 영주의 유성현에 있다고 했는데 그 이유는 갈석산이 여러 군에 걸쳐있는 큰 산이었기 때문이다.
마치 우리나 라에서 전남·북과 경남에 걸쳐있는 지리산처럼 말이다.
요서군, 우북평, 낙랑군, 영주 모두가 유주에 속하기에, 갈석산은 당연히 요서군을 상징하는 백이, 숙제의 무덤이 있는 산서성 남부나 낙랑군에 속하는 패수가 있는 북부 하남성 부근에서 찾아야 할 것이다.

② 이병도의 황해도 수안 갈석산설
청천강을 패수로 비정한 식민사학자 이병도는 《사기 색인》 주석에 따라
황해도 수안을 장성이 시작되는 낙랑군 수성현으로 비정했다. 그런데
그의 '한국고대사연구 낙랑군고' [137]에서 언급했듯이 황해도 수안을 낙랑군

刘文伟亦以马谷山在古九河这下 , 合于禹贡入海之文 , 断为碣石 , 海丰 ,
[137] "수성(遂城)현 …자세하지 아니하나, 지금 황해도 북단에 있는 수안(遂安)에 비정하고 싶다. 수안에는 (신증동국여지)승람 산천조에 요동(遼東)산이란 산명이

수성현으로 본 이유는 수(遂)자가 같기 때문이지 다른 이유가 없다.

그래도 일말의 학자적 양심은 있었는지 '자세하지 아니하나' '맹랑한 설이지만' '터무니없는 말이지만' 등의 수식어를 썼는데, 이는 한마디로 수성현은 수안이 아니라는 고백이나 마찬가지이다.

게다가 더 기막힌 것은 《승람》의 수안군조의 역사 연혁에 "고구리의 장색현이었다가 신라때 서암군의 속현이 되었으며, 고려 초기에 수산(遂山)으로 고쳤다."라고 하여 고려 이전에는 아예 遂자가 없던 지명이며, 그곳은 중국의 산이 아니라 우리 민족의 강역이었던 것이다. 이렇듯 아무렇게나 비정된 지명들이 대한민국 강단사학계의 정설로 되어버린 현실이 참으로 안타깝고 한심하다 하겠다.

황해도 수안 갈석산 비정은 그 부근이 낙랑군이라는 말이다. 그렇다면 황해도 부근에 요서군과 우북평군이 있어야 함에도 강단사학계는 서만주 요하 서쪽을 요서군이라고 주장하고 있다. 그렇다면 갈석산이 황해도에서 요하 서쪽에 이르는 한반도보다 더 큰 크기라는 말인데, 이게 과연 이치에 맞는 논리인지? 또 북평군은 북경 주변이라고 했는데, 그렇다면 도대체 갈석산이 고무줄 늘어나듯 한없이 늘어나기라도 했단 말인가! 도대체 상식적으로 이해되지 않는 학설이다.

중국 사서에 진시황, 한 무제, 위 무제(조조), 수 양제, 당 태종 등 역사상 유명한 9명의 황제가 갈석산에 올랐다는 기록이 있는데, 이를 이병도의 지리 비정에 대입해보면 이상한 결과가 나타난다. 그의 비정대로라면 황해도 갈석산 북쪽에 평양성과 패수가 있고, 훨씬 서북쪽 요녕성에 안시성이 있게 된다.

수 양제의 30만 선봉대가 평양성까지 왔다가 후퇴하면서 살수(청천강)에서 거의

보이고, 관방조(關防條)에 후대 소축(所築)의 성이지만 방원진(防垣鎭)의 동서행성의 석성(石城)이 있고, 또 진서지리지(晉志)의 이 수성현조에는 -맹랑한 설이지만- '진대장성지소기(秦代長城之所起)'라는 기재도 있다. 이 진장성설은 터무니없는 말이지만 아마 당시에도 요동산이란 명칭과 어떠한 장성지(長城址)가 있어서 그러한 부회가 생긴 것이 아닌가 생각된다. 그릇된 기사에도 어떠한 꼬투리가 있는 까닭이다."

전멸을 당했고, 당 태종은 평양성보다 훨씬 북쪽인 서만주 안시성에서 양만춘 장군에게 눈에 화살을 맞고 후퇴했다면, 그런 상태로 당시 수양제와 당 태종이 어떻게 평양성 남쪽에 있는 황해도 갈석산에 오를 수 있단 말인가!
당시 헬리콥터라도 있었단 말인가?

〈이병도가 비정한 갈석산이 있는 황해도 수안은 평양성 후방이다.〉

또한 조조가 갈석산에 올라가 지었다는 시라는
관창해(觀滄海)에 대해 《바이두백과》138)에서는
"관창해라는 제목은 후세사람이 붙인 것이고, 원래는 '보출하문행'의 제1장으로 혹은 '롱서행'이라고도 하며 한락부 중 '상여가·금주곡'에 속한다.
하문은 원래 낙양 북면 서쪽머리의 성문이며, 한나라 때는 하문으로 칭했으며
위·진 때는 대하문이라 칭했다. 조조는 이 작품을 '송서· 락지'의 '대곡'에 넣어
제목을 '갈석보출하문행'이라 지었다. 이 시는 건안 12년(207) 북쪽 오환(烏桓)을
정벌하고 승리를 얻어 돌아오는 도중에 지었다."라고 설명하고 있다.

---

138) 《观沧海》是后人加的，原是《步出夏门行》的第一章。《步出夏门行》, 又名《陇西行》, 属汉乐府中《相如歌·瑟调曲》。夏门原是洛阳北面西头的城门, 汉代称夏门, 魏晋称大夏门。古辞仅存"市朝人易, 千岁墓平"二句（见《文选》李善注）。《乐府诗集》另录古辞"邪径过空庐"一篇写升仙得道之事。曹操此篇,《宋书· 乐志》归入《大曲》, 题作《碣石步出夏门行》。从诗的内容看, 与题意了无关系, 可见, 只是借古题写时事罢了。诗开头有"艳"辞（序曲）, 下分《观沧海》、《冬十月》、《土不同》、《龟虽寿》四解（章）。当作于公元207年（建安十二年）北征乌桓得胜回师途中。

즉 간단히 말해 조조가 낙양에서 걸어가 갈석산에 올라서 관창해라는 시를 지었다는 것이다. 하남성 낙양에서 걸어갈 정도로 가까운 곳에 있어야 할 갈석산이 수천 리 떨어진 하북성 진황도나 황해도 수안에 어떻게 있을수 있단 말인가? 이것만 봐도 황해도 수안 갈석산과 하북성 진황도 갈석산은 한마디로 잘못 비정된 것이 분명하다.

<가짜 갈석산에 새겨진 조조의 관창해>

또한 현재 하북성 진황도시 창려현에 있는 695m 높이의 갈석산은 장성의 기점도 아니고 장성이 지나가지도 않는데, 이는 "낙랑군 수성현에 장성의 기소인 갈석산이 있다."라는《사기 색은》139) 기록에 위배되는 것이다. 또한 그 가짜 갈석산 정상에서는 바다가 보이지 않는다. 이는 조조가 갈석산에 올라가 푸른 海를 바라보며 지었다는 관창해140) 의 설명과도 맞지 않는다.
필자는 갈석산을 지금의 산서성 남단 황하변에 있는 산으로 비정한다.

---

139)《史记索隐》"太康地志 , 乐浪遂城县有碣石 , 长城所起。"
140) 동쪽으로 와서 갈석에서 푸른 바다를 바라보네. 물은 어찌 저리 담담하고 산과 섬은 우뚝 솟아있도다. 수목이 울창하고 백초가 무성하게 우거져 있구나. 가을바람 소슬하니 큰 물결이 이는구나. 달과 해의 운행도 그 속에서 나오고 은하수의 찬란함도 그 속에서 이는 듯하네. 다행히 내가 보아 그 뜻을 노래하노라. (원문) 东临碣石 以观沧海　水何澹澹　山岛竦峙　树木丛生　百草丰茂　秋风萧瑟　洪波涌起　日月之行　若出其中　星汉灿烂　若出其里　幸甚至哉　歌以咏志

식민사학자 이병도가 비정한 청천강 패수설과 황해도 수안의 갈석산 비정은 결국 평안도 일대가 한사군의 핵심인 낙랑군 지역이라는 조선총독부의 지침 때문이었겠지만, **더 큰 문제는 중국이 그의 학설을 동북공정에 이용하고 있다는 점이다.**

또한 2012년에 작성된 미국의회보고서(CRS)에
한국의 동북아역사재단이 보낸 'B.C 196년 고조선과 중국의 충돌' 이라는 지도에는 한나라와 조선의 경계선인 패수를 압록 강에 표기하고,
한사군의 위치도 조선총독부 때와 같이 평양 중심으로 그려져 있다.
한국의 제도권 사학계가 조선총독부의 주장이 옳았다고 전 세계에 알린 것이다.

〈산서 남부 갈석산이 역사왜곡을 위해 지명이동 되었다〉

또한 동북공정의 최종목적은
북한 정권이 정변으로 무너질 경우 무력으로 개입해 북한 땅을 중국의 동북 4성인 조선성으로 만들려는 것인데, 역시 이병도의 엉터리 학설에 확실한 역사적 근거를 두고 있다. 중국 입장에서는 고토수복 즉 옛 한나라 땅을 되찾는 것이라고 할 것이다.

④ 고무줄 만리장성의 원래 위치는?
중국의 상징이며 동북공정의 대명사이기도 한
만리장성은 인류 최대의 토목공사로 달에서도 보인다고 과장되어 있다.
서쪽 끝은 감숙성 자위관(嘉峪關)이고
동쪽 끝은 하북성 동단 진황도시 산해관(山海關)이라고 했었다.

그러다가 동북공정이 본격화되면서 동단이 압록강 하류에 있는 단동의 호산(虎山)장성으로 변했다가, 식민사학의 한반도 북부 낙랑군설로 인해 슬그머니 청천강까지 들어왔다가 계속 남하해《중국역사부도집》에는 황해도까지 그려져 있다.

최근 중국에서는 조선의 정조가 쌓은 수원 화성도
진장성의 일부라는 주장이 제기되고 있는데, 중요한 것은 이러한 그들의 주장이
이병도가 비정한 청천강 패수설과 황해도 수안의 갈석산설을 근거로 하고 있다는 점이다.

과거 일왕에게 충성을 바쳤던 이병도와 그 제자들인 박사, 교수들은
이제는 중국에게 엄청난 공헌을 하고 있다고 하겠다. 그러한 만리장성의 허구에
대해 밝힘으로써 조선과 고구리의 역사강역이 과연 어떠했는지 알아보기로 하겠다.

기원전 221년 39세인 진시황은 중국의 전국시대를 통일해 황제가 되었다가 11년간
재위하다 기원전 210년에 49세로 사망했다. 진시황이 장성을 쌓기 시작한 때는
불로초를 구하러 떠났던 노생이 기원전 214년에 돌아와
《천록비결(天籙秘決)》을 바치며 "도참설에 이르기를 진나라를 망하게 하는 자는 호입니다(亡秦者胡也)."라고 아뢰자, 진시황은 이 호를 북방 오랑캐인 흉노로 인식해
몽념 장군에게 장성의 보강을 명령했다.

이때부터 장성을 쌓다가,
4년 후 진시황이 죽자
차남 호해가 형을 죽이고 황제로 등극하는 바람에 장성축조가 중단되었다.
결과적으로 호는 바로 진시황의 차자 호해(胡亥)였다. 얼마 후 최초로 중국을
통일한 진나라가 망하고, 황우와 유방이 나타나 자웅을 겨루게 된다.
역사가 이와 같은데 4년 만에
서쪽 우루무치에서 동쪽으로 한반도 황해도까지 만 리가 넘는 장성을 과연 축조
할 수 있었을까?

〈중국이 이전에 주장했던 장성 및 늘어난 진장성 주장〉

중국 사료에 의하면 진시황 때 전국시대 연(燕)장성과 제(齊)장성을 증축, 보강했다고 기록되어 있다. 연장성에 대해서는 《사기 흉노열전》141) 에
"연의 장수 진개가 동호를 격파하니 동호가 천여 리를 물러났다. 연이 장성을 쌓으니 조양(상곡군)에서 양평(요동군)까지이다.
상곡, 어양, 우북평, 요서, 요동을 동호로부터 지켰다."라는 기록이 있는데, 한마디로 유주의 일부인 산서성 남부를 지켰다는 말이다.

《사기 몽염열전》142)에 "진나라가 천하를 병합한 뒤 몽염에게 30만 무리를 이끌고 북쪽 융적을 쫓아내게 해 하남(河南)143) 땅을 거두어들였다.
장성을 쌓기를 지형에 따라 험준한 곳의 요새도 제어할 수 있도록 했다.
임조부터 시작해 요동144)까지 이르렀는데, 전체 길이가 1만여 리에 달했다."라는

---

141) 『史記』卷一百十, 匈奴列傳第五十 (원문) 其後燕有賢將秦開, 爲質於胡, 胡甚信之. 歸而襲破走東胡, 東胡卻千餘里. 與荊軻刺秦王秦舞陽者, 開之孫也. 燕亦築長城, 自造陽至襄平. 置上谷.漁陽.右北平.遼西.遼東郡以拒胡.

142) 秦已幷天下, 乃使蒙恬將三十萬衆北逐戎·狄, 收河南. 【正義】謂靈·勝等州. 築長城, 因地形, 用制險塞, 起臨洮, 【集解】徐廣曰：「屬隴西.」 至遼東, 【正義】遼東郡在遼水東, 始皇築長城東至遼水, 西南至海(之上). 延裛萬餘里.

143) 【正義】謂靈·勝等州 (정의) 영주와 승주 등이다.

144) 【正義】遼東郡在遼水東, 始皇築長城東至遼水, 西南至海(之上).
　　(정의) 요동군은 요수 동쪽에 있다. 진시황이 동쪽으로 요수의 서남 해에 이르

기록이 있는데, 여기서의 하남(河南)은 황하 남쪽이 아니라 바로
황하북부 하남성즉 하내군을 의미하는 것이다.

진장성의 서쪽 임조와 동쪽 요동에 대해 알아보도록 하겠다.

① 서쪽 임조의 위치 : 임조는《사기 집해》145)에 서광이 "롱서에 속한다."
는 주석을 붙였으며,《바이두백과》의 역사연혁에 "진나라 때 적도현을 설치해 롱서
군의 치소로 했다. 서진 말기에 적도군의 치소로 했다. 당나라 때 적도군 임주, 송나
라 때 희주, 균이 적도군의 치소였다. 청나라 건륭제 때 주를 바꿨다.
중화민국 초기에 적도현으로 했고, 후에 임조로 바꿨다.
적도라고 한 이유는 이 땅에 적인들이 다니는 길이라는 데서 유래된 것이다.
1929년 적도현을 임조현으로 바꿨는데, 그 땅의 임조하에서 이름을 얻었다."라고
되어있어 롱서군 = 적도군(현) = 임조현임을 알 수 있다. 롱서는 바로 백이, 숙제가
굶어 죽은 수양산이 있는 하곡(河曲)지점으로 요서군의 땅이다.

또한 진장성의 서단(西端)인 롱서(陇西)에 대해《사기 정의》조대가주 유통부에
전하길 "백이, 숙제가 굶어 죽은 수양산은 롱서의 머리에 있다
(正義 曹大家注幽通賦云 : 夷齊餓於首陽山, 在隴西首)"는 기록과, 같은 책에
"롱서 수양현으로 지금의 롱서에 수양산이 있다. (隴西首陽縣是也。今隴西亦有 首
陽山)"는 기록이 있다.

수양산의 위치에 대해서는《사기 집해》에서 마융이 말하기를 "수양산은 하동 포판의
화산 북쪽에 있고, 황하가 꺾이는 곳에 있다. (集解馬融曰 : 首 陽山在河東蒲阪華山
之北, 河曲之中)"는 기록이 있는데, 하동(河東)은 산서성 남부이며 하곡(河曲)은
남류하던 황하가 동류하기 위해 꺾이는 지점이고, 영지(令支)현은 현 산서성
운성시의 서부 영제(永濟)시이다. 대청광여도(大淸廣輿圖)에는 하곡 지점 동쪽
에 뇌수산(雷首山 = 수양산)과 포판(浦阪)과
백이, 숙제의 묘(伯夷叔弟之墓)라는 글자까지 명확하게 기재되어 있다.

기까지 장성을 쌓았다.
145)【集解】徐廣曰「屬隴西.」至遼東

2008년 필자가 답사해 이제묘를 발견함으로써
지금까지 중국이 지명이동을 통한 역사왜곡이라는 만행을 저질러왔음이
백일하에 드러나게 되었다.

② 하남성 위휘현은 진장성의 동쪽
명나라는 만리장성의 역사를 왜곡하기 위해 현재의 진황도시 창려(昌黎)현에 가짜 갈석산을 만들고 장성이 시작한다는 산해관에 가짜 맹강녀묘(孟姜女廟)까지 조성했다. 명나라 만력 22년(1594)에 중수했으며, 1780년에 연암 박지원이 쓴 열하일기(熱河日記)에도 언급되어있다. 그런데 이곳 장성이야말로 허구의 극치라고 할 수 있다. 왜냐하면 장성의 기점이 낙랑군 수성현에 있는 갈석산으로 패수와 가까워야 하는데, 그 갈석산이 하남성 낙양에서 가까워야하고, 패수가 하남성 제원시를 흐르는 강이기 때문이다.
따라서 장성은 원래 산서성 남단이나 북부 하남성에 있어야 하고,
그 길이도 만 리가 아니라 1천 리가량 되었을 것이기 때문이다.

이를 입증해주는 증거가 있으니 바로 중국 4대 민화의 하나인 맹강녀 설화이다.
"섬서성이 원래 고향인 맹강녀는 강태공 고향인 하남성 위휘현에서 살다가
범희량(范喜良)과 결혼했다. 신혼 밤에 갑자기 병사들이 들이닥치더니 남편을 끌고 갔다. 장성 축조장으로 보내진 남편으로부터 소식이 끊기자 맹강녀는 추위에 떨며 굶주리고 있을 남편을 위해 솜옷을 정성껏 지어 남편을 찾아 나섰다.
장성 축조장에 도착해보니 남편은 이미 죽었고 시신은 장성 안에 묻혀있어 수습이 불가해 며칠간 대성통곡만 했다.
애절한 곡소리와 눈물에 하늘이 감동했는지 장성이 무너지면서 남편의 유골이 나타났다. 마침 그 자리를 지나던 진시황이 통곡하고 있는 맹강녀를 보더니만 그 미모에 반해 청혼하니 맹강녀는 "남편을 양지바른 곳에 묻어 주고 49제를 올리게 해준다면 탈상 후 그러겠다."라고 대답했다. 그러나 탈상 후 맹강녀는 큰바위(망부석) 위에 올라가 진시황 앞에서 그의 폭정을 규탄하면서 떨어져 죽었다."라는
부귀영화 대신 죽음으로 절개를 지킨 열녀 이야기이다.

<장성 왜곡을 위해 하남성 위휘현에서 하북성 진황도로 옮겨진 맹강녀묘>

그런데 이상한 점은 하남성 위휘현 사람을 데려다가
하북성 산해관 장성 축조장에 투입해야 할 정도로 그곳에 인부들이 없었을까 하는
점이다. 맹강녀가 하남성 위휘현 집에서 하북성 산해관까지 수천 리를 과연 혼자서
갈 수 있었을까? 또 진시황이 도성인 섬서성 함양에서 5천 리 이상이나 떨어진 산해
관 장성 축조장에 나타날 수 있었을까 하는 점이다.

이 장성이 바로 맹강녀곡(孟姜女哭) 장성인데 진장성의 동단으로 하북성 진황도가
아니라 하남성 위휘현에 있었던 장성이다.
지금도 위휘현에는 맹강녀하(河), 맹강녀로(路), 맹강녀교(橋)등 위휘현을 빛낸
열녀 맹강녀의 이름이 많이 사용되고 있다.
이렇듯 진시황 장성은 만 리가 아니라 서쪽 끝은 요서군인 롱서(수양산)에서부터
동쪽으로는 맹강녀곡장성 즉 하남성 위휘현을 지나는 장성으로
길이 약 천 리가량 되는 작은 장성이었던 것이다.

하북성 산해관에서 시작해 북경 북쪽을 지나 우루무치까지 연결된다는
지금의 가짜 만리장성은 서쪽을 향해 있는
산해관의 천하제일관(天下第一關)의 현판과 각산장성의 축성방법 및 봉화대 위치
와 화살구 방향 등을 고려해보면 진시황이 쌓은 장성이 아니라
오히려 동이족이 서토를 방어하기 위해 축성한 장성이었을 가능성이 더 크다고 본
다. 필자는 혹 고려의 천리장성이 아닌가 조심스럽게 추정해본다.

〈중국의 장성 왜곡지도. 장성이 고무줄처럼 늘어났다.〉

중국은 고대 한중간 경계였다는 만리장성 왜곡을 통해
중원의 지배자였던 동이족의 강역을 가짜 장성 밖으로 밀어냈다.
그것도 모자라 한, 중, 일 사학계는 산서성 남부에 있던 낙랑군을 한반도 북부까지
끌고 와버렸다. 이는 우리 민족의 강역인 중원을 모조리
중국에게 코도 안 풀고 내어준 꼴이 되어버렸다.
역사를 왜곡해서 우리의 강역을 빼앗아간 중국, 일본도 나쁘지만,
빼앗긴 줄도 모르고 회복하려는 마음조차 없는 한국의 식민사학계가
그야말로 더 나쁘고 한심하다 하겠다.

5) 백제 시국처 대방의 위치
소중화 조선왕조 사대모화주의에 의해 각색된《삼국사기》기록에
중국의 황제가 신라의 왕을 봉할 때는 '낙랑군공 신라왕(樂浪郡公新羅王)'이라
했고, 백제의 왕은 ' 대방군공 백제왕(帶方郡公百濟王)'으로 봉했다고 한다.
그 이유는 낙랑과 대방이 두 나라의 대명사로 시국처였기 때문이다.

《한서 지리지》에서 유주의 낙랑군에 속하는 대방에 대해
《브리태니커 백과사전》은
"대방군(帶方郡)은 옛 고조선 땅에 설치되었던 중국 군현의 하나로,
지금의 경기 북부 및 황해도 일원을 영역으로 했다. 이 지역은 고조선 멸망 후
한사군의 하나인 진번군이 설치되었다가 토착세력의 반발로 곧 폐지되어 낙랑군이
관할했으며 곧 낙랑의 남부도위로 개편되었다. 30년 무렵 남부도위도 폐지되고 토착
세력인 한(韓)·예(濊)의 성장으로 2세기후반 이후에는 사실상 낙랑군의 지배를
받지 않았다.
그러나 3세기 초 공손강이 새로 대방군을 설치함으로써 이 지역은 다시 중국 군현의
영역이 되었다. 대방군은 치소인 대방현 이외에 낙랑의 남부도위가 관할하던 진번 7
현을 관할했으며, 265년 서진의 성립과 함께 그 휘하에 들어갔다가 서진 멸망 후
점차 약화되어 낙랑군과 함께 고구리에 의해 멸망했다."라는 설명은
현재 강단사학계의 '400년 한반도 한사군' 이론과 거의 같다고 하겠다.
대방이 과연 그랬는지 상세히 살펴보기로 하겠다.

① 대방에 대한 국내기록
《삼국사기 백제본기》에 의하면,
주몽이 고구리 건국에 공헌을 한 소서노를 왕비로 삼았음에도
본처 예씨의 아들 유리가 오자 태자로 책봉했다. 이에 비류와 온조는 어머니 소서노를 모시고 패(浿), 대(帶) 두 강을 건너가 나라를 세웠다고 한다.
패, 대는 《한서 지리지》에서 유주의 낙랑군에 속하는 패수와 대수를 말하는데,
대수는 서쪽 대방에서 海로 들어가는 강이라고 설명되어 있다.

《삼국사기》와 《태백일사》에
공히 온조의 첫 도읍 위례성은
동쪽에는 높은 산(高岳)이 있고,
서쪽은 대해(大海)로 막혀있고
남쪽에는 기름진 들(沃澤)이 있으며
북쪽에는 한수(漢水)가 있다고 기록되어 있다.
바로 이곳이 대방의 땅일 가능성이 크다. 결론부터 말하자면,
고악은 태행(太行)산맥이요, 대해는 황하, 옥택은 운성(雲城) 분지의 땅, 한수는
분하(汾河)를 말하는 것으로 해석된다. 부근에 《삼국사기》에서 언급한 마수산(馬首山)과 염지(미추홀)까지 있어 더욱 확실해진다.

※ 온조가 세운 마수성의 위치

《삼국사기》에 "온조왕 8년 가을 7월, 마수성(馬首城)을 쌓고 병산책(瓶山柵)을 세우자 낙랑태수가 사람을 보내 강하게 나오자, 온조왕이 그렇다면 일전도 불사하겠다고 말해 낙랑과의 평화가 깨어졌다."라고 기록되어 있다. 먼저 이 낙랑은 앞뒤 문맥으로 봤을 때 한사군의 낙랑군이 아니라 우리 역사인 낙랑국이었다. 낙랑만 나오면 무조건 한사군으로 해석하는 무지한 행위는 이젠 그만두어야 할 것이다.

이러한 마수성은 과연 어디일까? 마수성은 마수산(馬首山)에 쌓은 성을 말하는데 그 위치가 밝혀지면 백제의 시국처가 어디인지 정확히 알 수 있을 것이다. 마수산은 《한서 지리지》에 요서군에 속하고 "마수산은 유성의 서남 쪽에 있다."라고 설명되어 있다. 《태백일사 고구리국본기》에는 "《자치통감》에서 말하기를

현토군은 유성과 노룡 사이에 있다. 《한서》의 마수산은 유성 의 서남쪽에 있다. 당나라 때 토성을 쌓았다."라는 기록이 있다.

노룡은 백이, 숙제의 묘가 있는 요서군의 비여(肥如)현을 말하는 것이고, 《중국 고대지명대사전》에서 마수산146)을 검색하면
"마수산은 산서성 신강현 서북 40리에 있고, 속명 말머리산으로 현 화염산이다."
라고 나타난다. 즉 마수성은 산서성 남부에 있다는 말로,
이는 위 《한서 지리지》와 《자치통감》 등의 기록들과도 정확히 일치하고 있다.

백제의 시조 온조는 마수성을 쌓은 후 5년 후 위례성에서 남쪽 한성으로 천도했다가, 이후 백제는 장수대왕의 남진정책으로 인해 다시 웅진성과 사비성으로 천도했기 때문에 원래 백제의 시국처인 대방고지는 고구리의 땅으로 변하게 된다.
이 잃어버린 옛 땅을 수복하려고 했던 왕이 바로 고구리 고국원왕을 전사시킨 백제 근초고왕이었다.

게다가 이 마수산은 바로 고구리 양만춘 장군이 당 태종 이세민의 눈알을 뺀 고구리의 안시성이었다. 위 《자치통감》에서 언급한 '당나라 때 쌓은 토성'

---

146) 马首山 : 在山西新绛县西北四十里 , 俗名马头山 ,《张州志》左传赵盾田于首山 , 即此 , 一名火炎山。

은 고구리를 쳐들어온 당 태종이 연 인원 50만 명을 동원해 60일 만에 안시성 앞에 쌓은 토산을 말하는 것이다. 《바이두백과》에서 마수산147)을 검색한 결과 두 개를 종합하면 "산서성 신강현 서북 40리에 있는 말머리 모양의 산으로 정관 19년(645) 당 태종이 고구리를 친정하다 회군한 곳."이라는 설명이 나온다.

아울러 《삼국사기》에
"온조왕 13년(6) 여름 5월 왕이 동으로는 낙랑이 있고 북으로는 말갈이 있어 우리 강토를 침략해 편할 날이 없다면서 천도(遷都)하자고 신하들에게 말했다."라는 기록이 있고, 또한 《고구리사초략》에
"미천대제 5년(304) 갑자 봄 2월, 백제의 분서(汾西)왕이 낙랑의 서도(西都)를 습격해 파하고는 그 땅을 군(郡)으로 만들었다. 그 땅은 본래 분서의 모친인 보과(寶菓)의 친정인 대방(帶方)의 도읍이었기에 분서가 모친을 위해 탈취한 것이다."라는 기록에서 보듯이 백제의 시국처는 낙랑의 서쪽 대방에 있었다는 것을 알 수 있다. 분서현 역시 곡옥현처럼 임분시에 속하는 현이라 서로 가깝다.

〈대청광여도에 그려진 백제 분서왕 지명〉　　〈백제의 시국처 지명〉

---

147) ① 即马头山。在今山西新绛县西北四十里，与乡宁、稷山县交界处。《清一统志·绛州》：马首山 "俗名马头山。《州志》：《左传》'赵盾田于首山'，即此"。
② 马首山，古山名。一作首山、手山。即今千山余脉的一支，(在今辽宁辽阳市西南 15里处 현 지명 왜곡)，现称首山或手山。贞观十九年(645)，唐太宗亲征高丽，曾 军于此。

참고로 여기서의 낙랑 역시 한사군의 핵심 낙랑군이 아니라 바로 우리 민족의 역사인 낙랑국을 말하는 것이다. 혹자는 낙랑군과 낙랑국은 별개로 존재했었다고 주장하는데, 그게 아니라 고구리 대무신제에게 멸망 당할 때까지 존재했던 낙랑국이 중국과 식민사학에 의해 허구의 낙랑군으로 변조된 것이다.

② 호태왕 비문의 대방
대방은 호태왕 14년148) 비문에도 언급되어 있다.
호태왕 9년과 10년 비문에는 정벌대상이 왜(倭)였었는데,
아래 14년 비문에는 왜구(倭寇)로 새겨져 있다.
왜는 왜국의 정규군이고 왜구는 국가통제에서 벗어나 있는 그야말로
해적(海賊)을 말하는 것이다.

"14년 갑진년에 왜가 법도를 어기고 대방(帶方)의 경계에 침입해오자 왕께서 수군을 거느리고 석성도로부터 배를 연결하여 대형을 갖추어 바다 길을 지배하는 한편 장수를 보내 평양을 굳게 지키게 하시며 왜구의 자취를 밟아 서로 만나게 되자 왕 친위대의 깃발을 끊고 쓸어버리니 왜구가 무너져 패했는데, 목이 잘려 죽은 자를 셀 수 없을 정도였다."

위 비문의 내용은 아래 《고구리사초략》의
14년(404)149)과 15년150) (405) 기사에 잘 설명되어있으며, 호태왕이 보낸 신하가 왜의 지리를 조사해 그 지도를 그려서 바쳤다는 의미는 당시 왜왕인 인덕이 고구리에게 복속된 제후였다는 말과도 같은 것이다.

"14년(404) 갑진 5월, 이때 왜구가 대방에 쳐들어왔기에 붕련에게 군사를 움직여 왜선을 공격하게 했더니, 목을 베고 사로잡은 수를 헤아릴 수 없었다.
이들은 해적의 무리들이었으며, 인덕이 알지 못하는 이들이었다.

---

148) 十四年甲辰而倭不軌侵入帶方界王率水軍自石城島連船結陳以制海遣將戍守平穰踵躡倭寇相遇王幢要截盪刺倭寇潰敗斬殺無數
149) 十四年甲辰五月時 倭寇帶方 命朋連移攻倭船斬獲無算 此皆海賊之徒 仁德之所不知者也 仁德遣使謝罪 上命肯狗如倭探其眞狀
150) 十五年乙巳四月 宝金斬倭寇三百於獨山 去年之餘寇也. 倭地多大島異類 仁德之化不能盡及 故如是云. 七月 肯狗自倭還奏其風俗·山川·水路

인덕은 사신을 보내 사죄했고, 상은 서구를 왜의 땅으로 보내어 그 진상을 알아보게 하였다."

"15년(405) 을사 4월, 보금이 독산(獨山)에서 왜구 3백의 목을 베었다. 이들은 지난해 쳐들어왔던 왜의 잔적이었다. 왜 땅엔 큰 섬들이 많고 서로들 다른 무리라 인덕의 교화가 두루 미치지 못하였음에 이런 일이 있었다 하였다.
 7월, 서구가 왜에서 돌아와 왜의 풍습과 산천 및 물길에 대하여 아뢰었다."

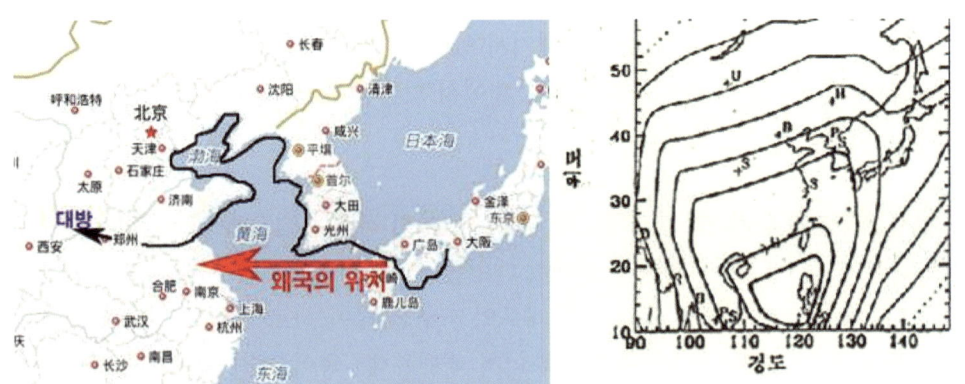

〈왜가 열도에서 대방까지 온 것이 아니다〉 〈일본서기의 왜 일식기록 중국 남부〉

③ 대방에 대한 중국기록
《북사(北史)》《당서(唐書)》《후주서(後周書)》에는
"구태(仇台)가 처음으로 대방고지(帶方故地)에 백제라는 나라를 세웠다."고 하며, 또한 《통고(通考)》《양서(梁書)》《남사(南史)》 등에
"진(晉)나라 때 고구리가 요동(遼東)을 차지했고
백제 또한 요서(遼西)와 진평(晉平)을 차지했다."라는 기록과

《송서》에 "백제군은 곧 진평이며 거발성이고 진평성이다.
마단림이 말하기를 진평은 당나라의 유성(柳城)과 북평(北平) 사이에 있다."라는
기록이 있는데, 유성은 요서군에 속한 현이고 북평은 요서군에서 분리된 군이다.
즉 백제는 대략적으로 요서 지역인 산서성 서남부를 차지하고 있었던 것이다.

《후주서》의 "백제는 마한의 속국으로 부여의 별종이다. 구태라는 사람이 처음으로 대방(帶方) 땅에 나라를 세웠다. 그 땅의 경계는 동쪽으로 신라에 닿고,
북쪽으로 고구리와 접하며 서남으로는 모두 대해에 접한다."라는

기록의 지형설명으로 볼 때 산서성 남부가 백제 시국처인 대방일 가능성이 아주 높다고 하겠다. 참고로 동쪽으로 신라와 접한다고 했는데, 실제로 임분시 북쪽에서 신라의 초기도읍지였던 금성의 유적이 발견되었다.

④ 대방과 가까운 석문의 위치
백제와 고구리를 멸망시킨 당나라가 문무왕 12년(672)에 신라까지 삼키려 하자 신라는 당나라 군대를 몰아내기 위해 국가의 명운을 걸고 최후의 결전을 벌이는 장면이《삼국사기》김유신열전에 기록되어있다.
"당나라군은 말갈과 함께 석문(石門)의 들에다 진을 치고,
신라 (문무)왕은 장군 의복과 춘장 등을 보내어 대방(帶方)의 들에다 진을 펼쳤다."
라는 문구인데, 대방은 적진인 석문과 그다지 멀지 않은 곳에 위치해야 할 것이다.

현재 강단사학계는 이 석문(石門)을 대방군이 있다는 황해도로 보고 있으며,
재야사학계는 하북성의 동단 진황도(秦皇島)로 보며,
진황도로 보는 이유는 난하를 고대 요하로 보기 때문이다. 또
진보적인 재야사학은 하북성 남부에 있는 석가장(石家庄)으로 보고 있다.
석가장으로 보는 이유는 현대지도에 석가장 부근에 석문구(石門口)와 남석문(南石門)이라는 작은 지명이 있기 때문이다. 이러한 지명 비정들이 과연 옳을까?

《중국 고대지명대사전》에서 석문산(石門山)151)을 검색하면 28개 지명이 나타나는데

---

151) (1) 在今河北省邢台县西南九十里,《十六国春秋》石勒遣石季龙进据石门, 参看 石门寨条. (하북성 형태현)
(2) 《后汉书公孙瓒传》乌桓入寇, 瓒追击, 战于石门, 大败之.《注》石门山, 在营州 柳城县西南.《水经注》灅水又东南迳石门峡, 亦引瓒事,《明统志》谓蓟州东北六十里 石门驿, 即《水经注》之石门, 按灅水所迳石门, 在未隶遵化县西, 与蓟州石门驿并非 一地,《明统志》误. 郦注引瓒事于灅水篇, 亦非, 其时瓒为辽东属国长史, 辽东属国 治昌辽县, 即今河北省潜源县, 石门山, 西北距昌辽不过百里, 史既明言属国石门, 自以柳城西南为是. (하북성 잠원현)
(3) 在今辽宁省辽县南四十里, 旧有石门砦, 明万历中李如松救朝鲜, 道出于此. (요녕성 요현)
(4) 即吉林延吉县西之土门子. (길림성 연길현)
(5) 在山东曲阜县东北五十里, 上有石门寺, 唐李白有鲁郡东古门重别杜甫诗. (산동성 곡후현)

(6) 在山东蓬莱县西十里，山口瓮石，为驿路所经。(산동성 봉래현)

(7) 在山东即墨县东南，状如门，天欲雨，则云自门出。(산동성 즉묵현)

(8) 在山西解县东南，一名径岭，左右壁立，间不容轨，谓之石门道，通河南陕县，亦曰白径道，战国时，秦败三晋之师于石门，周天子赐以黼黻之服。(산서성 해현)

(9) 在安徽黟县东南三十里，凿石为门，下瞰溪潭，壁立千仞，沿岩壑路仅可通步，断处以木桥济之，名曰栈阁。(안휘성 이현)

(10) 在安徽含山县南二十里，石壁峭立如门，有谷道十里，商旅往来其中。(안휘성 함산현)

(11) 在江西靖安县北四十里泐潭之右。上有宝莲峰，即马祖道一卓锡之地，峰侧有宴坐岩。(강서성 전안현)

(12) 在浙江安吉县东北四十里，上有两石对峙如门。《梁吴均与顾章书》梅溪之西，有石门山，森壁争霞，孤峰限日，遂葺宇其上。(절강성 안길현)

(13) 在浙江青田县西七十里，两峰壁立，对峙如门，石洞幽深，飞瀑喷泻，上有轩辕丘，道书以为第三十洞天。(절강성 청전현)

(14) 在浙江永嘉县北十五里，上多名胜，谢灵运尝游此，有诗。(절강성 영가현)

(15) 在浙江嵊县西北二十五里，有石洞、龙湫、沸泉诸胜，又县西北九十里亦有山名石门，两石峭立如门，谢灵运有登石门最高顶及夜宿石门诗。(절강성 승현)

(16) 在浙江天台县天台山慧明寺之东北，两山壁立如门，过此即见石笋山。(절강성 천태현)

(17) 在湖北鄂城县东五里，《方舆胜览》两石对峙如门，唐武昌令马珦与元次山同游，石刻存焉，按蒲圻县西二十八里，咸宁县东四十里，崇阳到西五十里，俱有石门山。(호북성 악성현)

(18) 在湖南石门县西十五里官司道旁，两崖壁立如门，县以此名。(호남성 석문현)

(19) 在湖南宝庆县北四十里，两山夹峙如门，资水经此。(호남성 보경현)

(20) 在湖南桂阳县西南六十里，接嘉禾县界，《舆地纪胜》山有岩穴，如门，峭水自蓝山穿石门西注，舟筏皆经其下，俗呼为仙人桥。(호남성 계양현)

(21) 在陕西栒邑县东，接淳化县北境。《汉王褒云阳宫记》"东北有石门山，冈峦纠纷，干霄秀出，有石岩容数百人。"明于此置矣。(섬서성 순읍현)

(22) 在甘肃导河县西南，山高峻绝，对崖若门，《元和志》谓即皇兰山门。(감숙성 도하현)

(23) 在甘肃临潭县南十里，两山相对如门，山南即古垒州之地，为番界，俗名石门金锁，限隔羌夷。(감숙성 임담현)

(24) 在四川庆符县南五里，即古石门道也，《史记西南夷传》汉建元六年，使唐蒙治道自僰道指牂柯江，《水经注》唐蒙凿石开阁以通南中，迄于建宁二千余里，山道广丈

어느 석문이 당나라가 신라와 싸우기 위해 진영을 펼친 석문인지 알기가 쉽지 않다. 그중 대방은 같은 낙랑군에 속하는 패수에서 그다지 멀지 않아야 하므로 (2)"《후한서》공손찬전에 오환이 쳐들어와 노략질하니 공손찬이 추격해 석문에서 싸웠으나 대패했다. 주석에 석문산은 영주 유성현 서남에 있다.
《수경주》류수는 동남쪽으로 석문협을 지난다.
《명일통지》계주 동북 60리 석문역을 말하는데, 즉 류수가 석문을 지나므로 곧 수경주의 석문이다. (하북성 잠원현)"와 (8) "석문은 산서성 해현 동남에 있다. 일명 경령이다. 좌우에 벽이 서있어 사이로 수레가 지나갈 수 없다. 소위 석문도라 하며 하남성 합현과 통한다. 역시 백경도라 부른다. 전국 시기 진이 삼진의 사에게 석문에서 패했다. 나라 천자가 보물로 수놓은 의복을 하사했다."라는 석문이 그 석문(石門)일 가능성이 있다.

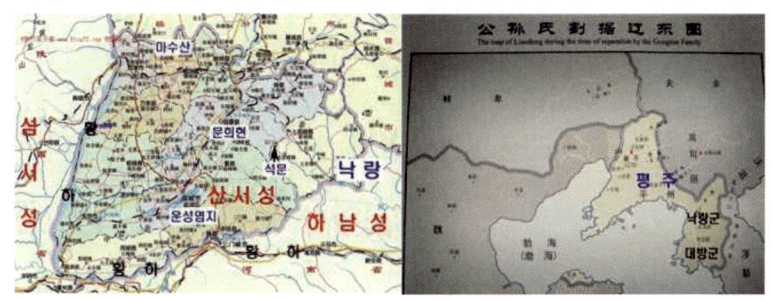

〈백제 시국처 대방은 산서 남부〉〈공손씨의 대방은 한반도? 서로 다른 대방?〉

余，深三四尺，堑壕之迹犹存，《唐书韦皐传》贞元九年，皇遗幕府崔佐时由石门趋云南，而南诏复通，石门者，隋史万岁南征道也，天宝中鲜于仲通下丘南溪，道遂开至是皇治复之号曰南道。(사천성 경부현)

(25) 在四川平武县东南，《左思蜀都赋》缘以剑阁，阴以石门。《元和志》石门山，在江油县东一百三里，有石门戍，与氏羌分界，《寰宇记》其山有石壁相对，望之如门。(사천성 평무현)

(26) 在广东省治西北，为南海县地，《史记南越传》元鼎六年，楼船将军将精卒先陷寻陿，破石门，《索陷引广州记》在番禺县西北二十里，因吕嘉拒汉，积石于江，名曰石门。《舆地纪胜》两山对峙，横截巨浸，据南北往来之冲，屹若门阙。(광동성 남해현)

(27) 在云南建水县东北百里箐口，凿石为门以通车马，下临曲江，险隘可守。(운남성 건수현)

(28) 在云南陆良县西，石笋森密参差不齐周匝十余里 行者穿其中故曰石门 (운남성 육양현)

그런데 (2)의 석문산은 각종 기록을 제대로 인용해 놓고 지명비정을 왜곡해 하북성 준화현이라고 했기에 문제가 있고, (8)은 산서성과 하남성 사이에 있는 석문을 말하는데, 이 석문이 당군이 진을 친 석문일 가능성이 크다.
그 이유는 그 부근이 《수경주》에서 패수의 발원지라고 설명한 왕옥산과 가까운 낙랑(산서성 원현)이기 때문이다.
현재 부근에 옛 지명이 그대로 남아있는데, 그곳은 다름 아닌 산서성 남부 문희현(聞喜縣)에 있는 석문향(石門鄕)을 말하는 것이다.
비류의 시국처인 미추홀(운성염지)과도 그다지 멀지 않은 곳이다.

또한 중국의 여러 사서에 "백제가 요서 진평을 경략해 차지했다"라는 기록과
석문을 통해 본 대방의 위치가 거의 일치하고 있다. 이렇듯 기록들을 검토해 볼 때, 백제의 시국처 요서는 산서성 남부가 될 수 밖에 없다. 역사적 기록과 자료들이 이렇게 있음에도 아직까지 대방이 황해도에 있었다는 엉터리 반도사관이 잘못된 이론일 것이다. 아울러 제멋대로 추측에 의해 역사 지명을 아무렇게나 비정하는 재야사학계도 자기반성의 계기로 삼아야 할 것이다.

6. 상곡군과 어양군의 위치는?

유주에서 요동과 요서, 낙랑과 현토처럼 함께 붙어 다니는 군(郡)이 있으니
그것은 바로 상곡(上谷)과 어양(漁陽)이다.
먼저 《바이두백과》에서의 상곡군에 대한 설명은 다음과 같다.
"연 소왕 29년(기원전 283) 진개가 동호를 물리치고 처음으로 상곡군을 두었고 연장성을 쌓았는데 서쪽 기점은 상곡군에 속하는 조양(朝陽)이었다.
이후 진시황의 중국 통일 후 36군의 하나로 설치되었다가 한 고제가 나눠 탁군을 두고 유주자사부에 속했는데, 처음 12개 현에서 후에 15개 현에 36,800호 인구 117,762명이 되었다. 상곡군은 한과 흉노간 전쟁의 요충지였기에 좌우 2개 도위를 두었다. 신나라 왕망이 상곡군을 삭조군으로 바꿨다가 동한이 상곡군으로 복귀시켜 8개 속현에 10,352호(인구 51,244명)였다가 동한 말기에는 선비, 오환 등 부족이 활동했다." (생략)
상곡군이 우리 민족의 상고사와 깊은 관련이 있는 이유는 상곡군에 속하는

탁록(현)의 벌판(涿鹿之野)에서 우리 조상인 치우천왕과 중국 화하족의 조상인 황제 헌원이 천하의 패권을 놓고 최후의 일전을 겨뤄 승리해 항복을 받은 곳이고, 《사기 연세가》에
"연이 장성을 쌓으니 조양(상곡군)에서 양평(요동군)까지이다.
상곡, 어양, 우북평, 요서, 요동군을 동호로부터 지켰다." 라는 기록에서
연 장성이 상곡, 어양군 지역을 지나기 때문이다.
그런데 중국은 치우천왕의 역사가 살아 숨 쉬는 탁록이 북경 서북쪽에 있는 현재 장가구시에 있는 탁록현이고 그 부근에 상곡군과 어양군이 있었다고 주장하고 있다. 과연 그런지 먼저
《한서 지리지》에 기록된 상곡(上谷)군 과 어양(漁陽)군에 대해 알아보도록 하겠다.

(1) 상곡군과 어양군의 위치

(上谷郡) 秦置。幽州。戶三萬六千八, 口十一萬七千七百六十二。縣十五：
沮陽152)。 泉上。潘153)。 軍都, 溫餘水東至路南入沽。居庸, 有關。雊 督154),
夷輿。寧, 西部都尉治。昌平。廣寧。涿鹿, 應劭曰黃帝與蚩尤戰 于涿鹿之野。
且居, 樂陽水出東東入海。茹。女祈, 東部都尉治。下落。

(상곡군) 진나라 때 설치. 유주에 속함. 가구 36,008호에 인구 117,762명 이다.
15개 현이 있다. 저양현, 천상현, 반현, 군도현 온여수가 동쪽으로 로현까지 흘러 남쪽에서 고수로 들어가는 곳. 거용현에 관이 있다.
구무현, 이여현, 영현은 서부도위 치소, 창평현, 광녕현, 탁록현 응소 왈 황제와 치우가 탁록의 들에서 싸웠다. 차거현 동쪽에서 낙양수가 나와 동쪽으로 해로 들어간다. 여현, 녀기현은 동부도위 치소, 하락현.

(漁陽郡) 秦置。屬幽州。戶六萬八千八百二, 口二十六萬四千一百一十六。
縣十二：漁陽, 沽水出塞外 東南至泉州入海 行七百五十里 有鐵官。狐奴。
路。雍奴。泉州 有鹽官。平谷。安樂。厗奚155)。 獷平156)。 要陽157) 都尉

---

152) 孟康曰 音俎。
153) 師古曰 音普半反。
154) 孟康曰 音句無。師古曰 雊音工豆反。督音莫豆反。
155) 孟康曰 厗音題，字或作蹄。
156) 服虔曰 獷音鞏。師古曰 音九永反，又音穢。

治。白檀，洫158) 水出北蠻夷。滑鹽，應劭曰 明帝改名鹽。」

(어양군) 진나라 때 설치. 유주에 속한다. 가구 68,8028호에 인구 264,116 명이다. 12개 현이 있다. 어양현에 철관이 있고 고수가 요새 밖에서 나와 동남쪽으로 천주까지 750리를 흘러 해로 들어간다. 호노현, 로현, 백단현 혁수가 북쪽 만이에서 나온다. 활염현 명제가 염으로 개명했다.

상곡군과 어양군이 같이 붙어 다니는 이유는 다음과 같다.
《한서 지리지》에서
상곡군에 속하는 군도현에 대한 설명에 "온여수가 동쪽으로 로현(路)까지 흘러 남쪽에서 고(沽)로 들어간다."는 로현은 어양군에 속하는 현이다. 참고로 온여수는 탑여수(溻餘水) 또는 습여수(濕餘水)로 기록되어 있다.
또한 어양군의 속하는 어양현에 대한 설명에 "고수(沽水)가 요새 밖에서 나와 동남쪽으로 천주까지 750리를 흘러 해로 들어간다."라는 고수는 상곡군 군도현에서 언급된 고(沽)와 같은 강이라 어양군과 상곡군은 서로 인접 했음을 알 수 있다.
그런 로현(潞縣)과 고수(沽水)는 과연 어디에 있었을까?
먼저 《자전(字典)》159)에서는
潞는 옛 강 이름으로 지금의 탁장하(濁漳河)이고, 음이 같은
路, 潞, 露, 落, 略는 서로 통용되는 글자라고 설명하고 있다.
《중국 고대지명대사전》에는
로현(潞縣)160)에 대해 "옛 로자국으로 한나라가 로현을 설치했는데 고성은 현 산서성 로성현 동북쪽 40리이다. 전한에서 설치한 로(路) 현은 후한 때 로(潞)로 바뀌었으며, 로수(潞水)에서 그 이름을 가져왔다.

---

157) 師古曰 音一妙反。
158) 師古曰 洫音呼鵙反。
159) ① 古水名。即今山西浊漳河。其浸汾、潞。--《周礼》② 春秋国名。如: 潞氏 (单称"潞"或"路"。为赤狄的一支。故址在山西省潞城县东北) ③ 假借为"羸"(léi)。瘦弱,疲病 士民罢潞,国家空虚。--《吕氏春秋·不屈》 通"略、路、落、露" 《庄子·天地》: "无落吾事!"路、潞、落三字都同"露",训败, 即它们音义都相同。
160) (潞县) 古潞子国, 汉置潞县, 故城在今山西潞城县东北四十里, 后魏改刈陵, 移治漳水北, 城遂废。汉置路县, 后汉改曰潞, 以潞水为名,《水经注》 鲍丘水迳潞县故城西,《寰宇记》 潞县在幽州东六十里, 本汉旧县,《通鉴》 "契丹既强, 寇气势汹汹诸州皆偏, 幽州东十里之外, 人不敢樵牧, 越德钧为节度使, 于州东五十里, 城潞县而戍之, 民始得耕稼。" 今北京通县东八里甘棠乡, 有古城, 盖隋唐时潞县治, 五代唐移今能源县治, 明废。辽置, 今阙, 当在热河巴林境。

《수경주》에 포구수는 로현 고성 서쪽을 지난다."라는 설명과,
또한 로수(潞水)161)에 대해서는 "《상당기》에 로수는 지금의 탁장수이며,
《수경주》에 "고수는 서로수이고 포구수는 세칭 동로수라고 하는데 만나서 남쪽으로 로현을 흐르는 강이 로하이다."라고 설명되어 있다.

《중국 고대지명대사전》에는 탁장수162)에 대해
"탁장수 : 장하의 상류로 발원지가 두 군데이다. 북쪽 발원지는 산서성 심현 서북쪽 천봉령이고, 남쪽 발원지는 장자현 서남 발구산에서 나와 장치현 동남까지 동류하다가 북쪽으로 방향을 바꿔 로성현과 양원현을 지나 북쪽에서 발원한 물길과 만나고 여성현까지 동북쪽으로 흘러 소장수에 합쳐진다. 다시 동남쪽으로 방향을 바꿔 흘러 로성과 여성, 평순을 지나 하남성 섭현으로 들어가 청장수와 합쳐진다."라고 설명되어 있다.

〈탁장수는 산서성 동남부를 흐르는 강〉

---

161) (潞水) 亦作潞川，即今浊洋水，《周礼职方氏》冀州，川曰漳，浸曰汾潞，《后汉书郡国志》注《上党记》曰 潞，浊漳也。《水经注》"沽水俗谓之西潞水，鲍丘水世谓之东潞水，会流南戏潞县为潞河。" 今尚称北运河为潞河，潞县后汉置，明废，故城在今北京通县东。在山西潞城县北，源出县东北二十里微子城，西北流入漳水，此水以在潞地，遂蒙潞名，非职方冀浸之潞也。

162) 浊漳水：漳河之上游也，有二源，北源出山西沁县西北千峰岭，南源出长子县西南发鸠山，东至长治县治东南，改北流经潞城、襄垣二县与北源合，又东北流至黎城县与小漳水合，改东南流经潞城、黎城、平顺入河南涉县，合于清漳。《周礼职方氏》冀州，川曰漳，浸曰汾潞。《后汉书郡国志注》"上党记曰：潞，浊漳也。"阚骃曰，潞水为冀州浸，即漳水也。世人亦谓浊漳为潞水。

탁장수 일명 로수는 고수와 포구수가 로현에서 합쳐진 물길로 산서성 동남부를 흐르는 강이다. 따라서 어양군과 상곡군 역시 산서성 동남부에 있는 로성 부근에서, 《한서 지리지》의 설명으로 보아 상곡군이 로성의 서쪽에 있었고 어양군은 그 동쪽에 있었던 것으로 보인다. 상곡군과 어양군의 위치가 북경 부근이었다는 중국의 주장은 허무맹랑한 거짓임이 판명되었다.

(2) 치우천왕은 누구인가?

《한서 지리지》에 언급된 상곡군의 속현 중 가장 눈에 띄는 현은 바로 탁록(涿鹿)현으로 동한 때 응소(應劭)가 "황제와 치우가 탁록의 들에서 전투를 벌였다. (黃帝與蚩尤戰于涿鹿之野)"는 주석이 붙여졌다. 그런데 대부분의 우리나라 사람들은 그런 치우가 우리 조상인지조차 제대로 모르고 있다.

치우천왕은 동방의 군신(軍神), 전신(戰神), 병신(兵神), 무신(武神)이라는 칭호로 불리고 있는 위대한 인물로 조선 이전에 존재했던 배달국의 14대 자오지 환웅(慈烏支桓雄)이다. 신령스러운 용맹함이 매우 뛰어났으며 9개 대장간(九冶)에서 캐낸 광석을 주조해 인류 최초로 칼, 창, 활, 갑옷 등 철제무기와 투석기도 만들었으며 군대를 조직하고 진법과 전술을 구사하니 감히 그에게 대적하는 자가 아무도 없었다고 한다.

《사기》에
"제후들 모두가 와서 복종하며 따랐기에 치우가 극히 횡포했으나 천하에 능히 이를 처벌할 자가 없을 때 헌원이 이를 섭정했다.
치우에게는 형제가 81명 있었는데, 모두 몸은 짐승의 모습에 사람의 말을 하며, 동두철액(銅頭鐵額)을 하고 모래를 먹으며 오구장(五丘丈), 도극(刀戟), 태노(太弩)를 만드니 그 위세가 천하에 떨쳐졌다.
치우는 옛 천자(古天子)의 이름이다."라고 기록되어 있다.
치우천왕은 염제 신농의 쇠퇴함을 보고는 마침내 큰 뜻을 세워 여러 차례 천병(天兵)을 일으켜 서쪽으로 병사를 진격시켜 회대(淮岱)를 차지했다.
이어 황제 헌원과 73회 싸워 모두 이겼고,
마지막 탁록 전투에서 헌원에게 항복을 받고 그를 신하로 삼았다.

또한 유망(楡罔)이 쇠약해지니 군대를 보내 정벌했다. 집안에서 인재 81명을 골라 각종 부대의 장으로 임명해 마치 질풍노도와도 같이 내달려 연전연승하니
적들이 겁에 질려 굴복하여 그 위세를 천하에 떨치었다. 치우천왕이 12명 제후를 공격하여 죽어 쓰러진 시체가 들판에 가득하니, 서토의 백성들은 간담이 서늘해 도망치지 않는 자가 없었다.
치우천왕이 예과(芮戈)와 옹호극(雍狐極)을 휘두르며 큰 안개를 일으키니 적들은 혼미해져 스스로 혼란에 빠지게 되었다. 치우천왕이 다시 군대를 진격시켜 탁록을 에워싸 일거에 이를 멸망시키니,
《관자》에서 "천하의 임금이 전장에서 한번 화를 내자 쓰러진 시체가 들판에 그득했다."라는 문구가 이를 말함이다.

공손 헌원이 스스로 천자가 될 뜻을 가져 병마를 일으켜 공격해오니,
치우천왕이 이를 포위해 전멸시켰는데도 헌원은 굴복하지 않고 계속 싸움을 걸어왔다. 치우천왕이 전군에 출동 명령을 내리고는 자신은 보·기병 3천 명을 이끌고 사방에서 적을 참살하니 그 숫자를 셀 수 없을 정도였다. 또 큰 안개를 일으켜 지척을 분간 못 하게 하니 적군은 마침내 두려움에 혼란을 일으키고 도망가 숨으며 달아나니, 백 리 안에 병사와 말의 그림자도 보이지 않았다.
헌원의 무리는 모두 다 신하 되기를 원하며 조공을 바쳤다.
대체로 당시 서쪽에 살던 사람들은 활과 돌의 힘을 믿기에 갑옷의 쓸모조차 알지 못했는데, 치우천왕의 높고 강력한 법력에 간담이 서늘해져 싸울 때마다 매번 패했다.

《운급헌원기》에 "치우가 처음으로 갑옷과 투구를 만들어 썼는데 당시 사람들은 이를 알지 못하고 구리로 된 머리에 쇠로 된 이마라고 말했다."라고 기록되어 있으니 당시 상황을 미루어 짐작할 수 있을 것이다. 갑옷, 투구, 창, 칼, 활 등 철제무기로 무장한 치우천왕의 군대는 헌원과 10년 동안 73회를 싸워 모두 이겼다.
헌원도 군사를 일으켜 치우천왕처럼 병기와 갑옷을 만들고 또 전차의 수레도 만들어 감히 싸움터마다 출전했다.
이에 치우천왕은 불같이 진노하며 노여움에 부들부들 떨더니 형제와 종당(宗黨)들로 하여금 싸움의 준비에 힘쓰도록 하면서 위세를 떨쳐 헌원이 감히 공격해올 뜻을 품지도 못하게 했다. 더불어 한바탕 큰 싸움이 일어나자
치우천왕은 군사를 움직여 새로이 투척기를 만들어 진을 치고 나란히 진격하니 적진은 종내 저항할 방도조차 없었다.

결국 황제 헌원은 치우천왕에게 항복하고는 황룡(黃龍) 지역으로 유배를 떠난다.
헌원 이래로 세상은 안정되지 못했고, 그 역시 세상을 떠날 때까지 편안하게 베개를
베고 눕지 못했다.
《사기》에 "산을 뚫어 길을 내고 단 한번도 편안히 있은 적이 없다. 탁록의 강에
도읍하고 옮겨 다니며 항상 거처를 안정 시키지 못하고 장수와 사병을 시켜 지키게
하는 전장에서 살았나니..."라는 문구는 아마도
헌원이 살았을 때 전전긍긍하던 모습을 그린 기록일 것이다.

〈축구대표팀 붉은 악마의 형상은 치우천왕, 치우기는 팔괘 삼태극기〉

(3) 치우천왕이 중국인의 조상인가?

중국은 현재 북경 서북쪽 장가구(张家口)시의 일부를 탁록현이라 명명하고 그곳에
황제천(黃帝川＝阪泉), 황제성유적(黃帝城遺蹟), 중화합부단(中華合符壇), 중화
삼조당(中華三祖堂), 헌원호(軒轅湖) 등의 관광용 가짜 역사유적을 조성해 놓았
다. 1997년에 판천 200M 북쪽에 세워진 중화삼조당(中華三祖堂)에는 중국인의
조상들이 모셔져 있는데,
가운데에 황제 헌원, 우측에 염제 신농, 좌측에 치우천왕이 좌정하고 있다.
우리 민족의 조상인 치우천왕이 급기야 중국인의 조상으로 바뀌어버린 것이다.

일제가 조작한 단군신화의 영향으로 단군과 그 이전의 역사에 대해
전혀 모르는 우매한 한국인들이 치우천왕이 자기 조상인지도 모르고 있자
중국이 슬그머니 중국인의 조상으로 가져간 것이다.

치우천왕이 한국축구국가대표팀의 서포터스인 붉은 악마의 공식 캐릭터로 사용되고 있어 그나마 위안을 주고 있다.

〈가짜 탁록현에 있는 중화삼조당 좌측에 모셔진 치우천왕〉

《위키백과》는 치우에 대해
"치우는 중국의 여러 기록과 전설에서 헌원과 함께 탁록의 전투에서 싸웠다고 전해지는 전쟁의 신 또는 구이(九黎)의 지도자로, 현재 묘족(苗族)의 조상신이다."라고 소개되어 있으며, "치우는 신농의 후예로 황제 헌원과 탁록지전 등 여러 차례 전쟁을 벌였다. 신농의 치세 말기 세상이 혼란해지자 헌원이 신농을 대신해 세상을 안정시켰는데, 이때 치우가 가장 포악해 염제도 손을 대지 못했다.
헌원이 신농을 대신해 제후들을 다스리고 세상을 평정했을 때 치우가 다시 난을 일으키자 헌원이 군대를 일으켜 치우를 탁록(涿鹿)에서 잡아 죽였다."라고 설명하고 있다.

그러면서 황제에 대해서는 "중국 문명의 시조로서 오제(五帝)와 하·상·주 3대의 공통 시조로 알려져 있다. 《사기》에 의하면, 소전(少典)의 아들로 이름을 헌원이라 하며, 치우를 물리치고 신농(神農)에 이어 제왕이 되었다. 의복, 수레를 비롯한 수많은 발명품과 문자, 60갑자, 한의학 등의 학문과 기예를 창시하였다고 하며, 100년 동안 재위했다."라고 설명되어 있어 마치 중국인의 조상들을 소개하는 것처럼 보였다.

황제천은 황제족의 식수를 위해 만든 샘물로 옛날에는 판천(阪泉)이라고 했다. 전설에 의하면, 황제가 용의 몸을 씻었기에 고칭 탁용지(濯龍池)라고도 부르는 판천은 중국사에서 매우 중요한 의의가 있는 곳이다. 화하족 내부에서 염제 신농의 강(姜)씨 부락의 세력이 쇠퇴하면서 황제 헌원의 희(姬)씨부락이 강력해 졌는데 내부의 주도권 쟁탈전인 판천 전투에서 황제가 염제에게 승리함으로써 화하족의 제1차 대통일이 이루어져 중화문명사가 열리게 되었다는 것이다.

《사기 오제본기》의 정의를 인용한 《괄지지(括地志)》에
"판천은 현재 이름 황제천(黃帝泉)으로 규주 부융현(嬀州怀戎縣) 동쪽 56리에 있다. 탁록(涿鹿)까지 5리를 나가 동북쪽에서 탁수와 합쳐진다. 또한 규주 동남쪽 50리에 탁록성이 있는데 황제의 도성이다."라는 기록이 있어 판천에서 탁록은 5리 떨어졌음을 알 수 있다.

(4) 탁록의 위치는 어디인가?

판천 즉 탁록의 위치에 대해서는
①산서성 양곡(陽曲)현 동북
②하북성 탁록현 동남
③산서성 운성(雲城)현 남쪽
④하남성 부구(扶沟)현 등 여러 설이 있는데,

현재 중국은 ②북경 서쪽에 있는
하북성 탁록현에 있었다고 주장하고 있는데,
이는 지명이동을 통한 역사왜곡임이 분명하다.
그 이유는 당시
염제의 도성은 산서성 서남부 영제(永濟)시에 속하는 포판(浦阪)이었고,
황제는 유웅(有熊) 즉 하남성 정주(鄭州)시 부근 신정(新鄭)현이였다.
이러한 지역 연고를 가진 염제와 황제가
북쪽으로 수천 리 떨어진 곳에 가서 전쟁할 이유가 없기 때문이다.

<치우(산서 남부)와 헌원(하남성)이 북경에서 싸울 이유가 없다>

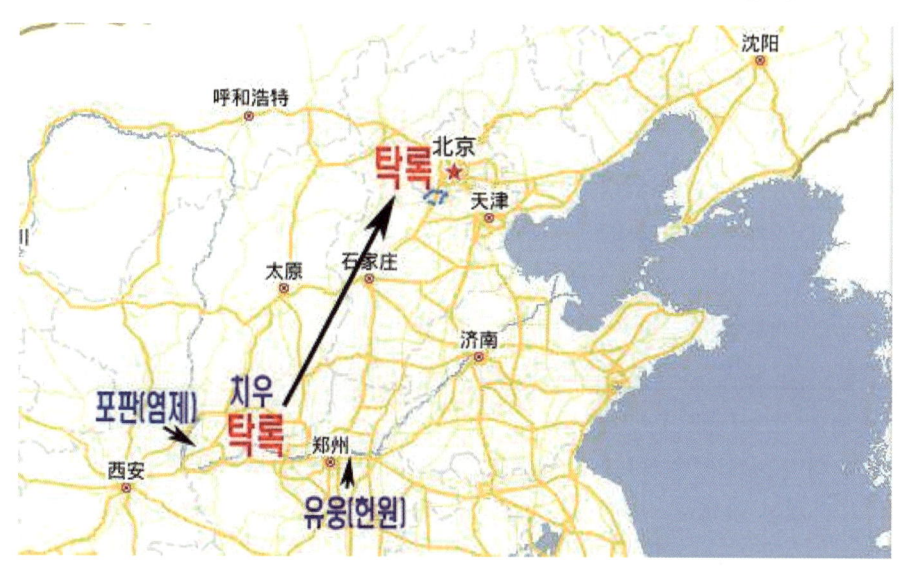

③의 산서성 운성현의 남쪽이라는 주장도 있다.

송나라 심괄(沈括)이 쓴《몽계필담. 변증(夢溪筆談. 辨證)163)-1》에
"사방120리 해주 염택(解州盐泽)은 장마로 주변 산의 물 모두가 그 가운데로
흘러도 일찍이 넘치지 않았으며, 큰 가뭄에도 굳어지지 않은 것은
판천(阪泉) 아래 있는 간수의 색이 적색이기 때문인데, 세속에서는 치우의 피라고
한다."라는 설명이 있다.

해주 염택은 바로 운성염지(雲城鹽池)를 말하는 것이다.

해주진(解州鎭)은 춘추 진국(晋國)시대 해량(解梁)이라 칭했다가
한나라 때 해현(解縣)이라 했는데,
《해현지》에 따르면 "해량은 옛날에 탁록이라 칭했다.(解梁古时曾称作涿鹿)"
라는 문구가 있다.

또한 2006년 6월 운성시 정부의 홈페이지에서
"중국 역사상 처음이자 대규모 전투인 '탁록의 전쟁'은 중화민족의 발생지라 칭하는 황하 중류의 산서성 운성시 일대에서 발생했다.
그 전장에서 황제 헌원과 전쟁했던 치우는 중국 최초의 병기 발명인이였다.

---

163) 《梦溪笔谈》卷三: "解州盐泽, 方一百二十里。久雨, 四山之水, 悉注其中, 未尝溢; 大旱, 未尝涸。卤色正赤, 在阪泉之下, 俚俗谓之蚩尤血。"

《공자삼조기》《태평환우기》《위토지지》《해현지》와
당나라 때 저명한 시인인 왕유의 해주《염지요망》등 사료로 인증된다.
산서성 최남부에 있는 지금의 운성시 해주(解州)가 고대의 탁록(涿鹿)이다."라고
게시한 적이 있다.

'탁록은 산서성 운성시에 있다.'는 제목의 논문은
"《상서 여형》《여씨춘추 탕병》《전국책》등 고대 문헌 기록에 의하면
'치우는 구리의 군장'이라고 하는데
이는 한나라 때부터 지금까지 학자 모두의 설이다.
춘추시대 여국(黎國)이 있었는데 지금의 산서성 동남부인 여성(黎城), 로성(潞城),
장치(長治), 호소(壺咪) 일대이다.
치우의 고대 활동지역은 지금의 노서(魯西)이다. 치우의 영역인 구려국의 옛 땅은
산서성 동남부와 하북성, 하남성, 산동성 의 3개의 성이 만나는 경계의 땅이다."

탁록은《한서 지리지》에 유주의 상곡군에 속한 현으로 기록되어 있어
고대 유주 지역인 산서성 남부와 황하북부 하남성 일대를 벗어날 수 없다.
《수경주》로 판단되는 탁록은 산서성 남부 운성시라기 보다는 산서성 동남부 장치분지(長治盆地)부근으로 비정된다. 그 근거는 상곡군이 예전에 로수(潞水)라고 불렸던 탁장수(濁漳水)가 흐르는 로현의 서쪽에 있기 때문이다.
여하튼 분명한 사실은 현재의 하북성 탁록현은 중국의 지명이동을 통한 역사왜곡의 산물이라는 사실은 100% 확실하다.

(5) 산동성 양곡현 치우천왕릉

중국인의 조상 황제 헌원과 10년간 73회를 싸워 모두 이겼다는 만고의 영웅이며 우리 민족의 위대한 조상 치우천왕의 무덤은 과연 어디에 있을까? 먼저 짚고 넘어가야 사안은 아직도 많은 한국인들은 치우천왕이 우리 조상인지 잘 모르고 있고, 잘 알고 있는 사람들조차 대부분 치우의 주 활동무대를 만주로 알고 있다는 것이다.
배달국의 도읍 신시가 흑수와 백산 사이에 있었는데
그 흑수를 흑룡강으로 백산을 백두산으로 믿고 있기 때문이다.
그런데 만일 그랬다면 황하변 하남성에 도읍을 둔 헌원과
만주에 있는 치우가 10년간 73회나 싸울 수 있었겠는지?

이는 둘이 서로 멀지 않은 거리에 있었음을 의미하는 것이다. 상곡군이 산서 동남부임이 밝혀졌으니 치우의 활동무대였던 탁록현도 그쪽 어디라는 말인 것이다.

《황람.묘총기(皇覽.墓塚記)》에 "치우총(蚩尤塚)은
산동성 동평(東平)군 수장(壽張)현 관향성(關鄉城) 가운데 있다. 높이가 7장이다. 주민들은 10월에 늘 여기서 제사를 지냈다고 한다. 한줄기 붉은 띠 모양의 연기 같은 것이 뻗는데 치우기(蚩尤旗)라고 한다."라고 기록되어 있다. 한국의 치우학회는 ' 다시 살아날까봐 시체를 여러 토막으로 잘라 분산해 묻었다'라는 전설과
함께 무덤도 여러 곳에 있다고 설명했다.

① 양곡현 수장진(陽谷縣 壽張鎭)과 하남성 대전현(臺煎縣)성 사이에 치우의 머리가 묻혀 있다가 오대시기에 황하의 제방이 터져 호수가 평지로 변하면서 무덤도 땅에 묻혀버려 현지 주민들이 제사를 지내기 위해 원래 유적에 치우총을 새로이 조성한 것이고,

② 어깨가 묻혔다는 견비총(肩脾塚)은 거야현(巨野縣) 동북쪽에 있는데,
현재 마을 어귀에 나무로 둘러싸인 작은 구능 위에 과거 태산의 산신을 모셨다는 집이 있으며, 그에 따른 비도 세워져 있다. 높이는 과거 7장에 달했으며 매년 10월 제사를 지냈으나, 흙을 파서 인근 밭에 뿌리느라 지금은 3~4m로 낮아졌고 제사도 없다고 한다.

③ 사지(四肢)가 묻혔다는 무덤은 산동성 문상현 남왕진 서쪽 400m에 있다고 한다. 문상현 정부에서는 동평군 수장현 감향성의 위치를 문상(汶上)현 남왕(南旺)진으로 보고 20억 원을 들여 치우총을 조성했고, 한국에서 치우학회를 통해 모금운동을 전개하기도 했다.

그러나 문상(汶上)현의 무덤은 홍수가 일어난 후 남왕진에서 '치우사(蚩尤祠)'와 '치우총(蚩尤塚)'이라는 비석이 발견되어 문상현 정부에서 돌비석을 모신 가묘를 조성했다. 가묘라는 것은 치우 후손들이 이곳에서 제사를 지내지 않는 걸 보면 알 수 있다. 그럼에도 치우학회는 이 무덤을 치우천왕의 진짜 신체 무덤으로 여기고 있다.

수장현에 대한 역사연혁164)에서의 옛 동평군 수장현은 지금의 산동성 류성시 양곡현이다. 이러한 사실에 대해 중국의 한 신문은 "2006년 10월, 문화부, 중국사회과학원, 북경대학, 귀주성 묘족학회, 귀주성 사회과학원, 광서장족자치구 사회과학원, 호남성 사회과학원, 산동대학, 난주대학 등 20개 단위가 넘는 전문역사학자들이 산동성 양곡현에 모여 치우 문화에 대해 심도 깊게 논의했다.

두 차례의 연구토의가 있었는데, 전문가들 모두 문헌의 기록과 고고학적 발굴과 민속 유풍 등 다방면의 실증을 거쳐 치우의 머리 무덤은 현재 양곡(陽谷)현 십오리원(十五里园)진 협가(叶街村)촌 동쪽 황고총(皇姑冢)으로 결론지었다."라고 보도했다.

그러면서 북경 서쪽에 있는 하북성 탁록현에 대해서는
"치우가 하북성 탁록에서 전사했다고 하는데,
어떻게 천 리 밖에 떨어진 산동성 양곡현에 장사지낼 수 있느냐?"
고 반박했다는 것이다.
중국에서는 《사기》의 기록을 근거로 황제 헌원이 치우를 잡아 죽여 신체를 토막 내 여러 곳에 분산 매장했다고 주장하고 있으나,

《태백일사 신시본기》에서는 이는 매우 잘못된 것이라면서
"우리 장수 가운데 치우비(蚩尤飛)라는 자가 있었는데 불행히도 공을 서두르다가 진중에서 죽게 되었다"라고 《사기》의 오류를 지적했다.

---

164) "수장(壽張)현 : 한 때 동군(東郡)에 속한 수량(壽良)현을 설치했는데, 지금의 동평(東平)현 내에 있다. 동한 광무제가 수량현에서 수장현으로 개명했고 동평국에 속했다. 남조 송 때 수창(壽昌)현으로 개명해 동평군에 속했다. 북위 때 수장현으로 다시 환원되었으며 치소가 지금의 양산(梁山)현 수장집(壽張集)으로 옮겨졌다. 수나라 때 제북(濟北)군에 속했으며, 당나라 때 운주(鄆州)에 속했다. 송·금 때는 동평부에 속했고, 1167년에 황하 범람으로 치소를 지금의 양곡(陽谷)현 이태(李台)진 죽구(竹口)촌으로 옮겼다. 1179년 옛 치소를 복원해 옮겼고, 원나라 때 동평로에 속했으며, 1368년 황화가 범람해 치소를 동평부에 속한 남쪽 양산현 설둔(薛屯)으로 옮겼다. 1380년 치소를 오릉점(五陵店)에서 동평군 양곡현 수장진으로 옮겼다가 1385년에 연주부(兖州府)로 바뀌어 속했다. 1730년에 동평주에 속했다가 1735년 다시 연주부에 속했다. 1912년 산동성 동림도(東臨道)에 속했다. 1949년 평원(平原)성 유성전구(聊城專區)로 바꿔 속했다가 1952년 산동성 유성전구에 속했다. 1958년 양곡현과 수장현이 합쳐졌다. 1964년 수장현 건제를 없애고 김제 이남지구는 하남성에, 김제 이북지구는 산동성 양곡현으로 나뉘어졌다."

이 기록이 잘못이라는 것은 다음과 같은 《사기》의 기록으로부터 알 수 있다.
한왕 유방(劉邦)이 전쟁에 나갈 때마다 풍패(豊沛)의 풍속에 따라
군신, 무신, 병신, 전신인 치우에게 제를 올리고,
한나라를 세운 후에도 동황태일(東皇太一)을 받들어 공경하며
치우에게 제사를 지냈으며 축관에게 명해 치우의 사당을 장안에 세우게 했다고 한다. 이렇듯 유방이 화하족의 조상인 황제 헌원이 아닌, 이민족인 치우에게 제사를 올렸다는 사실로 미루어볼 때 마지막 탁록 전투에서 누가 이겼는지가 자명해진다고 하겠다. 따라서 헌원이 패한 치우의 시신을 토막을 내서 양곡현에 머리, 문상현에 사지, 거여현에 어깨 무덤을 조성했다는 것은 대단히 잘못된 역사왜곡인 것이다.

〈산동성 류성시 양곡현. 치우총 앞에서 제를 올리는 묘족들〉

7. 대군의 위치는 어디인가?

대군(代郡)은 우리에게는 다소 생소한 지명이다. 우리 역사 기록에 전혀 언급되지 않다가 덕흥리 고분벽화에서 무덤의 주인공인 유주자사 진에게 시립하고 있는 13명의 태수 가운데 대군 내사(內史)가 있었다. 이는 유주에 속하는 대군이 고구리 호태왕 때의 행정구역 즉 영토였다는 말이다.

그런데 중국은 유주에서 가장 서쪽에 있는 대군의 위치가 현재 북경의 서부인 하북성 장가구(張家口)시의 서쪽이고, 북위(北魏)의 도읍지 평성(平城)은 현재 산서성 북부에 있는 대동(大同)시에 있었다고 설명하고 있다.

과연 그런지 먼저 《한서 지리지》에서의 대군의 설명에 대해 알아보도록 하겠다.

(代郡) 秦置。有五原關、常山關。屬幽州。應劭曰：「故代國。」戶五萬六千 七百七十一，口二十七萬八千七百五十四。縣十八：桑乾165)。 道人 師古曰 本有仙人遊其地因以為名。當城 師古曰 闞駰云當桓都城，故曰當城。高柳， 西部都尉治。馬城，東部都尉治。班氏，秦地圖書班氏。延陵， 狋氏166)。且如167) 于延水出塞外東至寧入沽 中部都尉治。平邑。陽原，東安陽 師古曰 闞駰云 五原有安陽，故此加東也。 參合，平舒，祈夷水北至桑乾入沽。代 應劭曰 故代國 。靈丘168)，滱河東至文安入大河，過郡五，行九百四十里。并州川。應劭曰 武靈王葬此因氏焉。臣瓚曰 靈丘之號在趙武靈王之前也。 廣昌，淶水 169)東南至容城入河，過郡三，行五百里，并州浸。鹵城。虖池170) 河東至參合入虖池別，過郡九，行千三百四十里，并州川。從河東至文安入海， 過郡六，行千三百七十里。

(대군) 진나라 때 설치. 오원관과 상산관이 있고 유주에 속하고 응소왈 옛 대국이다. 가구 56,772호에 인구 278,754명이고 18개 속현이 있다.
상건현, 도인현 사고왈 본래 선인이 그곳에서 놀았기에 이름이 되었다.
당성현 사고왈 감인이 이르길 당환도성이고 옛날에 당성이라 불렀다. 고류현은 서부도위의 치소, 마성현은 동부도위의 치소, 반씨현은 진지도책의 반씨, 연릉현, 의씨현, 차여현은 중부도위의 치소이며 우연수가 요새 밖에서 나와 동쪽으로 녕까지 흘러 고수로 들어간다.
평읍, 양원, 동안양 사고왈 감인이 전하기길 오원은 안양에 있는데 옛날엔 동이 추가되었다. 삼합현, 평서현에서 기이수가 북쪽으로 상건까지 흘러 고수로 들어간다. 대현은 응소왈 옛 대국이다. 영구현에서 구하가 동쪽으로 문안까지 5개 군을 지나 940리를 흘러 대하로 들어가는 병주의 하천이고

---

165) 孟康曰 乾音干。
166) 孟康曰 狋音權。氏音精。
167) 師古曰 且音子如反。沽音姑，又音故。
168) 師古曰 瓚說是也。滱音寇。又音苦侯反。其下並同。
169) 師古曰 淶音來。
170) 師古曰 虖音呼。池音徒河反。

응소왈 무영왕의 장례에서 기인되었는데 어찌 성씨이겠는가. 신찬왈 영구라는 이름은 조무영왕 이전에 있었다. 광창현에서 래수가 동남쪽으로 용성까지 3개 군에 500리를 지나 하로 들어가는 병주를 적신다.
로성에서 호타하가 동쪽으로 삼합까지 흘러 호타별로 들어가는데 9개 군에 1,340리를 지나는 병주의 강이다. 하동에서부터 문안까지 흘러 해로 들어가는데 6개 군에 1,370리를 지난다.

우선 대군의 대명사 격인 오원관(五原關)이 하남성의 동단인 안양에 있었다고 감인이 전했다고 사고가 말했다는 주석에서 안양 부근에 대군이 위치했음을 알 수 있다.

또한 차여현의 우연수와 평서현의 기이수가 흘러 들어가는 고수(沽水)는
《후한서 군국지》'상당기'의 "로수는 탁장수이다(曰潞濁漳也)"라는 주석과
《수경주》권14에서 "고수는 남으로 어양(漁陽)군 호노(狐奴)현 북쪽을 지나고, 서남에서 탑여수(漯餘水)와 합쳐져 로하(潞河)가 된다. (생략)
고수는 역시 남쪽에서 탑여수로 흘러가고 역시 남쪽에서 좌측으로 포구수(鮑邱水)를 만나는데 소위 세칭 동로수(東潞水)이다.
고수는 남쪽으로 로현(潞縣)을 지나 로하가 된다."는 설명이 있어 고수는 산서성 동남부 로성(潞城)현을 지나는 탁장수(濁漳水)의 지류였음을 알 수 있다.

게다가 위 대군의 속현에 대한 설명에 병주천(并州川)과 병주침(并州浸)이 있다는 의미는 대군이 병주와 가까웠다는 뜻이다. 상당(上黨)군[171] 등이 속하는

---

171) 《中国古代地名大词典》 战国韩地，秦并天下，置上党郡，其地有今山西之东南部，以其地极高，与天为党，故名。汉治长子，在今山西长子县西，后汉末董卓作乱，治壶关城。在今山西长治县东南，晋治潞。在今山西长治县东南，晋治潞。在今山西潞城县东北，燕慕容备移治安民城。在今山西襄坦县东北，后迁壶关城，卽汉末旧治也，后魏治安民，复迁壶关，北周于郡置潞州，隋置上党县为郡治，卽今山西长治县治，宋时郡废。《铜熨斗齐随笔》：汉书地理志，上党郡，秦置，属并州，案上党于战国时，盖在韩魏之间，西周策犀武败于伊矣，周君之魏求救，魏王以上党之急辞之，綦母恢见魏王曰，秦悉塞外之兵与周之众以攻南阳而两上党绝矣，此时上党，盖属魏也。又韩赵易地，樊馀谓楚王曰。韩兼两上党以临赵，卽赵羊肠以上危，此时上党盖属韩也。曰两上党，意尔时上党必有两地。如楚之东西不羹者，史记韩也家。桓惠王十年，秦击我于太行，我上党郡守以上党郡降赵。十四年，秦拔赵上党，是上党已属赵矣。又曰二十六年秦拔我上党，可见上党之非一

병주는 《중국 고대지명대사전》에서의 상당군의 위치 설명에서 알 수있듯이 산서성 동남부에 있던 행정구역이었다.

게다가 병주천은 하동(河東)에서 문안(文安)까지 흘러 해(海)로 들어간다고 기록되어 있는데, 하동(河東)은 산서성 남부이며, 문안현은 발해군의 속현이고 여기서의 해는 바로 발해(渤海)를 말하는 것이다. 따라서 대군 역시 산서 동남부에서 가까워야 함에도 한참이나 북쪽인 현재 북경의 서부라는 중국의 주장은 지명이동을 통한 역사왜곡이라 아니할 수 없다.

(1) 요택은 선비족의 고향

원래 선비족은 고대 한, 중간에 경계였던 요택에 살던 자들이었다. 《요사 지리지》에 "요나라의 그 선조들을 거란이라고 부르는데 본 선비의 땅인 요택에 살았다. (遼國其先曰契丹, 本鮮卑之地居遼澤中)"라는 기록을 통해 알 수 있다. 요택은 수양제가 고구리 침공 전에 군수물자 수송용 운하를 만들었다는 영제거(永濟渠)이며, 당 태종이 안시성에서 눈을 잃고 도망가다 빠진 늪지대였다.

《수서 양제기》 대업 4년(608년)에 "하북 여러 군의 남녀 백여만 명을 동원해 영제거를 뚫어 심수(沁水)의 물을 끌어다가 남쪽으로 황하에 다다르게 했다. 북쪽이 탁군과 통했다."라는 기록이 있다.

심수는 산서성 남부에서 나와 남류하다 하남성에서 급격히 동류해 황하로 들어가는 강이다. 이 물을 남쪽으로 끌어 황하와 연결한 것이 영제거이므로 요택은 하남성 제원시 남부일 수밖에 없다.

地 , 故有两上党之称 , 而上党之置郡 , 亦非始于秦矣。

참고로 현재도 황하습지(黃河濕地)라는 유명한 관광지가 남아있다.
따라서 선비족의 활동무대도 여기서 가까울 수밖에 없을 것이다.

(2) 북위와 후연의 대립

흉노(匈奴) 계열인
동호(東胡)의 북쪽 일파가 선비(鮮卑)족이고
남쪽 일파는 오환 (烏桓)족이라고 한다.
서진에서 팔왕의 난이 일어나자, 북방기마민족들이 용병으로 들어갔다가
우후죽순처럼 나라를 세우는데
이 대혼란의 시기를 5호 16국시대 (304~439)라고 한다.

선비족의
모용(慕容)부는 전연(前燕), 후연, 서연, 남연,
우문(宇文)부는 북주(北周),
흘복(乞伏)부는 서진(西秦),
독발(禿髮)부는 남량(南涼),
탁발(拓跋)부는 북위(北魏)를 세웠다.
서진으로 들어간 선비족들은 점차 한족의 문화에 동화되어 갔으며,
옛 땅에 남은 선비족들은 훗날 거란족과 여진족이라 불리게 된다.
참고로 서진 이후 중국을 통일한
수나라의 양견(楊堅)은 우문부가 세운 북주의 외척이었고,
당나라를 세운 이연(李淵)도 선비족 출신이다.

대군(代郡)은 남북조시대의 최강자 북위를 세운 탁발선비와 연관이 많은 지역이다.
시조 탁발규(拓跋珪)의 조상들이 대대로 대 땅에서 족장을 지냈기 때문이다.
북위의 역사를 간략하게 설명하면 다음과 같다.

315년에 족장 탁발의가 세운 대(代)는 376년에 전진의 부견에게 패해 멸망했다.
317년에 태어난 탁발규는 어린 시절 대 땅을 떠나 수많은 우여곡절을 겪다가 후연
모용수(慕容垂)의 도움으로 강성해졌다. 383년에 전진이 비수 전투에서 패한 틈을
이용해 386년에 탁발규가 모친의 부족 하란부에 도착하자 부족의 수령들로부터
왕으로 추대되어 국호를 위(魏)라고 했는데,
삼국시대의 위와 구별하기 위해 역사적으로 북위라 부른다.
이후 탁발규와 모용수의 관계는 뒤틀어졌다. 397년에 후연을 멸망시킨 탁발규는
이듬해 수도를 평성(平城)으로 옮기고 연호를 천흥(天興)으로 하여

자칭 황제가 된다. 조부 십익건을 소성(昭成) 황제, 아버지 식은 신명(神明) 황제로 추존하는 등 조상 27명을 모두 황제로 추존했다. 이후 후손들이 유송을 공격해 하남을 빼앗고, 호하, 북연, 북량을 차례로 멸망시킴으로써 439년에는 마침내 화북을 통일했다. 이 무렵 남쪽에서는 동진(317~420)이 망하고,
송(宋, 420~479)이 들어서게 되는데 이때부터 남북조시대라고 한다.

후연의 모용수가 사신으로 온 탁발규의 아우를 인질로 잡고는 전마(戰馬)를 내놓으라고 협박하니 탁발규가 이를 거절했고 화가 난 모용수는 탁발규의 동생을 죽였다. 이후 북위와 후연은 적대관계로 급변했다.

북위군과 대치하던 후연군이 탁발규가 퍼트린 '모용수가 죽었다'라는 헛소문에 속아 서둘러 회군하던 중 참합피(參合陂)에서 기습당해 수만 명이 전멸했다. 이에 분노한 모용수가 이듬해 북위를 치러 가는 길에 그곳을 지나게 되었는데, 후연 병사들의 시체가 산처럼 쌓여있는 참혹한 광경을 목격하고는 그 충격으로 피를 토하며 쓰러졌다가 병이 들어 얼마 후 죽고 이후 후연은 멸망의 길로 들어서게 되었다.

전연을 세운 모용황의 3자 모용수는 후연을 세워 업(鄴)을 도성으로 했다가 386년 중산(中山)으로 천도했다.
업은 하남성 동단 안양시와 접하는 하북성 남단 한단(邯鄲)시의 임장(臨漳)현의 서쪽으로, 조위(曹魏), 후조(後趙), 염위(冉魏), 전연(前燕), 동위(东魏), 북제(北齐) 등의 도성이 있었던 곳이다.
업성의 동남쪽에 위치한 위현(魏縣) 일대가 원래 위(魏) 땅이었다.

게다가 《한서 지리지》에서 중산국에 속하는 당(唐)현과 망도(望都)현에 대한 장안의 주석172)에 언급된 "요산은 당현 동북쪽 망도현과의 경계에 있고, 망도현은 요산의 북쪽에 요모가 묻힌 도산 남쪽에 있다. 요산에 오르면 도산이 보인다고 해서 이름으로 했다."라는 문구의 망도현은 하남성과 산동성의 경계였던 발해(대야택)

---

172) (中山國) 高帝郡，景帝三年為國。莽曰常山。屬冀州。戶十六萬八百七十三，口六十六萬八千八十。縣十四：(생략) 唐，堯山在南。應劭曰：「故堯國也。唐水在西。」張晏曰：「堯為唐侯，國於此。堯山在唐東北望都界。」(생략) 望都，博水東至高陽入河。張晏曰：「堯山在北，堯母慶都山在南，登堯山見都山，故以為名。」

서쪽에 있는 지금의 하택(荷澤)시 견성(鄄城)현이 다.
그 서쪽 일대가 중산국의 땅이었으니 업과는 그다지 멀지 않은 곳이다.

결론적으로, 대군에 속하는 동안양(東安陽)현은 하남성의 동단인 안양의 동쪽이라는 뜻이며, 상곡군과 어양군의 고수(沽水), 발해군에 언급된 문안(文安)과 평서(平舒), 병주(并州) 등의 위치로 미루어보아 참합은 동안양에 있는 업성에서 그리 멀지 않은 곳에 위치해야 할 것이다.

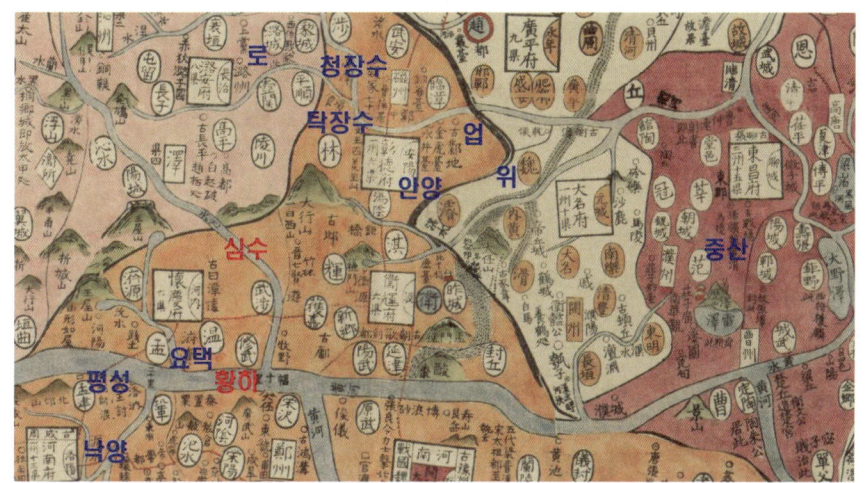

〈북위의 활동무대는 주로 하남성〉

(3) 북위의 도읍 평성은 어디인가?

탁발규가 북위의 왕위에 오르면서 도읍했던 평성(平城)은 과연 어디였을까?
평성에 있는 백등산은 한 고조 유방의 부인 여치(呂雉)가 흉노의 묵돌 선우의 포위를 풀기 위해 치마끈을 풀었던 곳이기도 하다.《한서 지리지》에 의하면,
평성은 병주(幷州)의 안문군(鴈門郡)173)의 속현으로 동부도위(東部都尉)의

---

173) 鴈門郡，秦置。句注山在陰館。屬并州。戶七萬三千一百三十八，口二十九萬三千四百五十四。縣十四：善無。沃陽，鹽澤在東北，有長丞。西部都尉治。繁畤。師古曰：「畤音止。」 中陵。陰館，樓煩鄉。景帝後三年置。累頭山，治水所出，東至泉州入海，過郡六，行千一百里。師古曰：「累音力追反。治音弋之反。燕刺王傳作台字。」樓煩，有鹽官。應劭曰：「故樓煩胡地。」武州。陶，孟康曰：「音汪。」劇陽，崞。孟康曰：「音郭。」平城，東部都尉治。埒。馬邑，師古曰：「晉

치소였다. 중국에서는 산서성 북부 대동(大同)시라고 주장하는데, 상당군 등이 속하는 병주는 황하 부근 산서성 동남부에 있어야 하는 행정구역이다.
이유는 병주의 안문군과 함께 붙어 다니는 유주의 대군이 북부 하남성과 하북성 남부에 있었기 때문이다.

바이두(百度) 백과에서 설명하는 대군의 역사연혁에 따르면,
대 땅은 본시 북방유목 민족의 땅이었다가 전국 시기에는 조(趙)에 속했고,
진시황이 통일 후 설치한 군현 중에 안문(雁門)군과 대(代)군이 있었는데,
한나라 때 안문군은 상당(上黨)군과 같은 병주(幷州)에 속했고,
대군은 유주(幽州)에 속했다고 한다. 상당군은 산서성 동남부 장치시 부근이니 병주도 거기서 그다지 멀지 않아야 한다.

평성의 대략적인 위치는 아래《한서 지리지》에서 찾을 수 있다. 하남군174)에 속하는 22개 현 중에 평음(平陰)현이 있는데 응소가 "옛 평음은 평성 남쪽에 있다."라는 주석을 붙였다. 평음의 정확한 위치는 아래《중국 고대지명대사전》175)에서 찾을 수 있다. 지금의 하남성 맹진현 동쪽으로 춘추시대에는 제(齊)읍이었으며, 삼국시대 위가 하음(河陰)으로 바꿔 불렀다고 설명되어 있다.

《대청광여도》에는 정주(鄭州)시 서쪽 형양(滎陽)시의 북쪽에 하음(河陰)이 표시되어 있다. 바로 선비족의 고향인 요택 부근이었다. 중국은 산서성에 있었던 조선과 고구리의 역사를 지우기 위해 병주의 태원과 대군 등을 산서성 북부까지 지명을 이동시켰던 것이다.

太康地記云秦時建此城輒崩不成，有馬周旋馳走反覆，父老異之，因依以築城，遂名為馬邑。」彊陰。諸聞澤在東北。

174) (河南郡)，故秦三川郡，高帝更名。雒陽戶五萬二千八百三十九。屬司隸也。戶二十七萬六千四百四十四，口一百七十四萬二百七十九。縣二十二：雒陽，滎陽，(생략) 平陰 應劭曰：「在平城 南，故曰平陰。」(이하 생략)

175) 春秋时平阴邑，《左传昭公二十三年》"二师围郊，晋师在平阴，王师在泽邑。" 汉置平阴县，应劭曰："在平城南，故曰平阴。" 晋废，故城今河南孟津县东，三国魏改曰河阴。春秋时齐邑，隋置榆山县，改曰平了，清属山东泰安府，今属山东济南道。

아울러 위 대군에 대한 설명에 속현 평서(平舒)가 있고, 영구(靈丘)현에서 발원하는 구하(滱河)의 종점으로 언급된 문안(文安)은 발해군의 속현이다.
발해는 하남성과 산동성 사이에 있었던 큰 내륙호수인 대야택(大野澤)이었고, 발해군은 그 북쪽 육지에 있던 행정구역이었다. 발해군의 속현 중에 동평서(東平舒)현이 있는데 이는 평서의 동쪽 땅을 의미하는 것으로 그 평서가 바로 대군의 속현이었다.

또한 대군의 속현 로성(盧城)에 대한 설명에 호지하(嘑池河)가 언급되어 있는데, 발해군에도 기록되어 있다는 의미는 대군이 발해군의 서쪽에 위치했다는 말인 것이다. 또한 대군의 속현 중에 동안양(東安陽)현이 있는데 이는 위 동평서현과 같은 이치로 안양의 동쪽에 있는 현이라는 말이다. 안양은 바로 북부하남성의 동단에 있는 은허유적지로 유명한 곳으로 그 동쪽이라 함은 바로 업성 또는 위현을 말하는 것이다. 업성이 후연의 도읍지임이 확실하니 하남성 맹진의 북쪽에 있는 맹주(孟州)가 북위의 도읍지였던 평성일 가능성이 높다.

(4) 평성의 백등산과 한왕 신

지금까지의 설명으로도 유주(幽州)에 속했던 대군(代郡)은 북경 서쪽에 있던 행정구역이 아니라 황하북부 하남성에서 하북성 서남부에 이르는 구역이었음을 알 수 있다. 그러한 사실을 확실하게 입증해주는 지명이 있었으니 바로 대군에 속한 참합(參合)현176)에 대한 중국 바이두(百度)백과의 설명은 다음과 같다.

"서한 때 설치되어 대군에 속했다가 동한 때 폐했다.
《한서 고제기》에 11년 장군 시무(柴武)가
한왕(韓王) 신(信)을 참한 곳으로 395년 5호16국 후기에 북위군이 참합피(參合陂)에서 후연군을 격파했다." 당시 후연의 도읍은 북부 하남성 안양과 가까운 업(鄴)이었고, 북위의 도읍은 평성이었다.
참합은 그 중간에 있는 지명으로 업에서 그다지 멀지 않았다.

---

176) 参合县，西汉置参合县，属代郡，东汉废。《汉书·高帝纪》：十一年，"将军柴武斩韩王信于参合"。

여기서의 한왕 신(韓王 信)은 동시대를 살았던 회음후(淮陰侯) 한신과는 동명이인이었다. 역발산기개세(力拔山氣蓋世)의 항우를 물리쳐 개국공신으로 제왕(齊王)에 봉해졌다가 토사구팽(兎死狗烹)이란 유명한 말을 남기고 처형된 한신은 회음후 한신이었다.

한 고조 유방은 흉노의 침략을 견제하기 위해 측근인 한왕 신을 북방에 배치해 흉노 토벌을 명했다. 그러자 흉노의 묵돌 선우가 친히 병력을 일으켜 한왕 신이 있던 마읍을 포위해버렸다. 한왕 신은 자신만의 힘으로는 흉노를 막아내기 어렵다고 보고 화친을 주도하기 위해 사신을 자주 보냈다가 한 고조 유방에게 흉노와 내통하는 게 아니냐는 의심을 사게 되어 두려운 나머지 흉노로 투항해버리고 말았다.

이후 한왕 신이 흉노의 장수로 변모해 한나라의 변방 태원을 공격해오자
이에 한 고조 유방이 친히 평성(平城)으로 출전했다가 졸지에 백등산(白登 山)에서 7일간이나 포위당하는 상황에 봉착하자 묵돌선우에게 선물을 보내고 불평등조약을 맺기로 하고 간신히 포위망을 빠져나왔다.
훗날 한왕 신은 고조가 장수 시무을 통해 보낸 "투항하면 옛 칭호와 자리를 돌려주고 죽이지 않겠다."라는 내용의 서신에 자신의 3가지 죄를 열거하며 정중하게 거부하고는 장렬하게 싸우다가 참패해 참합에서 참수되었다.

(5) 북위의 대군을 격파한 백제

백제 동성대왕이 북위와 단교를 선언하니
488년에 북위가 백제로 쳐들어 왔다가 대패했다.
어느 정도 규모의 병력이었는지에 대해서는 기록이 없어 확인되지 않는다.
현 강단사학계의 반도사관에 의하면
산서성 북부 대동시 에 있던 북위(北魏)의 기마병들이
황해를 건너 한반도 서남쪽 공주에 있는 백제를 공격했다는 말인데
이게 현실적으로 가능하냐는 것이다.
이어 북위는 488년의 대패를 설욕하기 위해
2년 후인 490년에 다시 백제로 쳐들어갔다.

《남제서》에 북위의 병력 규모에 대한 상세한 기록이 남아있다.
"이 해에 북위가 또다시 기마병 수십만을 일으켜 백제를 공격해 그 경계에 들어가니,

백제 모대(동성대왕)가
사법명·찬수류·해·목천나 등을 보내 군사를 거느리고
북위 군사들을 습격하도록 해 크게 물리쳤다."

식민사학계에서는
북위의 기마병 수십만이 한반도 백제까지 왔다고 능청스럽게 말하고 있다.
그런데 북위가 육로로 백제까지 오려면 반드시 고구리 땅인 만주를 통과해야 하는데, 통과하려면 고구리가 길을 내줘야 하는데 그게 가능할까?

따라서 북위의 기마병 수십만이 백제까지 오려면 황해바다를 횡단하는 길 이외에는 방법이 없다. 육지에 가까이 붙어 가는 연안 해로로 오려면 역시 고구리 해역을 통과해야 하기에 이 역시 불가능한 일이다.

〈북위 기마병과 백제와의 전쟁이 가능할까?〉

당연히 수십만 기마병이 배를 타고 황해를 가로질러 백제를 오간다는 것은
나당연합군에 의한 백제 패망처럼, 현실적으로 100% 불가능한 이야기이다.

수송선만 해도 만 척이 넘어야 하고,
수십만 기마병이 말을 싣고, 노를 젓는 배로
목숨을 걸고 바다를 건너는 등. 그야말로 실현 불가능한 일이다.

게다가 북위와 백제는 경계를 접했다고 기록되어 있는데,
한반도의 충청, 전라도 땅에 있는 백제의 서쪽 경계는 황해 즉 바다이다.
그 경계 안으로 북위의 기마병들이 쳐들어오자
백제가 기습으로 들이치니 북위가 도망쳤다고 기록되어 있는데,
북위가 황해로 달아났다는 말인지(?)
여하튼 식민사학계의 반도사관대로 백제를 한반도에 놓고서는 이런 기록들이
전혀 성립되지 않는다는 사실을 알 수 있다.

495년에 백제가 사신을 통해 북위에 표문을 보내면서
"지난 경오년(490)에 험윤(북위)이 잘못을 뉘우치지 않고 군사를 일으켜 깊이 쳐들어왔으나, 사법명등으로 하여금 군사를 거느리고 가서 반격하여 이를 토벌하게 했는데 밤에 번개같이 들이치고 도망가는 것을 따라가서 베니,
시체가 들판을 붉게 물들였다. (僵尸丹野)"라고 《남제서》에 기록되어 있다.

두 차례나 백제에게 참패해 수십만 명의 기마병을 잃은 북위는
이후 중국 남북조시대 최강자의 지위에서 점차 쇠락의 길로 접어들게 된다.
493년에 도읍을 평성에서 낙양으로 옮겨갔다.

(6) 호태왕 때 고구리의 유주에 속했던 대군

대군은 남북조시대의 최강자 북위를 세운 탁발규의 조상들이 대대로 족장을 지냈던 고향이자 주 활동무대였다. 그런 대군이 평남 덕흥리고분의 벽화에 그려져 있는 13명 지역 태수에 '대군 내사'(代郡內史)가 올려졌다는 사실은 참으로 놀랄 일이 아닐 수 없다.

그 이유는 무덤의 주인공이 고구리 호태왕 때 유주자사를 지냈다는 문구 때문이다. 즉 이 말은 대군이 호태왕 때는 고구리의 유주에 속했다는 의미다. 그런데 그와 관련된 기록이 《삼국사기》에는 물론, 호태왕 비문과 《고구리사초략》에도 전혀 없다는 것이다. 변조하기 쉬운 종이에 적힌 기록보다 더 믿을 수 있는 것은 유적이나 유물에 새겨진 기록이다.

8. 탁군의 위치는 어디인가?

중국은 북경시 서남부에 있는 작은 도시를 탁주(涿州)라고 명명해놓고 정사《삼국지》에는 없고, 소설 삼국연의에만 있는 내용인 도원결의(桃園結義) 유적지를 조성해놓고 그곳이 유비(劉備)와 장비(張飛)의 고향인 탁군이라고 소개하고 있다. 이는 유주가 북경 부근이라는 현재 중국의 역사관에 입각한것으로 지명이동을 통한 역사왜곡의 일환이라 할 수 있다.

과연 원래 탁군의 위치가 어디였는지 추적해보기로 하겠다.

〈북경 서남쪽 탁주시에 세워진 동상과　　도원결의정〉

먼저 아래는《한서 지리지》에서 유주에 속하는 탁군에 대한 설명이다.

（涿郡）高帝置。屬幽州。戶十九萬五千六百七，口七十八萬二千七百六十四。有鐵官。縣二十九：涿 177)，桃水首受淶水，分東至安次入河。應劭曰：涿水出上谷涿鹿縣。遒 178)，穀丘，故安，閻鄉，易水所出，東至范陽入濡也，并州浸。水至范陽入淶。師古曰：「言易水又至范陽入淶也。濡音乃官反。」南深澤，范陽，應劭曰：「在范水之陽。」蠡吾179)，容城，易，廣望，侯國。鄚180)，高陽 應劭曰：「在高河之陽。」州鄉，侯國。安平，都尉治。樊輿，侯國。成，侯國。良鄉，侯國。垣水南東至陽鄉入桃。利鄉，侯國。臨鄉，侯國。益昌，侯國。陽鄉，侯國。西鄉，侯國。饒陽，應劭曰：「在饒河

---

177) 師古曰：淶音來。
178) 師古曰：遒古遒字，音字由反。
179) 師古曰：蠡音禮。
180) 應劭曰：音莫。

之陽。」中水, 應劭曰:「在易、滱二水之間, 故曰中水。」武垣, 應劭曰:
「垣水出良鄕, 東入桃。」阿陵, 阿武, 侯國。高郭, 侯國。親昌。侯國。

(탁군) 고제 때 설치했고 유주에 속한다. 195,607호에 인구 782,764명이다.
철관이 있고 현은 29개이다. 탁현은 도수의 머리에서 래수를 받는 곳이고
나누어져 동쪽으로 안차까지 흘러 하로 들어간다.
응소 왈 "탁수는 상곡 군 탁록현에서 나온다." 주현, 곡구현, 고안현, 염향현에
서 역수가 나와 동으로 범양까지 흘러 유수로 들어가 병주로 스며드는 물길 또한
범양까지 흘러 래수로 들어간다.
사고 왈 "역수라는 말은 역시 범양까지 흘러 래수로 들어간다."
남심 택현, 범양현 응소 왈 "범수의 북쪽에 있다.", 려오현, 용성현, 역현, 광망현
은 후국, 막현, 고양현은 응소 왈 "고하의 북쪽에 있다."
주향현 후국, 안평현은 도위가 다스리는 곳, 번여현 후국, 성현 후국, 량향현 후국
원수가 동남쪽으로 양향현으로 흘러도수로 들어간다, 리향현 후국, 임향현 후국,
익창현 후국, 양향현 후국, 서향현 후국, 요양현 응소 왈 "요하의 북쪽에 있다."
중수현 응소 왈 "역수와 구수 사이에 있고, 옛날에 중수라고 했다."
무원 현 응소 왈 "원수는 량향에서 나와서 동쪽으로 흘러 도수로 들어간다."
아릉현, 아무현 후국, 고곽현 후국, 친창현 후국.

(1) 탁현의 위치는 어디인가?

《삼국지 촉서》의 선주전에 의하면, 유비는 한나라 경제의 아들인 중산정왕(中山靖王)
유승(劉勝)의 후손이다. 승의 아들 정(貞)이 기원전 117년에 탁군의 육성현후(陸城縣
侯)로 봉해진 이래 후손들은 대대로 탁현에 살며 주군(州郡)에서 벼슬을 했다.
유비의 조부는 웅(雄)이고 부친은 홍(弘)이다.
웅은 효렴(孝廉)으로 천거되어 관직이 동군[181]의 범령(范令)에 이르렀다.

---

181) 東郡(동군), 秦置。屬兗州。戶四十萬一千二百九十七, 口百六十五萬九千二十
八。縣二十二 : 濮陽(복양), 衛成公自楚丘徙此。故帝丘, 顓頊虛(전욱허)。應劭
曰:「濮水南入鉅野。」 畔觀, 應劭曰:「夏有觀扈, 世祖更名衛國, 以封周後。」
聊城(류성), 頓丘, 師古曰:「以丘名縣也。丘一成為頓丘, 謂一頓而成也。或曰,
成, 重也, 一重之丘也。」 發干, 范(범), 茌平, 應劭曰:「在茌山之平地者也。」
東武陽, 禹治漯水, 東北至千乘入海, 過郡三, 行千二十里。應劭曰:「武水之陽
也。」 博平, 黎(리), 孟康曰:「詩黎侯國, 今黎陽也。」 臣瓚曰:「黎陽在魏郡,

유비는 어렸을 때 부친을 잃어 모친과 함께 짚신과 돗자리를 만들어 파는 일을 생업으로 했다. 장비 역시 유비와 마찬가지로 탁군에 살았다고 한다.

유비의 조상들은 대대로 줄곧 탁군에서 살았고 조부가 동군에 속하는 범현(范縣)의 현령이 되었다고 하는데, 중국은 동군의 범현은 산동성 서쪽과 경계하는 하남성 복양(濮陽)시의 범현이라고 주장한다. 그렇다면 조상 대대로 북경 서남부에 살다가 조부 때 하남성으로 이사 갔다는 건지?
먼저 탁군과 동군의 범현과의 관계에 대해 알아보도록 하겠다.

상곡군 탁록현(산서성 동남부 로성의 서쪽)에서 나온 탁수가 갈라져 동쪽으로 발해군의 안차현까지 흐른다. 역수가 나오는 염향현 동쪽에 범양이 있고, 염향현은 중산국에 속하는 북신성현의 서북쪽이 있다. 중산국에 속하는 당현의 동북쪽에 있는 망도(望都)현에 요산 즉 요임금의 무덤이 있는데 지금의 산동성 하택(荷澤)시 견성(鄄城)현이다. 따라서 탁군의 대략 적인 위치도 동군과 비슷하게 하남성 동북부와 하북성 남부과 산동성 서부의 3개 성이 만나는 곳 일대로 비정된다.

〈하남성 동군과 겹치는 탁군의 범양현은 북경에 없었다〉

非黎縣也。」 清, 應劭曰:「章帝更名樂平。」 東阿(동아), 都尉治。應劭曰:「衛邑也。有西故稱東。」 離狐, 臨邑, 有泲廟。利苗, 須昌, 故須句國, 大昊後, 風姓。壽良(수량), 蚩尤祠在西北泲上。有朐城。應劭曰:「世祖叔父名良, 故曰壽張。」 樂昌, 陽平, 白馬, 南燕, 南燕國, 姞姓, 黃帝後。廩丘。

235

(2) 범양현과 범현은 다른가?

그럼에도 중국은 탁군에 속하는 범양(范陽)은 북경시 서남부 탁주시 부근이고, 동군에 속하는 범(范)현은 하남성 복양시의 범현이라고 하면서 두 곳이 서로 다른 곳이라는 주장을 해왔다. 그 근거 중의 하나가 《수경주》권11[182])에서 "탁군의 고안현 감향서산에서 나온 역수가 동쪽으로 범양현 남쪽을 지난다."라고 설명되어 있으며, 범현은 권5 하수(황하)의 본류를 설명하는 문구에 언급되어 있다는 것이다.

그런데 필자가 보기에는 둘 다 거의 비슷한 지역을 설명하는 것으로 판단하며, 더욱 명확한 사실은 권11은 권10 탁,청장수의 동쪽에 있는 황하의 지류에 대한 설명이지 황하가 흐르지도 않는 북경 서남부를 설명하는 것이 아니라는 것이다.
 여하튼 범현이라는 이름은 그곳을 흐르는 범수(范水)에서 가져왔으며, 범양현은 범수의 북쪽이라는 응소의 주석이 붙었다고 설명하고 있으니 이것이야말로 범현과 범양현이 같은 곳이라고 스스로 이실직고 말하는 것이 아니고 무엇이란 말인가?

범양현은 탁군의 속현이나, 범양군과 탁군, 범양현과 탁현이 개칭되어 같은 지역일 경우도 있다. 탁군의 역사연혁[183])에 의하면 위 문왕(조비) 7년 (226년)에 탁군이 범양군으로 개명되었다가, 서진의 무왕(사마염) 원년(265년)에 범양군을 범양국으로 개칭했다가, 북위 때인 386년 다시 범양군으로 바꿨다.
당나라 때인 618년 탁군을 파하고 유주로 개칭했고, 624년 탁현을 범양현으로 바꾸었다가 안록산의 난 이후 범양군을 유주라 칭했다가 724년 유주를 범양군으로 바꿔 불렀다 한다.

---

182) 易水出涿郡故安縣閻鄉西山, 東過范陽縣南
183) (范阳县) 秦朝在秦王政21年（前226年）初设范阳县, 因在范水之北而得名。西汉继续为范阳县, 新朝更名为顺阴, 东汉又称为范阳侯国。三国魏黄初5年（224年）置范阳国, 黄初7年（226年）又将涿郡改名为范阳郡, 治所在蓟县。西晋泰始元年（265年）复置范阳县。北魏时期改回范阳郡。隋开皇元年（581年）改范阳为遒县。唐朝武德7年（624年）, 涿县改为范阳县。天宝元年（742年）将幽州涿郡改置幽州范阳郡, 治所在蓟县。原来的幽州节度使更名为范阳节度使。安禄山、史思明后来在这里发动了安史之乱, 此地升格为燕京。宝应元年（762年）, 李怀仙投降唐朝, 这里又改回幽州。大历4年（769年）, 与固安等县自幽州析出, 置涿州, 以范阳县为治所。中华民国北洋政府于1913年建立了范阳道, 属直隶省, 治所在今保定清苑县, 但第二年范阳道又改名为保定道。

예전에는 대야택(발해)과 접했던 하남성의 연주(兗州)에 속하는 동군에는 복양(濮陽)시와 치우천왕의 무덤이 있다는 산동성 수장현(壽張, 류성시 양곡현)과 요임금의 무덤이 있는 산동성 하택시 견성현도 포함되어 있다.

삼국지에 나오는 유비와 장비의 고향 탁현의 위치가 요임금의 묘가 있는 중산국 땅과 접해야 하므로 탁군은 현 북경시 서남부에 있는 탁주(涿州)시가 아니라 그보다 한참 남쪽으로 내려와 하북성, 하남성, 산동성의 3개 성이 만나는 지역의 황하변에서 찾아야 마땅하다. 그 일대에 오밀조밀 대군, 탁군, 중산국, 동군 등이 몰려있었던 것으로 봐야한다.

(3) 수 양제와 당 태종의 탁군

탁군의 대략적인 위치는 《수서 양제기》에서 찾을 수 있다.
"대업(大業) 4년(608), 하북(河北) 여러 군의 남녀 백여만을 동원해 영제거(永濟渠)를 뚫어 심수(沁水)의 물을 끌어 남쪽으로 황하(黃河)에 다다르게 했다.
북쪽이 탁군(北通涿郡)과 통했다."라는 기록이다. 식민사학계는 중국의 비정대로 탁군을 북경 일대라고 말하고 있으며, 北通涿郡이란 문구를 "북으로 탁군과 통했다."라고 잘못 해석하고 있다.

그런데 심수의 물을 끌어 황하로 연결하는 영제거가 만들어짐으로써
북쪽의 탁군이 통했다고 했으므로, 심수와 황하가 만나는 부근의 남쪽 즉 하남성에서 찾아야 옳을 것이다. 이걸 황하도 심수도 없는 북경 부근이라고 주장하는 어처구니없는 중국의 행위야말로 지나가는 소가 웃을 일이 아니고 무엇이겠는가!

고구리 원정의 날이 정해지자 수 양제는 군사들의 차출 지역이 멀거나 가까움에 상관없이 전투병력 약 113만 명과 수송인원 약 200만 명을 모두 탁현으로 집합시켜 매일 1개 군씩 출발시켜 40일 만에 끝냈다고 한다.
수 양제는 2~3차 침공 때도 모든 군사를 탁군으로 집합시켰다.

그러나 당 태종은 고구리 침공시 수 양제가 즐겨 사용했던 탁군을 이용하지 않은 것으로 보인다.

(4) 탁군은 호태왕 때 고구리 땅

그런데《한서 지리지》에 기록된 유주 모두가 광개토태왕 때 고구리의 강역으로 되었다. 그 근거는 1976년 평안남도 덕흥리에서 발견된 고분에서 찾을 수 있다. 고분의 천정에 있는 묘지명에는 영락(永樂) 18년(408)에 77세로 죽은 망자 진(鎭)이 생전에 역임했던 관직명이 "건위장군(建威將軍) 국소대형(國小大兄) 좌장군(左將軍) 용양장군(龍驤將軍) 요동태수(遼東太守) 사지절(使持節) 동이교위(東夷校尉) 유주자사(幽州刺史)"라고 적혀있다,

훙(薨)과 영락(永樂)이라는 글자로 보아 망자는 호태왕의 제후급 신하였고, 통상 묘지명의 관직은 역임 순서대로 적는지라 마지막 벼슬이 유주자사였음을 알 수 있다. 게다가 전실(前室)에는 군을 다스리는 13명의 태수가 망자에게 보고하는 벽화가 그려져 있는데 그 지역명과 직함은 다음과 같다.
①연군(燕郡) 태수 ②범양(范陽) 내사 ③어양(漁陽) 태수 ④상곡(上谷) 태수 ⑤광령(廣寧) 태수 ⑥대군(代郡) 내사 ⑦북평(北平) 태수 ⑧요서(遼西) 태수 ⑨창려(昌黎) 태수 ⑩요동(遼東) 태수 ⑪현토(玄兎) 태수 ⑫낙랑(樂浪) 태수
이고 1명은 판독 불능상태이다.

즉 유주는 호태왕 때 행정구역이었고, 자사(刺史)는 주를 다스렸고 태수(太守) 또는 내사(內史)는 군을 다스리는 벼슬이었음을 알 수 있다. 강단사학계는 자사와 태수는 중국 고유의 관직인지라 서진에서 유주자사를 역임했던 진이 고구리로 망명했다가 죽은 것이라는 이상한 논리를 폈다. 그러나《고구리사초략》의 기록에 의하면, 그 논리는 어불성설임을 알 수 있다.

위 지명과《한서 지리지》의 유주에 속해 있는 군들을 비교해보면, 어양과 상곡, 대군, 북평, 요서와 요동, 현토와 낙랑은 공통이다. 덕흥리 고분벽화에만 있는 지명은 연군, 범양, 광녕, 창려이고,《한서 지리지》에만 있는 지명은 탁군과 발해군이다. 벽화의 범양군은《한서 지리지》에서 유주의 탁군에 속한 범양현이 군으로

승격되었고, 광녕군은 274년 서진에서 유주의 상곡군의 일부를 떼어내 설치했다는 연혁이 있으며, 창려는 요서군의 교려(交黎)현이 군으로 승격하면서 명칭이 바뀐 것으로 보인다. 즉 모두 《한서 지리지》의 유주와 같다고 봐도 무방하다.

벽화의 연군은 《한서 지리지》에서 유주가 아닌 연지(燕地) 또는 광양국(廣陽國)/연국(燕國)으로 설명되어 있는데, 20,740호에 인구 70,658명의 작은 군이다. 이런 식으로 작은 시군을 왕이 다스리는 국(國)이라고 불러 혼돈을 불러일으켜 역사를 왜곡하는 것이 예로부터 내려오던 한족들의 습성이다.

태수들의 지명이 덕흥리 고분벽화에 언급되었다는 의미는 그 군현들이 고구리 호태왕 때의 행정구역이었고, 태수들이 망자(유주자사)에게 보고하는것으로 보아 모두 유주에 속했다는 말이다. 따라서 서진 때까지 한족의 땅이었던 유비의 고향 탁군이 호태왕 때는 고구리의 땅으로 변했다는 의미다.
어떤 역사적 사건이 있었는지 중국사서의 기록이 없어 정확한 사연을 알 길이 없으나, 호태왕비문에 새겨져 있는 기사와 관련된 정복사업의 결과물이 아닌지 그 여부를 체크해봐야 할 것이다.

9. 발해군의 위치는 어디인가?

《한서 지리지》에서 유주에서 가장 동쪽에 있는 발해(勃海)군은 우리 고대사와 관련이 많은 지명이다. 고구리 패망 후 그 정통성을 계승한 대진(大震)국이 세워졌던 곳이기 때문이다.

반면에 당나라에서는 대진국을 발해라고 불렀다.
《신당서》에서는
대조영이 나라를 세우면서 스스로 진국왕(震國王)이라 불렀다고 하는데,
《구당서》에서는
713년 당 현종이 대조영을 '좌효위원외대장군 발해군왕 홀한주도독(左驍衛員外大將軍渤海 郡王忽汗州都督)'으로 책봉한 이후, 말갈 대신 발해로만 불렀다고 기록되어 있다.

그러나 설사 책봉 조서가 왔더라도 대진국 황제 대조영은 코웃음 치며, 그 조서를 찢어버렸을 것이다. 왜냐하면 불과 15년 전인 698년에 장수 이해고가 이끄는 당나라

대군이 천문령(天門嶺)에서 전멸당했고, 국호를 대진으로하고 연호를 천통(天統)으로 바꾼 지 얼마 되지도 않았는데 당나라의 일개 군급 지역제후 책봉 조서를 받아들였을 이유가 없기 때문이다. 대진국이 일본에 보낸 국서에 '高句麗' 국호를 썼다는 것이 이를 입증해주고 있다.

당나라 때 발해는 현재 산동성과 하북성과 요녕성으로 둘러싸여 있는 중국의 내해이며, 또한 발해군은 '대청광여도'에 그려진 대로 산동성의 성도 제남(濟南)시의 북부였다는 것이 중국의 주장이다. 그럼에도 한국의 강단사학계는 일제식민사학의 이론대로 정혜·정효공주의 무덤이 발견되었다는 이유만으로 발해는 동만주 돈화에서 건국되었고, 국호 발해는 당시 발해라고 불렀던 경박호(鏡泊湖)에서 가져왔다는 이상한 주장을 하고 있다.

2007년에 KBS에서 인기리에 방영되었던 드라마 '대조영'의 마지막회에서 나레이터가 발해 건국에 대해 "발해(渤海)라는 국명은 지명에서 유래한 것으로, 수도인 홀한성(상경용천부)의 서남쪽 가까이에 위치해 있는 호수인 경박호(鏡泊湖)에서 따온 것이다. 경박호는 비록 바다가 아닌 호수이지만 그 둘레가 30km나 되어 바다처럼 여겨져 국호 발해가 거기서 유래되었다."라고 어불성설의 해설을 한 적이 있다. 이처럼 식민사학은 중국의 발해보다 훨씬 더 동쪽인 동만주에다 발해를 비정했다.

《한서 지리지》에 기록된 발해군에 속한 현들에 대한 내용은 다음과 같다.
(勃海郡), 高帝置。屬幽州。師古曰：「在勃海之濱，因以為名。」戶二十五萬 六千三百七十七，口九十萬五千一百一十九。縣二十六：浮陽，陽信，東光， 有胡蘇亭。阜城，千童 應劭曰：「靈帝改曰饒安。」，重合，南皮 師古曰：「闞駰云章武有北皮亭，故此云南。」定 侯國，章武 有鹽官，中邑，高成，都 尉治。高樂，參戶，侯國。成平，虖池河 民曰徒駭河，柳，侯國。臨樂 侯國，東平舒 師古曰：「代郡有平舒，故此加東。」，重平，安次，脩市[184] 侯國，文安，景成 侯國。束州，建成，章鄉 侯國，蒲領 侯國

(발해군) 고제 때 설치했고 유주에 속한다.
사고 왈 "발해의 해변에 있어 이름으로 했다."

---

184) 應劭曰：「音條。」

호구는 256,377호에 905,119명이다. 26개 현이 있다.
부양현, 양신현, 호소정이 있는 동광현, 부성현, 천동현
응소 왈 "령제가 요안으로 바꿔 불렀다." 중합현, 남피현 사고 왈 "감인이 이르기를 장무현에 북피정이 있어 옛날에 남이라 했다", 정현 후국, 염관이 있는 장무현, 중읍현, 도위가 다스리는 고성현, 고락현, 삼호현 후국, 성평현, 호지하현 백성들은 도해하라고 불렀다, 류현 후국, 임락현 후국, 동평서현 사고 왈 "대군에 평서현이 있어 옛날에 동을 추가했다.", 중평현, 안차현, 수시현 후국, 문안현, 경성현 후국, 속주현, 건성현, 장향현 후국, 포령현 후국

발해군은 유주에서 가장 동쪽에 위치하는 군이다. 발해군의 속현들이 다른 군에 언급된 내용을 보면 대략적인 위치를 추정할 수 있다. 안차(安次)현은 탁(茇)군과 역수(易水)에, 문안(文安)현은 대(代)군과 조지(趙地)에, 장무(章武)현은 위(魏)군과 금성(金城)군과 조지(趙地)에 언급되어 있다. 특히 대군에 속하는 평서현의 동쪽에 있는 동평서현이 발해군에 속하는 현이다. 이들을 《수경주》에서 찾아보면 발해군은 현재 중국의 내해가 아니라 산서, 하남, 하북 3성이 만나는 지역 부근에 있었음을 알 수 있다.

(1) 발해(渤海)는 어디인가?

《중국 고대지명대사전》에서 발해(渤海)를 검색하면 대야택(大野澤) 또는
거야택(巨野澤) 두 군데가 나타나는데 둘 다 같은 곳을 말하는 것이다.
(대야택)185) : 거야택이라고도 칭하는 거야는 고대의 저명한 호수다.
《상서》《주례》등 고서적의 기재에 따르면 대야택 옛 유적은 현재 산동성 거야택의 북쪽으로 고대에는 제수, 사수와 서로 연접해 있었다. 당대의 거야택은 수면이 남북 300리 동서 약 100리이며 대야택이라고도 불렸다.
송나라때 거야택의 남부가 마르고 땅이 굳어져 평지로 됐으며
북부는 양산박의 일부가 됐다.
그 가운데 수초가 많이 살고 물고기와 벌레가 아주 많다.

---

185) (大野澤) : "钜野"又称钜野泽 , 是古代著名的水泊 ,《尚书》、《周礼》等古籍中均有记载。大野泽的故址在今山东省钜野县北 , 在古代是与济水、泗水相连接的。唐代的钜野泽 , 水面南北长三百里 , 东西宽百余里 , 号称大野泽。宋代时 , 钜野泽的南部干涸为平地 , 北部成为梁山泊的一部分 , 其中水草丛生 , 鱼虫很多。

(거야)186) : 원래는 거야로 거야택으로 인해 이름을 얻었는데, 대야택이라고도 불리는 호수 소택지(늪)이다. 대야택은 현재 산동성 거야의 북면으로 당나라 때 남북 300리 동서 100리의 호수였다. 오대시대 이후 호수가 말라 평지가 됐는데 바로 거야, 가상, 운성, 양산의 지면이다.
(참고로 천자문에 '택유거야(澤有鉅野)'란 사자성어가 있는데 바로 대야택이다.)

〈발해는 하남성과 산동성의 경계에 있던 큰 호수(대야택)〉

그렇다면 위 대야택·거야택은 발해와 어떤 관계가 있을까. 대야택 또는 거야택이 발해라고 설명한 자료는 산해경(山海經)을 새롭게 탐구했다는 하유기(何幼琦)의《해경신탐(海經新探)》187)으로 그 내용은 다음과 같다.

---

186) 巨野，原为鉅野，因鉅野泽而得名。鉅野泽，又名大野泽，是古代有名的湖泊沼泽地。古时候童子启蒙读物《千字文》(天地玄黄，宇宙洪荒)，其中有一句"泽有鉅野"，就是指大野泽。大野泽在现在山东巨野的北面，到唐朝时，湖面南北长三百余里，东西宽百余里。五代以后，湖面自南向北逐渐干涸，中南部成为平地，也就是现在巨野、嘉祥、郓城、梁山的地面，其北部就成为梁山泊。

187) 勃海是鉅野泽的古名。这个古名一直袭用到汉初。《战国策·赵策》中苏秦说："秦攻赵则韩军宜阳，楚军武关，魏军河外，齐涉勃海，燕出锐师以佐之。"这个勃海就是鉅野泽。《史记·河渠书》云："今天子元光之中而河决于瓠子，东南注钜野，通于淮泗。"《汉书·武帝记》说是"元光三年春，河水徙从顿丘，东南流，入勃海。"两文对照，可知这个勃海还是鉅野。又，鉅野因此也称东海。《史记·项羽本纪》称，汉之四年，因为彭越攻东阿，杀楚将，项羽回师破走彭越，接着说："项王已定东海，来西，与汉俱临广武而军。"东阿距勃海很远，这个东海无疑义是指钜野。《水经注》引《晋书·地道记》云："廪丘者，春秋之齐邑，实表东海者也。"地在今范县境内，距汉、魏的东海郡、渤海郡都比东阿更远，说明魏晋时的钜野还被人称为东海。钜野的海名持续了两千来年。

"발해는 거야택의 옛 이름이다. 그 이름은 한나라 초까지 계속 사용됐다.
《전국책 조책》중 소진설에 인용된 '齊涉勃海'라는 구절의 발해는 거야택이다.
《사기 하거수》의 '東南注鉅野'와
《한서 무제기》의 '東南流入勃海'의 발해는 거야택이고 거야는 동해라고도 불렀다.
《사기 항우본기》에서 "항 왕이 이미 동해를 평정하고 서쪽으로 왔다."라는 문구의
동해는 거야를 가르친다는 것은 의심의 여지가 없다.
《진서 지도기》를 인용한《수경주》에서 전하기를
"름구란 자는 춘추시대 제읍인 동해사람임이 밝혀졌다.
땅은 현재 범현 경내에 있다. 멀리 한나라와 위나라의 동해군이고
발해군의 치소는 동아에 비해 아주 멀다. 위·진시대의 거야택은 사람들에 의해
동해로 불렸다. 거야가 바다(해)라는 이름 으로 불린 건 2000년이나 지속됐다,"

위 설명에 따르면 발해는 바로 하남성과 산동성 사이에 있었던 동서 100리에 남북 300리 크기의 큰 내륙호수였던 대야택 또는 거야택이다. 그 북쪽의 땅이 발해군이었으며 고구리 패망 후 대조영이 부근 하남성 학벽(鶴壁)에서 고구리의 정통성을 계승한 나라를 세웠다는 것이 역사의 진실이거늘 어찌 이런 나라가 동만주에서 세워졌단 말인가. 참으로 한심한 식민사학이 아닐 수 없다.

〈길림성 화용에서 출토된 정효공주 묘와 비석〉

《태백일사 대진국본기》에는 대진국의 강역이 9천 리였다고 기록되어 있다.
재야사학계에서도 이 기록을 과장으로 인식하고 있으나,
이는 대진국의 도읍지를 잘 몰랐기 때문에 생긴 오류라고 할수 있다.

대진국의 도읍 홀한성이 있던 동모산은 현재 지명 하남성 학벽(鶴壁)시이고,
정혜, 정효공주의 무덤이 발견된 돈화 일대도 대진국의 강역이었으니 하남성에서
동만주까지 9천 리가 되고도 남음이 있을 것이다

〈발해를 동만주 경박호로 비정한 일제 식민사학〉

제4편
위대한 대제국 고구리

제1장 고구리의 도읍지는 어디인가

제2장 집안 관구검 기공비의 허구

제3장 호태왕비문의 새로운 해석

제4장 살수와 요택은 어디인가

제5장 당 태종이 참패한 안시성

제1장 고구리의 도읍지는 어디인가?

동방의 등불이었던 우리 민족의 고대 강역을 밝힐 수 있는 고구리의 도읍지 찾기는 우리에게 무척 의미 있고 중요한 일이 될 것이다.
현재 우리 역사가 중국과 일본에 의해 오랫동안 축소, 왜곡되다 보니, 대부분 국민들이 중원을 지배했던 위대한 대제국 고구리의 강역에 대해 잘 모르고 있으며, 학생들은 아직도 반도사관에 의해 축소된 역사를 학교에서 배우고 있다.

현재 사학계가 비정한 고구리의 도읍지는
길림성 집안과 한반도 북부의 평양으로 알려져 있다.
그런데 중국 사서나 인터넷을 통해 수집한 자료들로 고대 지명을 연구해본 결과, 명나라 이래 지금까지 중국은 우리의 강역을 축소시키기 위해 지명이동을 통한 역사왜곡을 자행했다는 사실을 알게 되었다. 이를 원상태로 바로 잡는 일이야말로 우리의 민족혼과 정신을 되살리는 일이 될 것이며, 조국의 희망찬 미래를 위해 중요한 과제가 될 것이다.

(1) 《삼국사기》의 고구리 도읍지

《삼국사기》 지리편에 있는 고구리 도읍지 관련 기록은 다음과 같다.
"주몽이 흘승골성에 도읍을 정한 때로부터 40년이 지나서 유류왕 22년(3)에 도읍을 국내성으로 옮겼다. (중략) 국내성에 도읍한 지 425년이 지난 장수왕 15년(427)에 평양으로 옮겼으며, 평양에서 156년이 지난 평원왕 28년 (586)에 장안성으로 옮겼으며, 장안성에서 83년이 지난 보장왕 27년(668) 에 멸망하였다."

위 기록에는 《삼국사기》에 기록된 고구리 산상왕 13년(209) 겨울 10월에 도읍을 환도(丸都)로 옮겼고, 동천왕 21년(247)에 위나라 관구검의 침략으로 도읍 환도성이 불타서 평양성을 쌓아 백성과 종묘사직을 옮겼고, 고국원왕 12년(342) 가을 8월에 환도성으로 다시 거처를 옮겼다가, 이듬해 평양의 동황성(東黃城)으로 거처를 옮겼다는 기록이 누락되어 있다.

산상왕의 천도가 누락된 이유는 사학계가
《괄지지(括地志)》[188]의 "불내성(不耐城)은 곧 국내성(國內城)이다. 그 성은 돌을 쌓아 만든 것이라 하였다. 이는 환도산과 국내성이 서로 접해 있기 때문이다."라는 기록을 근거로 환도성을 국내성과 같게 보았기 때문일 것이다. 또한 무구검기 공비가 발견 되었다는 이유로 길림성 집안을 환도성과 국내성으로 비정했으나, 이는 분명한 역사왜곡이라 할 수 있다.

참고로 최초 평양성으로 도읍을 옮긴 때는 《삼국사기》 지리 편에는 장수왕이라고 되어있으나, '고구리본기'에는 동천왕으로 기록되어 있어 본기와 지리지가 다르게 기록된 것은 잘 납득이 되지 않는다.

(2) 《신당서》의 고구리 도읍지

지금까지 많은 학자들이 학술세미나에서 고구리의 도읍지에 대해 발표하면서 자료집에 올리는 단골 기록이 하나 있는데, 이런 문구가 있다고 소개만 될 뿐 인용해 해설된 적은 아마도 없었을 것이다. 왜냐하면 거기에 기록된 "압록수변에 고구리의 도읍인 국내성, 평양성, 안시성과 서안평이 위치했다."라는 내용이 발표자의 지리비정과 너무도 다르기 때문이다. 다들 중국이 고구리의 도읍을 잘 모르는 상태에서 아무렇게나 쓴 기록 정도로 알았을 것이다. 과연 그런지 그 기록 속으로 들어가보도록 하겠다.

《신당서》[189] 열전145-동이는 고구리 도성들의 위치가 한꺼번에 언급되어 있는 거의 유일한 기록이다. "마자수는 말갈의 백산에서 시작되고 색이 오리의 머리 색깔과 흡사하여 압록수라 부른다. 국내성 서쪽으로 흘러 염난수와 합해지고, 서남쪽으로 안시에 이르러 바다(황하)로 흘러 들어간다. 평양성은 압록의 동남쪽에 있어 커다란 배로 사람을 건네고 믿음직한 참호 역할을 하고 있다.

---

188) 중국 당나라 때 복왕태(濮王泰) 등이 편찬한 지지. 정관(貞觀) 13년(639)을 기준으로 전국 358개 주의 연혁, 산천의 형세, 풍속, 문물, 고적 따위를 기술한 책. 원본은 전하지 않으며, 그 내용은 여러 책에 인용되어 전해지고 있다.

189) 《新唐書》 列傳145-東夷 "有马訾水出靺鞨之白山, 色若鴨头号鴨淥水, 历国内城西, 与盐难水合 又西南至安市, 入于海。而平壤在鴨淥东南, 以巨舻济人 因恃以为堑"

또 《한서 지리지》190)에 "마자수는 서북에서 염난수로 들어가고 서남으로
흘러 서안평에서 해(海)로 들어간다. 2개 군을 거쳐 길이는 2,100리이다."

위 두 기록에 따르면, 국내성·평양성·안시성·서안평 모두 압록수변에 있어야 한다.
그러나 중국과 일제 식민사학은 압록수를 현재의 압록강, 압록의 동쪽인 국내성을
압록의 북에 있는 집안현, 평양성을 압록강이 아닌 대동강변에 있는 평양, 서안평
을 압록강 하구에 있는 단동, 그리고 안시성은 요하변에 있는 안산(鞍山)으로
비정했다.

모두 압록수변이라는 기록이 잘못된 걸까? 아니면 학계의 지리비정이 잘못된 걸까?
만약 《신당서》 기록이 옳다면 중국과 일제 식민사학의 지리비정은 대단히 잘못된
것이라 할 수 있다. 결론부터 말하자면 《신당서》 기록이 옳다고 할 수 있다.
지금까지 중국과 일제는 지명이동을 통해 우리역사 강역을 한반도로 축소시키고
우리의 찬란했던 고대사를 왜곡해왔던 것이다.

그렇다면 원래 압록수가 어디 강인지 알아보기로 하겠다. 압록수(마자수)를 산서성
을 가로지르는 분하에 가져다 놓고 위 《신당서》를 대입하면 서안평은 분하와 황하가
만나는 하진시, 안시성은 여량산맥의 남단 직산현, 평양성은 임분시, 국내성은
평요시로 비정된다. 여기서의 海는 바다가 아니라 바로 황하였던 것이다.

이러한 필자의 지명비정이 옳은 이유는 아래 《한서 지리지》191) 의 기록에 의하면,
바로 안시와 서안평이 유주에 속한 요동군에 속하기 때문이다.
요서군의 상징인 백이, 숙제의 무덤과 낙랑군의 말뚝이랄 수 있는 패수의 위치가

---

190) 《한서 지리지》 "马訾水西北入盐难水 西南至西安平入海 過郡二行二天一百里)"
191) 《漢書 地理志》 (辽东郡 요동군) 秦置。属幽州(유주)。户五万五千九百七十
二，口二十七万二千五百三十九。县十八(18개 현이 있다) : 襄平。有牧师官。莽
曰昌平。新昌，无虑，西部都尉治，望平，大辽水出塞外，南至安市入海。行千二
百五十里。莽曰长说。房，候城，中部都尉治。辽队，莽曰顺睦。辽阳，大梁水西
南至辽阳入辽。莽曰辽阴。险渎，居就，室伪山，室伪水所出，北至襄平入梁也。
高显，**安市(안시)**，武次，东部都尉治。莽曰桓次。平郭，有铁官、盐官。**西安平
(서안평)**，莽曰北安平。文，莽曰文亭。番汗，沛，水出塞外，西南入海。杏氏。

정확하게 밝혀짐으로써, 유주는 산서성 남부와 하내군(황하 북부 하남성)을 아우르는 지방의 명칭이다. 또한 <한서 지리지>에 압록수는 2,100리로 기록하고 있는데, 이는 현 분하의 길이인 716km와 크게 차이가 없다.

< 현재 이론대로 비정된 지도>　　<압록수=분하로 비정된 고구리 도성들>

1. 고구리의 시국처 졸본성

(1)《삼국사기》고구리본기의 졸본성

《삼국사기》고구리본기에서의 졸본(卒本)성에 대한 기록은 다음과 같다.
"그리하여 주몽은 오이(烏伊), 마리(摩離), 협보(陜父) 등 세 벗과 함께
엄표수(淹淲水)에 이르렀다. 그곳에서 강을 건너려고 했으나 다리가 없어 따라
오는 병사들에게 잡힐까 두려워했다. 주몽이 강을 향해 '나는 천제의 아들 이요,
하백의 외손이다. 오늘 도망가는데 뒤쫓는 자들이 다가오니 어찌해야 하는가?"라
고 말하니, 물고기와 자라가 떠올라 다리를 만들어 건너게 해주고는 곧
흩어져버려 뒤쫓던 기병들을 따돌렸다.
주몽은 모둔곡(毛屯谷)192)에 이르러 재사(再思), 무골(武骨), 묵거(黙居)
세 사람을 만나 각자에게 성씨를 주고 각자의 능력에 맞는 일을 맡기고, 함께 졸본천
(卒本川)193)에 이르렀다. 그곳 토양이 기름지고 아름다우며 산하가 험하고 견고한
것을 보고 도읍으로 정하려 했으나, 궁실을 지을 겨를이 없어 비류수(沸流水)가에
초막을 짓고 살았다. 나라 이름을 고구리(高句麗)라 하고,
이로 인하여 고(高)를 성씨로 삼았다. 이때 주몽의 나이 22세였다.
19년 가을 9월, 왕이 죽으니 나이 40세였다.
용산(龍山)에 장사지내고 시호를 동명성왕(東明聖王)이라 하였다."

광개토호태왕 비문194)에는 이 부분이 약간 다르게 기록되어 있다.
"옛날에 시조 추모왕이 나라의 기초를 세웠다. 북부여 천제의 아들이고 어머니는
하백의 딸이다. 알을 깨고 세상에 나왔으니 성덕이 있었다. 수레를 타고 순행하여
남쪽으로 내려가다 길이 부여의 엄리대수(奄利大水)에 다다랐다.
왕이 나루에 임하여 말하기를, '나는 황천의 아들이요, 어머니가 하백의 딸인 추모
왕이다. 나를 위해 갈대를 잇고 거북이들을 뜨게 하라.'고 했다. 그 소리에 응하여
곧 갈대가 이어지고 거북이들이 물 위에 떴다.

---

192) 『위서(魏書)』에는 '보술수(普述水)에 이르렀다.'고 기록되어 있다.
193) 『위서』에는 '흘승골성(紇升骨城)에 이르렀다.'고 기록되어 있다.
194) 唯昔始祖鄒牟王之創基也 出自北夫餘天帝之子 母河伯女郎 剖卵降世生 而有聖德 **鄒牟王**奉命駕巡幸南下 路由夫餘奄利大水 王臨津言曰 我是皇天之子母河伯女郎鄒牟王爲我連葭浮龜應聲即爲連葭浮[水]龜然後造渡於沸流谷忽本西城山上而建都焉.(구리시주최 2015 제2회 고구려국제학술대회 초록집 97쪽)

그런 뒤 물을 건너 비류곡(沸流谷)의 홀본(忽本) 서쪽
성산(城山) 위에다 도읍을 세웠다."

고구리인이 직접 새긴 비문에 추모왕이 말이 아닌 수레(駕)를 타고 순행 길에 엄리대
수에 이른 것으로 보아 삼국사기에서처럼 그를 죽이기 위해 뒤를 추격하는 병사들도
없었을 것으로 보이며, 또한 나루터에서 자신이 추모왕이라고 말한 것으로 보아
당시 동부여에서 탈출한 도망자의 신분이 아니라 이미 추모왕이었으므로 새로운
나라를 세웠다기보다는 도읍을 옮긴 기록이 아닌가 생각 된다.

(2) 《삼국사기》 지리의 졸본성

《통전195)》에는 "주몽이 한나라 건소 2년(기원전 37)에 북부여에서 동남쪽으로
길을 떠나 보술수(普述水)를 건너 흘승골성(紇升骨城)에 이르러 자리를 잡고 국호
를 구려(句麗)라 하고 성씨를 고(高)라고 했다."라는 기록이 있으며, 고기(古
記)에는 "주몽이 부여로부터 난을 피하여 졸본(卒本)에 이르렀다고 기록되어 있으
니 흘승골성과 졸본은 같은 지방인 듯하다."라는 기록이 있는데, 보술수는 《삼국사
기》 본기에 엄표수(淹淲水)로 기록되어 있다.

이어 "《한서지(漢書志)》에는 "요동군(遼東郡)은 낙양과의 거리가 3천6백 리이며
이에 속한 현으로 무려(無慮)현이 있었으니 바로 《주례(周禮)》에 이른바 북진의
의무려산(醫巫閭山)이며 대요(大遼) 때는 그 아래쪽에 의주(醫州)를 설치하였다.
현토군(玄菟郡)은 낙양과 동북으로 4천 리 떨어져 있었고 이에 속한 현은 셋이다.
고구려가 그 중 하나다."라고 기록되어 있으니, 즉 주몽이 도읍을 정한 곳이라고
하는 흘승골과 졸본이란 지방은 아마도 한나라 현토군의 경내이고 대요국 동경의
서쪽인 듯하며, 《한서지》에 이른바 현토군의 속현으로써의 고구려가 바로 그것이 아
닌가 싶다.

 옛날 대요가 멸망하기 이전에 요제가 연경에 있었으므로 우리 사신들이 동경을 지나

---

195) 『通典』 당니리 때 두우(杜佑 : 735~812)가 801년에 총 200권으로 펴낸 책.
전서는 식화·선거·직관·예·악·병형·주군·변방의 8문으로 나뉘어 있고, 당대는 물
론 그 이전의 제도와 문물을 연구하는 데 중요한 자료이다.

요수를 건너 하루 이틀 사이에 의주에 당도하여 연계(燕薊)로 향하였기 때문에
『한서지』의 기록이 옳다는 것을 알 수 있다."라는 기록들이 있으나 이것들로 졸본
성의 위치를 알아내기는 어렵다.

위에서 언급된 졸본이 현토군의 경내라는 설명에는 동의할 수가 없다.《한서 지리지》
에서 유주에 속하는 현토군196)의 3개 속현 중 고구려(高句驪) 현은 나라 고구리(高
句麗)가 아니라 지명임에도 '고구리는 중국의 지방정권'이라는 동북공정에 악용되
고 있다.

《단군세기》에 "고구리는
해모수가 태어난 고향이라 고주몽이
나라를 세우고는 국호를
고구리(高句麗)라 칭하였다"라는
설명이 있다. 큰 한자사전에는
고울 麗가 국호로 쓰일 때는
발음을 리로 한다는
설명이 붙어있다.
평소부터 나라 高句麗는
고구리로 발음하는 습관이
들어야 중국의 동북공정을
극복할 수 있을것이다.

〈한자사전의 麗자 설명〉

국내외 사서에서 졸본성의 위치에 대해 언급한 기록이 없기에 그 위치를 찾기가 쉽지
않다. 거의 유일한 단서가《삼국사기》에 졸본성에서 도망간 돼지가 국내성에서 잡
힐 정도로 서로 가깝다는 기록 하나뿐이다.《신당서》열전 동이 기록에 의하면,
평요고성(平遙古城)이 국내 위나암성임이 확실하기에 그곳과 접하는 산서성의 성도
태원(太原)시를 고구리의 건국지 졸본성으로 비정한다.

---

196) **玄菟郡**(현토군), 武帝元封四年開。高句驪, 莽曰下句驪。屬幽州。應劭曰:「故真番,
朝鮮胡國。」 戶四萬五千六, 口二十二萬一千八百四十五。縣三:高句驪(고구려), 遼
山, 遼水所出, 西南至遼隊入大遼水。又有南蘇水, 西北經塞外。應劭曰:「故句驪胡。」
上殷台, 莽曰下殷。如淳曰:「台音鮐。」師古曰:「音胎。」 西蓋馬。馬訾水西北入鹽
難水, 西南至西安平入海, 過郡二, 行二千一百里。莽曰玄菟亭。》

그 이유는 《삼국사기》에 "40세에 왕이 죽으니 용산(龍山)에 장사지내고 시호를 동명성왕(東明聖王)이라 했다."라는 기록이 있는데 태원 서쪽에 용산이라는 산이 있기 때문이다.
《대청광여도》에도 그려져 있으며, 현대 지도에도 용산으로 표기되어 있다.

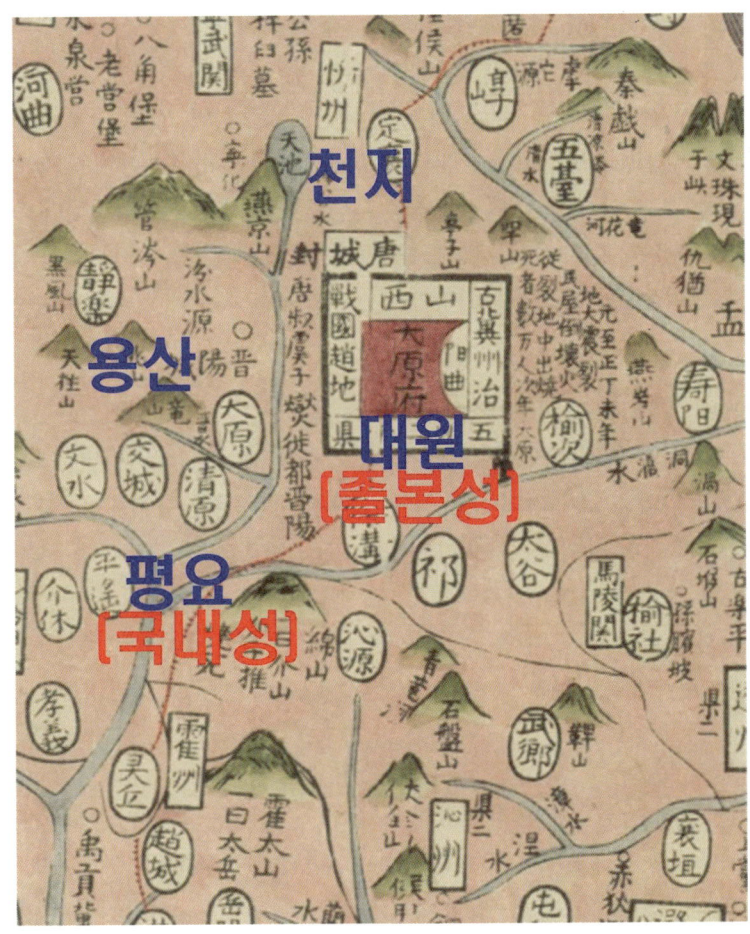

<대청광여도의 태원(졸본), 평요(국내), 용산, 백산 천지>

2. 초기도읍지 국내 위나암성

국내 위나암성(國內尉那巖城)은 유리명왕 이래로 200년 이상 오랫동안 고구리의 도성이었음에도 불구하고 중국과 전쟁이 없던 평화시대의 도읍지라 그런지 기록에 자주 등장하지 않아 그 위치를 찾기가 무척이나 어렵다.

(1) 《삼국사기》의 국내성 기록

고구리본기에 "유리왕 21년(2) 봄 3월, 하늘에 제사용 돼지가 달아났다. 임금은 제물을 관장하는 설지(薛支)에게 명하여 뒤쫓게 하였다. 그는 국내땅 위나암(國內尉那巖)에 이르러 돼지를 붙잡아 국내 민가에 가두어두고 돌아와 왕에게 '신이 돼지를 쫓아 국내 위나암에 이르렀습니다. 그곳의 산수가 깊고 험한데다가 오곡을 키우기에 알맞고, 게다가 고라니와 사슴, 물고기와 자라 등 산물이 많습니다. 임금께서 만약 그곳으로 도읍을 옮기시면 백성들에게는 이루 헤아릴 수 없이 많은 이익이 있을 뿐만 아니라, 또한 전쟁의 걱정도 면할 수 있을 것입니다.'라고 아뢰었다. 9월에 국내를 순시하여 지세를 살핀 후 이듬해 겨울 10월, 임금은 국내(國內)로 도읍을 옮기고, 위나암성(尉那巖城)을 쌓았다."라고 기록되어 있다.

또한 지리 편에 "《한서》에 이르기를
'낙랑군197)에 속한 현에 불이현이 있다.'라고 하였고, 총장198) 2년(669)에 영국공 이적이 칙명에 의해 고구리의 모든성에 도독부와 주현을 설치했다. 그 목록에 '압록강 이북에서 이미 항복한 성이 11개인데 그중 하나가 국내성이며, 평양으로부터 국내성까지 는 17개의 역(驛)을 거친다.'고 했으니, 국내성 역시 북조(고구리) 경내에 있는 것이지만 어느 곳인지 알 수 없다. 국내성에 도읍하여 425년을 지낸 후 장수왕 15년에 평양으로 도읍지를 옮겼다."라고 기록되어 있는데 이는 명백한 오기이다.

국내성이 고구리의 도읍이었던 해는 《삼국사기》 고구리본기에는
유리명왕 22년(3년) ~ 산상왕 13년(209) 206년간으로 기록되어 있는데,
425년간으로 기록되어 있으며, 또 국내성과 아무 상관없는 낙랑군의 불이현이 어째서 언급되어 있는지 이해되지 않는다.

---

197) **樂浪郡(낙랑군)**, 武帝元封三年開。莽曰樂鮮。屬幽州(유주)。戶六萬二千八百一十二，口四十萬六千七百四十八。有雲鄣。縣二十五：朝鮮(조선), 邯, 浿水(패수), 水西至增地入海。莽曰樂鮮亭。含資, 帶水西至帶方入海。黏蟬, 遂成, 增地, 莽曰增土。帶方(대방), 駟望, 海冥, 莽曰海桓。列口, 長岑, 屯有, 昭明, 南部都尉治。鏤方, 提奚, 渾彌, 吞列, 分黎山, 列水所出, 西至黏蟬入海, 行八百二十里。東暆, 不而(불이), 東部都尉治。蠶台, 華麗, 邪頭昧, 前莫, 夫租。
198) (總章) 당 고종이 2년간(668년 2월 ~ 670년 2월) 사용한 연호

(2) 국내성으로 추정되는 평요고성

태원시 남쪽에 있는 평요에는 세계문화유산으로 등재된 평요고성(平遥古城)이 있는데 고구리 제국의 오랜 초기도읍지였던 국내성으로 보인다.

'바이두 백과'의 평요고성199)에 대한 설명인데
국가 도성(都城)의 냄새가 물씬풍긴다.

"중국 산서성 중부의 평요고성(평요 옛성)은
2,700년 역사적 문화로 유명한 성으로 완벽하게 보존되어 있고
중국 고대 도시의 원형이다.
평요의 고대명칭은 고도(古陶)였고,
서주 선왕 때(기원전 827~기원전 782) 대장군 윤길보로 토성으로 처음 세워졌고,
기원전 221년부터 진나라 때 군현제를 처음 실시한 이래
평요성은 지금까지 현의 치소였다.
춘추 시기에는 진(晉)나라,
전국 시기에는 조(趙)나라, 진나라 때는 평도현,
한나라 때는 중도현으로 종친대왕(宗親代王)의 도성으로 했으며,
북위 때 평요현으로 개명되었다.

---

199) 中国北部山西省中部(平遥地处汾河东岸、太原盆地的西南端)的平遥古城是一座具有2,700多年历史的文化名城是保存完整的历史名城，也是中国古代城市的原型。平遥旧称"古陶"，始建于西周宣王时期（公元前827年～公元前782年）为夯土城垣，为西周大将尹吉甫驻军于此而建。自公元前221年，秦朝政府实行"郡县制"以来，平遥城一直是县治所在地，延续至今。春秋时属晋国，战国属赵国。秦置平陶县，汉置中都县，为宗亲代王的都城。北魏改名为平遥县。明代洪武三年（公元1370年）扩建，由原"九里十八步"扩为"十二里八分四厘"(6.4公里)，变夯土城垣为砖石城墙。平遥城墙总周长6,163米，墙高约12米，把面积 约2.25平方公里。还有镇国寺、双林寺和平遥文庙等也都被纳入世界遗产的保护范围。城隍庙位于城东南的城隍庙街，由城隍庙、财神庙、灶君庙三组建筑群构成 （古城的第三宝是位于城西南的双林寺。该寺修建于北齐武平二年(公元571年) 平遥城墙周长6162.68米(与明初"周围十二里八分四厘"吻合)，其中东墙1478.48米，南墙1713.80米，西墙1494.35米，北墙1476.05米，东、西、北三面俱直，唯南墙随中都河蜿蜒而顿缩逶迤如龟状。将六道城门分别叫 南曰迎熏，北曰拱极，上东门太和，下东门亲翰，上西门永定，下西门凤仪，似乎受到 早年关于西门外有凤凰来朝的神话影响，"箫韶九成，凤凰来仪"，凤凰来而有容仪，是吉祥的瑞应，令人进而想到德政惠民，国运隆昌。

명나라 홍무 때 중축되었는데, '9리 18보'에서 '12리 8분 4리'로 중축되면서 토성이 석성으로 바뀌었다. 총길이 6,163m, 높이 약 12m, 면적 약 2.25㎢이다. 진국사와 쌍림사, 평요문묘 등이 세계문화유산의 보호범위에 든다. 성황묘는 성 동남쪽에 있으며, 재신묘, 토군묘와 함께 건축군이 조성되어 있다. (평요고성의 세 가지 보물인 쌍림사는 성 서남에 있고, 북제 무평 2년(571) 세워졌다)

성벽의 총길이는 6,163m로
동쪽 성벽이 1,478m, 남쪽 성벽이 1,714m,
서쪽 성벽이 1,494m, 북쪽 성벽이 1,476m으로 거북 모양으로 되어 있다.
북문이 거북이 꼬리에 해당하고 남문이 거북이 머리에 해당한다.
남문은 영훈문, 북문은 공극문, 상동문은 태화문, 하동문은 친한문, 상서문은 영정문,
하서문은 봉의문이라 한다. 서문은 봉황신화의 영향으로 봉황의 모양이다.
길상의 뜻이며 덕정혜민(德政惠民)과 국운융창(國運隆昌)을 위한 것이다."

이렇듯 평요고성은 그 크기나 모양으로 보아 국가급 도성으로 보인다.
특히 북쪽의 수호신인 거북이(현무)가 남쪽을 보고 있는 형상이라든가,
하서(봉의)문이 우리 민족의 고유문화인 봉황 신화의 모양에다,
"덕으로 정치를 베풀어 백성에게 혜택을 주고, 국운을 융성하게 한다."는 뜻은
국가의 도성이 아니고서는 있을 수 없는 문구이다.

그렇다면 중국에서 평요고성에 도읍을 둔 나라가 있었을까?
중국의 조상 들은 대대로 섬서성 또는 하남성 일대로 국한되고,
나머지 사방이 모두 동이족의 강역이었다.
특히 산서성은 환국에서부터 배달국과 단군조선을 거쳐 북부여와 고구리까지
우리 민족 활동무대의 중심지였다.

동이족 특유의 축성방식인 성벽의 치(雉)양식을 봐도 알 수 있듯이 평요고성은 위대한 대제국 고구리의 국내성임이 틀림없다고 할 수 있다. 평요고성의 면적은 경복궁의 5.5배이고 북경 자금성의 3배가 넘으며, 성벽의 높이는 12m이고 성 주위에 해자가 파여 있어 국가급 도성임이 확실하다.
게다가 신당서 열전 동이의 고구리 도읍지 기록 중 압록수 동쪽에 있다는 국내성이 바로 이 평요고성이었던 것이다.

<국가급 도성의 크기인 평요고성의 내부>

<평요고성은 치양식 성벽과 해자를 갖춘 국가급 도성>

3. 환도산성과 안시성

중국은 춘추필법으로 기록된 중국사서의 기록을 유물로 입증시키기 위해 일명 무구검 기공비라는 작은 석판을 길림성 집안현에다 옮겨다 놓고 마치 집안이 고구리의 도읍 환도성이었다는 역사왜곡을 자행했고, 일제식민사학계는 이를 그대로 수용해 우리의 역사강역을 한반도와 만주 일대로 국한하는 반도사관을 고착시켰다.

(1) 환도성은 국내성일까? 안시성일까?
중국은 호태왕비가 있는 데다가 1906년 무구검 기공비까지 발견되었다는 이유로 길림성 집안현을 고구리의 도성인 환도성과 국내성으로 확정했다.
그 사료적 근거는 《괄지지(括地志)》를 인용한 《삼국사기》의 "불내성(不耐城) 은 곧 국내성(國內城)이다. 그 성은 돌을 쌓아 만든 것이라 하였다. 이는 환도산과 국내성이 서로 접해 있기 때문이다."라는 기록인데, 우리 사서의 기록과 서로 다르다.

〈중국은 집안에 국내성과 환도성을 함께 조성했다〉

《삼국유사》에서는 "안시는 곧 환도"라고 했으며,
《삼국사기》에도 "안시성 은 옛 안촌홀이며 환도성이라고도 한다."라는 기록되어 있어, 고구리의 수도인 환도(丸都)성이 바로 안시(安市)성이라는 것이다.
즉 같은 환도성을 놓고 중국은 국내성이라 했는데, 우리는 안시성이라고 기록했다.
중국과 일제 식민사학은 안시성을 요녕성 요하강변 안산시에 있는 산성으로 비정해 환도성과는 별개라고 했다. 과연 어느 기록이 옳은 기록일까?

또한 환도성에 대해《삼국사기》에는 "고구리는 산상왕 2년(198) 환도성을 쌓고 13년(209)에 도읍을 옮겼으나, 동천왕 20년(246)에 위나라 무구검의 침략으로 도성이 파괴되어 다시 국내성으로 옮겨 96년간 머물다, 고국원왕 12년(342)에 환도산성을 수리하고 옮겼으나 같은 해 10월 모용황의 침략으로 환도산성이 함락되고 파괴되어 더 이상 거주할 수 없게 되자 평양 동황성(東黃城)으로 옮겼다."라고 기록되어 있다.

고국천제가 후사 없이 죽었는데도 동복아우 발기(發岐)가 보위에 오르지 못하고 우(于)황후가 가짜 조서를 꾸미며 연인 사이인 서출 이복동생 연우(延優)를 즉위시키니 이가 산상제이다. 이에 불만을 품은 발기가 반란을 일으키고는 요동태수 공손탁(公孫度)을 찾아가 3만의 병력지원을 요청하니 공손탁은 발기를 도와주는 척하다가 고구리의 서쪽 요동 땅을 차지해버렸다.

역적 발기가 자결함으로써 사태는 수습되었으나 고구리가 입은 손실은 실로 컸다. 이어 산상제는 3번째 도읍지 환도성(丸都城)으로 천도를 단행했다.《삼국사기》고구리본기에 산상왕 2년(198) 봄 2월에 환도성을 쌓고, 13년(209) 겨울 10월에 도읍을 환도로 옮겼다는 기록이 그것이다.

참고로 요서를 난하(灤河) 서쪽으로 주장하는 일부 재야사학에서는 환도산성을 하북성 진황도시 청룡현에 있는 도산(都山)이라는 주장도 있다. 비슷한 글자의 지명이라서 그렇게 주장한 것 같은데, 가보면 도산까지 오르는 길도 없고 청룡현은 집안현처럼 교통이 불편하고 협소해 국가의 도읍이 될 수 없는 곳임을 쉽게 느낄 수 있다. 앞으로는 답사 없이 임의로 지명을 비정하는 행위는 역사발전을 위해 없어져야 할 것이다.

(2) 환도성(안시성)은 어디인가?

단재 신채호선생은《조선상고사》에서 "안시성은 옛 안촌홀 이며 환도성이라고도 한다."라고 기록과《삼국유사》의 "안시는 곧 환도"라고 기록을 인용하면서 환(丸)은 우리말로 '알'이라고 하니 환도나 안시나 안촌은 다 '아리'로 읽을 것이므로 한 곳임이 분명하다."라고 했고, "안시성은 곧 '아리티' 혹은 환도성 (丸都城) 혹은 북평양이라 일컬었는데 태조왕이 일찍이 서부 방면을 경영하기 위해 설치한 성이다."라고 했다. 즉 안시성을 찾으면 환도성의 위치는 저절로 찾아질 것이다.

① 설인귀의 고향 부근에 있는 안시성
당나라 초기의 유명한 장수 설인귀(薛仁貴, 613~683년)의 고향은 강주(絳州) 용문(龍門)으로 지금의 산서성 하진시 직산현 수촌이다. 그곳에는 설인귀가 당나라로 들어가기 전 18년 동안 살던 토굴집이 아직도 그대로 남아 있으며 부근에는 그와 관련된 유적들이 많이 있다.

설인귀의 고향집 부근에서 안시성을 찾아야 하는 이유는 다음과 같다.
하동(河東) 설씨인 설인귀의 6대조가 북위의 명장 설안도이니 그는 탁발선비족일 가능성이 크다. 명문가에서 태어났으나 그의 대에 이르러서는 완전히 몰락한 상태였다. 가난한데다가 희망마저 없자 설인귀는 조상의 묘를 이장하려고 했다. 그러자 아내 유씨가 "능력 있는 사람이라면 기회를 잘 잡아야 합니다. 지금 당나라 황제가 친히 요동 정벌을 한다고 하니 장수가 필요하지 않겠습니까? 당신은 무예가 뛰어나니 군에 들어가 공을 세우는게 좋겠습니다. 이장은 성공 후 나중에 고향에 돌아와서 해도 늦지 않을 것입니다."라고 충고했다.

설인귀는 출세를 위해 자신이 살고 있던 고구리 대신 당나라를 선택했다. 645년 주필산 전투에 나가 큰 공을 세워 유격장군으로 발탁되었는데, 그가 그곳에 갑자기 나타날 수 있었던 이유는 그의 집이 안시성 가까이 있었기 때문이다. 안시성에서 후퇴하다 진흙 수렁에 빠진 당 태종을 구해준 공으로 당나라 장군이 되어 훗날 조국 고구리를 멸망시키고 안동도호부의 수장이 된 인물이다. 그가 발탁된 이유는 고구리에 대해 잘 아는 고구리 출신이기 때문이지 다른 이유가 있을 수 없다.

② 안시성의 위치를 찾아서
지금부터 안시성의 위치를 추적해보기로 하겠다.

《한서 지리지》에 안시는 유주의 요동군200)에 속한 현으로 기록되어 있다. 또한 요동군의 서쪽인 요서군의 위치는 백이, 숙제의 묘가 있는 수양산으로 알 수 있다. 《사기 정의》에 "허신이 《설문》에 이르기를 수양산은 요서에 있다(說文云首陽山在遼西)"고 했고,
《사기 집해》에 "마융이 말하기를 수양산은 하동의 포판에 있는 화산의 북쪽에 있고, 황하가 꺾이는 곳이다(集解馬融曰 首陽山在河東蒲阪 華山之北 河曲之中)"라는 기록이 있기 때문이다.
하동(河東)은 지금의 산서성 남부를 말하며, 하곡은 황하가 꺾이는 지점이다. 1785년 그려진 대청광여도(大淸廣輿圖)에 하곡지점 동쪽에 뇌수산(수양산)과 백이, 숙제의 묘라는 글자가 명확히 기재되어 있으며, 2008년 두 무덤이 발견됨으로써 요서의 땅이 바로 산서성 서남단임을 유물과 기록으로 입증한 것이다.

〈대청광여도(1785)에 그려진 백이,숙제의 무덤과 발견 당시의 모습〉

요동군에 속하는 안시성의 위치를 찾는 결정적인 자료는 《신당서》의 열전 동이로 거기서 설명하는 안시성의 위치가 설인귀의 고향과 가까운데다가 요서군에 속하는 백이, 숙제의 무덤에서 그다지 멀지 않았기 때문이다.

---

200) http://www.guoxue123.com/shibu/0101/01hsyz/037.htm 2019.2.10.
遼東郡(요동군), 秦置。屬幽州。戶五萬五千九百七十二, 口二十七萬二千五百三十九。縣十八：襄平, 有牧師官。莽曰昌平。新昌, 無慮, 西部都尉治。望平, 大遼水出塞外, 南至安市入海, 行千二百五十里。莽曰長說。房, 候城, 中部都尉治。遼隊, 莽曰順睦。遼陽, 大梁水西南至遼陽入遼。莽曰遼陰。居就, 室僞山, 室僞水所出, 北至襄平入梁也。高顯, **安市(안시)**, 武次, 東部都尉治。莽曰桓次。平郭, 有鐵官、鹽官。西安平, 莽曰北安平。文, 莽曰文亭。番汗, 沛水出塞外, 西南入海。沓氏。

〈난공불락의 천연적인 절벽 요새인 안시성의 좌측 마수산〉

아울러 요서군에 속하는 유성(柳城)현 서남에 있는 마수산201)에 대해
"정관 19년(645) 당 태종이 고구리를 친히 정벌하려고 일찍이 이곳에서 진을 쳤다."라는 설명이 있었기 때문이다. 또한 마수산은
《중국 고대지명대사 전》202)에서
"마수산은 산서성 신강현 서북 사십리. 속명 말머리 산으로 지금의 화염산이다."
라는 설명이 있는데,
《신당서》와 《한서 지리지》에서 언급한 안시성의 위치와도 일치했다.

화염산의 남단에 있고, 그 남쪽으로는 분하(압록수)가 흘러가며, 참고로
현장을 가보니 마수산에는 당 태종이 쌓은 토산의 흔적까지 그대로 남아있었다.
유주의 요서군을 밝히는 백이, 숙제의 무덤과 요동군에 속한 안시성의 위치와 낙랑
군에 속하는 패수의 위치가 정확하게 밝혀짐으로써 우리 민족의 고대사 무대는
산서성이라는 사실이 명백하게 증명되었다고 하겠다.

---

201) 马首山，古山名。一作首山、手山。即今千山余脉的一支，在今辽宁辽阳市西南 15里处，现称首山或手山。<u>贞观十九年(645)，唐太宗亲征高丽，曾军于此</u>。辽末，渤海人大延琳反辽，被辽军败于"手山"，即指此。金兵破高永昌于"首山"，亦指此。今山上有几处古代留下的坑洞，传说为高句骊和辽代开采铁矿的遗址。

202) 马首山：在山西新绛县西北四十里，俗名马头山，《张州志》左传赵盾田于首山，即此，一名火炎山。

《삼국사기》와 《삼국유사》에서 같다고 언급되어 있는데 그렇게 기록된 이유는 현지답사를 통해 알게 되었다.
현지인이 말하기를 화염산(火焰山)을 위에서 보면 말 모양 같이 생겼는데,
바깥쪽 남단의 서쪽에 있는 마수산이 말의 머리이고
안쪽 가운데 마미산(馬尾山)이 있는데 그곳은 말꼬리같이 생겼다고 한다.
필자는 이 마미산이 단군조선에서 천제를 올리던 마니산이 아닌가 하는 생각도 든다.

〈난공불락의 천연적인 절벽 요새인 안시성의 우측〉

4. 평양성, 동황성, 장안성

(1) 『삼국사기』의 평양성과 동황성 기록

위나라 관구검의 침략으로 도읍 환도성이 불타
동천왕 21년(247)은 평양성(平壤城)을 쌓아 백성과 종묘사직을 옮겼고
고국원왕 12년(342) 가을 8월 환도성으로 다시 옮겼다가
이듬해 7월 평양의 동황성(東黃城)으로 거처를 옮겼다는 기록이 있는데,
평양의 동황성에 대해 "성은 지금 서경(西京) 동쪽 목멱산(木覓山) 가운데 있다."
라는 설명이 붙어 있어 현재의 대동강 평양을 말하고 있는 것으로 보이는데,
이 평양이 장수왕 15년(427)에 천도한 평양과 같은지 여부는 확인할 길이 없다.

(2) 장안성에 대한 기록

『삼국사기』권 제37 잡지 제6 지리편에 "평원왕 28년(586)에 장안성(長安城)으로 옮겼으며, 장안성에서 83년이 지난 보장왕 27년(668)에 멸망하였다."라는 기록과 "『당서』에는 평양성도 장안성이라고도 불렸다고 기록되어 있고 고기(古記)에는 평양으로부터 장안으로 옮겼다고 되어 있으니 두 성이 동일한 것인지 아니면 얼마나 떨어져 있었는지에 대해서는 알 수가 없다."라고 기록되어 있는데, 장안성이란 이름만 있을 뿐 관련 자료가 없어 위치 역시 알 길이 없다. 세간에서는 섬서성 서안에 있는 장안성이라고도 주장하는 사람도 있으나, 고구리가 거기까지 깊숙하게 진출한 것 같지는 않아 당나라 도성과 다른 장안성일 것이다.

(3) 평양성에 대한 기록

평양성은 고구리와 수, 당나라와의 전쟁 기록에 확실하게 나타난다.
612년 6월 거짓으로 항복한 을지문덕이 압록강을 건너 돌아가자 우문술 등이 추격하는데, "동쪽으로 살수(薩水)를 건너 진군해 평양성 30리 떨어진 곳에 이르러 산을 의지하고 진을 쳤다. (중략) (살수에서) 도망친 병사들이 압록수에 당도하고 보니 하루 밤낮으로 450리를 걸은 셈이었다."라는 기록에서
압록수는 남북으로 흐르는 강이었으며 평양성은 압록수에서 약 250리 거리에 있음을 알 수 있어 평양성의 대략적인 위치를 추정할 수 있는 기록이다.

또한 645년 당 태종이 안시성을 공격하려고 하자 이도종이 "고구리가 전력을 다해 안시성을 막으니 틀림없이 평양성의 수비가 약할 것입니다. 제게 정예병 5천명을 주시어 그들의 근거지를 뒤엎게 하시면 싸우지 않고도 수십만의 무리를 항복시킬 수 있습니다."라는 글에서 평양성은 안시성에서 멀리 떨어져 있지 않다는 것을 알 수 있다. 이후 고구리 패망시 평양성이 언급되기는 하나 정확한 위치를 찾는데 단서가 될 만한 것은 별로 없다.

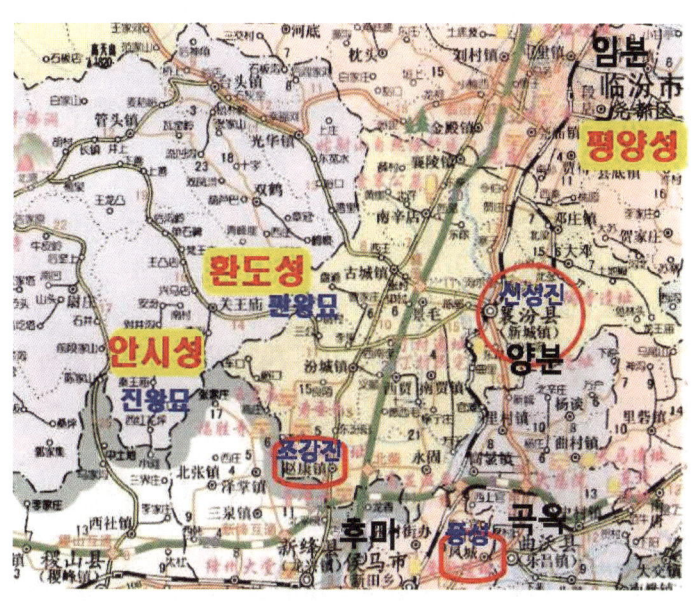

<안시성과 지척인 환도성과 가까운 평양성>

『삼국사기』권 제37 잡지 제6 지리편에
"평양성은 지금의 서경인 것 같고 패수는 바로 대동강이다. 왜냐하면
『당서』에는 '평양성은 한의 낙랑군으로서 산세를 따라 성을 구불구불 쌓았고
남으로 패수가 닿는다.'라고 하며, 또한
『한지』에 '등주에서 동북쪽 바닷길로 나서서 남쪽으로 해변을 끼고 패강 어귀에 있는 초도를 지나면 신라의 서북 지방에 도달할 수 있다.'라고 했다.
또한 수양제의 동정조서에
'창해도 군사는 선박이 천 리에 뻗쳤는데 높직한 돛은 번개같이 달리고 커다란 전함들은 구름같이 날아서 패강을 횡단하여 멀리 평양에 다다랐다.'라는 기록이 있으니, 이렇게 보면 지금의 대동강이 패수인 것이 명백하며 서경이 평양이라는 것 또한 알 수 있다."라는 기록이 있는데 이는 평양성을 서경으로 패수를 대동강으로 미리 정해놓고 억지로 근거가 되지도 않는 기록을 인용한 것으로 보인다.

참고로 평양성으로 추정되는 임분시에는 평양성의 흔적을 찾아볼 수 없고, 그 자리에 산서 박물관이 세워져 있다. 임분시 중심지에 있는 평양고루(平陽鼓樓)는 북을 매달아 놓은 누각인데 그 크기가 상상을 초월할 정도로 크고 웅장하다.
이것 역시 고구리 도읍 평양성에 있던 고루가 아닌가 싶다.

이상과 같이 고구리의 도읍지 위치 변천에 대해 살펴본 결과 고구리의 통치 강역은 동쪽으로는 한반도에서부터 서쪽으로는 위구르까지 황하 북부를 직접 지배했을 것으로 보이며, 그 서쪽으로는 고구리의 사촌인 돌궐이 지배 하면서 연방 형태 비슷하게 서로 긴밀히 협조했을 가능성이 크다.

이후 명나라가 망하고 고구리의 후예인 청나라가 중원을 통치하게 되자, 명과 적대관계였던 내몽골, 위구르, 티베트 등이 동족인 청나라에 편입된 것을 보면 그 해답이 될 수 있을 것이다. 그곳에서 현재의 중국 정부와 민족분쟁이 일어나는 이유는 그 땅에 살았던 자기네 조상들이 한족이 아니었 기 때문이다? 그렇다면 누구였겠는가?

지금까지 고구리 도읍지의 위치를 추적하면서 참고한 대부분이 중국 사서와 자료들이다. 그런 중국 자료들로 옛 고구리 도읍지의 위치를 밝혀보니 현재 한, 중, 일 사학계의 기존이론과 전혀 다른 결과가 나왔다.
그 이유는 명나라 때부터 중화민국때까지 지명이동을 통한 역사왜곡을 자행했기 때문이고, 당시 일제는 진시황의 분서갱유처럼 수많은 우리의 고서적을 불태우고 조선사편수회를 조직해 조직적으로 우리의 역사를 말살했기 때문이다.

그렇게 조작된 반도사관이지만 이 세상에 완전범죄란 없는 법이다.
중국의 지명이동을 통한 역사왜곡의 실체가 중국 기록을 통해 하나둘 밝혀지고 있다. 외세에게 빼앗긴 민족의 혼인 역사를 되찾는 일이야말로 우리의 숙명적 과업이자 미래를 위한 과제일 것이다.

제2장 집안 관구검 기공비의 허구

1. 고위(高魏)동맹의 시대적 배경

고구리에서 산상제가 31년(227)에 종창으로 몸이 문드러져 55세에 붕어 하니 아들 동양대제(동천왕)가 등극했다. 어머니는 주통천의 소후로 돼지 사건으로 아들을 얻었다 하여 아명이 교체(郊彘)였으며, 10살 때 정윤(동궁)이 되었고 19세에 보위에 올랐다.

외모와 얼굴이 우아하고 출중했으며, 백성과 하급관리를 아꼈으며, 또한 용력도 있어 말을 타고 활쏘기에 뛰어났으며 무술을 좋아해 병사들도 새로이 조련했고, 동명(주몽)의 큰 뜻(다물)도 있었으며 즐겁거나 노여워도 겉으로 표시를 내지 않았다고 한다. 《삼국사기》에는 휘(이름)를 우위거(憂位居)라 했고, 《고구리사초략》에는 위궁(位宮) 또는 하위거(夏位居)라고 다르게 기록되어있다.

고구리 동양대제 당시 시대적 배경을 보면, 중국은 후한이 사라지고 위, 오, 촉 삼국으로 나누어져 쟁패했던 시기였다. 220년 조조의 아들 조비가 후한 헌제의 왕위를 찬탈해 위(魏)라고 칭하자, 221년 유비가 촉(蜀)을 세워 스스로 황제라 했고, 229년 손권이 오(吳)를 세우고 황제임을 자칭했다.

한편 요동에서는 산상제 8년(204)에 공손탁(公孫度)이 죽고 장남 강(康)이 뒤를 이었고, 221년 강이 죽자 동생 공(恭)이 섰다가 228년 강의 아들 연 (淵)이 숙부 공을 감금하고는 연왕(燕王)임을 자칭했다.

공손씨는 3대에 걸쳐 50여 년간 요동에서 독자세력으로 군림하면서 고구리와는 적대관계로 위나라에게는 눈엣가시 같은 존재로 중간에서 외교적 줄타기를 하는 등 국제관계가 매우 복잡한 시기였다. 참고로 요동 지역은 본시 고구리의 땅이었지만 역적 발기가 공손탁에게 도움을 받기 위해 넘긴 이후로 공손씨 소유로 되어버린 땅이다.

동양대제 5년(231)에 위나라가 공손연을 요동태수 거기장군으로 봉하고 고구리의 현토성을 기습하게 하자 상이 우위장군 주희에게 명해 이를 쳐서 깨뜨렸다는 《고구리사초략》의 기록과, 이듬해 3월 동오의 손권이 海(황하)를 건너 공손연과 밀통하자 공손연이 사신을 동오에 보내 칭송하며 공물을 바쳤다는 기록에서 보듯이,

공손연은 간사한 꾀로 위나라와 동오 사이에서 이익을 취하려고 오왕 손권에게 사신을 보내 칭신하며 위나라를 함께 치자고 제의했다. 이에 손권이 군사를 공손연에게 보냈는데 공손연이 위나라와의 관계 개선을 위한 미끼로 삼기 위해 동오의 장군들을 죽이려 하자, 이들이 고구리로 달아나 고구리에게 연합해 공손씨를 치자고 제안했다.

7년(233) 9월 손권이 고구리에 사신을 입조(入朝)시켜 '바치려 했던 금보 진대를 공손연에게 빼앗겨 죽을죄를 면할 길이 없습니다."라고 아뢰었다. 이에 동양대제는 동오의 사신들이 멀리서 왔음을 흡족해하며 술과 음식을 내려주었고 조의들로 하여금 동오까지 호위해주었으며, 손권에게는 초피와 갈계피 등을 하사(下賜)하며 "공손연은 사람됨이 뒤집기를 잘하니 믿을 바 못 된다."라고 충고했다는 기록에서 당시 고구리와 동오와의 역학관계를 알 수 있다. 동오는 당시 호북성 악주 일대에서 52만 호의 작은 나라였고, 고구리는 황하 이북을 통치하는 대제국이었다.

위나라는 간악했던 공손연을 제거하기 위해 공손연에게 위나라의 '대사마 낙랑공'으로 봉한다는 사신을 보내면서 공손연을 죽이라고 지시했다. 그러나 그러한 음모를 미리 간파한 공손연이 병사를 많이 늘어세워 위엄을 보이면서 책명 받는 곳을 포위해버렸다. 이렇게 되자 위나라 사신은 아무런 음모가 없었던 것처럼 행동해야만 했다.

동양대제 8년(234) 여름 4월에 위나라의 조예(조조의 손자)가 사신을 보내 병서·보검·옥상 등을 바치며(獻) 함께 공손연을 멸하고 오나라를 토벌하자고 제안했다.
즉 고구리가 공손연을 치면 위나라가 돕고
위나라가 동오를 치면 고구리가 돕기로 하고,
둘을 멸망시키면 동오는 위나라가 공손연의 요동은 고구리가 차지하기로 했으니 이것이 바로 고위동맹(高魏同盟)이었다.

그러한 낌새를 알아차렸는지 10년(236) 2월에
오나라의 손권의 사신이 찾아와 화친을 청했다.
그런데 그 언사가 심히 방자하고 예물 또한 야박했기에 태왕이 화를 내며 사신에게
"너희 왕은 공손연을 끔찍이도 섬기면서, 짐을 섬기는 것은 어찌 이리도 야박한가
?"라고 하문하자, 사신은 "예물은 여러 번의 풍파로 인해 물에 빠뜨렸음이고,
말씀과 뜻은 공손연에게 함과 같았습니다."라고 아뢰었다.
이에 고구리 동양대제가 "지난해에도 너희 사신들이 나를 속이더니, 너도 또
그러는 것이냐?"라고 말하고는 사신을 가두라고 명했다.
《삼국사기》에는 동천왕 10년(236)에 오나라 손권이 화친을 청하는 사신을 보냈는
데 구금했다가 7월에 목을 베어 위나라로 보냈다고 기록되어 있고,
《고구리사초략》에는 공손연이 손권이 보낸 사신의 목을 베어 위나라로 보냈다는
기록이 있다.

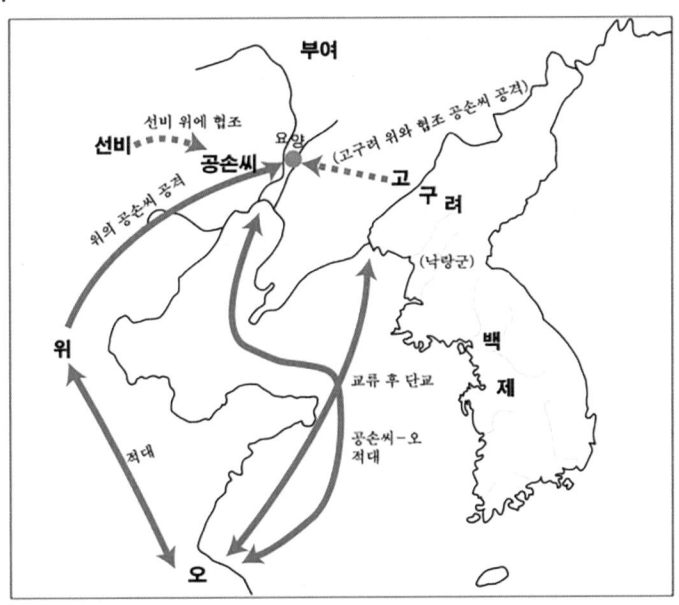

〈반도사관으로 그려진 당시 국제형세도〉

동양대제 11년(237) 류흔·선우사·오림 등이 대방, 낙랑 등의 작은 나라들을 침략하
고는 공손연과 합치니, 공손연이 연왕(燕王)임을 자칭하고는 교만하게 거드름을 피
웠다. 이에 동양대제가 위나라에 사신을 보내 공손연을 토벌하는 계책을 상의하도록
명했다.

그러자 위나라는 무구검(毋丘儉)을 유주자사로 삼아 선비, 오환과 함께 요대에 진을 치고 공격했으나 공손연이 먼저 나와 이들을 격파해버렸다. 무구검은 다시 싸우고 싶었으나 큰 비가 열흘이나 내려 요수가 넘실대는 바람에 군사를 잃을까 겁이 나 우북평으로 철수해버렸다. 이를 틈 타서 고구리 군대가 현토 서쪽 땅 백여리를 수복하게 되었다.

이듬해 위나라의 사마의가 사신을 보내 함께 공손연을 멸하자고 청했다. 위나라가 공손연을 치자, 동양대제는 주희에게 명해 5천 군사를 이끌고 남소로 출병해 관망하다가 위나라를 지원하라고 명했다. 이로써 공손씨의 요동은 3대 50년 만에 망했다.

그런데 중화 사대주의에 찌든 식민사학계에서는
이 공손씨의 세력까지 한반도 한사군 400년의 연장선상에 있었다고 주장하고 있다.
그야말로 어불성설이라 아니할 수 없다.
위나라 본국에서 자기네 식민지 총독(공손연)을 공격해 멸망시킬 수는 없는 일 아니겠는가!

공손씨가 멸망하면 '고위동맹'에 의해 요동을 당연히 고구리에 돌려주어야 함에도 위나라의 사마의가 약조를 어기자, 동양대제가 대노해 친히 5도의 장군들과 십만의 병력을 이끌고 242년 5월 요동의 서안평을 공격했으니 이것이 바로 안평대전이다.

애초에 위나라 사마의는 공손연의 요동을 빼앗으면 서안평으로 자신의 주력을 옮겨 동쪽에 있는 고구리를 도모하려 했는데, 고구리가 미리 진군하니 그곳의 백성들과 진귀한 보물들이 모두 고구리의 소유가 되었다. 위기를 느낀 위나라가 유주자사 무구검을 보내 고구리를 침략해온다. 과연 이 전쟁의 결과는 어떻게 될까?

2. 무(毋)구검인가? 관(毌)구검인가?

먼저 고구리를 침공했던 위나라 장수의 이름에 대해 알아보도록 하겠다.
우리에게는 성이 관(毌)씨이고 이름이 구검(丘儉)이라
관구검으로 알려져 있으나,
실은 성이 무구(毋丘)씨이고 이름이 검(儉)이었다.
꿰뚫을 毌(관)과 말 毋(무)가 아주 흡사해서 온 착오였다.

이러한 사실은 문희구씨원류고203)에서 《사원》의 해설에 의해 확인할 수 있다.
"무구(毋丘):
① 고대 지명이다. 《사기》 경중전완세가에 선공과 정인이 서성에서 만나
위를 정벌하고 무구를 취했다.
② 복성으로 한나라에는 무구장이 있고 삼국시기 위나라에는 무구검이 있었다.
사서에 의하면 하동 문희 무구씨는 춘추 5패의 하나였다. 문희성 남쪽 무구촌의 땅을 성씨로 했고, 그 마을에 무구산이 있는데 황화령이라고도 불린다."

무구씨 시조의 8세손인 무구검은 고양향후를 지낸 무구흥의 아들로 산서성 남부에 있던 하동군(河東郡) 문희현(文喜縣) 출신으로, 아버지가 죽자 작위를 물려받았고 평원후문학 벼슬을 지냈다. 문희현은 백제의 시국처이기도 했고 고구리의 신성(新城)이 있던 곳으로 고구리 멸망 뒤 설인귀의 안동도호부가 평양성에 있다가 옮겨간 곳이다. 그의 출신지와 활동무대로 보아 무구검은 원래 백제 또는 고구리 출신이었을 가능성도 없지는 않다.

그는 공손연을 공격하기 이전에 산서성 동남부에 있던 오환(烏桓)을 포섭해 동맹을 맺는다. 235년 위나라는 무구검을 유주자사로 보내면서 도요(度遼)장군을 추가했고, 236년 무구검이 연왕 공손연을 토벌하려 했으나 패퇴했다가, 237년 사마의와 연합해 다시 진군해 공손연을 멸망시킨 공으로 안읍후(安邑候)에 봉해져 식읍 3,900호를 받았다고 기록되어있다.

---

203) (闻喜邱氏源流考) 据《辞源》解释:"毋丘:①古地名。《史记·敬仲田完世家》: 宣公与郑人会西城, 伐卫, 取毋丘。②复姓。汉有毋丘长, 三国时魏有毋丘俭。又据史书所载:"河东闻喜毋丘氏为春秋五霸之一。闻喜城南毋丘村以地为氏, 此村有毋丘山, 也称黄花岭。

안읍204)은 연왕을 자칭했던 공손연이 있던 곳으로,
《중국 고대지명대사전》에 "안읍현은 하나라 우의 도읍이고, 전국시대 위나라의 도읍이다. 한나라때 안읍현을 설치했는데, 지금의 하현 안읍현의 땅이다. 후위 때 안읍을 나누어 남안·읍북·안읍의 3현으로 나누었고, 다시 북안읍을 하현이라 했는데 지금의 산서성 하현 북쪽이다. 청나라 때 산서성 해주에 속했고, 중화민국 때 운성으로 치소를 옮겼다." 즉 산서성 남부 운성시 남단으로 나타난다.

무구검의 최후는 불운했다. 실권자 사마사의 전횡에 분노한 무구검은 255년 문흠과 함께 군사를 일으켰으나 문흠이 사마사에게 패하면서 무구검은 야반도주하게 되고 도중에 활에 맞아 죽어 그 목이 낙양으로 보내진다. 이후 장남도 反사마씨 봉기를 일으켰다가 주살되었고, 손자는 후에 서진시대가 되어서야 출사했다고 한다.

이상과 같이 알아보았듯이 무구검과 관련된 지명의 대부분은 산서성 남부였다.

그런 무구검이 현재의 역사이론대로 북경 일대를 다스리는 유주자사에 임명되며, 고구리의 환도성이 있다는 길림성 집안까지 머나먼 길을 원정했다는 것은 그야말로 이상한 일이 아닐 수 없다.

3. 춘추필법으로 기록된 무구검의 1차 침공

동양대제 13년(239) 당시 위나라에서는 조조의 손자 조예가 죽자 사마의(懿)가 조상과 함께 고명대신으로 지목되었으나 조상에게 실권을 빼앗겼다.
이후 사마의는 어린 3대 왕 조방의 즉위 10년이 지난 249년에 정변을 일으켜 조상 등을 주살하고는 전격적으로 정권을 잡았다.

참고로 사마의는 일명 사마중달로 소설 삼국연의에서 유래된 '죽은 공명이 산 중달을 쫓아냈다(死諸葛走生中達)'는 일화로 잘 알려진 인물이다.

---

204) （安邑县）夏禹所都，春秋时魏绛自魏徙此，战国为魏都，汉置县，今夏县安邑县之地，后魏分安邑为南安、邑北、安邑三县，旋改北安邑为夏县，故城在今山西夏县北，即后魏分置之县也，清属山西解州，民国移治运城，寻复故，属山西河东道，县境有盐池，为山西省惟一产盐之区，左传谓郇瑕氏之地，沃饶而近盐，即指此地而言，池水不流，凝成固粒，朝取夕复，终无灭损，其利甚溥。

오장원에서 사마중달은 제갈량이 죽기 직전에 만든 목상을 보고,
제갈량이 아직도 살아있는 것으로 오해해 퇴각을 명령했다는 유명한 허구의 이야기
이다.

그의 장남 사마사(師)는 254년에 자신을 주살하려던 조방을 몰아내고 조모를 옹립
했고, 260년에 차남 사마소(昭)는 자신을 토벌하려던 조모를 죽이고 조환을 옹립했
다. 사마의의 손자 사마염(炎)에 이르러 조환을 몰아내고 왕위를 찬탈하고는
진(晉)나라를 세운다. 조조의 아들 조비가 한나라 헌제에게 왕위를 빼앗아 위나라
를 세운 지 45년 만에 위나라는 똑같은 방법으로 멸망했다.

(1) 사대주의에 입각한 《삼국사기》의 기록

상호동맹에 의해 공손씨가 멸망하면 요동을 당연히 원래 주인인 고구리에게 되돌려
주어야 함에도 위나라가 약속을 어기자, 대노한 동천태왕이 친히 십만의 병력을 거
느리고 요동의 서안평을 공격해 차지하자, 위기를 느낀 위나라가 유주자사 관구검
으로 하여금 고구리를 침략하게 했던 것이다.

그런데 《삼국사기》에는 동천태왕이 서안평을 점령하자 이상한 기록을 남겼다.
"신하 득래가 태왕이 중국을 침략하고 배반하는 것을 보고 이를 중단하기를 여러
차례 간하였으나 태왕이 그 말을 따르지 않았다. 득래는 탄식하며 '머지않아 이 땅
이 쑥대밭이 되는 것을 보게 될 것이다'라고 말하면서 단식으로 굶어 죽었다. 나중
에 관구검이 군사들로 하여금 그의 무덤을 헐지 말며 무덤의 나무도 베지 못하도록
하고, 그의 처자들을 찾아 모두 풀어 주도록 명령했다."라고 기록되어 있는데, 이는
중화사대주의에 심취된 후세의 역사가들이 첨가한 기록으로 보인다.

왜냐하면 《고구리사초략》에는 전혀 다르게 기록되어있기 때문이다.
동양대제 16년(242) "5월 임금께서 친히 십만 병력으로 서안평을 쳐서 빼앗았다.
그러자 좌보 목능이 요양하고 있다가 병을 무릅쓰고 들어와 '병력을 다 써버리면
큰 화를 불러들이게 됩니다. 힘을 키우면서 때를 기다림만 같지 않습니다.' 라고
간언하자, 임금은 '국노께서는 요양이나 하시면서 손자나 쓰담으시지

어찌 이처럼 정벌에 관여하십니까!'라고 말했다.
이에 목능은 '소신 역시 황가의 후손으로 어찌 가만히 앉아서 폐하가 위험에 빠지시는데도 간언하지 않을 수 있겠습니까? 출병하시려면 청컨대 신을 죽여주시오!' 라고 말했다. 이에 임금이 화를 내자 손녀인 잠후가 목능을 억지로 나가게 했다. 이 일로 목능의 병이 심해져 죽었으나, 집안사람들은 감히 장사를 지내지 못했다. 임금이 안평에서 돌아와 군신들에게 큰 잔치를 베풀고, 목능을 국공 태보의 예를 갖추어 장사 지내게 하고는 잠후에게 '당신 조부는 충신이었소.'라고 말했다."
라고 기록되어있다.

이렇듯 국제정치적 이해관계가 복잡하게 얽혀있는 위나라 무구검의 고구리 침략에 대해 중국과 우리의 기록이 서로 다르다. 그 이유는 중국이 일시적이기는 하지만 고구리를 패망의 위기로 몰아넣은 사건이기 때문이다. 중국의 시조 황제 헌원이 배달국의 치우천왕에게 항복한 이래 약 3천 년 동안 단 한 번도 우리 민족을 이겨본 적이 없었기에 더욱 자기네 위주로 전쟁사를 왜곡했을것이다.

(2) 춘추필법의 중국 기록과 다른 우리 기록

중국의 《삼국지 위서》 무구검열전205)에
"정시(3대 조방, 240-248) 중 고구리가 배반해 여러 차례 침범하자 무구검이 보·기병 1만 명을 이끌고 현토에서 출전해 여러 길로 고구리를 쳤다. 고구리 왕 궁(동양대제)이 보·기병 2만 명을 거느리고 비류수 상류로 진군해 양구(梁口)에서 크게 싸웠다. 양음갈이 연파하자 궁이 패주했다. 무구검은 말이 미끄러지지 않게 말발굽을 싸고 수레를 서로 매달아 뒤떨어지지 않도록 하여 환도에 올라 고구리의 도읍을 도륙하고 수천 명을 참수하고 포로로 잡았다."라는 기록과

---

205) 《三國志 魏書》'毋丘儉列傳 : 正始中 儉以高句驪數侵叛 督諸軍步騎萬人出玄菟 從諸道討之. 句驪王宮將步騎二萬人 進軍沸流水上 大戰梁口 梁音渴 宮連破走. 儉遂束馬縣車 以登丸都 屠句驪所都 斬獲首虜以千數.
(원문) 六年復征之 宮遂奔買溝. 儉遣玄菟太守王頎追之 二過沃沮千有餘里 至肅愼氏南界 刻石紀功 刊丸都之山 銘不耐之城. 諸所誅納八千餘口 論功受賞 侯者百餘人. 穿山漑灌 民賴其利

"정시 6년(245) 무구검이 다시 고구리를 정벌하자 궁이 매구로 달아났다. 현토태수 왕기를 보내 추격해 옥저를 지나 천여 리를 가서 숙신씨의 남쪽 경계까지 이르러 환도산과 불내성에 글자를 새겨 각석기공을 했다. 죽이거나 포로가 모두 8천여 명에 이르렀고, 논공행상으로 제후로 봉해진 자가 백여 명에 달했다. 산을 뚫고 물을 대니 이로써 백성들이 이로움을 얻었다."라는 기록이 있다.

또한 《삼국지 삼소제기(조방/조모/조환전)》206)에는
"정시 7년(246) 봄 2월에 유주자사 무구검이 고구리를 치고, 여름 5월에 예맥을 토벌해 이들을 모두 격파했다."라는 기록이 있고,
'오환, 선비, 동이전 동옥저 조'와 《양서 동이열전》'고구리' 조와 《한원(翰苑)》에는 위 《삼국지 무구검열전》과 거의 같은 내용이 기록되어 있다.

위 중국 기록들만 보면 동양대제가 위나라의 일개 장수 무구검에게 대패해 도망쳤고, 고구리의 도성인 환도(丸都)가 함락당하고 백성 8천 명의 목이 베어지거나 포로로 잡히는 대참사를 당했다는 것을 알 수 있다. 만일 정말로 그랬다면 당시 고구리는 위나라에게 멸망 당해 아마도 사직을 이어가지 못했을 것이다.
한 가지 분명한 것은 당시 고구리는 일시적으로 패했지만 멸망할 정도는 아니었다는 사실이다. 위 기록들이야말로 중국 특유의 춘추필법의 사필원칙207)에 입각해 기록된 것이라 할 수 있다.

중국 기록들은 한결같이 무구검과 고구리가 비류수와 양구에서 싸웠다고는 했으나 무구검이 1차 전투에서 패한 사실은 기록하지 않았다. 2번 다 고구리 동천왕이 대패해 도망가 겨우 목숨을 건졌고, 무구검이 고구리의 도성을 점령해 백성들을 도륙했다고 특유의 춘추필법으로 기록하고 있다.

---

206) 《三國志 三小帝紀》 七年春二月 幽州刺史毌丘儉討高句驪, 夏五月 討濊貊, 皆破之
207) (春秋筆法 史筆原則) ① (尊華攘夷) 중화를 높이고 이족은 깎아내린다.
② (詳內略外) 중국 역사는 상세히 외국 역사는 간단히,
③ (爲國諱恥) 나라를 위해 중국의 수치를 숨긴다.

그러나 이는 역사적 사실과는 다르다. 실제 무구검은 2차례 고구리를 침공했는데, 1차 전쟁은 고구리의 완벽한 승리였다. 동양대제가 직접 2만의 군사를 이끌고 나가 위나라 무구검의 1만 군사를 비류수에서 대파했음에도 중국은 2번 다 동천왕이 패해서 도망갔다고 기록했다.

《고구리사초략》에는
"동양대제 18년(244) 7월에 위나라 무구검이 현토에 쳐들어와 노략질했다. 상이 직접 보, 기병 2만을 이끌고 나가 비류수(沸流水) 상류에서 이를 받아쳐서 크게 이기고 3천여 수급을 베었다.
이를 비수대전(沸水大戰)이라 한다."라고 기록되어 있다.

《삼국사기》에도
"20년(246) 가을 8월, 위나라 유주자사 무구검이 1만의 군사를 거느리고 현토를 침공했다. 왕이 보, 기병 2만 명을 거느리고 비류수에서 전투를 벌여 그들을 쳐부수고 3천여 명의 머리를 베었다."
라는 기록이 있어 고구리 동양대제는 위나라 무구검과의 1차 비류수 전쟁에서 대승을 거두었음이 확실하다.

《고구리사초략》에는
무구검의 고구리 침공을 1차와 2차로 구분해 1차 침공년도는 동양대제 18년(244)으로 2차 침공은 20년(246)으로 기록되어 있는 반면에,
《삼국사기》는 1차와 2차의 구분 없이 모두 동천왕 20년으로 기록되어있다.
필자는 《고구리사초략》의 기록이 훨씬 신빙성이 있다고 본다.
위나라의 1만 병력중 3천 명이 참수될 정도라면 전의를 상실한 무구검이 일단은 후퇴해서 돌아갔을 것이기 때문이다.

중국 기록들은 구분되어 있으나 자신들이 이긴 2차 전투만 두 번에 나눠 적으면서 1차에 고구리의 도성을 함락시켰고 2차엔 동천왕을 추격했다고 기록했다.

게다가 춘추필법으로 기록된 《삼국지 무구검열전》은
1차의 비류수 전투의 결과도 적지 않았고
연도도 '정시 중'이라고 애매하게 기록했다.

(3) 비류수(沸流水)와 양수(梁水)는 어디인가?

위나라의 1차 침공 때 고구리의 동양대제가 무구검에게 대승을 거둔 비류수는 과연 어디일까? 《중국 고대지명대사전》에서 비류수를 검색하면 강수(绛水)[208]가 나오는데 그에 대한 설명은 다음과 같다.

강수(绛水) :
1) 근원은 산동성 황현 동남쪽 20리 장산에서 나와, 북쪽으로 흘러 황현 동쪽에서 황수하와 합해져 바다로 들어간다.
2) 산서성 곡옥현 남쪽에 있는 일명 백수 또는 비수(沸水)로 근원은 강현 서북쪽 강산 아래에서 나와, 곡옥현 남쪽까지 서북류해 회수로 들어간다.
《수경주》에 강수는 강산에서 나와 서북류해 회수로 흘러간다.
3) 근원은 산서성 둔류현 서남 팔십리 반수산의 남쪽에서 나와 8개 샘이 솟는 여의에서 나와 합쳐져 동류해 로성현 경계 교장촌까지 흘러 장하로 들어간다.
《수경주》의 소위 진수이다. 《청일통지》 수경주에 강수는 있고 람수는 없는데, 그 강수의 흐름은 모두 지금의 람수이고 별도로 진수가 있는데 곧 강수의 흐름이라 현재 부·현의 모든 지리지와 맞지 않는다.
《위서 지형지》에 강수가 있고 역시 람수도 있으나 지금의 물길은 같다.
4) 사천성 간양현 성 북쪽에 있는 지금의 강계하를 말한다. (이하 생략)

비류수는 위 4가지 강수 중 두 번째로 산서성 남부 운성시의 동쪽에 있는 강현에서 나와 임분시의 남쪽 곡옥현 남쪽을 흐르는 회수로 들어가는 작은 물길이었다. 역사적 사실이 이러하거늘 1906년 무구검 기공비의 일부분 파편이 길림성 집안현에서 발견되었다는 이유로 집안이 당시 고구리의 도성인 환도성이라는 것은 역사조작이다.

---

208) 绛水 : 1) 源出山东黄县东南二十里张山，北流经县东合黄水河入海。
2) 在山西曲沃县南，一名白水 又名沸水，源出绛县西北绛山下，西北流至曲沃县南入浍水,《水经注》绛水出绛山，西北流注于浍。
3) 源出山西屯留县西南八十里盘秀山之阴，八泉涌出如珠，合而东流 至潞城县界交漳村入漳. 水经注谓之陈水，<清一统志>水经注有绛水而无蓝水，其绛水所行之道，皆今蓝水也，而别有陈水，则今绛水所行之道也，与今府县诸志不合，惟魏书地形志有绛水，又有蓝水，与今水道相同。
4) 在四川简阳县城北，今曰绛溪河，《寰宇记》绛水在州南，色赤如绛，故名，王洙九州要记云，州在赤水之北是也。

《삼국사기》에는 무구검이 1번 침략해 2번 싸웠던 것으로 기록 되어있다.
"20년(246) 가을 8월, 위나라 유주자사 무구검이 1만의 군사를 거느리고 현토를 침공했다. 왕이 보, 기병 2만 명을 거느리고 비류수에서 전투를 벌여 그들을 쳐부수고 3천여 명의 머리를 베었다. 또 군사를 이끌고 양맥의 골짜기에서 전투를 벌여 역시 적군을 쳐부수고 3천여 명을 죽이거나 생포했다.
왕이 장수들에게 '위나라 대군이 오히려 우리의 적은 군사만도 못하구나. 무구검이 위나라에서는 명장이라 하나, 지금은 그의 목숨이 내 손에 달려 있구나.' 라고 말하고는 철갑기병 5천 명을 거느리고 공격했다."

위에서 보듯이 고구리 동양대제는 무구검의 2차 침공 때도 초전에서 3 천 명을 죽이거나 포로로 잡는 큰 전과를 올렸는데, 그곳을 《삼국사기》에는 '양맥(梁貊)의 골짜기'라고 하고, 《삼국지》와 《고구리사초략》에는 양구(梁口)라고 기록되어 있는데, 양구는 바로 양수(梁水)의 입구를 말하는 것이다.

《중국 고대지명대사전》에서 "양수209)는 산서성 장자현 동쪽에 있다.
《수경주》에 양수는 남양산에서 나와 북류해 장자현 고성 남쪽까지 흘러 북쪽에서 장수로 들어간다."라고 설명하고 있다. 무구검의 1 차 침공 때 전투를 벌인 비류수의 동북쪽에 있는 강이다.

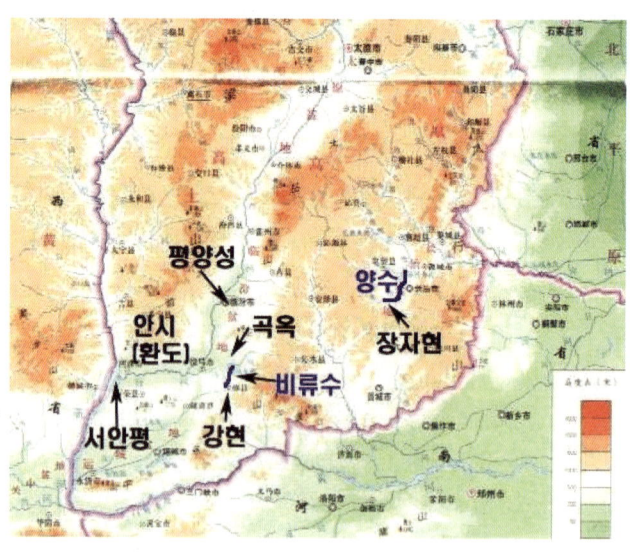

〈무구검과 싸운 비류수와 양수는 산서 남부〉

---

209) (梁水) 在山西长子县东,《水经注》梁水出南梁山, 北流至长子县故城南, 又北入漳水)

4. 환도성 함락과 쫓기는 동양대제

양구에서의 대승으로 극도의 자만에 빠진 동양대제는 아예 무구검과 위나라 병사들을 전멸시키기 위해 무모하게 정면공격을 감행한다. 막다른 골목에 몰리게 된 무구검이 방진(方陣)을 펴고 결사적으로 싸우자, 이번에는 오히려 고구리가 대패해 1만8천여 명이 전사했다. 자만하다 허를 찔려 대패한 동양대제는 1천여 기병을 거느리고 압록원으로 달아났다.

참고로 방진이란 방패와 장창으로 중무장한 보병이 어깨를 맞대고 보통 8 열 종대로 늘어서는 전술 대형으로, 말을 타거나 땅 위에서 활을 쏘는 사수들의 공격에는 다소 약점이 있으나 철갑기병의 공격을 막아내는데는 효과적인 단단한 수비 대형이다. 수 양제의 고구리 1차 침공시 평양성까지 진군했던 우문술의 30만 대군이 후퇴하면서 사용한 수비 전술이다.

《고구리사초략》에는 "20년(246) 8월 동양대제는 무구검이 우회해 쳐들어 온다는 소식을 듣고 우근 등을 보내 맞서 싸우게 했다. 그러나 우리는 수가 적고 저쪽은 수가 많은 데다가 그들의 예봉을 마주하더니 자못 전황이 상당히 어려워졌다. 이에 상께서 철갑기병 5천을 추려서 양구(梁口) 서쪽에서 적진을 들이쳐 크게 이겼고, 노획한 병장기과 마필은 셀 수 없이 많았다.
상이 주황후와 함께 포로를 접수했다.

무구검의 대군이 다시 밀려오니 우근이 싸우다 전사했다. 무구검이 방진을 펼쳐 선봉의 위세가 파죽지세인 데다가 우리의 남쪽 통로도 빼앗겼다는 보고가 들려오자, 후비들까지 데리고 있는 데다가 상황이 녹록치 않아 날랜 기병 천여 기와 함께 압록원으로 물러났다. 주전의 군대 역시 패해 죽은 병사가 만 명이나 되자,
상께서 옹구(甕口)로 동천했다."라고 기록되어있다.

즉 중국 기록처럼 동양대제가 2번 모두 무구검에게 패한 것이 아니라, 친히 참전했던 비류수(1차)와 양구(2차)에서는 대승을 거두었다. 그러나 이후 무구검이 재정비 후 침공할 때 출전한 장수들이 크게 패하자 동양대제는 도성(환도성)을 내어주고 작전상 후퇴를 해야 하는 처지가 되어버렸다. 후퇴하면서 대역전승을 거둘 전열을 재정비할 시간을 벌어야 했다.

겨울 10월에 위나라 무구검은 고구리의 도성 환도성을 공격해 함락시켰고, 백성들을 도륙했고 보물들을 챙겼다. 그리고는 바로 현토태수 왕기로 하여금 동천왕을 추격하게 했다.

(1) 유유와 밀우의 살신성인

도성이 함락되었다는 소식에 동양대제는 통곡하면서 목능의 말을 듣지 않은 것을 한탄하며 남옥저(南沃沮)로 달아나다가 죽령(竹嶺)에 이르렀다.
군사들은 다 흩어져 버려 거의 없어지고 오직 밀우(密友)만이 곁에 있을 뿐이었다.
밀우는 "지금 추격해오는 적병이 매우 가까운 거리에 있으므로 이를 벗어나지 못할 형세이오니 제가 결사적으로 적군을 막아보겠사오니 그 틈을 타서 달아나소서."
라고 말하고는 결사대를 모아 함께 적진으로 달려가 전력을 다해 싸웠다.
백성들 역시 평소에 동양대제의 성덕을 흠모하고 있었던지라 모두 죽기를 각오하고 싸웠다.

그사이 동양대제는 샛길로 빠져나와 산골짜기에 의지하며 흩어진 군사들 모아 자신을 호위하게 하고는 군사들에게 "만약 밀우를 구해오는 자가 있다면 후한 상을 내리겠다."라고 말했다. 그러자 유옥구가 앞으로 나서며 "제가 해보겠습니다."라고 자청하고는, 전장으로 달려가 땅에 쓰러져 있는 밀우를 발견하고는 들쳐 업고 돌아왔다. 동양대제가 자신의 허벅지에 밀우를 눕혔더니 한참이 지나서야 깨어났다.

동양대제는 다시 사잇길을 헤매다가 남옥저에 이르렀다.
그러나 위나라 군사들이 쉬지 않고 추격하는지라 적절한 계책도 없고 형세가 어려워 어찌할바를 몰랐다. 그때 유유(紐由)가 나서며 "형세가 위급하다 해서 헛되이 죽을 수는 없습니다. 신이 어리석으나마 한 가지 계책이 있습니다.
제가 음식을 가지고 가서 위나라 장수들을 대접하다가, 기회를 보아 적장을 찔러 죽이고자 합니다. 만약 저의 계책대로 된다면, 그때 상께서 적을 맹렬하게 공격하시면 승리할 수 있을 겁니다."라고 말하자, 상이 "그러겠노라."라고 말했다.

유유가 위나라 진중에 들어가 거짓 항복을 위장하고는 "우리 임금이 대국에 죄를 짓고 해(海)로 도망했으나 이제 의지할 곳이 없으므로 장차 귀국의 진영에 항복해 귀국의 법관에게 목숨을 맡기려고 합니다. 그에 앞서 소신을 먼저 보내 변변치 못한 음식이나마 대접하라 하셨습니다."라고 말했다. 그러자 위나라 장수가 이 말을 듣고 항복을 받으려고 했다.

이때 유유가 식기에 감추어 간 칼을 뽑아 적장의 가슴을 찌르고 그와 함께 죽자 위나라 진영이 대혼란에 빠지게 되었다. 그때 동양대제가 군사를 세 길로 나누어 급습하니 위나라 병사들은 전열을 가다듬지 못하고 마침내 낙랑으로부터 퇴각했다.
이때 무구검의 군대는 고구리 도성(환도)에서 이미 물러나 있는 상태였다.

고구리가 위나라 무구검에게 잠시나마 큰 난리를 겪는 중에
낙랑태수 유무와 대방태수 왕준이 남쪽으로부터 들어와 무구검을 돕자,
백제의 고이왕은 그 허를 틈타 장수 진충을 시켜 이 두 곳을 기습해
많은 수의 변방 백성을 잡아가는 어부지리를 취했다.

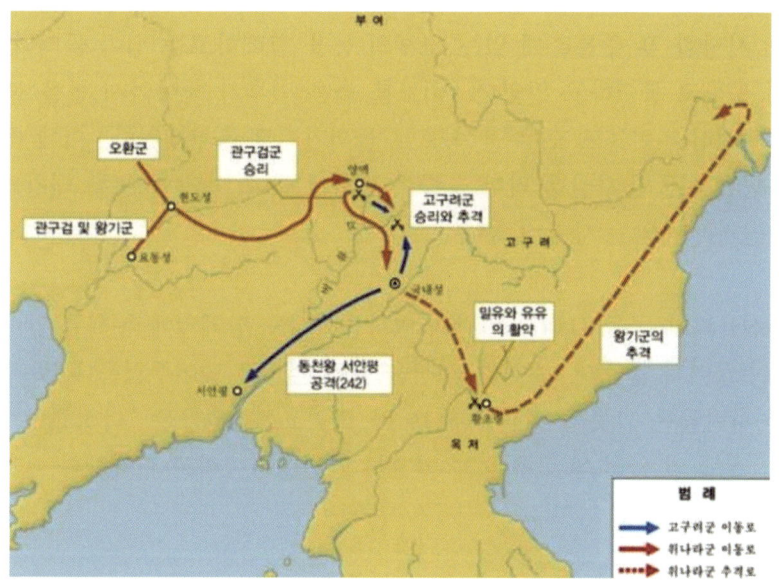

〈현 사학계의 위나라 관구검 침공도 및 동천태왕 도주로〉

마침내 동양대제가 위나라 군대를 물리치고 도읍인 환도성으로 돌아와 공적을 평가하니 단연 밀우와 유유가 1등 공신이었다. 밀우에게는 거곡과 청목곡을 주고, 유옥구에게는 압록과 두눌하원을 주어 식읍으로 삼게 하고, 유유에게는 대사자로 추증하고 그의 아들 다우로 하여금 그 자리를 잇도록 했다.

동양대제는 도성인 환도성이 몹시 파괴되어 다시 도읍으로 쓸 수 없다고 판단하고는, 본래 선인 왕검의 택지였던 평양(平壤)에 성을 쌓아 백성과 종묘사직을 옮겼다. 상은 위나라 관구검에게 잠시나마 변을 당한 이후로는 정사에 권태감을 느껴 오로지 유람하며 사냥하기와 여색에 빠져 세월을 보내면서, 태자에게 정사를 맡아보게 했다.

22년(248) 7월 모후인 주통태후가 더위를 먹어 심한 설사병으로 춘추 67세에 죽자 고향인 주통촌에 모셨다가 나중에 아들 동양대제의 능에 합장했다. 애초에 상이 모후와 함께 이곳을 점지했고, 상이 붕어해 동천(東川)에 묻히자 한 무덤에서 모자가 서로 다른 방을 가지게 되었다.

9월, 상이 사냥한 후 주통촌에 있는 모후의 능을 참배하고는 병이 들더니 말도 제대로 하지 못하고 붕어하고 말았다. 비보를 들은 연후가 쫓아와서 몸을 불살라 죽자, 황후와 여러 비빈들도 모두 불 속으로 들어가려고 울부짖었다. 이에 태자가 두 공주들과 함께 이들의 자살을 막아 목숨을 건지게 했다. 백성들 모두 태왕의 은덕을 생각하며 슬퍼하지 않는 자가 없었다.

조정의 대신들과 후궁들 그리고 민간의 여자들까지도 장례일에 동천릉 앞에서 순사(殉死)함이 끊이지 않았다. 순사한 시신을 싸리 섶으로 덮어주었는데 그 행렬이 끝이 없기에 사람들은 그곳을 시원(柴原)이라 불렀고, 백성들은 "다정했던 천자께서 용이 되니, 무덤 앞 싸리 섶 모두 하늘 꽃으로 만발했다."라고 노래했다.

(2) 남옥저, 죽령, 낙랑은 어디인가?

무구검에게 잠시 패한 동양대제가 피신한 곳은 남옥저였다.
일제 식민사학은 함경남도 함흥 일대를 동옥저라 하고,
두만강 유역을 북옥저로 비정했다.
그 이유는 환도성을 길림성 집안현으로 보았기 때문인데,
과연 이러한 지리 비정이 옳은지 옥저와 예의 위치에 대해 알아보도록 하겠다.

《삼국지 위서》와 《후한서》의 '동이열전'에 있는
"예의 북쪽은 고구려(현)과 옥저에 접하고,
남쪽은 진한과 접하고, 동쪽으로 대해, 서로는 낙랑에 접한다.
예와 옥저와 구려는 본래 모두 조선의 땅이었다."라는 기록을 정리하면
고구려의 동쪽에 옥저가 있고 그 남쪽에 예(濊)가 있다는 말인데,
예의 위치는《수경주》권9(기수)~10(청장수)에서 찾을 수 있다.

예읍(濊邑)을 지나는 청장수는 산서성 중동부에서 발원해 남쪽으로 흐르다.
하남성 섭현에서 탁장수와 만나는 강이고, 탁장수는 산서성 남부에 있는 장치시
장자현에서 발원해 산서성 남부를 흘러 동남쪽에 있는 하남성 섭현에서 청장수와
합쳐지는 강이다. 따라서 예읍은 산서성 동남부에 있다고 하겠다.
그 서쪽으로는 낙랑에 접하고 그 북쪽이 바로 옥저 땅이었다.
(예에 대한 상세한 설명은 제3편 1장의 권10 청장수 참조)

예의 위치가 산서성 동남부임이 명백하게 밝혀졌으므로 동양대제가 달아난
남옥저 땅이 그 바로 북쪽일 것이고, 전열을 정비했다는 죽령(신라와의 경계) 땅과
도 지근거리라고 할 수 있다. 아울러 하남성 제원시를 흐르는 패수가 속하는 낙랑
군이 예의 서쪽에 있음도 확인된다.

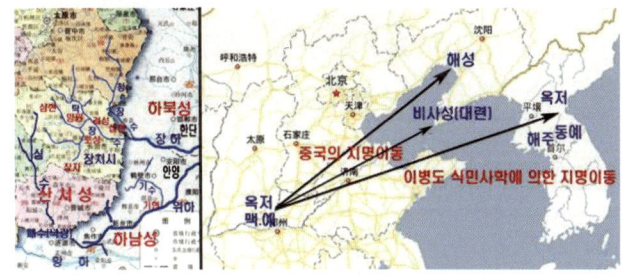

〈산서 동남부에서 역사왜곡을 위해 지명이동된 옥저, 예맥〉

(3) 현토군은 어디인가?

남옥저까지 달아난 고구리 동양대제를 맹렬하게 추격했던 위나라 장수 왕기의 벼슬이 현토 태수라고 기록되어 있다. 그곳은 과연 어디였을까?
《한서 지리지》에 의하면 유주에 속하는 현토(玄菟)군은
고구려현, 상은대현, 서개마현의 3개 현으로 구성되어 있다.
고구려현에는 남소수가 흐르는 남소성(南蘇城)이 있는데,《통감》210)의 문구 중
신성에 붙은 주석에 "신성 서남에 방산이 있고, 동북쪽으로 남소성과 목저성과
접한다."라는 설명이 있는데,《중국 고대지명대사전》의 설명 ①에 있는 "신성은
곡옥 지금의 산서성 문희현 동쪽 20리다."가 바로 남소성과 접한다는 신성이다.
(현토군에 대한 상세한 설명은 제3편 2장의 4절 참조)

또한 명나라 때 이묵이 그린 <대명여지도>의 산서여도에서도 현토군을 확인할 수 있다.《삼국지》와《후한서》의 동이전에 고구려현은 예의 북쪽에 있다고 했는데, 예읍을 지나는
청장수가 산서 동남부를 흐르는 강이니 그 북쪽이어야 한다.《한서 지리지》에서 유주의 현토군 설명에 "요산은 요수가 나오는 곳인데 요수는 서남쪽으로 요대까지 흘러 대요수로 들어간다.
(遼山, 遼水所出, 西南至遼隊入大遼水)"는 기록이 있는데, 그 요산이 그려져 있는 것이다.

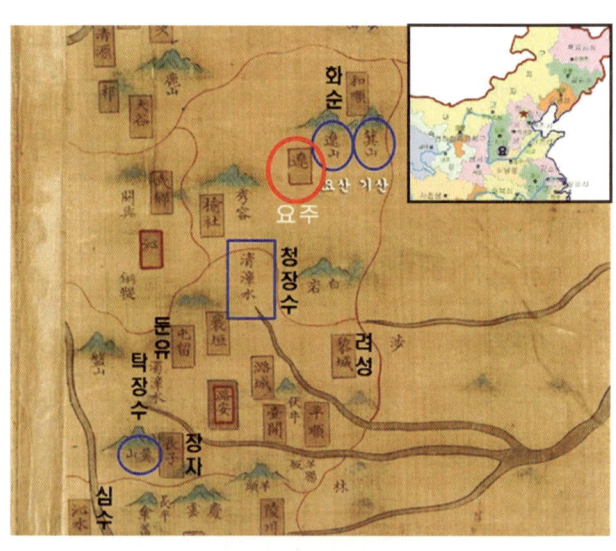

<명나라 때 이묵이 그린 대명여지도의 산서여도>

---

210) 일명 《資治通鑑》으로 북송의 司馬光이 쓴 역사책. 처음 이름은 《通志》였다. 편년체 형식으로 기원전 403년 ~ 959년의 중국 16개 왕조 1362년의 역사를 다루었으며 모두 16紀 294권이다. (원문) "銚擊高句麗, 兵及新城,〔新城, 高句麗之西鄙, 西南傍山, 東北接南蘇木底等城。"

5. 무구검 기공비는 중국의 조작

《삼국사기》에 "이 전쟁에서 위나라 장수가 숙신의 남쪽 경계에 이르러 돌에 전공을 새겨 기념하고, 또한 환도산(丸都山)에 이르러 불내성(不耐城)에 기념비를 새기고 돌아갔다."라는 기록이 있으나, 《고구리사초략》에는 그런 기록이 보이지 않는 것으로 보아 아마도 《삼국사기》가 무분별하게 중국 기록을 보고 그대로 베낀 것이 아닌가 한다. 그때 새겼다는 기념비의 일부가 1906년 길림성의 집안현에서 도로공사 중에 발견되었다고 하는데, 가로 25.7cm x 세로 26.4cm 크기의 석판에 7행 48자의 예서체 글자가 2.7cm 크기로 음각으로 새겨져 있었다.
중국은 이 석판이 위나라 무구검이 고구리 도읍 환도성을 점령하고 세운 일명 '무구검 기공비(毌丘儉紀功碑)'의 일부라고 주장했다.

과연 그런지 먼저 석판의 문구를 해석해보기로 하겠다.
(1행) 正始三年高句驪反　　（정시 3년 고구리가 뒤집어 ）
(2행) 督七牙門討句驪五　　（칠아문을 독려해 구려를 토벌했다 5）
(3행) 復遣寇六年五月旋　　（적을 돌려보내고는 6년 5월 개선했다）
(4행) 討寇將軍巍烏丸單于　（토구장군 외가 오환선우）
(5행) 威寇將軍都亭侯　　　（위구장군 도정후）
(6행) 行裨將軍領　　　　　（행비장군 영）
(7행) ○裨將軍　　　　　　（비장군）

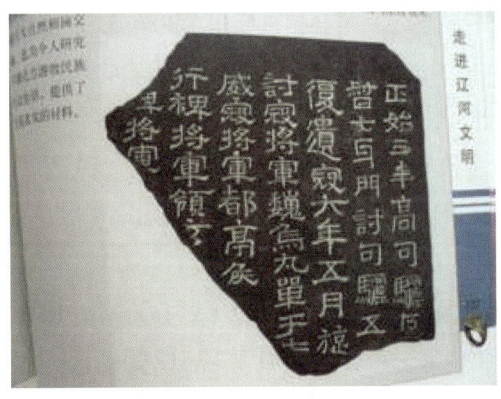

〈중국 책에 소개된 무구검 기공비 문구〉

그런데 이상한 점은 위 석판의 문구에서 무구검이라는 이름은 어디에도 없고, 새겨진 내용이 사서 기록과 일치하지도 않는데, 어떻게 이 석판을 '무구검 기공비'로 확정했는지 지나가는 소가 웃을 일이다.

(1행) '正始三年高句驪反' 문구가 《삼국지》무구검 열전과 비슷한 내용이라는데 과연 그런지 서로 비교해보기로 하겠다.
(석판) 正始三年高句驪反 (정시 3년 고구리가 뒤집어)
(사서) 正始中 儉以高句驪數侵叛 (정시 중 고구리가 배반해 수차례 침범)

먼저 석판에는 뒤집을 反(반)자이고 사서에는 배반할 叛(반)으로 되어있는데, 이를 같은 뜻으로 해석해야 하는지 의문이다.
참고로 비문은 사서에 비해 위, 변조가 쉽지 않기 때문에, 기록과 비문이 상이할 경우에는 비문이 옳은 것으로 인정해야 할 것이다.
정시 3년은 242년으로 당시 고구리는 동양대제 16년이다. 위나라가 공손씨 멸망 후 고구리에게 약속한 요동의 반환을 어기자, 대노한 동양대제가 친히 십만 병력을 거느리고 그해 5월에 요동의 서안평을 공격해 빼앗은 해였다. 물론 이 사건은 무구검의 고구리 침략의 계기가 되었던 것은 사실이나, 그렇다고 이 석판을 당시의 무구검기공비로 확정하기에는 무리가 많다.

(2행) '督七牙門討句驪五(칠아문을 독려해 구려를 토벌했다. 5)'
문구는 뒤에 이어 지는 五로 인해 정시 5년(244) 직전인 3~4년에 발생했던 사건을 말하는 것으로 해석되는데, 그 이유는 1행의 '正始三年' 문구와 3행에 '六年五月' 문구가 있기 때문 이다. 어떤 사건이 있었는지 《삼국지 위서》무구검 열전과 우리 기록을 서로 비교해보면, 정시 3년(242)~5년(244) 사이에는 무구검이 고구리를 침범한 적이 없다는 사실을 알 수 있다. 따라서 2행의 '督七牙門討句驪 五' 문구는 무구검과 관련된 사건이 아니었음이 확실하다.

(3행) '復遣寇六年五月旋(적을 돌려보내고 6년 5월 개선했다.)'
문구를 중국은 무구검이 고구리를 정벌하고 6년(245) 5월 개선했다고 해석했는데 이는 대단한 착오가 아닐 수 없다. 왜냐하면 《삼국지》무구검 열전에는 무구검이 정시 6년(245)에 고구리를 정벌해 환도성에 각석기공비를 새겼다고 기록되어 있으나, 우리 기록에는 무구검의 2차 침공년도가 정시 7년인 246 년으로 기록되어 있기 때문이다.

이에 대한 해답은《삼국지 삼소제기(조방/조모/조환전)》의 "정시 7년 (246) 봄 2월에 유주자사 무구검이 고구리를 치고, 여름 5월에 예맥을 토벌 해 이들을 모두 격파했다 (七年春二月 毌丘儉討高句驪, 夏五月 討濊貊, 皆破之)"라는 본기 기록에서 찾을 수 있다. 물론 이 기록도 무구검이 패한 정시 5년(244)의 1차 침공은 언급하지 않고, 잠시나마 고구리의 도성을 함락시킨 246년의 2차 침공에 대해서만 간단하게 기록했다.

《삼국지 삼소제기》가 오류라고 말하기도 하나, 역사 기록의 특성상 본기 (本紀)와 열전(列傳)의 기록이 서로 상이할 경우 본기가 옳을 것으로 보고있다. 그 이유는 본기는 제왕의 곁에서 사관이 매일 기록한 사초를 근거로 편찬하지만, 열전은 나중에 사서를 편찬할 때 공이 있는 신하를 끼워 넣는 식으로 했던 게 상례였기 때문이다.

(4행~7행) 4행의 '討寇將軍巍烏丸單于(토구장군 외가 오환선우)' 문구를 중국에서는《삼국지 무구검열전》의 "청룡 중에 무구검이 유주자사가 되니 오환의 선우 구루돈이 항복해왔다."라는 기록이라고 하는데, 이는 무구검이 정시 7년(246) 고구리를 침공하기 이전에 있었던 일이므로 4행에 있을 수가 없는 문구라 역시 무구검과 관련 없다고 하겠다.

4행의 討寇將軍(토구장군), 5행의 威寇將軍(위구장군 도정후), 6행의 行裨將軍 (행비장군 영), 7행의 裨將軍(비장군)은 장군의 호칭이다. 토구장군은 잡호장군의 하나로 제5품이고, 위구장군은 잡호장군의 하나이나 정벌을 나갈때 임시로 부여하는 직책이고, 비장군은 부장급 장수를 통칭하는 것으로 잡호장군의 말석으로 8~9품이다.

무구검의 호칭은 3품의 도요장군(度遼將軍)이었고 고구리를 침공할 당시 유주자사 (4~5품)가 더해졌고 나중에 2품의 진동장군(鎭東將軍)으로 승진했기 때문에, 위 토구장군·위구장군·행비장군·裨장군은 무구검보다 상당히 낮은 직급의 전혀 다른 사람이다. 혹자는 무구검에게 명을 받아 동양대제를 추격했던 왕기(王頎)라고 하나, 그는 현토 태수였지 품계를 받은 장군이었다는 기록이 그 어디에도 없다.

따라서 1906년 길림성 집안현에서 발견된 일명 '무구검 기공비'는
무구검이 고구리 도성 환도성을 점령하고 세운 비석이 아니라,
당시 같은 시대를 살았던 낮은 직급의 다른 장수의 공적비로 보인다.

석판에 새겨진 정시(正始) 연호 이외에는
무구검과 연관되는 문구가 없는 작은 돌조각을 어떻게 무구검 기공비로 단정했는지 정말로 의아하지 않을수 없다. 게다가 이 석판이 고구리의 도읍지와 아무 상관도 없는 길림성 집안에서 발견된 것이야말로 중국의 의도적인 조작이 아닐 수 없다.

제3장. 호태왕비문의 새로운 해석

(1) 호태왕비문의 의의

호태왕비문은
고려 때 김부식이 편찬한《삼국사기(三國史記)》보다 730여 년이나 앞서는
역사 기록이다. 종이로 된《삼국사기》는 그 원본이 없어졌으나 돌에 새겨진 비석의
원문은 지금까지 남아있다. 또한 호태왕비문은 주체적인 역사관을 가졌던 당시 고구리인들이 직접 새긴 소중한 역사 자료이다.

《삼국사기》에는 호태왕의 생몰년도와 재위기간이 사실과 다르게 기록되어 있는 등
비문의 내용에 대한 기록이 전혀 없는 반면에, 일본 궁내청 서고에서 잠자다 남당
박창화 선생에 의해 세상 밖으로 나오게 된《고구리사초략 (高句麗史抄略)》에는
비문의 내용이 빠짐없이 기록되어 있어 비문 해석에 필요한 참고자료를 많이 제공해
주고 있으며 깨어지고 없어지고 위, 변조된 글자를 원형대로 복원하는 데에도 크게 기여하고 있다.

비석에는 호태왕이 영락대통일(永樂大統一)이라는 위대한 업적을 이루어 갔던 과정
이 편년체로 새겨져 있다. 호태왕은 비문에 새겨진 정복 전쟁들을 통해 사방을 모두
복속시켰고 고구리의 영토를 크게 넓힌 위대한 정복군주였다.

따라서 비문에 새겨진 지명들의 위치가 밝혀지면
위대한 고구리의 주 활동무대가 어디였는지를 알 수 있을 것이다.
현재 반도사관을 고수하고 있는 식민강단사학계는 고구리가 한반도 북부와 만주에,
백제와 신라는 한반도 남부에 위치했다고 말하고 있다.

그러나 호태왕비문에 새겨진 지명들의 위치를 추적해보면
산서성 남부와 북부 하남성 일대가 바로 고구리의 활동무대였던 것으로 드러나게
된다. 호태왕비문에 새겨진 지명들의 올바른 위치를 찾음으로써 위대한 고구리의
역사도 복원되어야 할 것이다.

그간 우리 역사를 축소, 왜곡해왔던 중국의 자료들을 이용해 비문에 새긴 지명의
비밀이 풀렸다는 것에 기쁨을 느끼는 바이다.
참고로 호태왕 비문해석은 2014년부터 3년간 '호태왕비문 원문 찾기'라는
연구 활동을 했던 '호태왕비문연구회'의 해석문을 인용하기로 하겠다.

비교에 쓰인 석문(16개)의 출처

- 김덕중 : 『태왕의 꿈』(김덕중, 덕산서원, 2014)
- 조용은(1886~1951?) : 『韓國文苑』(조용은, 상해 文記인쇄국, 1932)
  * 김덕중의 2013.5 '광개토호태왕비 학술대회' 발표 자료집에서 인용
- 김택영 : 『韓國歷代小史』(중국 翰墨林書局, 1922)
  * 『김택영 전집』3, 아세아문화사, 1978.
- 王健群 : 『廣開土王碑研究』(王健群저, 임동석 역, 역민사, 1985)

  榮禧(1854~1908) : 『古高句麗永樂太王墓碑文考』, 1903.

  金毓黻(1887~1962) : 『奉天通志』 금석편, 1934.

  今西龍 : 『增訂, 補正 大日本時代史』, 1915.

  ※ 이상 3명의 석문은 위 책에서 인용

- 이형구 : 『廣開土大王陵碑新研究』

  (이형구·박노희 공저, 동화출판공사, 1986)

  會餘錄 : 1889『會餘錄』제5집에 게재된 橫井忠直의 석문

  水谷悌二郎(1893~　) : 『書品』100호, 1959.6

  ※ 위 두 석문은 위 이형구 책에서 인용

- 박시형 : 『廣開土王陵碑』(박시형, 푸른나무, 2007)
- 이유립(1907~1986) : 『大倍達民族史』「廣開土地經」

  (이유립, 고려가, 1987)

  *『광개토성능비문역주』(대동문화사, 1973도)도 있으나 약간 다르므로 「광개토지경」을 사용

  이덕수 : 「광개토지경」에서 1926년 2월 작품으로 기술.

  증보문헌비고 : 찬집청 발간, 『증보문헌비고』36권, 1908.

  ※ 이상 두 석문은 위 이유립 책에서 인용

- 서영수 : 『광개토대왕비의 진실은 무엇인가』(김정권 제공)
- 광개토광장비 : 구리시청 앞 광개토태왕 광장의 모의비 내용

1면 1행

이름		① ⑤ ⑩ ⑮ ⑳ ㉕ ㉚ ㉟ ㊵
(1) 김덕중		惟昔始祖鄒牟王之創基也出自北夫餘天帝之子母河伯女郎剖卵降出生子有聖德鄒牟王奉母命駕
(2) 조소앙		惟昔始祖鄒牟王之創基也出自北夫餘天帝之子母河伯女郎剖卵降出生子有聖德鄒牟王奉母命駕
(3) 김택영		惟昔始祖鄒牟王之創基也出自北夫餘天帝之子母河伯女郎剖卵降出生子有聖德鄒牟王奉母命駕
(4) 榮禧 筱峰		惟昔始祖鄒牟王之創基也出自北夫餘天帝之子母河伯女郎剖卵降出生子有聖德鄒牟王奉母命駕
(5) 이덕수		惟昔始祖鄒牟王之創基也出自北夫餘天帝之子母河伯女郎剖卵降出生子有聖德鄒牟王奉母命駕
(6) 이유립		惟昔始祖鄒牟王之創基也出自北夫餘天帝之子母河伯女郎剖卵降出生子有聖德鄒牟王奉母命駕
(7) 金毓黻		惟昔始祖鄒牟王之創基也出自北夫餘天帝之子母河伯女郎剖卵降出生子有聖德鄒牟王奉母命駕
(8) 이형구		惟昔始祖鄒牟王之創基也出自北夫餘天帝之子母河伯女卽剖卵降出生子有聖德□□□□□命駕
(9) 서영수		唯昔始祖鄒牟王之創基也出自北夫餘天帝之子母河伯女郎剖卵降世生而有聖□□□□□命駕
(10) 광개토광장비		惟昔始祖鄒牟王之創基也出自北夫餘天帝之子母河伯女郎剖卵降世生而有聖□□□□□命駕
(11) 증보문헌비고		惟昔始祖鄒牟王之尊基也出自北夫餘天帝之子母河伯女郎剖卵降出生子有聖□□□□□命駕
(12) 會餘錄		惟昔始祖鄒牟王之創基也出自北夫餘天帝之子母河伯女郎剖卵降世生而有聖□□□□□命駕
(13) 水谷悌二郎		惟昔始祖鄒牟王之創基也出自北夫餘天帝之子母河伯女郎部卵降世生而有聖德□□□□□命駕
(14) 今西龍		惟昔始祖鄒牟王之創基也出自北夫餘天帝之子母河伯女郎剖
(15) 박시형		惟昔始祖鄒牟王之創基也出自北夫餘天帝之子母河伯女郎剖
(16) 王健群		世惟昔始祖鄒牟王之創基也出自北夫餘天帝之子母河伯女郎剖卵降世生而有聖德□□□□□命駕
박시형 이제자 결자징실		騶牟 騆 卵降
토의 결과		惟昔始祖鄒牟王之創基也出自北夫餘天帝之子母河伯女郎剖卵降世生而有聖德鄒牟王奉母命駕

(2) 호태왕비의 제원

중국 길림성 집안현에 있는 광개토태왕비(이하 호태왕비)는
아들인 장수대제가 414년에 세운 것으로 커다란 강력응회암으로 된
불규칙한 직사 각형의 기둥 모양으로 된 4면 비석으로,
높이는 6.34m이고 윗면과 아랫면은 약간 넓고 중간 부분이 약간 좁다.
밑 너비는 제1면이 1.48m, 제2면이 1.35m, 제3면이 2m, 제4면이 1.46m이다.

문자의 크기와 간격을 고르게 정렬하기 위해 비면에 가로·세로의 선을 긋고 문자를
새겼는데, 제1면 11행, 제2면 10행, 제3면 14행, 제4면 9행이다.
각 행이 41자(제1면만 39자)로 총 1,802자인 이 비문의 내용은 크게
① 서언으로 고구리의 건국 내력을,
② 광개토호태왕의 즉위 후 대외정복사업의 구체적 사실을 연대순으로 담았으며,
③ 수묘인연호(守墓人烟戶)를 서술하여 묘의 관리에 대해 새겨져 있다.

비석은 1876~80년 사이 발견된 이후부터 주목을 받아
당시 집안현 지사였던 유천성 등의 모금으로 비바람의 침식을 막기 위해
1928년에 2층으로 된 비각이 설치되었다가, 1976년에 낡아서 붕괴의 위험이 있다
고 하여 철거되고 1982년에는 중국 당국에 의해 대형 비각이 세워지고,
2005년에 세계문화유산으로 중국이 등재하여 오늘에 이르고 있다.

〈경기도 구리시 광개토태왕 광장에 세워진 동상과 비석〉

목 차

1. 비문 1-1-1 (시조 추모왕)
2. 비문 1-4-5 (호태왕 개요)
3. 비문 1-6-37 (5년 비려 정벌)
4. 비문 1-8-3 (세칭 신묘년 기사)
5. 비문 1-9-25, 2-3-20 (6년 백잔 정벌)
6. 비문 2-5-33 (8년 백신 정벌)
7. 비문 2-6-31/2-8-9/2-10-28/3-2-10 (9~10년, 신라구원)
8. 비문 3-3-7 (14년 왜구 격파)
9. 비문 3-4-21 (17년 후연 정벌)
10. 비문 3-6-3 (20년, 동부여 토벌)
11. 비문 3-8-16 (수묘인연호)

1. 비문 1-1-1 (시조 추모왕)

(비문) 惟昔始祖鄒牟王之創基也出自北夫餘天帝之子母河伯女郎剖卵降世生而有聖德 鄒牟王奉母命駕巡幸南下路由夫餘淹利大水王臨津言曰我是皇天之子母河伯女郎鄒牟王爲連筏魚鼈應聲卽爲連筏浮鼈然後造渡於沸流谷忽本西城山上而建都焉不樂世位天遣黃龍來下迎王王於忽本東岡履龍頁昇天顧命世子儒留王以道興治

(해석) 옛날 시조 추모왕께서 나라의 기틀을 세우셨다.
북부여 천제의 아들로 태어났고 어머니는 하백의 따님이셨다.
알을 깨고 세상에 나면서부터 성스러운 덕이 있었다.
추모왕께서 어머님의 말씀에 따라 수레를 타고 순행하면서 남쪽으로 가는 길에 부여의 엄리대수를 지나게 되었다. 왕께서 나루터에 이르러
"나는 황천의 아들이요 어머니는 하백의 따님인 추모왕이다.
물고기와 자라는 뗏목을 연결하라."라고 말을 하자,
그 소리에 응하여 자라가 떠올라 뗏목으로 연결되었다.

그리하여 강을 건너 비류곡의 홀본(沸流谷忽本) 서쪽에 이르러 산 위에 성을 쌓고 도읍을 세웠다. 세상의 왕위를 즐겨하지 않으니 하늘에서 보낸 황룡이 내려와 왕을 맞이하였다. 왕은 홀본 동쪽 언덕에서 용의 머리에 타고 하늘로 올라가시면서, 세자 유류왕에게 도로써 나라를 다스리라고 마지막 유언을 남기셨다.

(설명) 시조 추모왕의 출자를 분명히 밝힘으로써
고구리가 북부여를 계승한 나라였음을 확실히 천명했다.
《북부여기》에 고주몽은 시조 해모수의 4대 손이며,
북부여 6대 고모수 단군의 사위가 되었다가 대통을 이었다고 기록되어 있다.
또한 유주의 현토군에 속하는 고구려(高句驪)는 시조 해모수가 태어난 고향이라
북부여를 고구리(高句麗)라고도 불렀다고 한다.

추모왕이 말이 아닌 수레(駕)를 타고 순행 길에 부여의 엄리대수에 이른 것으로 보아 그를 죽이기 위해 뒤를 추격하는 병사들도 없었을 것이며, 또한 나루터에서 자신이 추모왕이라고 말한 것으로 보아 새로운 나라를 세웠다기보다는 당시 이미 왕의 신분으로 도읍을 옮기기 위해 순행한 기록이 아닌가 생각된다.

비문에 도읍을 세웠다는 '비류곡 홀본'은
《삼국사기》에 '비류수 졸본'으로 되어있는데
이 비류수는 무구검과 싸웠던 비류수하고는 다른 곳으로 고유 명사 비류수가 아닌 보통명사 온천(溫泉)으로 보아도 무방할 것이다.

※ 남북이 서로 다른 고구리/백제의 초기 왕력

같은 민족인 남한과
북한이 같은 조상인 고구리의 개국년도를 서로 다르게 쓰고 있어 참으로
개탄스럽다고 하겠다.

게다가 남한에서는 강단사학계와 재야사학계가 그 의견을 달리하고 있다.
강단사 학계에서는 《삼국사기》를 근거로 하여 기원전 37년에 고주몽이 새로이
나라를 세워 국호를 고구리로 했다고 한다.
반면에 재야사학에서는 《북부여기》와 《태백일사》를 근거로 해서 주몽이 장인인
북부여 6세 고무서 단군의 뒤를 이어 기원전 58년에 보위에 올랐는데
그해 고구리를 세운 것으로 보고 있다.

이는 주몽이 북부여의 7세 단군이 되었다가,
기원전 37년에 국호를 고구리로 바꾼 것으로 해석되어야 할 것이다.

  1) 북한 교과서의 고구리 역사

북한의 국사교과서의 고구리 초기 내용이 남한과 달라 심히 우려되고 있다.

"고구려는 기원전 3세기 초엽에 세워진 우리나라의 첫 봉건국가이다.
고구려의 창건자 주몽이 이미 있었던 고대국가의 하나인 구려(=졸본부여)라는
이름 위에 '높을 고'자를 더 붙여 나라 이름을 고구려라고 하였다.
주몽은 구려국의 5부의 하나인 계부루의 이름 높은 귀족인 연타발의 딸
소서노와 결혼하고 그를 배경으로 짧은 시일 안에 정치·군사적 역량을 꾸리었다.
주몽은 귀족협의회에서 장인의 뒤를 이어 우두머리로 선출되어 구려 왕을 직접 만나
국사를 의논하게까지 되었는데, 국왕은 늠름한 풍채와 뛰어난 지략을 겸비한 주몽에
게 나라를 맡길 생각으로 둘째 딸을 주몽에게 시집보냈다. 아들이 없었던 구려 왕이
얼마 후 얼마 후 급병으로 죽게 되자 사위인 주몽이 그 뒤를 이어 5부 전체의 합법적
인 통치자가 되었다. 기원전 277년에 주몽은 드디어 정권을 잡고 나라의 최고통치지
가 되면서 종전의 '구려국'이라는 나라 이름 앞에 광대하고 높은 나라라는 뜻으로 '
높을 고'자를 덧붙여 국호를 고구려라고 고쳐 지었다."   (이상 인용 끝)

그러면서 고구리의 왕력(王歷)을 다음과 같이 기술하고 있다.
1세 동명왕 (주몽, 기원전 277 ~ 기원전 259) -->
2세 유류왕 (기원전 259 ~ 기원 전 236) -->
3세 여률왕 (기원전 236 ~ 기원전 223) -->
4세 대주류왕 (기원전 223 ~ 기원전 138) -->
5세 애루왕 (기원전 138 ~ 기원전 93)-->
6세 중해왕 (기원전 93 ~ 기원전 19) -->
7세 유리명왕 (기원전 19 ~ 18) 이후는 남한 사학계의 왕력과 일치하는데,

남, 북한 사학계가 서로 다른 점은 다음과 같다.
1. 북한은 건국년도를 기원전 277년, 남한은 기원전 37년으로 보고 있다.
2. 북한은 역년을 33왕 945년, 남한은 28왕 705년으로 보고 있다.
3. 북한은 유리명왕이 7세인 반면, 남한은 주몽의 아들로 2세이다.

북한은 주몽과 유리명왕 사이에 유류왕, 여률왕, 대주류왕, 애루왕, 중해왕이 들어가 있다. 호태왕 비문에 새겨진 세자 유류왕을 남한은 유리왕으로 대주류왕을 대무신왕으로 인지하고 있는데 반해, 북한에서는 별개의 인물로 인식하고 있다.

2) 북한 교과서의 백제 역사

북한 교과서에 기술된 백제왕조의 계보는 다음과 같다.

추모(고주몽 기원전 277 ~ 기원전 259) -->
온조왕 (백제 소국, 6~7대 기원전 18 ~ 28) -->
1세 시조 구태왕 (백제봉건국가) -->
2세 다루왕(28 ~77) 이후는 〈삼국사기〉와 같다.

위 백제왕조의 계보는 고주몽의 연대를 무리하게 약 230년 앞으로 옮기다 보니, 당연히 부인인 소서노와 아들인 온조도 같이 앞으로 따라가야 하는데 그렇게 되지 않다 보니 이상스레 1세 시조로 구태왕을 내세웠는데 그의 재위년도를 적지 못하는 뒤죽박죽 불상사가 나타나게 되었다.

북한도 역시
《북부여기》에 기록된 역사를 인정하지 않다 보니
고주몽의 이상한 출생년도와 가계도가 나오게 된 것이다.

2. 비문 1-4-5 (호태왕 개요)

(비문)　　大朱留王紹承基業遝至十七世孫國罡上廣開土境平安好太王二九登祚號爲永樂 太王恩澤洽于皇天威武拂被四海掃除仇恥庶寧其業國富民殷五穀豊熟昊天不弔卅有九晏駕棄國以甲寅年九月廿九日乙酉遷就山陵於是立碑銘記勳蹟以示後世焉

(해석) 대주류왕께서 왕위를 이어받으시고 17세손 국강상광개토경평안 호태왕에 이르러 열여덟 살에 황위에 오르시고 연호를 영락이라 했다.
태왕의 은택은 멀리 하늘에까지 미쳤고, 위엄과 무용은 온 천하에 떨쳤다.
적으로부터 치욕을 제거하여 왕업을 크게 안정시킴으로써, 나라는 부강해지고 백성은 번성했으며, 오곡은 풍성하게 익었다. 그러나 하늘도 무심하여 39세에 나라를 버리고 세상을 떠나셨다. 갑인년 9월 29일 을유(乙酉)에 산릉으로 모시고, 이 비석을 세워 그 공훈을 기록하여 후세에 보이노라.

삼국사기		고구리사초략		태백일사	
대	칭호	칭호	연호	칭호	연호
1	동명성왕	추모대제	동명(東明)	고주몽 성제	다물(多勿)
2	유리왕	광명대제	유리광명(琉璃光明)		
3	대무신왕	대무신제	대무(大武)		
5	모본왕	모본제	모본(慕本)		
		신명선제	신명(神明)		
6	대조대왕	태조황제	신명(神明)	태조 무열제	융무(隆武)
19	광개토왕	영락대제	영락(永樂)	광개토경 호태황	영락(永樂)
20	장수왕	장수대제		장수홍제 호태열제	건흥(建興)
21	문자왕			문자 호태열제	명치(明治)
25	평원왕			평강상 호태열제	대덕(大德)
26	영양왕			영양무원 호태열제	홍무(洪武)
28	보장왕			보장제	개화(開化)

(해설) 1) 자체 연호 사용
"號爲永樂"라는 비문으로 보아 호태왕은 자체연호를 사용했음을 알 수 있다. 사대주의에 입각해 편찬된 《삼국사기》에는 고구리 왕들의 연호가 기록되어 있지 않으나

《고구리사초략》영락대제기211)에는 "원년(391) 신묘 7월, 상이 군신들에게
'지금 4해의 모든 나라들이 연호를 세우지 않은 곳이 없는데, 유독 우리나라만 없
은지 오래되었소. 3대 시절(추모·유리·대무)에 건원하던 예를 살펴서 응당 새 연호
를 세워야 할 것이오.' 라고 일렀더니, 명을 받들어 춘태자가 영락(永樂)을 연호로
평안(平安)을 휘호로 지어 올리니 상이 그리하자고 하였다."는 기록이 있다.
또한 6대 신명선제212)(神明) 이후 호태왕 이전까지는 자체연호를 사용하지 않은 것
으로 기록되어 있다.

2) 호태왕 즉위와 붕어년도

《삼국사기》에는 광개토왕이 392년(임진)에 즉위해 413년(기축)에 훙(薨)했다고
기록되어 있으나,
《고구리사초략》에는 호태왕이 391년(신묘) 5월에 즉위해 414년 (갑인)
7월에 재위 24년 만인 39세에 붕(崩)했고 9월에 황산(黃山)에 장사지내면서
춘태자가 쓴 비문이 새겨진 비석을 세웠다는 기록이 있다.
비문213)의 "하늘도 무심하여 39세에 나라를 버리고 세상을 떠나셨다.
갑인년 9월 29일 을유일에 산릉으로 모시고 이 비를 세워 그 공훈을 기록하여
후세에 보이노라."라는 문구와 일치한다.

3) 호태왕을 위한 영락궁

현재 집안 호태왕비는 원래 국내성 부근에서 옮겨졌을 가능성이 크다.
왜냐하면 집안은 호태왕 당시 고구리의 국내성이 아니었기 때문이다.
현재 호태왕비는 대석과 관석도 없는 상태에서
비문의 문구처럼 산릉이 아니라 압록강과 산 사이에 있는 평지에 세워져 있다.
집안을 직접 답사했던 신채호 선생은 그의 《조선상고사》214)에서 애초 풀숲에 누워있던

---

211) 七月, 上謂群臣曰 "今四海諸國無不建元 獨我國無此久矣. 宜體三代建元之例,
更建新元."於是命, 春太子上號乃以永樂為年號平安為徽號 上可之
212) 《고구리사초략》대무신제와 갈사태후의 별자로 휘는 재사(再思) 또는 록신(鹿
臣), 민중제가 붕어하자 서자라는 이유로 피해 달아났다가 적장자 모본제가 시
해되자 추대되어 보위에 오름. 《삼국사기》에는 왕위에 오르지 못했고, 대조대왕
의 아버지로 기록되어 있다.
213) 卅有九晏駕棄國以甲寅年九月廿九日乙酉遷就山陵於是立碑銘記勳蹟以示後世焉
214) "내가 일찍이 호태왕 비를 구경하기 위해 집안현에 이르러 여관에서 만주사람
잉쯔핑(英子平)이란 소년을 만났는데, 그와 필담으로 한 비에 대한 이야기는 다
음과 같았다. '비가 오랫동안 풀섶 속에 묻혔다가 최근에 잉시(榮禧:만주인)가
이를 발견했는데 그 비문 가운데 고구리가 땅을 침노해 빼앗은 글자는 모두 도

비석을 나중에 집안사람들이 현 위치에 세웠다고 적어 놓았다.

《중국 고금지명대사전》215)에서의
영락(永樂)현에 대한 설명은 "북주 때 치소는 황성현에 속했다.
당나라가 황성현의 동북 2리에 있는 영고보를 영락현으로 나누었다.
송 때 영락진으로 되고 고성은 산서성 영제현 동남 120리에 있다.
《환우기》주 때 영락현이 되었고, 군으로 가진 않았다.
《수지》에 영락군으로 되어있는데 盖자는 오기다.
한나라 때 북평현이라 했으며, 북위 때(= 고구리 장수태왕 때) 영락현으로 불렀다.
당 천보 원년(742년) 만성현으로 개칭했다."라는 연혁과 모형도로 보아
영락진에 있었던 영락궁 안에 모셔진 무덤에서 가져왔을 가능성이 아주 크다.

3. 비문 1-6-37 (5년 을미 비려 정벌)

(비문)   其詞曰昔者永樂五年歲在乙未王以碑麗不貢整旅躬率往討叵富山負山至鹽水上破其丘部落六七百營牛馬羊不可稱數於是旋駕因過襄平道東來候城力城北 豊五備 猶遊觀土境田而還

(해석) 그 글에 이르되, 지난날 선왕께서는 비려가 조공을 하지 않고 군대를 정비하므로 영락 5년 을미년에 군사를 몸소 이끌고 가서 파산,부산,부산을 정벌하고 염수 상류에 이르러 그 지방의 6~7백 진영을 파하고, 소 말 양떼를 얻은 것이 이루 헤아릴 수 없을 만큼 많았다. 이어서 왕은 행차를 돌려서 과거에 하던 대로 양평도를 지나 동으로 후성, 역성, 북풍, 오비유로 와서 영토를 시찰하고 수렵을 한 후 돌아 왔다.

부로 쪼아내 알아볼 수 없게 된 글자가 많고, 그 뒤에 일본인이 이를 차지해 영업적으로 이 비문을 박아서 파는데 왕왕 글자가 떨어져나간 곳을 석회로 발라 도리어 알아볼 수 없는 글자가 생겨나서 진실은 삭제되고 위조한 사실이 첨가된 듯한 느낌도 없지 않다'"

215)《中國古今地名大詞典》后魏置，故城在今河北省滿城縣西北魚条山下，北周移治北平故縣，而此城廢。后魏置，故治在今河北省徐水縣西。后魏置，故治在今山西祁縣東。辽置，为锦州治，元省入州，即今辽宁省锦县治。北周置，寻省，以地属黄城县，唐分黄城于县东北二里永固堡重置永乐县，宋省为镇，故城在今山西永济县东南一百二十里，按《元和志》、《寰宇记》皆云后周置永乐县，不去置郡，隋志作永乐郡，盖字之误也。汉为北平县，北魏称永乐县，唐天宝元年（742）改为满城县。

(설명) 위 5년 을미년 기사는《삼국사기》에 전혀 언급이 없고,
《고구리사초략》에 " 영락 5년(395) 을미 2월, 비리(卑離)가 점차 왕의 정치
(王化)를 따르지 않기에 파산·부산·부산을 지나 염수까지 이르러 친히 정벌했다.
그들의 부락 700여 곳을 깨뜨렸고 노획한 소·말·양·돼지가 엄청나게 많았다. "라고
기록되어 있다.

1) 30만 비려를 정벌한 호태왕

비문에는 호태왕의 정벌 대상이 비려(碑麗) 또는 패려(稗麗)라고 새겨져 있는 반면
에,《고구리사초략》에는 비리(卑離)로 기록되어 있다.
서로 다른 글자이나 발음이 비슷해 시대별로 다른 글자로 적었을 것으로 보인다.
비려는 호태왕비문에만 있는 반면에, 비리는 여러 사서에 언급되어 있는 소국이라는
점이 다르다. 사학계에서는 비려를 거란의 일족이라고 말하고 있다.

비리국(卑離國)은《삼성기》에 남북 5만 리 동서 2만 리 강역의
환국(桓國)을 구성하는 12개국 중 하나로 기록되어 있고,
또한《삼국지 위서》동이전에 삼한인 마한, 진한, 변한 중 마한을 구성하는
50여 개 나라에 속해 있는 소국으로, 비리국 외에 감해(監奚)비리국,
내(內)비리국, 벽(辟)비리국, 모로(牟盧)비리국, 여래(如來)비리국,
초산도(楚山塗)비리국-등이 있어 다 합치면 결코 작은 나라가 아님을 알 수 있다.

지금까지의 통상적인 해석은 호태왕이 비려를 정벌한 이유를 不貢 즉 조공을 바치지
않았기 때문이라고 했는데, 그 외 不息征旅로도 읽히므로 비려가 끊임없이 침공했기
때문일 것이다. 단지 조공을 바치지 않았다는 이유로 대제국의 태왕이 직접 정벌을
나섰다는것은 말이 안 되므로, 비려가 끊임없이 고구리를 침공했기 때문에 호태왕
이 친히 정벌을 결심했다고 봐야 그 이치에 합당할 것이다.

위 비문의 '丘部落六七百營'은 '三部族六七百營'으로 판독될 수도 있는데 영(營)216)
은 여(여단급) 또는 단(연대급)에 해당되는 군사 단위로 규모는 고금이 같지 않으나

---

216) 军队单位，包含有一个指挥部，由若干个连编成的军队一级组织，通常隶属于团
和旅，一般在团或旅编成内遂行战斗任务，为高级战术分队。其最高军事长官为营
长，一般由上尉或少校担任。军队编制的一级，主要由一个司令部和两个排以上的
连、炮兵连或类似单位组成 ／ 营哨各官又如：营长；营副，一个营配有三个连左

통상 5백 명 정도의 병력이라고 한다. 고대 군대의 운영제도는 십오제(什伍制)를 기본으로 했다. 전투부대의 기본단위는 500명의 영(營)으로, 영의 상급 부대로는 5개 영의 2,500명을 1개 군(軍)이라 했고, 10개 군의 25,000명을 상(廂)이라 했다. 영의 하급 단위로는 100명을 도(都)라고 했으며, 그 아래는 십장(什長)이라하여 10명을 통솔했다고 한다.
참고로 일본군의 편제에도 분대장급인 십장과 오장이 있었다.

6~7백 영이면 30만~35만 명을 말하는 것으로, 이 경우 3개 부락(部落)이 아니라 3개 부족(部族)으로 판독되어야 할 것이다. 호태왕이 친정한 전쟁이고 노획한 소와 말이 不可稱數라는 표현으로 미루어볼 때 그럴 가능성이 높아 보인다.
참고로 지금까지 대부분 학자들이 부락으로 판독했는데, 부족으로 판독한 학자는 이형구(李亨求) 217) 박사가 유일하다.

2) 을미년 기사의 지명은 어디인가?
① 염수(鹽水)/람수(藍水) : 鹽水를 염수로 읽은 학자들이 대부분이었으나,
람수(藍水)일 가능성도 있을 것이다. 람수에 대해서는
'중국통사 참고자료 고대부분(中國通史參考資料古代部分218))-4'에
"람수는 산서성 둔류현 서남에서 나와 동쪽으로 흘러 장수로 들어간다
(藍水, 源出於山西屯留縣西南, 東流入漳)"라는 문구가 있으며,
《중국 고대지명대사전》219)에 "(강수) 산서성 둔류현 서남 80리 반수산 남쪽에서 나와 동으로 로성현 경계와 만나는 장촌까지 흘러 장수로 들어간다.
《수경주》에서는 진수라 한다,《청일통지》'수경주'에 강수라고 있는데,

右，人数大约在500人左右。直接隶属于师以上单位的营称独立营，多遂行战斗勤务、技术勤务和后勤保障任务。按任务、装备和编成，分为步兵营（摩托化步兵营、机械化步兵营）、坦克营、炮兵营、导弹营、空降兵营、电子对抗、工兵营、通信营、雷达营、防化营、汽车营等。战斗营通常辖3-5个战斗连及战斗、勤务保障分队。设有营部，有的国家军队的营设司令部，编有参谋长和参谋。

217) 선문대학교 역사학과 석좌교수, 동양고고학연구소 대표, 저서에『광개토대왕비 신연구』등이 있다.
218) 作者/翦伯赞 主编/郑天挺 中華書局 1962
219) 绛水 : 源出山西屯留县西南八十里盘秀山之阴，八泉涌出如珠，合而东流，至潞城县界交漳村入漳，水经注谓之陈水，《清一统志》水经注有绛水而无蓝水，其绛水所行之道，皆今蓝水也，而别有陈水，则今绛水所行之道也，与今府县诸志不合，惟魏书地形志有绛水，又有蓝水，与今水道相同。

무람수라 하는데 그 물길이 모두 같다. 다른 이름으로 진수라 한다.
《위서 지형지》에는 강수와 람수가 있는데 물길이 같다. 즉 강수＝람수이다."

신채호 선생은《조선상고사》에서
"염수는 '몽골지지'에 의하면 소금기가 있는 호수나 강이 허다한데 아랍선산 아래 길란태(吉蘭泰)라는 염수가 있어 물가에 늘 2자 이상 6자 이하의 소금덩이가 응결된다고 하였으니, 이로 미루어 보면 대개 광개토태왕의 발자취가 감숙성 서북에까지 미쳤음을 알 수 있으니 이는 고구리 역사상 유일한 원정이 될 것이다."라고 밝혔다.

그런데 비문에는 영락 5년(을미)만 새겨져 있지 몇 월인지 알 수 없으나, 《고구리사초략》에는 호태왕이 친정한 비리 정벌이 2월220)에 일어났다고 기록되어 있다. 또한 8월에 백제의 진무가 또 쳐들어오자 호태왕이 또 직접 기병 7천으로 패수에서 백제군 8천 명의 목을 베는 대승을 거두었다는 기록221)이 있는데, 호태왕이 2월과 8월에 두 전투에서 친정했다면 비려는 패수에서 멀어서는 기록이 성립되기 어렵다.

신채호 선생의 주장을 이 기록에 대입해보면, 2월에 감숙성 서부 길란태 염지까지 가서 전투를 치룬 호태왕이 8월에 하남성 패수에 와서 백제와 전투를 했다는 말은 현실적으로 실현되기 어려운 기록일 것이다.

〈운성염지에서의 소금 생산〉　　〈을미·병신년 기록의 지명들〉

게다가 염수 주변 지명들의 위치가 감숙성이 아닌 산서성 남부로 나타나기 때문이다.

---

220) 五年乙未二月, 上以卑離漸違王化 親征叵山·富山·負山至鹽水, 破其部落七百余所 獲牛馬羊豕万數.
221) 八月, 眞武又乘虛入寇, 上以七千騎馳到浿水上 虜獲八千余級.

② 패수의 위치 : 패수에 대해서는 제3편 제2장의 낙랑군에 상세히 설명되어 있으므로 여기서는 중요한 사항만 간단하게 정리한다.

《위서 지형지》의 회주(懷州)222)에 하내(河內)군과 무덕(武德)군이 있는데, 패수는 무덕군에 속하는 현으로 기록되어 있다. 회주에 속하는 대부분의 다른 현들은 《한서 지리지》에서 예주에 속한 하내군(河內郡)223)에 속하는 현들로 다 황하북부 하남성에 있는 지명들이다. 회주와 예주의 하내군과 유주의 낙랑군의 패수와의 관계를 정리하면 다음과 같다.

사서	주	군	주요 지명
한서지리지	유주	낙랑군	**패수**, 조선, 수성, 대방, 열수
	예주	하내군	회, 무덕, 산양, 하양, 수무, 온, 심수, 태행산
위서지형지	회주	하내군	야왕, 심수, 하양, 태행산, 적
	회주	무덕군	**패수**, 온, 회성
수서지리지	회주	하내군	하내, 온, 제원, 하양, 왕옥, 신향, 수무
구당서	하북도	회주	하내, 온, 하양, 태행, 무덕, 수무, 무척
금사지리지	회주		**패수**, 태행산, 황하, 심수, 수무, 휘주, 무척

〈위서·금사지리지의 회주에 속한 현들은 대부분 한서 지리지의 하내군 소속〉

《수경주》에서 위만이 망명하면서 건넌 강인 패수는 《삼국지 위서》 동이 조에는 추수(溴水) 또는 격수(浿水)로 기록되어 있다.

---

222) 《魏書》地形志 (怀州) 天安二年置, 太和十八年罢, 天平初复。領郡二縣八 戶二万一千七百四十 口九万八千三百一十五 (河內郡 하내군) 汉高帝置。領縣四 户九千九百五 口四万二千六百一 野王二汉、晉属, 州、郡治。有太行山(태행산)、华岳神。沁水(심수)二汉、晉属, 治沁城。有沁水、济水。河阳二汉、晉属, 后罢, 孝昌中复。轵后汉、晉属, 治轵城。有轵关。(武德郡 무덕군) 天平初分河內置。領縣四 户一万一千八百三十五 口五万五千七百一十四。平皋二汉、晉属河內。有平皋陂、平皋城、安昌城。溫二汉、晉属河內。<u>有溫、浿水(패수)</u>。怀二汉、晉属河內。有长陵城、怀城。州二汉、晉属河內。有雍城、中都城、金城。

223) 《漢書 地理志》河內郡, 高帝元年為殷國, 二年更名。莽曰後隊, 屬司隸。戶二十四萬一千二百四十六, 口百六萬七千九十七。縣十八：懷(회), 有工官。莽曰河內。汲(급), 武德(무덕), 波, 山陽(산양), 東太行山在西北。河陽(하양), 莽曰河亭。州, 共, 故國。北山, 淇水所出, 東至黎陽入河。平皋(평고), 朝歌(조가), 紂所都。周武王弟康叔所封, 更名衛。莽曰雅歌。脩武(수무), 溫(온), 故國, 己姓, 蘇忿生所封也。樊王, 太行山(태행산)在西北。衛元君為秦所奪, 自濮陽徙此。莽曰平野。獲嘉, 故汲之新中鄉, 武帝行過更名也。軹, 沁水(심수), 隆慮, 國水東北至信成入張甲河, 過郡三, 行千八百四十里。有鐵官。蕩陰。蕩水東至內黃澤。西山, 羑水所出, 亦至內黃入蕩。有羑里城, 西伯所拘也。

세 글자의 모양이 서로 서로 비슷하다 보니 혼동되어 사용되었음을 의미한다.
《산해경(山海經)》에서
산경의 남산2경224)에 "동쪽 5백 리에 성산이 있고,
그 동쪽 5백 리에 회계산이 있는데
작수가 나와 남쪽으로 흘러 격(추)으로 들어간다.
역시 동쪽 5백리에 이산이 있는데 격(추)수가 나오는 곳이다."라는 문구가 있는데,
여기에 곽박(郭璞)225)이 그 渜(溴)에 '一作 湨'라는 주석을 달았다.
즉 하남성 제원시를 흐르는 渜水(溴水)가 바로 湨水이다.

③ 양평(襄平) : 양평(襄平)현은 후성(侯城)현, 문(文)현, 안시(安市)현과
서안평(西安平)현과 함께 《한서 지리지》에서 유주의 요동군226)에 속하는 현으로,
실위산(室僞山)에 대한 설명에 "실위수가 북쪽으로 양평까지 흘러
(산서성 장자현 동쪽을 흐르는) 양수227)로 들어가는 곳"이라고 했으므로
그 위치가 산서성 동남부라고 하겠다.

---

224) <山经·南山经> 又东五百里曰成山(성산)。四方而三坛，其上多金玉，其下多青
  䨼，閟水出焉，而南流注于虖勺，其中多黄金。又东五百里曰会稽之山(회계산)，
  四方。其上多金玉，其下多砆石。勺水出焉，而南流注于湨(격)。又东五百里曰夷
  山。无草木，多沙石，湨水(격수)出焉，而南流注于列涂。
225) 중국 서진 말 ~ 동진 초의 학자·시인(276~324). 박학하고 시문과 점술에 뛰
  어나 상서랑(尚書郎)으로 임명되었다. ≪목천자전≫, ≪초사≫, ≪산해경≫ 주석
  이 유명하다.
226)   遼東郡(요동군)，秦置。屬幽州。戶五萬五千九百七十二，口二十七萬二千五百
  三十九。縣十八： 襄平(양평)，有牧師官。莽曰昌平。新昌，無慮，西部都尉治。
  應劭曰：「慮音閭。」師古曰：「即所謂醫巫閭。」望平，大遼水出塞外，南至安市
  入海，行千二百五十里。莽曰長說。師古曰：「說讀曰悅。」房，候城(후성)，中部
  都尉治。遼隊，莽曰順睦。師古曰：「隊音遂。」遼陽，大梁水西南至遼陽入遼。莽
  曰遼陰。險瀆，應劭曰：「朝鮮王滿都也。依水險，故曰險瀆。」 臣瓚曰：「王險城
  在樂浪郡浿水之東，此自是險瀆也。」 師古曰：「瓚說是也。浿音普大反。」 居
  就，室僞山 室僞水所出，北至襄平(양)入梁也。高顯，安市(안시)，武次，東部都
  尉治。莽曰桓次。平郭，有鐵官、鹽官。西安平(서안평)，莽曰北安平。文(문)，莽
  曰文亭。番汗，沛水出塞外，西南入海。應劭曰：「汗水出塞外，西南入海。番音
  盤。」 師古曰：「沛音普蓋反。汗音寒。」沓氏。應劭曰：「氏水也。音長答反。」
  師古曰：「凡言氏者，皆謂因之而立名。」
227) 《中國古代地名大辭典》"在山西长子县东，《水经注》 梁水出南梁山，北流至长
  子县故城南，又北入漳水。"

④ 후성(侯城), 부산(富山), 부산(負山) : 후성, 부산, 부산 등이 염수와 양평과 동일 축선에 있어 산서성 남부인 것은 분명하나 정확한 위치는 자료 부족으로 비정하기 어렵다. 후성은 후마(侯馬)시가 유력해 보이는데, 옛 요동군 지역에서 후(侯)자가 들어간 유일한 현대지명이다. 부산(富山/負山)은 후마 동쪽 부산(浮山)현이 유력해 보이나 확실한 근거는 없다.

⑤ 북풍(北豊) :《중국 고대지명대사전》228)에 "후한 말 공손탁이 요동에 있을 때 성을 설치해 풍성이라 했는데, 사마의의 요동 정벌 때 풍인들이 남쪽으로 옮겨갔기에 남아있는 자들을 북풍이라 했다."라는 설명이 있어, 역시 옛 요동군 지역인 산서성 남부로 보이나 정확한 위치는 알 수 없다.
그 외 역성(力城)과 오비유(五備猶)에 대해서는 관련 자료가 없다.

호태왕이 염수에서 대승을 거둔 후 양평을 지나 동으로 후성, 북풍으로 와서 영토를 시찰했다는 것은 산서성 남부에서 일어난 일이었던 것이다.

4. 비문 1-8-3 (세칭 신묘년 기사)

(비문) 百殘新羅舊是屬民由來朝貢 而倭以辛卯年來渡海 破百殘曷侵(□□) 新羅以 爲臣民

(해석) 백잔과 신라는 옛날부터 속민으로 조공을 가져왔으며,
왜는 신묘년 이래 (海를 건너) 조공을 바쳐왔다.
(고구리가 海를 건너) 백제를 깼고, 말갈은 신라를 신민으로 삼으려고 침공했다.

(설명) 이 문구는 세칭 '신묘년(辛卯年) 기사'로 알려져 있으며,
일제에 의해 임나일본부설의 조작을 위한 역사적 근거로도 악용되었다.
일제는 □□를 가야로 보아 "왜가 신묘년에 바다를 건너와 백잔과 가야와 신라를 깨고 신민으로 삼았다."로 해석했다.
그런데 신묘년은 391년으로《삼국사기》에는 호태왕 즉위 1년 전인

---

228)《中國古代地名大辭典》"後漢末公孫度據遼東, 置城于此, 謂之豊城, 司馬懿伐遼東, 豊人南徙青齊, 其留者曰北豊。"

고국양왕 8년으로, 《고구리사초략》에는 호태왕 즉위 원년으로 기록되어 있다.
호태왕비문에 의하면 5년이 을미년이고 6년이 병신년이니 신묘년이 호태왕 즉위
년도가 되기에, 《삼국사기》의 호태왕 즉위년도 392년 기록은 오류임이 증명되었다.

그런데 이상한 점은 《고구리사초략》 고국양제기에 신묘년에 일어난 역사적 사실을
기록한 문구229) 가 있는데, 신묘년에 왜가 가야, 신라를 침략했고 백제의 남쪽까지
이르렀다는 아래 기록은 호태왕비의 세칭 신묘년 기사의 일본식 해석과 아주 비슷해
보인다. 그러나 영락제가 아닌 고국양제 때 그것도 고구리가 아닌 백제에서 잠시 일
어난 미수에 그친 사건을 호태왕비문에 새겼을리가 없다는 것이 중론이다.

"고국양제 8년(391) 신묘년 4월, 해성이 말갈 병사 2천을 이끌고 백제의 적현·사도
두 성을 빼앗았다. 이때 왜가 가야와 신라에 침입하더니만 백제의 남쪽까지 이르렀
는데도, 백제 진사왕은 가리와 함께 궁실에 사치하여 연못을 파고 산을 만들어 특이
한 새를 기르고 있었다. 이세가 죽자 이 소식을 듣더니 나라 서쪽의 큰 섬으로 피
해 들어갔고, 왜가 물러나자 돌아왔다가 다시금 횡악으로 들어갔다. 사람들이
비웃을까를 걱정하고 사슴을 잡는다는 핑계를 댄 것이었으니, 그의 기세가 허약함
이 이토록 심했었다."

세칭 신묘년 기사는 영락 5년 호태왕의 비려 정벌과
6년 백잔 정벌 사이 에 새겨져 있는 문구이다. '호태왕비 연구회'에서도 수년 전에
처음 해석할때는 위 문구를 6년 백잔 정벌의 이유를 설명하는 문구로 보기도 했으
나, 그게 아니고 5년 2월 비려 정벌에 이어지는 8월 기사였음이
《고구리사초략》에 의해 명백하게 밝혀지게 되었다.

'百殘新羅舊是屬民由來朝貢 而倭以辛卯年來' 라는 앞 문장은 호태왕 즉위 이후
고구리와 백제, 신라, 왜와의 관계에 대해 간단히 설명한 문구이다.
문맥상 "~~ 由來 ~~ 年來 ~~로 조공을 바치는 이유와 그 시기에 대해

---

229) (원문) 八年辛卯四月 鮮猩引鞨兵二千拔濟赤峴·沙道二城. 時倭侵加·羅至濟南.
辰斯與佳利奢其宮室穿池造山以養奇禽. 異世卒聞此報, 逃入國西大島已而倭退還
入橫岳恐人之笑假托射鹿, 其不振甚矣.

"백잔과 신라는 예로부터 속민이라 조공을 가져왔고, 왜는 신묘년(= 호태왕 즉위) 이래로 바다를 건너 (조공을) 가져왔다."라고 설명하는 문구이다.

이어지는 破百殘 앞에 '(조공을 바쳐왔던 백제가 도발해오자 호태왕은)'이라는 문구와 주어가 생략된 것이다. 그렇게 단정할 수 있는 근거는《고구리사초략》기록에 백제정벌의 이유가 기록되어 있기 때문이다.

호태왕 등극(신묘) 이후 5년(을미) 이전까지
백제와의 전쟁 관계를 정리하면 다음과 같다.
① 영락 2년 임진(392) 7월, 상이 4만 병력을 이끌고 친히 진사(辰斯)를 정벌하여 석현(石峴)에서 진가모(眞嘉謨)를 참하고서 네 길로 나누어 그들의 성과 성채 12개를 빼앗았다.
② 10월, 또다시 수군과 육군을 이끌고 일곱 길로 나누어 관미성(関彌城)을 주야로 20일을 쉴 새 없이 공격하여 빼앗았다
③ 영락 3년 계사(393) 아신(阿莘)이 우리가 거란을 정벌한다는 소리를 듣고 비었을 것으로 여겨 진무(眞武)로 하여금 석현(石峴)성에 침략하고 또 관미(関彌)성을 쳤으나 이기지 못하고 돌아갔다.
④ 영락 4년 갑오(394) 7월, 진무가 또 쳐들어왔기에, 상이 기병 5천으로 수곡성(水谷城) 아래에서 맞싸워 거의 모두를 참살하거나 사로잡았더니, 남은 무리들은 골짜기에 숨었다가 야밤에 달아났다.

《고구리사초략》의 영락 5년(395) 을미 기록은 다음과 같다.
"2월, 상은 비리가 점차 왕의 가르침을 어기기에, 친히 파산·부산·부산을 정벌하여 염수까지 이르면서, 그들의 부락 700여 곳을 깨뜨렸고 소·말·양·돼지를 노획한 것이 만으로 셈이 되었다.
8월, 진무가 또 빈틈을 노려 쳐들어오니, 상이 기병 7천을 몰아 패수 위쪽에서 8천여 급을 노획했다. 말갈이 신라의 실직을 침입했다."

따라서 '破百殘'은 "진무가 또 빈틈을 노려 쳐들어오니, 상이 기병 7천을 몰아 패수 위쪽에서 8천여 급을 노획했다."라는 사실을 설명한 것이고, '□□新羅以爲臣民'은 "말갈이 신라의 실직을 침입했다."이므로 □□에 들어갈 글자는 바로 曷侵인 것이다.

渡海는 破百殘과 붙여서 해석할 수도 있으나,
식민사학계는 渡海를 辛卯 年來 다음에 붙여
'왜가 신묘년에 바다를 건너와(而倭以辛卯年來渡海)'라고 해석하면서
海는 지금의 현해탄이라고 설명했다.
그러나 이 해는 바다가 아니라 큰 강인 황하(黃河) 또는 발해(渤海)라고 불렸던
큰 내륙호수인 대야택(大野澤)일 가능성이 크다고 할 수 있다.

※ 호태왕비는 1883년에 관동군 소속 사코우(酒勾) 중위의 눈에 띄어
쌍구가묵본(雙鉤加墨本)으로 만든 탁본이 일본으로 전해져 전문가에 의한
해독 작업을 거쳐 1889년 『회여록(會餘錄)』에 그 내용이 처음 발표되었다.
그때 임나일본부설을 조작하기 위해 비석에서 □□를 깼을 것으로 보인다.
참고로 쌍구 가묵본은 탁본한 종이에 붓을 사용해 옅은 묵으로 글자의 윤곽선을
그린 다음 글자를 짙은 먹으로 채운 것으로 변조가 쉬워 엄밀한 의미에서
탁본이라고 하기 어렵다.

5. 비문 1-9-25, 2-3-20 (6년 병신 백잔 정벌)

(비문 1-9-25) 以六年丙申王躬率水軍討利殘國軍至窠首攻取壹八城 臼模 盧城 岩 模廬城 幹弓利城 上利城 閣彌城 牟盧城 彌沙城 古舍蔦城 阿旦城 古利城 困利城 □珍城 奧利城 句牟城 古模耶羅城 頁山城 味城 家古而龍羅 城 楊城 就谷城 豆奴城 沙奴城 沸乃城 利城 彌鄒城 也利城 大山韓城 掃加 城 敦拔城 輔呂城 久婁賣城 散新 城 餘婁城 細城 牟婁城 于婁城 蘇灰城 燕 婁城 析支利城 巖門至城 林城盛婁城 南蘇 城 婁利城 就鄒城 居拔城 古牟婁城 閏奴城 貫奴城 彡穰城 交城 鴨本城 羅城(羅城) 仇天城 禹山城 文城 其國城

(해석) 그래서 6년(병신년)에 왕이 친히 수군을 거느리시고 재빠르게
백잔국을 토벌하였는데, 군이 그들의 숙영지에 도착하여 먼저 일팔성을 시작으로
구모로성, 암모로성, 간궁리성, 상리성, 각미성, 모로성, 미사성 ,고사조성,
아단성, 고리성, 곤리성, 잡진성, 오리성, 구모성, 고모야라성, 혈산성, 미성,
가고이용라성, 양성, 취곡성, 두노성, 사노성, 불내성, 리성, 미추성, 야리성,
대산한성, 소가성, 돈발성, 보려성, 구루매성, 산신성, 여루성, 세성, 모루성, 우루성,소회성, 연루성, 석지리성, 암문지성, 림성, 성루성, 남소성, 루리성, 취추성,
거발성, 고모루성, 윤노성, 관노성, 삼양성, 교성, 압본성, 라성, 구천성, 우산성,
문성과 그 도성을 탈취하였다.

(비문 2-3-20) 賊不服氣敢出百戰王威赫怒渡阿被水遣刾迫城橫攻敵退急圍 其城百殘王困逼獻出男女生口一千人細布千匹跪王自誓從今以後永爲奴客太王恩赦始迷之徵錄其後順之誠於是拔五十八城村七百將殘王弟幷大臣十人旋師還都

(해석) 그러나 적은 굴복하지 않고 기운을 내서 싸우려고 나서므로,
왕은 크게 진노하시어 압수를 건너가 성에 바짝 접근하여 마구잡이로 공격하였다.
적이 퇴진하자 급히 그 성을 포위하고 닥치는 대로 공격하였다.
백잔왕이 곤핍하여 남녀 생구 일천인과 세포 천 필을 내어 바치고
왕이 무릎을 꿇고 스스로 '지금 이후는 영원히 노객이 되겠나이다.'라고 맹세하니
태왕께옵서는 지난 죄과를 용서하여 은혜를 베풀어 받아들이기로 하고
앞으로 성의를 다해 순종하는지를 보아 징벌의 정도를 정하기로 했다.
이번에 모두 백잔의 58성 700촌을 얻었으며,
백잔왕의 동생과 대신 10명을 데리고 도성으로 돌아왔다.

(설명) 《고구리사초략》230)에는 "병신년 3월, 상이 몸소 수군을 이끌고 대방과 백제를 토벌해, 10여 성을 함락시키고 그 동생을 인질로 잡아 돌아왔다. 5월, 왜가 사신을 보내 토산물과 미녀 5명을 바치고 「선록(선도 관련 책자)」을 달라고 했다." 라고 아신왕의 항복 기록 없이 기술되어 있다.

6년 병신년(396) 기사는 395년 8월에 백제가 도발했다가 패수에서 호태왕에게 참패당한 것에 대한 보복으로 11월에 백제가 또 쳐들어왔기에 그에 대한 응징으로 병신년 3월 백제를 토벌했던 것이고,

왜는 백제가 패할 당시 호태왕에게 토산물을 바치고 책을 의뢰하는 등 평화 관계를 유지하고 있어 왜가 백제와 연합해 고구리를 공격했다는 일부 학자들의 주장은 아무런 근거 없는 낭설임이 입증되었다.

---

230) 六年丙申三月 躬率水軍討帶方及濟 下十餘城 質其弟而皈. 五月 倭使来献土物 及美女五人以求仙籙.

1) 남소성(南蘇城)은 어디인가?

위 문구에 열거된 57개의 성은 호태왕이 함락시킨 백제의 성들인데, 그중 초기에는 고구리의 성이기도 했던 남소성의 위치를 알 수 있다.

남소성은《한서 지리지》에서 유주의 현토군231)에 속하며,

《통감》의 주232)에 "신성 서남쪽에 방산이 있고, 동북쪽으로 남소성·목저성 등과 접한다."라는 문구가 있어 신성(곡옥)과 가까운 곳이다.

또한《고구리사초략》산상대제기에 "14년(210) 경인 3월, 공손강이 서안평에 쳐들어왔다가 이기지 못하고 돌아갔다. 하양성은 물가에 있어 지키기 어려워, 남소성의 서쪽에 있는 安平城의 북쪽에 새로이 신성을 쌓아 공손강을 꼼짝도 못하게 했다."라는 문구가 있어 서로 가깝다는 것을 알 수 있다.

《중국 고대지명대사전》으로 신성을 검색하면 다음과 같이 7군데가 나타나는 데, 이중 현토군에 속하는 남소성과 가까운 신성233)은

---

231) 玄菟郡(현도군), 武帝元封四年開。高句驪, 莽曰下句驪。屬幽州。應劭曰:「故真番, 朝鮮胡國。」戶四萬五千六, 口二十二萬一千八百四十五。縣三:高句驪, 遼山, 遼水所出, 西南至遼隊入大遼水。又有南蘇水(남소수), 西北經塞外。應劭曰:「故句驪胡。」 上殷台, 莽曰下殷。如淳曰:「台音鮐。」 師古曰:「音胎。」西蓋馬。馬訾水西北入鹽難水, 西南至西安平入海, 過郡二, 行二千一百里。莽曰玄菟亭。

232) 일명《資治通鑑》으로 북송의 司馬光이 쓴 중국의 역사책. 편년체 형식으로 기원전 403년부터 959년에 이르기까지의 중국 16개조 1362년의 역사를 다루었으며 모두 16紀 294권이다. (원문)"魷擊高句麗, 兵及新城, 〔新城, 高句麗之西鄙, 西南傍山, 東北接南蘇木底等城。)"

233) (신성) ① 춘추시대 진의 땅. <좌전 희공 4년> 태자가 신성으로 달아났다. <두주> '신성 곡옥' 지금의 산서성 문희현 동쪽 20리 ② 춘추시대 정의 땅. <춘추 희공 6년> 여러 제후들이 정을 정벌해 신성을 포위했다. <두주> '정의 신밀, 현 영양 밀현' 하남성 밀현 동남쪽 30리에 있는 옛 밀성 ③ 춘추시대 송의 땅 <춘추 문공 14년> 동맹을 신성에서 맺었다. <두주> '송의 땅, 양나라 곡열현에 있다.' 지금의 하남성 상구현 서남 ④ 춘추시대 진의 땅. <좌전 문공 4년> 진후가 진을 정벌해 원신성을 포위했다. <두주> '진나라 읍' 현재 섬서성 징성현 동북쪽 20리에 고신성이 있다. ⑤ 요녕성 흥경현 북쪽(역사왜곡), 진나라 함강 5년(339) 모용황이 고구리를 쳐서 병사들이 신성에 이르자 고구리가 동맹을 원하기에 돌아왔다. <통감주> 신성 서남쪽에 방산이 있고, 동북쪽으로 남소·목저성 등과 접한다. ⑥ 산서성 대동시 삭현 서남에 있다. <사기 진기> 장양왕 3년 몽염이 이족을 공격해 신성을 넘었다. <통전> 제나라가 삭주고성의 서남 신성을 치소로 했다. 일명 신평성이고, 후에 마을로 옮겼다. ⑦ 호북성 양양현 동남 10리. (이하 생략)

(新城) 春秋晋地,《左传僖公四年》太子奔新城,《杜注》"新城曲沃"在今山西闻喜县东二十里。春秋郑地,《春秋僖公六年》诸侯伐郑, 围新城,《杜注》"郑新密, 今荥阳密

① 지금의 문희현 동쪽 20리에 있는 곡옥(曲沃)이다.

2) 이 외《중국 고대지명대사전》의 아래 6개 성에 대한 설명이다.
① 양현(楊縣)234) : 산서성 남부 임분시 바로 동북쪽에 있는 홍동현 동남 15리
(주나라 때 양국, 춘추 때 진양 지씨읍, 한나라가 양현을 설치했다.)
② 임현(林縣)235) : 하남성 안양시 (전국 시기 한의 임노읍, 한이 융노현설치,
후한이 임노현으로 바꾸고, 금이 임주를 설치했다.)
③ 교성현(交城縣)236) : 산서성 태원 서쪽 (수나라 때 옛 교성을 이름으로 취해 설치
했다. 고성은 산서성 교성현 북쪽 70리, 명, 청 때 모두 산서 태원부에 속했고
지금은 산서성 익녕도에 속한다.)
④ 우산현(禹山縣) 237) : 하남성 남양시 (하남성 등현 서남쪽 60리에 있고, 위에는
우의 사당이 있고 아래는 용담이 있다.)
⑤ 문성현238)(文城縣) : 요동군에 속하는 문현으로 산서성 길현 서북 90 리
(산서성 임분시 서남), <원화지> 문성은 옛 노인이 말하길 진나라 문공이 포에서
적에게 패해 사람들이 문성이라 불렀다고 한다.

县,"今河南密县东南三十里有故密城。春秋宋地,《春秋文公十四年》同盟于新城,《杜注》"宋地,在梁国谷热县西," 在今河南商丘县西南。春秋蔡地,《左传文公四年》晋侯伐秦,围元新城,《杜注》"秦邑,"今陕西澄城县东北二十里有古新城,秦谓之新里,为秦取梁地,《春秋地名考略》新城,即梁国之地,秦取之,战国时为秦公子封邑。在辽宁省兴京县北,晋咸康五年,慕容皝击高句丽,兵及新城,高句丽乞盟,乃还,《通鉴注》新城,西南傍山,东北接南苏木底等城。在山西朔县西南,《史记秦纪》庄襄王三年,蒙夷攻赵新城,《通典》齐置朔州于故城西南新城, 一名新平城,后移马邑。在湖北襄阳县东南十里,《宋元通鉴》咸淳三年,炸贵援襄樊,殛术谓诸将宜整形舟师以备新城,明日,贵舟果趋新城。

234) 周时杨国,春秋时晋羊知氏邑,汉置杨县,故城在今山西洪洞东南十五里,隋徙洪洞县治,改名洪洞。
235) 战国韩临卢邑,汉置隆虑县,后汉改曰林虑,金置林州于经,明省林虑县入林州,寻降州为林县,属河南彰德府,今属河南河北道。
236) 隋置,取古交城为名,故城在今山西交城县北七十里,唐移治却波村,即今治,明清皆属山西太原府,今属山西冀宁道。
237) 在河南邓县西南六十里,上有禹庙,下有龙潭,又西十里为上禹山,宋绍定四年,蒙古侵金,金将完颜哈达与战于禹山,不胜,将还邓州,过光化对岸枣林,后蒙古兵突至,邀其辎重而去,枣林,在禹山东二十余里。
238) 在山西吉县西北九十里,《元和志》文城,故老曰,晋文公从蒲奔狄,因筑此城,人遂呼为文城。

(3) 阿被水는 압수 즉 압록수(鴨綠水)로 보아야 할 것이다. 왜냐하면 호태왕이 정벌한 백제 지역이 바로 패수와 함께 《한서 지리지》에서 유주의 낙랑군에 속하는 대방 땅인데, 고대 압록수가 대방에서 그다지 멀지 않기 때문이다.
대방 땅은 낙랑의 서쪽에 위치했다는 사서의 기록으로 미루어 보아 산서성 남부 문희현일 가능성이 높다.

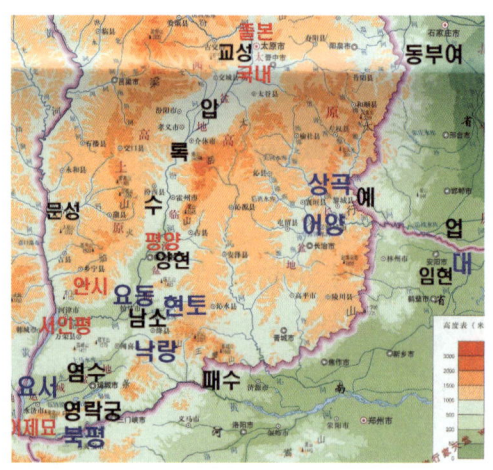

〈비문의 병신년 주요 지명들〉

6. 비문 2-5-33 (8년 백신, 토곡 정벌)

(비문 2-5-33) 八年戊戌敎遣偏師觀息愼土谷因便抄得莫斯羅城加太羅谷男 女三百餘人自此以來朝貢論事

(해석) 8년 무술에 교칙으로 별동대를 파견하여 숙신의 땅과 골짜기를 살펴보다가 문제가 있다고 판단되어(因) 곧바로 측면 기습하여 막사라성, 가태라곡의 남녀 300명을 잡아 왔다. 이런 다음부터 (식신을) 조공하게 하여 죄를 다스렸다.

(설명) 1) 식신(息愼)
숙신(肅愼)으로 보는 학자들이 대부분이다.
중국 사서에 식신(息愼)·직신(稷愼)으로도 기록된 숙신은
후한 시대부터 오호십육국 때까지는 읍루(挹婁)로 불렸으며,
남북조 때는 물길(勿吉), 수·당 때는 말갈(靺鞨),
이후 금·청나라를 세운 여진(女眞)족으로 이어지는 종족이다.

즉 숙신은 조선과 고구리와 대진국(발해)을 구성하는 하나의 큰 종족이었다.

《고구리사초략》에 의하면,
을불(훗날 미천대제)이 3살 때 숙신이 쳐들어와 고구리의 변방을 노략질하자 서천대제는 김옥모 태후의 소생인 달가로 하여금 이를 정벌하게 한다. 달가는 기병을 이용해 숙신을 단번에 격파하고 는 이를 복속시키는 혁혁한 전공을 세워 나라를 편안하게 했다는 의미의 안국군(安國君)으로 봉해지고 내외병마사를 맡았고 겸하여
숙신(肅愼)·양맥(梁貊)을 다스리게 된다.

양맥과 숙신은 이름은 달라도 같은 말갈족이고 "눈하에 살고있는 자들이 양맥이고, 서백리에 살고있는 자들이 숙신이다."라는 기록이 있다. 달가가 숙신과 양맥을 동시에 다스린 것으로 보아 숙신은 양맥에서 그다지 멀지 않음을 알 수 있다.
양맥은 양(梁)239) 땅에 사는 맥족을 말하는 것이다. 또한 관구검에 쫓긴 동천태왕이 남옥저를 지나 천여 리를 가서 숙신씨의 남쪽 경계에 이르렀다는 기록으로 보아, 산서성 동남부 예 땅과 가까운 옥저에서 북쪽으로 약 천리 떨어진 곳임을 알 수 있다. 즉 하북성 남부 석가장시 일대로 추정된다.

2) 토곡(土谷)
토곡을 토곡혼(吐谷渾)으로 보는 견해가 지금까지 지배적이었다.
토곡혼은 전연을 세운 모용황의 이복 큰아버지인 모용토곡혼이
청해(菁海) 지방으로 가서 285년에 세운 나라로 점차 성장해 티베트 고원에서도 상당한 세력을 갖고 있다가, 663년에 토번(吐藩)에게 멸망했다.
《고구리사초략》240)에는 토곡혼이 생겨난 사연에 대한 기록이 있다.

그러나 여기서의 토곡(土谷)을 토곡혼(吐谷渾)으로 해석하는 것은 오류이고,

---

239) 양수가 지나가는 땅으로 《한서 지리지》에서 유주의 요동군에 언급되어 있다.
240) "토연(토곡혼의 아들)은 포부가 크고 용맹했으나 남을 시기하는 습관이 있어 강(羌)족의 추장이 칼질해 죽였다. 토연이 장수 흘골이를 불러 자기의 아들 섭연을 보좌하면서 백란에서 지키라고 하교하니 흘골이 칼을 뽑아 토연을 죽인 것이다. 섭연은 효성이 지극하고 학덕이 높았기에 하남(河南)왕이었던 조부의 이름을 따는 것을 예의라 여겨 나라 이름을 토곡혼이라고 했다."

글자 뜻 그대로 땅과 골짜기로 해석해야 한다. 《고구리사초략》에서의 영락 8년 기록은 다음과 같다. "8년(398) 무술 3월, 군사를 북맥으로 보내 막사국과 가태국을 초략했더니, 남녀 300인이 소와 양으로 세공을 바치기로 약속했다. (八年戊戌三月, 遣師北貊抄莫斯國加太國 男女三百人約修歲貢牛羊.)"

7. 비문 2-6-31/2-8-9/2-10-28/3-2-10 (9~10년, 신라 구원)

(비문 2-6-31) 九年己亥百殘違誓与倭和通王巡下平穰而新羅遣使白王云倭 人滿其 國境大破城池以奴客爲民歸王請命太王恩復稱其忠誠特遣使還告以兵許

(해석) 9년 기해에 백잔왕이 맹서를 어기고 왜와 서로 내통하였다.
(이에 대비하기 위해) 태왕이 하평양으로 순행하는데, 신라가 사신을 보내어 왕에게 말하기를 "왜인들이 국경에 가득 들어와 성을 크게 파괴하고 있습니다. 노객으로서 백성들을 위하여 왕께 돌아와 구원의 조치(命)를 청하나이다."라고 하였다. 태왕은 은혜롭게 그 충성을 다시 헤아려 바로 신라 사신에게 '돌아가서 병력의 출동을 허락했다고 고하라'고 했다.

(설명) 상기 9년 비문의 내용은 《고구리사초략》[241]에 "9년(399) 기해 5월, 이때 왜가 신라의 변방을 침범하였고, 하모는 병사를 내어 구해주시길 청하였다. 상이 서구에게 명하여 5천 기병을 내었더니, 내밀이 사신을 보내 왜가 이미 물러갔음을 고했다. (중략)
백제 아신은 밖으로는 따르는 척하고 안으로는 어기면서 왜와 사돈이 되어 근심거리를 만들고자 했으나, 왜 또한 천명을 알아 감히 위엄을 범하지는 못하고 성심으로 공물을 바쳤다."라는 기록이 있어 왜가 신라를 침범했다가 바로 물러갔고 왜는 백제와 연합을 하지 않았음을 알 수 있다.

(비문 2-8-9)　十年庚子敎遣步騎五萬往救新羅從男居城至新羅城倭滿其中 官軍方至倭賊退官兵由新羅躡蹤追來背急迫至任那加羅　從拔城城即歸服安羅 人戍兵拔新羅城鹽城倭□□(寇大)潰城□□□□□□□□□□□(大被我攻 盪滅無遺倭遂以國降)死者十之八九盡臣率來安羅人戍兵

---

[241] 九年己亥五月時, 倭寇羅邊 霞帽請發兵救之 上命胥狗将五千騎出 奈密遣使告 倭已退 (중략) 莘外從而內違 與倭[交]婚而欲生梗. 倭亦知天不敢犯威 朝貢以誠.

(해석) 10년 경자(庚子)에 보병과 기병 도합 5만 명을 파견하여 신라를 구원하라고 교지를 내렸다. 남거성으로부터 신라성까지 왜인이 그 중에 가득차 있다가 관군이 도착하자마자 왜적들이 모두 퇴각하였다. 관군은 신라를 따라 바짝 추격하여 뒤로 와서 급박하여 임나가라에 이르기까지 성을 함락하자 이로 말미암아 성이 곧 항복하여 신라인으로 수병을 삼았다.
이어서 신라성과 염성을 공격하니 왜구가 크게 무너지고 성이 우리의 공격을 크게 받아 남김없이 탕멸되자 왜가 드디어 나라로서 항복해왔으며, 죽은 자가 열에 여덟 아홉이요 남은 신하들을 데리고 오니 안라인으로 수비병을 세웠다.

(비문 2-10-28) □□□
(滿假改慮倭欲敢戰與**喙己吞卓淳**諸賊謀再擧官兵制先直取卓淳而左軍由**淡路島**到**但馬**右軍經**難波**至**武藏**王直渡**竺斯**諸賊悉自潰分爲郡國) 安羅人戍兵

(해석) 왜는 겉으론 안 그런 척하면서 마음을 바꿔 먹고 감히 싸우려고 훼, 기탄, 탁순의 여러 도적들과 다시 일어나려고 모의하였다. 관병이 먼저 이를 제압하고자 탁순을 아우른 후, 좌군은 담로도를 거쳐 단마에 이르고 우군은 난파를 지나서 무장에 이르렀을 때 왕께서 직접 배로 축사로 건너시니 모든 도적들이 죄다 스스로 무너졌다. 이를 나누어 식민지(郡國)로 만들고 안라인을 수병으로 세웠다.

(비문 3-2-10) 昔新羅寐錦未有身來朝貢今始朝謁廣開土境好太王能以德濟化咸來臣僕勾茶川亦來朝貢

(해석) 옛적에 신라 매금이 친히 와서 조공하지 않더니, 이제 비로소 조알하였으며, 광개토경호태왕께서 능히 덕으로써 가르치고 이끄시자 모두 와서 신복이 되니 구다천이 또한 와서 조공하니라.

(설명) 위 10년 비문에 새겨진 문구들은 왜와 관련된 내용인데, '왜가 거국적으로 항복하고, 죽은 자가 십중팔구 되고, 고구리의 식민지가 되는' 등 왜의 입장에서는 상당히 수치스러운 내용인지라 고의로 그 부분의 비문을 삭제한 것으로 보이는데, 그 직전에 운초 계연수선생이 집안을 답사해서 비문을 보고 적어놓은

문구가 이유립 선생이 엮은 《대배달민족사》242)에 일명 비문징실(碑文徵實)243)이라는 이름으로 전해지고 있다.

《고구리사초략》에는 "10년(400) 경자 2월, 왜가 신라에 침입했다는 보고를 듣고는, 서구와 해성 등을 보내 5만 기병을 이끌고 가서 구원하여 왜를 물러나게 했다. 임나·안라·가락 등 모두가 사신을 보내 입조했다. 남방이 모두 평정되었다."라고 간단히 기록되어 있으며,

이후 12년(402)244) 과 13년(403)245) 기록으로 미루어 보아 왜가 호태왕에게

---

242) 1988년에 전 5권 총 3,400쪽으로 출간된 역사책. (1권) 반정지나25사, 반정아방강역고, 반정제왕운기, 반정고구려원류사정해, 환단고기 정해 (2권) 배달민족사대강, 기자조선말살론, 한사군정무론역주, 광개토경, 커발한 표준국사연표 (3권) 천부경, 삼일신고, 참전계경, 태백진훈, 태백속경 (4권)『배달민족사학논총서』天 (5권)『배달민족사학논총서』仁

243) 1895년 1월 호태왕비를 직접 답사해 그 내용을 적었고, 1912년에 다사 답사했을 때 일부 지워진 부분을 발견하고는 이 부분에 관해 "광개토성릉비문징실고(廣開土聖陵碑文徵實考)"란 제목으로 적었다고 한다.

244) 12년(402) 임인 9월, 동명대제(東明大祭)를 거행했다. 왜倭·신라羅·진秦·연燕·진晉·맥貊·백제濟·가야耶의 여덟 나라 여인들이 춤사위를 올리고 곡을 불어 바쳤다. 나라가 있어 온 이래 처음으로 있었던 성대한 의식이었다. 상이 왜의 사자에게 이르기를 "너희 나라는 멀리 물 가운데 있으면서도 성심으로 공물을 가져오길 백년이 지났음에도 한 점 변함이 없으니 충성스럽다 할 것이며, 오늘 춤사위 밟는 것으로 보아 너희 나라 풍속도 알 만하다. 돌아가거든 너희 왕에게 일러서, 딸을 후궁으로 바치고 아들을 보내와서 학문하게 하며, 영원한 신민이 되어서 너희나라에 널리 짐의 교화가 미치게 하라.
(十二年壬寅九月 行東明大祭 倭羅秦燕晉貊濟耶 八國之姬呈舞吹歌. 有國以來初有之盛典也. 上謂倭使曰 "爾国僻在海中 而誠心朝貢百有余年 未有小變可謂忠矣 今日呈舞可見爾國之俗 歸語爾王納女後宮遣子來學 永爲臣民遍被皇化可也.)

245) 13년(403) 계묘 3월, 왜주(倭主)가 아들 맥수(麥穗)를 보내 딸을 호송하여 후궁으로 바치며 아뢰기를 "신 인덕(仁德)은 멀리 바다 가운데에서 태양과 더불어 같이 있고, 아직 황상의 교화에 젖지 않아 오래도록 마음속엔 모자람이 있었습니다. 언뜻 듣자오니, 황제 폐하께선 성덕이 3황(三皇)을 능가하고 공(功)은 5제(五帝)를 넘으시어 5부(五部)·8맥(八貊)의 자식들이 찾아와 첩을 살고, 남쪽 땅을 복속하여 삼한(三韓) 땅을 삼키시고 서쪽으론 두 진(東晉·後晉) 땅을 진압하셨다 하옵고, 신에겐 명하시길 딸을 바치고서 신의 땅에서 영원토록 임금을 하라시면서 대대로 가까이 지내자 하셨다니, 신은 두렵기도 하지만 기쁜 마음을 어찌할 바 모르겠습니다. 삼가 규전(溈典)을 따라 감히 두 딸을 바칩니다. 예의를 차리며 애교를 떨지 못하여도, 실은 부끄러워하는 섬의 습속 탓이오니 저버리지 않으시면 다행이겠습니다."라 하였다. (十三年癸卯三月 倭主遣其子麥穗 送

316

거국적으로 항복했고, 당시 왜왕이 응신(應神)에서
호태왕이 지명한 인덕(仁德)으로 바뀌었음을 알 수 있다.
이는 인덕이 응신의 아들이 아니라는 것을 의미하는 것이다.
16대 인덕부터 25대 일왕까지는 인덕의 혈통으로이어지다가, 응신의 고손자인
계체(繼體)가 26대 일왕이 됨으로써 현재의 일왕가의 혈통이 이어져 내려온것이다.

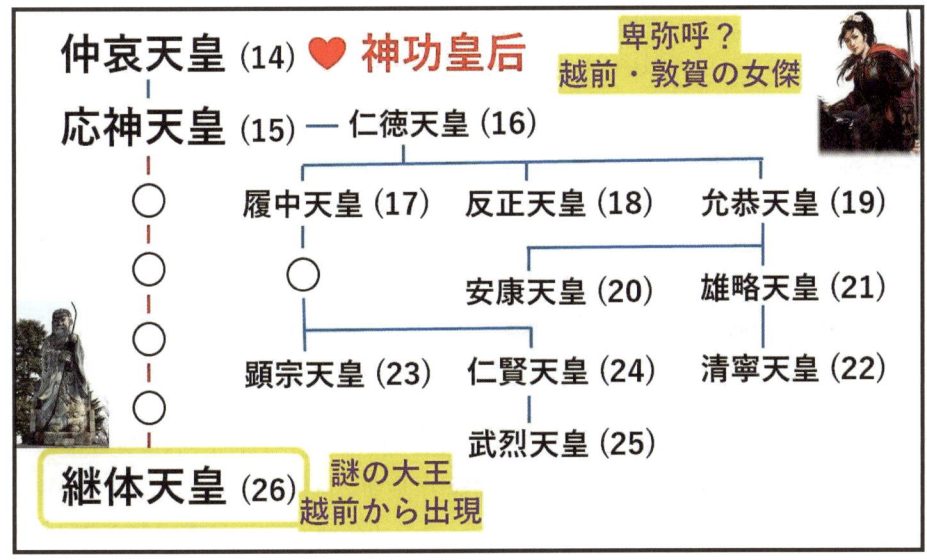

<일본 왕실의 계보도, 인덕은 응신의 아들이 아닐 가능성 높다.>

위 비문들에 새겨진 하평양(下平穰), 남거성(男居城), 임나가라(任那加羅),
신라성(新羅城), 염성(鹽城), 훼(喙), 기탄(己呑), 탁순(卓淳), 담로도(淡路島),
단마(但馬), 난파(難波), 무장(武藏), 축사(竺斯)등의 지명들이 나오나,
현재 어디인지는 자료 부족으로 알 수가 없다.

女納後宮曰 "臣仁德遠在海上與日俱存 未霑皇化長心缺然 仄聞皇帝陛下 德兼三皇功過五帝 五部·八狢子來妾 伏南呑三韓·西壓二晋 命臣納女永主臣邦世世作親臣懼且喜不知所措 謹從爲典敢獻二女 不腆婇儀 實愧島習 不棄是幸"

8. 비문 3-3-7 (14년 왜구 격파)

(비문 3-3-7) 十四年甲辰而倭不軌侵入帶方界王率水軍自石城島連船結陳以制海遣將戍守平穰踵躡倭寇相遇王幢要截盪刾倭寇潰敗斬殺無數

(해석) 14년 갑진에 왜가 법도를 어기고 대방의 경계에 침입해오자 왕께서 수군을 거느리고 석성도로부터 배를 연결하여 대형을 갖추어 바닷길을 지배하는 한편 장수를 보내 평양을 굳게 지키게 하시며, 왜구의 자취를 밟아 서로 만나게 되자 왕 친위대의 깃발을 끊고 쓸어버리니 왜구가 무너져 패했는데, 목이 잘려 죽은 자가 수를 셀 수 없었다.

(설명) 1) 왜왕 인덕은 호태왕의 아바타 9년과 10년 비문에는 왜(倭)였는데, 14년 비문에는 왜구(倭寇)로 표현되 어있는데, 왜는 왜국의 정규군이고 왜구는 국가통제에서 벗어나 있는 그야말로 해적(海賊)을 말하는 것이다.

아래《고구리사초략》의 14년(404)[246]과 15년[247](405) 기사에 대한 설명에서, 인덕 왜왕이 호태왕에게 보인 예의나 호태왕이 보낸 서구에게 왜의 지리를 조사해 지도를 그려 바쳤다는 의미는 당시 왜가 고구리에게 완전 복속되었음을 의미하는 것이다.

"14년(404) 갑진 5월, 이때 왜구가 대방에 쳐들어왔기에 붕련에게 군사를 움직여 왜선을 공격하게 했더니, 목을 베고 사로잡은 수를 헤아릴 수 없었다. 이들은 해적의 무리들이었으며, 인덕이 알지 못하는 자들이었다. 인덕은 사신을 보내 사죄했고, 상은 서구를 왜의 땅으로 보내어 그 진상을 알아 보게 하였다."

"15년(405) 을사 4월, 보금이 독산(獨山)에서 왜구 3백의 목을 베었다. 이들은 지난해 쳐들어왔던 왜의 잔적이었다. 왜 땅엔 큰 섬들이 많고 서로들 다른 무리들이어서 인덕의 교화가 두루 미치지 못하였음에 이런 일이 있었다고 하였다.

---

246) (원문) 十四年甲辰五月時 倭寇帶方 命朋連移攻倭船斬獲無算 此皆海賊之徒 仁德之所不知者也 仁德遣使謝罪 上命胥狗如倭探其眞狀
247) (원문) 十五年乙巳四月 宝金斬倭寇三百於獨山 去年之餘寇也. 倭地多大島異類 仁德之化不能盡及 故如是云. 七月 胥狗自倭還奏其風俗·山川·水路

7월, 서구가 왜에서 돌아와 왜의 풍습과 산천 및 물길에 대하여 아뢰었다."

2) 대방의 위치

백제의 시국처인 대방은《한서 지리지》에 유주의 낙랑군248)에 속한 현이며, 백제의 분서왕이 빼앗은 낙랑의 서쪽 도읍이기도 했기에 산서성 남부이다.
그렇게 비정하는 근거는 패수가 하남성 제원시를 흐르는 강이기 때문이다.
왜구가 대방의 경계에 나타났다는 의미는 당시 왜의 위치도 현 일본열도가 아니라는 것을 의미하는 것이다. 열도에 있는 왜구가 산서 남부까지 올 수도 없고 또 올 이유도 없기 때문이다. 따라서 현재 일본이 주장하고 있는 임나일본부는 설치되지도 않았지 만, 설사 설치되었다 치더라도 지금의 한반도 남부하고는 상관이 없다는 것을 14년 비문이 설명해준 것이다.
(※ 대방에 대한 상세 설명은 제3편의 제2장의 5절 낙랑군 참조)

〈백제의 시국처 대방은 산서성 남부 염지 부근〉

---

248) **(乐浪郡)** 武帝元封三年开。莽曰乐鲜。属幽州。户六万二千八百一十二，口四十万六千七百四十八。有云鄣。县二十五：朝鲜，䛂邯，浿水，水西至增地入海。莽曰乐鲜亭。含资，<u>带水西至带方入海</u>(대수는 서쪽으로 대방에서 해로 들어간다)。黏蝉，遂成，增地，莽曰增土。<u>带方(대방)</u>，驷望，海冥，莽曰海桓，列口，长岑，屯有，昭明，高部都尉治。镂方，提奚，浑弥，吞列，分黎山，列水所出。西至黏蝉入海，行八百二十里。东暆，不而，东部都尉治。蚕台，华丽，邪头昧，前莫，夫租。

(3) 독산은 어디인가?

독산(獨山)이라는 지명은 현재 중국에 여러 군데 있으나, 15년(405)에 보금이 왜구 3백의 목을 벤 독산은 산동성 미산현에 있는 독산호로 보인다. 예전에 이곳은 큰 내륙호수인 발해가 형성되어 있었으나, 지금은 퇴적된 토사로 땅이 굳어 동평호와 남양호, 독산호, 소양호, 미산호 등의 호수로 그 흔적만이 남아있을 뿐이다. 《고구리사초략》의 15년(405) 기사에 '왜 땅엔 큰 섬들이 많고'라는 문구로 미루어 볼 때 왜는 이 발해 안에 있었던 섬나라가 아닌가 싶다.

〈열도 왜가 중원까지 올 수는 없다. 왜도 대륙에 위치했다〉

9. 비문 3-4-21 (17년 숙군성 공격)

(비문 3-4-21) 十七年丁未敎遺步騎五萬往討宿軍城以太牢薦師直至合戰斬煞蕩盡所獲鎧鉀一萬餘領軍資器械不可稱數還破沙溝城婁城爲郡縣降禿髮因襲取凉州城

(해석) 17년 정미에 교칙으로 보,기병 5만을 보내 숙군성을 치려고 새 군제를 올린후 군사를 거느리고 바로 도착하여 맞싸우자마자 베어 죽이고 모두 소탕하니 노획한 것은 개갑이 1만여 벌이요 군자와 기계는 가히 일컬어 셀 수 없었다.
또 사구성과 루성을 쳐서 깨뜨려 군현을 삼았으며, 독발에게 항복을 받고 량주성을 기습해 탈취했다.

(설명) 위 비문은 호태왕이 후연의 숙군성을 공격해 대승을 거둔 내용이다. 《자치통감》249)과 《삼국사기》에는 "(고구리 왕이) 숙군성을 공격하니 연의 평주자사 모용귀가 성을 버리고 도망갔다."라는 기록이 있으며, 《고구리사초략》영락대제기에 아래와 같이 2건의 기록이 있는데 17년의 숙군성은 **발해군(渤海郡)**에 속하는 **장무현(章武縣)**의 서쪽으로 기록되어 있다.

"12년(402)250) 임인 4월, 붕련·룡신·서구 등을 보내서 거란을 정벌해 그 임금 오귀를 사로잡고 구려성·대극성 등을 빼앗았다. 내친김에 모용귀를 숙군(宿軍)에서 쳐서 그 선봉을 참했더니, 단개귀는 성을 버리고 서쪽으로 도망하고, 모용희도 도망쳐 요수를 지켰다. 이에 요동이 모조리 평정되었다."

"17년251) (407) 정미 2월, 붕련과 해성에게 명하여 5만 병력을 이끌고 나가서 모용희를 치게 하였더니, 장무 서쪽에서 싸워서 모조리 죽여 쓸어내고,

---

249) 《资治通鉴》卷112, 晋纪, 安帝元兴元年:"高句丽攻宿军, 燕平州刺史慕容归弃城走"。
250) (원문) 十二年壬寅,四月,遣朋連·龍臣·胥狗伐契丹虜其主烏貴拔句麗·大棘等城. 仍擊慕容歸于宿車斬其先鋒,段開歸棄城西走,熙走保遼隧.遼東悉平.
251) (원문) 十七年丁未正月辛丑朔, 二月命朋連·鮮猩引兵五萬伐慕容熙,戰于章武之西殺蕩盡,獲鎧甲萬領,軍資器械不可勝數.拔沙溝等六城.馮跋·高雲等殺熙而來謝約貢. 四月,熙妻苻女死. 七月,戊戌朔,慕容雲殺熙爲王. 十八年戊申三月,高雲來貢. 雲高婁之裔也.

개갑(갑옷) 만 벌을 노획하였으며, 군자(전쟁물자) 및 기계(무기)는 그 수를 셀 수 없었다. 사구 등 여섯 성을 빼앗았다.
풍발(馮跋)과 고운(高雲＝모용운)252) 이 후연의 모용희를 죽이고 찾아와서 용서를 빌고 조공하겠다고 약속하였다. 7월, 모용운이 모용희를 죽이고 (북연의) 왕이 되었다. 18년(408) 무신 3월, 고운이 찾아와 공물을 바쳤다."

1) 모용선비족이 세운 후연
《요사지리지》에 "요나라는 그 선조가 거란이고 본시 선비의 땅인 요택에서 살았다. (遼國其先曰契丹 本鮮卑之地居遼澤中)"와 "동경요양부는 본래 조선의 땅(東京遼陽府 本朝鮮之地)"라는 기록이 있으며, 《요사》의 "요나라는 조선의 옛 땅에서 유래했으며 조선처럼 팔조범금(八條犯禁)의 관습과 전통을 보존하고 있다"라는 기록에서 거란은 조선의 후예임을 알 수 있다.

흉노 계열인 동호(東胡)의 북쪽 일파로 알려진 선비(鮮卑)족은 고구리와 중국 사이에 있던 요택에서 살다가 서진에서 팔왕의 난이 일어나자 중원으로 들어가 나라를 세웠다.

모용(慕容)부는 전연(前燕), 후연, 서연, 남연을,
우문 (宇文)부는 북주(北周),
흘복(乞伏)부는 서진(西秦),
독발(禿髮)부는 남량(南涼)을,
탁발(拓跋)부는 북위(北魏)를 세웠다.
수 문제 양견(楊堅)과 당 고조 이연(李淵)도 선비족으로 알려져 있다.
요택에 그대로 눌러살았던 선비족은 거란족이 되었다.
즉 선비는 거란의 조상이었다. (요택의 위치는 제4편의 4장 참조)

모용 선비는 선비대선우를 칭했던 모용외(廆)가 중흥시켰고, 3남 모용황 (皝)이 337년에 전연(前燕)을 세워 용성을 도읍으로 했고, 348년 수렵하다 낙마해 사망했다. 이어 장남 준(雋)이 즉위해 353년에 업(業)으로 도성을 옮겼다.
이어 위(暐)가 즉위했다가 370년에 전진(前秦)에게 멸망했다.

---

252) (고운) 고루(高婁)의 후손으로, 미모로 인해 모용보와 모용희의 처 부(苻)씨의 총애를 받았다. 부씨가 죽자 모용희가 해치려 들자, 고운이 풍발과 함께 모용희를 죽이고서 신하 되기를 청하며 찾아와 의탁한 것이었다. 상은 그가 동명(東明)의 서류(庶流)인 까닭에 잘 대해 주었다.

모용황의 3자인 모용수는 형 모용준의 견제를 받다가 어린 조카가 즉위하자 실권자가 된 숙부 모용평을 피해 전진으로 망명했다가 모반을 일으켜 384년에 후연(後燕)을 건국해 전진이 지키던 업을 얻었다가 도읍을 중산(中山)으로 했다. 모용수는 세력이 커진 북위를 공격했다가 실패해 병사했다. 이후 모용보(寶), 모용성(盛), 모용희(熙) 등이 즉위했다가 407년에 고구리 출신 고운이 북연(北燕)을 세우면서 멸망했다.

(2) 비문 속 지명의 위치는?
① 숙군성(宿軍城) : 후연의 4대 왕 모용희와 관련이 많은 곳이다.
《중국 바이두백과》는 모용희253)에 대해 "모용희는 형 모용보의 모든 아들을 전부 죽였다. 비여성과 숙군성에 대규모 땅을 지었고, 구니아를 진동대장군 영주 자사 진수숙군으로, 상용공 모용의를 진사장군 유주자사 진수영지로, 상서 유목을 진남대장군 기주자사 진관비여로 임명했다."고 설명하고 있다.

또한 숙군성에 대해서는 "5호16국 시대 후연과 북연 때 요서의 중진이었다. 평주에서 다스렸다."라는 설명254)이 있어, 숙군성은 산서성 서남부 영제시의 어딘가에 있었을 것이다. 그렇게 비정하는 근거는 요서군의 상징 백이, 숙제의 무덤이 하곡(河曲)지점에서 발견되었기 때문이다.

《중국 고대지명대사전》은 평주에 대해 "진나라 때 나눠 유주에 설치했는데 창려에서 다스렸고, 전연이 설치해 양평에서 다스렸고, 후연에서 설치해 초기에는 용성에서 후기에는 평곽에서 다스렸다. 모용보는 후에 숙군에서 설치했다. 전진은 화룡에서 다스렸고, 후위는 비여에서 다스렸다. 북주와 수와 당은 북평군이라 했고, 원나라 때 영평부로 바꿔 노룡에서 다스렸다. 송나라 때 회원에서 다스렸다가 훗날 폐했다."라고 설명255)하고 있는데,

---

253) 慕容熙将哥哥慕容宝的诸子全部杀害。大规模地兴建肥如城和宿军城，任命仇尼倪为镇东大将军、营州刺史，镇守宿军；上庸公慕容懿为镇西将军、幽州刺史，镇守令支；尚书刘木为镇南大将军、冀州刺史，镇管肥如。
254) 宿军城，十六国后燕、北燕时辽西重镇。曾为平州治。故城即今辽宁北镇县。
255) 晋分幽州置，治昌黎。又《清一统志》云，辽宁辽阳县东四十五里有土堡，俗呼平州，相传晋时平州遗址。前燕置，治襄平。后燕置，初治龙城，后治平郭，慕容宝后侨置于宿军。前秦置，治和龙治。后魏置，治肥如。北周置。隋置，唐因之，亦曰北平郡，元改为兴平府，治卢龙。宋崇宁县开蛮地置怀远连寻升为平州，治怀

치소(治所)가 모두 요서, 요동군과 관계된 지명들이라 산서성 남부에서 찾아야 할 것이다.

② 사구성(沙溝城) :

《중국 고대지명대사전》에서의 사구수(沙溝水)에 대한 설명은

① 《수경주》256)에 의하면, 산동성 장창현 남쪽으로
남조 송이 위나라 병사들에게 패한 곳.
② 하남성 제원현 북쪽에서 심수에서 갈라져 동남쪽으로 내려와 심양(주구수)과 온현(사구수)을 지나 황하로 들어가는 강이다. 즉 고구리의 남쪽 경계인 추하 (㴬水=패수)와 제원시에서 합쳐져 망하(蟒河)257) 라는 이름으로 온현(溫縣)에서 황하로 들어가는 강이다.

③ 량주(凉州) :

《중국 고대지명대사전》에서 량주(凉州)258)를 검색하면 감숙성 무위(武威)군으로 나타난다. 독발부는 돌궐에 가까운 선비족의 일파로 독발(禿髮) 선비 또는 하서(河西) 선비라고도 하는데 독발오고(禿髮烏孤)에 의해 남량(南凉)이 세워지고, 남량의 멸망 이후 탁발(拓跋) 선비가 세운 북위(北魏)의 귀족이 되는 족속이다. 비문에서의 량주는 바로 남량의 도읍을 의미한다.

远，后废。

256) 《水經注》 "중천수가 산치현에서 나와 근원이 양분되어 샘원이 반으로 해체된다. 북쪽으로 제수로 들어가는 소위 사구수이다. (中川水出山茌县, 一源两分, 泉源半解, 北入济, 俗谓之沙沟水)" 在今山东长清县南, 南朝宋败魏兵于此。

257) 광제하 일명 오장하로 북송의 조운4로의 하나이다. 하남성 제원시 북쪽 심수에서 갈라져 동남류해 심양과 온현을 지나 동남류해 황하로 들어간다.
(广济河, 一名五丈河, 北宋"漕运四河"之一。沁心支流也, <u>自河南济源县北分沁水东南流, 经沁阳, 温县, 又东南入黄河, 其在济源、沁阳者, 即古朱沟水, 其至温县入河者, 即古沙沟水</u>, 《元史河渠志》中统二年, 于太行山下沁口古迹, 置分水渠口, 开竣大河四道, 历济源、河内、河阳、温、武陟五县入黄河, 约五百余里, 渠成, 名曰广济。

258) 凉州 : 汉置, 今甘肃省, 凉者, 地处西方, 常寒凉也, 后汉凉州刺史治陇, 今甘肃秦安县东北故陇城, 一云治冀, 今甘肃伏羌县冀城, 三国魏移治武威, 今甘肃武威县治, 晋因之, 其后前凉、后凉、北凉皆都于此, 后魏改州为镇, 后复置凉州, 隋改州为武威郡, 唐复曰凉州, 寻复为武威郡, 又改为凉州, 宋曰西凉府, 元降为西凉州, 明置凉州姨, 清凉州府, 属甘肃省, 民国废。前赵置, 与秦州并治上邽, 在今甘肃天水县西六十里。后赵置, 治金城, 在今甘肃皋兰县西南。前秦置, 治枹罕, 在今甘肃导河县, 寻移金城, 太元初移治姑臧, 今甘肃 武威县治。西秦置沙州, 后改凉州, 治乐都, 在今甘肃西宁县西。

그런데 선비족들은 요택(遼澤)259)에 살았던 족속이다. 요택은 수양제가 영제거(永濟渠)260)를 개통한 지역으로 심수와 황하 사이에 있던 200리 습지대인데, 지금도 하남성 제원(濟源)시 남쪽에 황하습지(黃河濕地)라는 관광지로 남아있다. 따라서 량주는 하남성 요택에서 멀지 않아야 할 것이다.

북위가 유주의 대군(代郡) 즉 하남성 안양 동쪽에 있는 업 즉 하북성 남단 위군(魏郡261))과 평성(河南省 孟津)에 도읍을 두었기에 감숙성보다는 하남성과 가까워야 할 것이다.
또한《중국 고대지명대사전》은 광무군(廣武郡)262)에 대해
"독발오고가 남량을 건국했던 곳으로 동위 때 영양군을 나누어 광무군을 설치해 5개 현을 두었는데 치소는 중좌성(中左城)으로 현 하남성 정주(鄭州)시 동쪽 중모현(中牟縣)"이라고 설명되어 있는데, 비문의 량주일 가능성이 크다.

10. 비문 3-6-3 (20년, 동부여 토벌)

(비문 3-6-3) 廿年庚戌東夫餘舊是鄒牟王屬民中叛不貢王躬率往討軍到餘城而餘擧國駭無備遭難遂降伏追虜王恩普處於是旅還又其慕化隨官來者味仇婁鴨盧卑斯麻鴨盧城立鴨盧肅斯舍鴨盧㻴斯婁鴨盧凡所攻破城六十四村一千四百

---

259)《辽史·地理志一》:"辽国其先曰契丹，本鲜卑之地，居辽泽中。"
260)《隋書》 煬帝記 "隋大业四年(608年) 正月，诏发河北诸郡男女百余万开永济渠，引沁水，南达于河(심수의 물을 끌어 남으로 황하에 다다르게 했다)，北通涿郡。
261) (魏郡) 春秋晋献公始封毕万于此，为魏国，汉置魏郡，治邺，在今河南临漳县西南四十里。(하남성 임장현 서남 40리) 后分魏郡置东西部都尉，故曰三魏。东魏都此，改曰司州魏尹，仍治邺。北齐改为清都尹，北周复曰魏郡，移治安阳，在今河南安阳县(하남성 안양현)。唐时郡废。晋侨置，后省，在今江苏江宁县界。南朝宋侨置，后魏为东魏郡，隋省，故治在今山东历城县东北三十里。
262) (广武郡 광무군) 一，南凉秃发乌孤曾在这里建过都。北魏太延五年(439年)，灭北凉，省并了原来的令居、永登、枝阳三县，置广武县，为广武郡治。隋开皇三年(583年)，并广武郡入兰州。二，东魏置。东魏天平初年(534)分荥阳郡置广武郡，辖曲梁、中牟、苑陵、原武、阳武5县。治所在中左城(今河南中牟县东3公里)。属北豫州。北齐后辖中牟、苑陵、阳武3县。仍治所在中左城(今中牟县东)，北周保定五年(565)移治圃田城(今中牟县西)。隋开皇三年 (583) 废。

(해석) 20년 경술년에, 동부여는 예전부터 추모왕의 속민이었는데 중간에 반하여 조공하지 않으므로 왕께옵서 친히 거느리시고 가시어 토벌하였다.
군사가 여성에 도착했다. 그런데 여성은 국변 대로인데 아무 설비 없이 어려움을 당하자 드디어 항복함에 이르러, 왕 은보처를 포로로 잡아 군사를 되돌렸다.
또 그 덕화를 사모하여 관군을 따라온 자는 미구로압로, 비사마압로, 성입루압로, 숙사사압로, 숭사루압로들이고, 무릇 쳐서 깨뜨린 성이 64개요, 촌락이 1,400이었다.

위 비문의 내용은 《고구리사초략》에
"20년(410) 경술 정월, 풍발의 정벌을 의논하던 중에 동부여(東扶餘)가 반란해, 그 보답으로 (부)여성(餘城)을 토벌하게 되었고, 그 왕 은보처(恩普処)를 붙잡아 돌아왔다. 64성 1,400여 촌락 우두머리 모두를 다른 이들로 갈아치웠고, 이 일로 풍발을 치는 일을 멈추었다."라는 기록이 있는데.
격파한 성과 촌의 숫자가 비문과 너무도 정확히 일치해 놀라지 않을 수 없었다.
게다가 지금까지 이상하게 해석되었던 은보처(恩普処)가
동부여 왕의 이름이었다는 놀라운 사실까지 알려주었다.
당시 여성(餘城)은 부여성을 줄인 말로 동부여의 도성을 말한다.

(1) 동부여의 역사
기원전 86년에 의병대장 출신의 동명국왕 고두막한에게 대부여(조선)의 정통성을 계승한 북부여를 넘겨주고, 해부루(解夫婁)가 동쪽으로 와서 세운 나라가 바로 동부여의 시작이었다. 이후 왕위는 2대 금와(金蛙)와 3대 대소(帶素)로 이어져 내려갔다.
《삼국사기》에 의하면, 대무신왕은 5년(22) 봄 2월에 부여를 정벌하기 위해 진군하던 장수 괴유(怪由)가 수렁에 빠진 대소(帶素) 왕의 목을 벴으나
결국은 군량이 떨어져 철수했다. 4월, 대소가 죽자 성명 미상의 대소의 막내동생이 장차 부여가 망할 것을 알고 갈사수(曷思水)가에 이르러 나라를 세우고 스스로 갈사왕이라 칭했다. 휘하 백여 명을 데리고 압록곡(鴨淥谷)에 이르렀을 때, 마침 사냥 나온 해두(海頭)국의 왕을 죽이고 그의 백성을 빼앗아 그곳을 도읍으로 정했다.

가을 7월, 대소의 사촌동생이 나라 사람들에게 "선왕께서 돌아가시고 나라가 멸망해 백성들이 의지할 곳이 없다. 왕의 동생은 도망쳐 갈사에 도읍을 정했으나

역시 어질지 못해 나라를 부흥시킬 수 없다."라고 말하고는 1만여 명을 데리고
고구리로 투항해오니 대무신왕이 그를 왕으로 봉하고 연나부(掾那部)에 있게 했고,
그의 등에 낙(絡) 무늬가 있어 낙씨 성을 내려주었다고 한다.
그리고는 더 이상의 기록이 없는데 느닷없이
호태왕비문에 동부여가 410년까지 존재했다고 나타난 것이다.

《고구리사초략》의 동부여에 대한 기록은《삼국사기》와 상당히 다르다.
유리광명 33년(14)에 동부여에서 동생 대불(大佛)이 왕 대소를 죽이고 왕위에
올랐다.《삼국사기》에서 괴유가 죽인 부여 왕은 대소가 아니라 대불이었고,
갈사국왕은 해소(鮮素)의 아들 산해(山海)였다.
해소와 해루는 유화부인이 낳은 금와 왕의 두 아들로 형 해소는 항상 대소의 무도함
을 간하면서 고구리를 두둔했고, 그가 죽자 동생 해루와 아들 산해는 고구리로 귀의
해 딸을 후궁으로 바쳤는데 나중에 황후가 된다. 이때 동부여에서는 큰 난리가 나서
서로들 잔인하게 죽였다고 한다.

대무 24년(51) 3월에 동부여에서 태사 왕문이 죽자 반란이 일어나니 대무신제가
군사를 보내 이를 평정하고 여임금 고야(高耶)를 잡아다가 후로 삼음으로써,
해부루 -> 금와 -> 대소 -> 고야를 거치며 4대 110년을 이어 온 동부여의 47국
모두가 고구리 땅이 되었다.
중간에 대불이 19년간 보위를 훔쳤었다고 기록되어 있다.

이전까지 동부여는 고구리의 적대세력이었다면, 이후 동부여는 고구리의 속국으로
기록에 나타나다가, 영락 20년(410)에 이르러 반란을 일으키자 이를 정벌한 내용이
비문에 새겨진 것이다.

(2) 부여의 위치
《후한서》와《삼국지》의 동이전 부여전에
 "부여국263)은 장성의 북쪽에 있고, 현토에서 천 리 떨어져 있다. 남쪽으로는 고구리
와, 동쪽으로는 읍루, 서쪽으로는 선비와 접해있고, 북쪽에는 약수가 있다.

---

263)《後漢書》•《三國志》東夷列傳 : 夫餘國在長城之北去玄菟千里 南與高句麗 北
 與挹婁 西與鮮卑接 北有弱手 地方二千里 本濊地也 戶八萬

땅은 사방 2천 리로 본시 예의 땅이고, 팔만 호이다."라는 기록과 《책부원구(冊府元龜)》264)의
"부여국은 본래 예의 땅이었다. 한 무제 원삭 원년 그 땅에 창해군을 설치했다가 수년 뒤 곧 폐지했다. 원봉 3년에 조선을 쳐서 멸망시키고 그 땅을 나누어 낙랑, 현토, 임둔, 진번의 사군을 설치했다."라는 기록에서 예의 땅임을 알 수 있다.
또한 고구려전265)에는 "고구려(현)는 요동의 천 리 밖에 있는데 남쪽으로는 조선 예맥과 동쪽은 옥저와 북쪽은 부여와 접하고 있다."라는 기록이 있어 예의 북쪽에 현토군의 고구려현이 있고 그 북쪽에 부여가 있음을 알 수있다.
예의 위치는 《수경주》를 통해 알 수 있는데, 권10 청장(淸漳)수266) 와 권9 기(淇)수267)가 흐르는 곳이다.

따라서 북부여의 위치는 졸본이니 산서성 중부 태원시 일대이고, 동부여의 땅은 그 동쪽에 있는 하북성 남부 석가장(石家庄) 부근으로 추정된다.

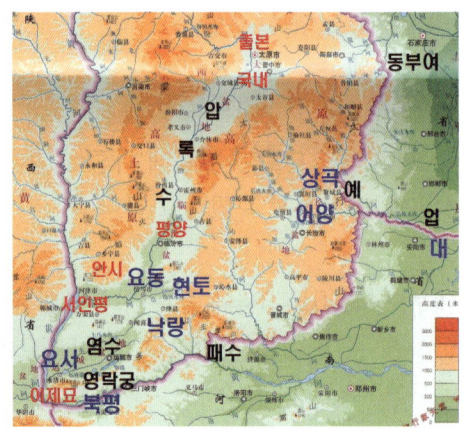

〈동부여는 현 하북성 성도인 석가장시가 유력〉

---

264) 《冊府元龜》 夫餘國本濊地也 漢武帝元朔元年 以其地爲滄海郡 數年乃罷 至元封三年 滅朝鮮分置 樂浪臨屯元菟眞蕃四郡
265) 《三國志》 東夷傳 高句麗傳 : 高句麗在遼東之東千里, 南與朝鮮·濊貊, 東與沃沮, 北與夫餘接.
266) 《수경주》권10 청장수편 "청장수는 장무현 고성 서쪽을 지나니 옛 예읍(濊邑)이다. 여기에서 한 지류가 나오니 곧 예수(濊水)로 동북쪽 참호정을 지나 두 지류로 나뉜다. (중략)《위토지기》에서 말하기를, (발해군의) 장무군에서 다스렸으며 옛 장무고성이다. 또 동북쪽에서 두 강으로 나뉜다. 한 물은 우측에서 나와 정이라 했고, 한 물은 북으로 흘러 호라 했다. 소위 예구(濊口)이다. 청장수는 급하게 흘러 동쪽으로 海로 들어간다."
267) 《수경주》권9 기수(淇水)편 "청하는 동북으로 흘러 예수(濊水)가 나오는 예읍(濊邑) 북쪽을 지난다. 동북으로 흘러 향읍 남을 지나고, 청하는 동으로 흘러 두 물길로 갈라진다. 지류는 나룻터 우측에서 나온다. 동쪽으로 흘러 한 무제의 옛 대북을 지난다."

11. 3-8-16 (수묘인연호)

(비문 3-8-10) 守墓人烟戶 賣勾餘民國烟二看烟三 東海賈國烟三看烟五 敦城十四家盡爲看烟 亐城一家爲看烟 碑利城二家爲國烟 平穰城民國煙一看烟十 訾連二家爲看烟 住婁人國烟一看烟卌三 梁谷二家爲看烟 梁城二家爲看烟 安夫連廿二家爲看烟 改谷三家爲看烟 新城三家爲看烟 南蘇城一家爲國烟 新來韓濊沙水城國烟一看烟一 牟婁城二家爲看烟 豆比鴨岑韓五家爲看烟 勾牟客頭二家爲看烟 求底韓一家爲看烟 舍蔦城韓濊國烟三看烟廿一家 古龍羅城一家爲看烟 莫古城國烟一看烟三 客賢韓一家爲看烟 阿旦城雜珍城合十家爲看烟 巴奴城韓九家爲看烟 臼模盧城四家爲看烟 右模盧城二家爲看烟 牟水城三家爲看烟 幹呂利城國烟二看烟三 弥鄒城國烟七看烟一 勾䒣川寇莫汗合五家爲看烟 豆奴城國烟一看烟二 奧利城國烟二看烟八 須鄒城國烟二看烟五 百殘南居韓國烟一看烟五 大山韓城六家爲看烟 農賣城國烟一看烟七 閏奴城國烟一看烟廿二 古牟婁城國烟二看烟八 瑒城國烟一看烟一 八味城六家爲看烟 就咨城五家爲看烟 彡穰城廿四家爲看烟 散那城一家爲國烟 那旦城一家爲看烟 勾牟城一家爲看烟 於利城八家爲看烟 比利城三家爲看烟 細城三家爲看烟

(해석) 능지기 연호는 다음과 같다. 매구여민이 국연 2 간연 3 요, 동해가는 국연 3 간연 5 요, 돈성 14 집은 모두 간연을 삼고, 우성 1 집은 간연을 삼고, 비리성 2 집은 국연을 삼고, 평양(平穰)성민은 국연 1 간연 10 요. 도련 2 집은 간연을 삼고, 주루인은 국연 1 간연이 42 요, 양곡(梁谷) 2 집은 간연을 삼고, 인성 2 집은 간연을 삼고, 안부련 22 집은 간연을 삼고, 개곡 3 집은 간연을 삼고, 신성(新城) 3 집은 간연을 삼고, 남소성(南蘇城) 1 집은 국연을 삼고, 새로 온 한예(韓濊)•사수성(沙水城)은 국연 1 간연 1 요, 모루성 2 집은 간연을 삼고, 두비압잠한 5 집은 간연을 삼고, 구모객두 2 집은 간연을 삼고, 구저한 1 집은 간연을 삼고, 사조성•한예는 국연 3 간연 22 요, 가고이룡라성 1 집은 간연을 삼고, 경고성은 국연 1 간연 3 요, 객현한 1 집은 간연을 삼고, 아단성과 잡진성은 합하여 10 집이니 간연을 삼고, 파노성한 9 집은 간연을 삼고, 구로로성 4 집은 간연을 삼고, 암모로성 2 집은 간연을 삼고, 모수성 3 집은 간연을 삼고, 간궁리성은 국연 1 간연 3 요, 미구성은 국연 1 간연 1 요

구다천과 구막한을 합하여 5 집이니 간연을 삼고, 두노성은 간연 1 국연 2요, 오리성은 국연 2 간연 8 요, 수추성은 국연 2 간연 5 요, 백잔 남에 사는 한은 국연 1 간연 5 요, 대산한성 6 집은 간연을 삼고, 농매서는 국연 1 간연 1 요, 윤노성은 국연 2 간연 23 요. 고모루성은 국연 2 간연 8 요, 탁성은 국연 1 간연 8 요, 미성 6 집은 간연을 삼고, 취자성 5 집은 간연을 삼고, 삼양성 24 집은 간연을 삼고, 산나성 1 집은 국연을 삼고, 나단성 1 집은 간연을 삼고, 구모성 1 집은 간연을 삼고, 어리성 8 집은 간연을 삼고, 비리성 3 집은 간연을 삼고, 세성(細城) 3 집은 간연을 삼았다.

(비문 4-5-5) 國罡上廣開土境好太王存時教言祖王先王但教取遠近舊民守墓灑掃吾慮舊民轉當羸劣若吾萬年之後安守墓者但取吾躬率所略來韓濊令備灑掃言教如此是以如教令取韓濊二百廿家慮其不知法則復取舊民一百十家合新舊守墓戶國烟卅看烟三百都合三百卅家

(해석) 국강상광개토경호태왕께서 살아계실 때 교칙으로 '조왕과 선왕님들이 다만 멀고 가까운 옛 백성들을 취택하시어 능묘를 지키고 쇄소(灑掃)할 것을 교칙하시었으나 옛 백성들이 전해오면서 바뀌어 팔리고 못되게 당할까(轉當羸劣) 염려되니 만약 나의 만년지후에 능묘를 편안히 지키려 하거든 내가 몸소 이끌고 온한 예들을 취택하여 쇄소하게 하라'고 말씀하셨다. 교칙 말씀이 이러하니 이런 교칙대로 이제 한•예 220집을 취택하기로 하였으나 그 법도를 알지 못할까 염려하여 다시 옛 백성 110집을 취택하여, 신구의 능지기 호수를 합하여
국연 30과 간연 300. 총 330집으로 하였다.

(비문 4-7-33) 自上祖先王以來墓上不安石碑致使守墓人烟戶差錯惟國罡上廣開土境好太王盡爲祖先王墓上立碑銘其烟戶不令差錯又制守墓人自今以後不得更相轉賣雖有富足之者亦不得擅買其有違令賣者刑之買人制令守墓之

(해석) 상조 선왕으로부터 내려온 바는 능묘 위에 돌비석을 세우지 않아 능지기 연호에 착오가 생기게 되었다. 오직 국강상광개토경호태왕대에 이르러 윗대 선왕의 무덤 위에 모두 비석을 세우고 그 연호를 새겨 착오가 없도록 하였다.
또 묘지기 제도를 제정하여 앞으로는 묘지기직을 서로 팔아 넘기지 못하게 하였다. 아무리 부유한 사람일지라도 마음대로 사지 못하게 하고,

법령을 어기는 자 가운데서 파는 자는 형벌로 다스리고
사는 자는 법령에 의해 그자신이 묘지기가 되도록 하였다.

(설명) 묘지기를 어디에서 몇 명을 차출했다는 기록이라 지명이 많이 언급 되어 있으나 추적이 가능한 지명은 그다지 많지 않다. 그중 역사적으로 매우 중요한 지명들인 평양성(平穰城)[268], 양곡(梁谷)[269], 신성(新城)[270]과 남소성(南蘇城)의 위치는 공적비의 본문 해설에서 산서성 남부로 이미 밝혀졌으므로 여기서는 생략하고, 본문에 나오지 않았던 한 예(韓濊)[271]의 위치에 대해 알아보도록 하겠다.

묘지기는 분명 호태왕능 주변에서 차출했을 것이므로 호태왕능은 길림성 집안이 아닌 산서성 남부 어딘가에 있었을 것인데, 모든 자료를 모두 종합해보건대 아마도 황하변 하곡(河曲)지점 부근인 영락진에 있던 영락궁이 가장 유력한 것으로 보인다.

1) 한(韓)의 위치
《중국 고대지명대사전》은 상당군(上黨郡)[272]에 대해 "전국시대 한의 땅으로 진시황이 천하를 병합하고 상당군을 설치했는데, 산서 동남부 장자현 서쪽에 있다. 후한 말 동탁이 난을 일으킨 치소 호소성은 장치현 동남이고, 진의 치소인 로는 산서성 로성현 동북이다. 연의 모용비의 치소가 산서성 양탄현 동북에 있는 안민성이고 후에 호소성으로 옮겼다. (이하 생략)"이라고 설명하고 있다.
한은 산서성 동남부 장치시 장자현 서쪽이라고 한다.

---

268) 1. 비문 1-1-1 (시조 추모왕) 참조
269) 1. 비문 1-1-1 (시조 추모왕) 참조. 위나라 장수 관구검과 전투를 벌인 양맥의 골짜기로 양수가 흐르는 곳.
270) 5. 비문 1-9-25 (6년 백잔 정벌)
271) 10. 비문 3-6-3 (20년, 동부여 토벌)
272) 上党郡 : 战国韩地，秦并天下，置上党郡，其地有今山西之东南部，以其地极高，与天为党，故名。汉治长子，在今山西长子县西，后汉末董卓作乱，治壶关城。在今山西长治县东南，晋治潞。在今山西长治县东南，晋治潞。在今山西潞城县东北，燕慕容备移治安民城。在今山西襄坦县东北，后迁壶关城，即汉末旧治也，后魏治安民，复迁壶关，北周于郡置潞州，隋置上党县为郡治，即今山西长治县治，宋时郡废。

이곳이 바로 위만에게 패한 번조선의 기준 왕이 도망가 성을
한씨(韓氏)로 바꾸고 한(韓)이라는 나라를 세운 곳이다.

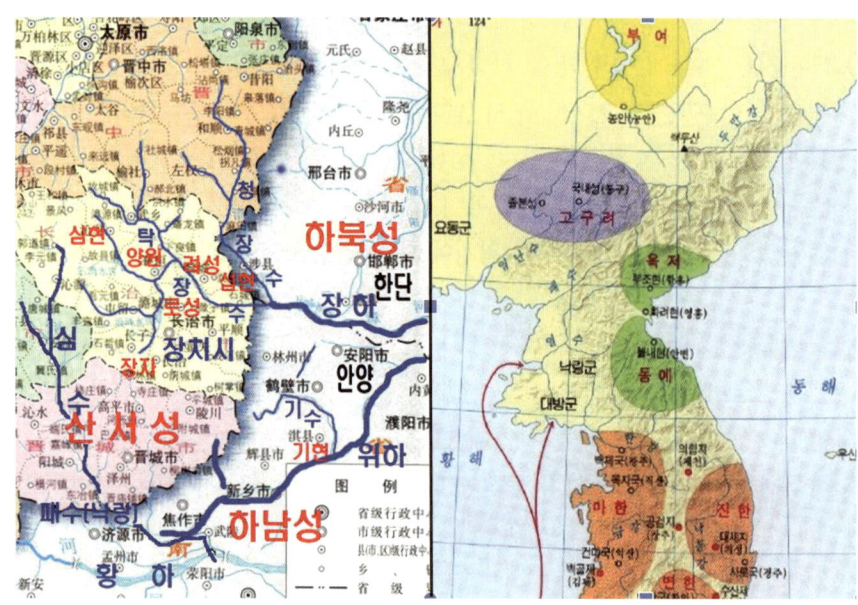

〈산서 동남부와 북부 하남 일대에서 왜곡되어 강원도로 옮겨진 예〉

2) 예(濊)의 위치

지금까지 호태왕비문의 석문을 발표했던 대부분 학자들은 수묘인연호에 언급된
'예'라는 글자를 현재 사용하는 깊을 濊 대신에 더러울 穢로 보았다.
도읍인 평양성의 흙 壤도 볏집 穰으로 되어 있다.
그 당시 고구리에서는 그런 글자를 사용했던 것 같다.
예의 위치는《수경주》로 찾을 수 있다.
《수경주》권9 기수(淇水)와 권10 청장수에 언급되어 있는데,
기수는 하남성 임현 임기진에서 나와 기양을 지나 석하와 합쳐져 탕음을 경유해
기현까지 흘러 위하로 들어가는 물길이고,
청장수는 산서성 동남부에 있는 산서성 평정현 남쪽에서 나와 화순과
요현을 경유해 하남성 섭현에서 탁장하와 만나는 물길이다.
이 두 물길 사이에 예가 위치하고 있었던 것이다.

이런 예의 위치를 식민사학계는 한반도 강원도 동해안으로 비정했다.
(※ 예에 대한 상세한 자료는 제3편의 제1장의 권9, 10 참조)

비문에 새겨져 있듯이 호태왕은 비록 젊은 나이에 요절하긴 했지만, 수많은 정복사업을 통해 '영락대통일(永樂大統一)'이라는 대업을 이룩해낸 위대한 군주였다. 호태왕비문에는 이러한 정복과정들이 새겨져 있는데, 그 지명들을 추적해 보면 대부분 산서성 남부와 북부 하남성 일대에 있던 지명이라는 사실을 알 수 있다.
즉 고구리는 산서성을 중심으로 해서 동쪽 한반도에서 서쪽으로는 튀르키에까지 아시아 대륙의 지배자였다는 것이 허설이 아님이 입증된 것이다.

또한 그간 중국이 줄곧 주장해왔던 한사군 평양설과 일본이 조작했던 한반도 남부의 임나일본부설 역시 모두 허구로 밝혀진 것이다. 또한 이러한 역사적 사실을 그동안 우리 역사를 축소, 왜곡시킨 중국의 문헌들과 일본 궁내청에서 잠자고 있던 《고구리사초략》을 참조해 찾아냈다는 사실에 무한한 기쁨을 느끼는 바이다.

〈호태왕의 유주의 속군들과 비문의 지명들의 위치〉

제4장 살수와 요택은 어디인가?

 중국은 후한 이후 위, 오, 촉의 삼국시대를 거쳐 서진(西晉)에 의해 잠시 통일되었다가 다시 동진과 5호 16국 등으로 사분오열되는 대분열의 시대로 들어갔다가 이어 남북조(南北朝) 시대를 거쳐 수나라 문제 양견(楊堅)에 의해 약 270년 만인 598년에 다시 통일을 이루게 된다.

 양견의 아버지 양충은 본시 우문(宇文) 선비족이었으나 한족으로 개명해 서위(西魏)에서 주국대장군을 지냈고 북주(北周)에서는 수국공(隋國公)에 봉해졌다. 양충이 죽자 양견이 그 작위를 그대로 이어받았고, 양견의 딸이 북주의 태후가 되자 정권을 장악해 외손자로부터 선양 받아 수나라로 합병되었다.
이어 589년 수나라 군대가 남조인 진(陳)왕 숙보(叔寶)를 생포함으로써 마침내 중국이 통일되었다. 참고로 양견은 훗날 당나라를 세우는 이연(李淵)의 작은 이모부가 된다. 이연의 모친이 양견 부인의 친언니이다.

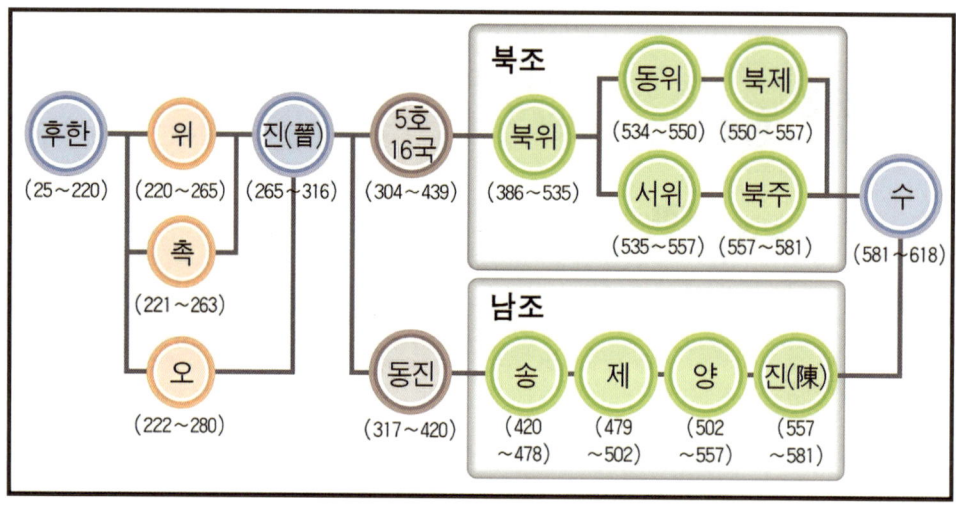

〈후한 이후 수나라로 통일될 때까지 중국 왕조의 변천도〉

 기고만장해진 수 문제는 아예 고구리마저 없애려고 했다.
9년(598) 영양태왕이 말갈 군사 1만여 명을 거느리고 요서(遼西)를 침공했으나 영주총관 위충이 이를 물리쳤다. 수나라 문제가 이 소식을 듣고는 크게 노해 수륙군 30만 명을 거느리고 고구리를 치게 했다. 6월에 수나라 군대가 겨우 정주(定州)를

출발해 요택에도 이르지 못하고 임유관(臨渝關)을 나왔을 때 심한 장마로 인해
군량 수송이 이어지지 못해 식량이 떨어지고 또한 전염병까지 돌았다.
주라후의 수군은 동래(東萊)에서 海를 건너 평양성으로 오다가 풍랑을 만나 선박
대부분이 깨지고 침몰했다. 가을 9월에 수나라 군사들이 돌아 갔는데,
죽은 자가 십의 팔구였다는 기록이 있다.

 중국의 최강자로 통일을 이루어낸 수 문제가 보낸 30만 대군이 의기양양하게
고구리를 공격했다가 요택에도 이르지 못하였는데 식량부족과 전염병과 풍랑때
문에 80~90%의 병력이 죽었다고 하는데, 이는 중국 특유의 춘추필법이 아닐 수
없다. 30만 대군이 거의 전멸하다시피 한 이유는 살수대첩과 비슷하게 고구리에게
수나라의 30만 수륙 양군이 거의 몰살당하지 않았나 생각된다.

1. 수 양제의 침공 준비

 ① 돌궐 방문
 604년에 아버지 양견을 시해하고 수나라 2대 황제가 된 양광(楊廣)은 607년 8월
에 고구리 침공 시 배후 위협이 될 수 있는 돌궐을 설득하기 위해 직접 방문했다.
이때 수 양제는 황제의 위엄을 보이기 위해 허세를 많이 부린다.
수 양제가 돌궐의 계민가한(啓民可汗)의 장막에 행차했을 때 마침 고구리에서온
사신이 계민가한의 처소에 있었으나 감히 숨기지 못하고 함께 양제를 만났다고
《삼국사기》에 기록되어 있는데, 우리는 '감히 숨기지 못하고'라는 표현에서
고구리와 돌궐의 역학관계를 미루어 짐작할 수 있다.

이때 황문시랑 배구(裵矩)가 수 양제에게 고하기를 "고구리는 본시 고죽국(孤竹
國)으로 주(周) 무왕이 여기에 기자(箕子)를 봉하였고 한(漢)나라 때는 3군(三
郡)의 땅이었는데, 지금 와서 신하 노릇을 하지 않고 딴 나라로 갈라섰기에 선제(문
제)께서 치려 했던 것입니다."
즉 배구가 한 말은 고구리 = 고죽국 = 기자의 봉지 = 한사군의 땅이라는 뜻
이라 했는데 망국의 식민사학계는 반도사관에 입각해
그곳이 한반도 북부라고 주장하고 있다.
그러나 역사의 진실은 산서성 남부와 황하북부 하남성 일대를 말하는 것이다.

② 영제거, 통제거 수로 건설

수 문제가 요동을 정벌하려다가 참패했던 가장 큰 원인이 군량 수송의 실패에 있었음을 잘 알고 있는 수 양제는 사전 준비작업으로 요택을 지나기 위한 전쟁물자 수송용 운하인 영제거(永濟渠)와 통제거(通濟渠)를 만들라고 명했다.
《수서 양제기》[1] 대업 4년(608) 정월 초하루에 "하북 여러 군의 남녀 백여만을 동원해 영제거를 뚫어 심수의 물을 끌어다가 남쪽으로 황하에 다다르게 하라. 북쪽이 탁군과 통하게 하라."라는 기록이 그것이다.

여기서의 하북은 지금의 하북성이 아니라 말 그대로 황하 북쪽을 말하는 것이며, 심수는 산서성 남부에서 발원해 남류하다 하남성에서 동류해 황하로 들어가는 강이다. 이 물을 남쪽으로 끌어 황하와 연결한 물길이 영제거이므로 요택은 하남성 제원시 남쪽에 있는 맹주(孟州) 일대일 수밖에 없다.

《중국고대지명대사전》은 "소택배수[2]: 광령 이동에서 요하까지에 있는 큰웅덩이 소택지로 옛날에 요택이라 불렀다. 수·당의 고구리 정벌 때 임시로 교량도로를 수축했다. 동쪽은 해성현에서 시작해 서쪽은 광령까지 200여 리이다."라고 하며, 광령[3]은 하남성 수무현 서남이라고 설명하고 있다. 특히 큰 강인 심수와 황하 사이는 지형적으로 늪지대가 형성될 수밖에 없다.
요택은 현재 황하습지라는 관광지로 그 흔적이 남아있다.

중국은 요택이 현 요녕성 요하 하구에 펼쳐진 2백 리 늪이며, 영제거[4]는

---

1) <隋書.煬帝記> 诏发河北诸郡男女百余万开永济渠，引沁水南达于河，北通涿郡
2) （沼泽排水）自广宁（今北镇）以东至辽河有大片低洼沼泽地，古称辽泽，遇雨泥泞，泽内有绕阳河及柳河等多条支流。隋唐东征辽东都临时大力修筑桥梁道路。明代沿泽之南路开河名路河，东起海城县境，西至广宁，长200余里，后缩短到170里，用以排泽水，运粮饷，防边疆,堤岸作为陆路,至明末淤废。清代屡次修沈阳至广宁道路百余里
3) （广宁郡）1. 东晋置，后魏因之，后废，故治在今河北琢鹿县西。2. 东晋时西秦置，西魏更名广安，北周废，故治在今甘肃漳县西南五十里。3. 南齐置，今阙，当在广西境。4. 东魏置，北周废，故城在今河南修武县东南。5. 后魏置，北周废，故城在今山西寿阳县东。6.北齐改新蔡郡置，隋废，故治即今河南新蔡县治。
4) <중국 고대지명대사전> 永济渠：隋炀帝大业四年（公元608年）为便利河北地区军事运输所开的运河。《隋书·炀帝纪》："诏发河北诸郡男女百余万开永济渠，引沁

낙양 북쪽에서 하북성을 관통해 천진까지 이르는 대운하라고 주장하고 있다.
그런데 수양제의 1차 고구리 침공이 612년이니
608년부터 건설하기 시작한 대운하를 3년 만에 완공할 수 있었을까?
아마 현대적 기술과 장비로도 쉽지 않을 것이다.

중국은 《수서 양제기》의 인원동원 기록을 근거로 영제거를 심수에서 천진까지 이르는 대운하라고 주장하고 있으나, 실제 영제거는 아주 작았던 것으로 보인다.
왜냐하면 645년 5월 3일에 도착한 당 태종이 요택을 건널 수가 없자 염립덕에게 흙다리를 만들라고 지시한 이틀 뒤에 건너갔기 때문이다.
당시 당나라 군사는 10만 명이었다. 그 인원으로 이틀 만에 만들어 통과한 그런 작은 운하 건설에 백여만 명을 동원했다는 《수서》의 기록은 중국 특유의 과장임이 분명하다.

수 양제나 당 태종이 낙양 부근에서 요녕성 요하의 하구에 있다는 가짜 요택까지 오려면 최소 6개월 이상은 걸려야 한다. 낙양과 요하 사이에 건너 야 할 강들이 무수히 많고 지나야 할 지명 역시 수도 없이 많거늘 사서에 기록된 낙양과 요택(요수) 사이에 기록된 지명이라고는 달랑 정주(定州) 하나뿐이다.
정주는 낙양 동쪽에 있는 정주(鄭州)였을 가능성이 높다.

요택 통과용 수로라기보다는 남부 하남성으로부터 군수물자를 수송하기 위해 건설되었다는 통제거에 대해서는 《수서 양제기》5)에 "대업 원년(605) 황하 남쪽의 여러 군민 백여만을 동원해 통제거를 개통하라. 서원에서부터 곡수와 낙수의 물을 끌어 황하에 다다르고, 판저에서 황하의 물을 끌어 회수에 이르게 하라."는 기록이 있다.

즉 통제거는 2단계로 나뉘어 건설되었는데, 1단계 통제거는 서원에서 황하까지이고, 2단계 통제거는 판저에서 회수를 연결하는 수로이다. 서원, 곡, 낙, 판저는

水南达于河(黄河)，北通涿郡（治所在蓟县，今北京城西南）。"长二千余里。"南达于河"，即疏浚今沁水下游。"北通涿郡"的故道：自今河南武陟沁水东岸至汲县一段用沁水支流，即今孟姜女河（天雨有水，平时干涸）이하생략

5) 大业元年开通济渠，征调黄河以南各郡县的男女民工一百余万人，开挖通济渠，从西苑引谷水、洛水通向黄河，从板渚引黄河水通向淮河。

모두 황하 주변에 있는 지명들이고 나머지는 자연 하천이다.
중국은 모든 역사지도 및 군사지도까지 조작해가며 마치 통제거가 하남성 황하 주변에서 시작해 회수(淮水)까지 연결되는 1,000km에 가까운 대운하라고 하면서 자연 하천인 가노하까지 통제거에 포함시켜 엄청나게 부풀리고 있다.

수나라가 영제거와 통제거를 만든 것은 역사적 사실이기는 하나 지금까지 중국의 과장처럼 엄청난 길이의 대운하가 아니라 불과 몇십 리에 불과한 짧은 수로였다.
즉 통제거는 황하와 회수를 통하게 하는 대운하가 아니라,
맹진을 관통하여 황하에 이르고, 사수현에서 자연 하천인 가노하로 들어가게 하는 작은 인공 수로였다.

〈자연 하천까지 포함된 수나라 대운하〉　〈요택은 심수와 황하 사이의 습지대〉

2. 수 양제의 1차 고구리 침공

군수물자 수송용 운하를 개통한 수 양제는 611년 4월에 임삭궁으로 행차해
징집령을 내려 사방의 군사들을 모두 탁군(涿郡)에 모이게 했다. 이후
수나라에서는 징집을 피하려는 백성들 사이에 '요동으로 가서 헛되이 죽지말라'는
무향요동랑사가(無向遼東浪死歌)[6]라는 노래가 유행했다고
《자치통감》에 기록되어 있다.

---

[6] 莫向遼東去 夷兵似虎豺 長劍碎我身 利鏃穿我顋 性命只須臾 節俠誰悲哀 成功大將受上賞 我獨何爲死蒿萊. (요동으로 가지 마라. 고구리 병사는 범과 승냥이 같으니라. 긴 칼이 내 몸을 부수고 날카로운 화살촉이 내 뺨을 뚫으리라. 목숨 한 순간에 저버리면 절개 있는 협객인들 누가 슬퍼해 주리. 공을 이루어 대장 되고

612년 1월 2일에 양제는 지금 수나라가 출정하려는 이유는
"한(漢), 위(魏)나라때 잠시 점령했던 땅들을 지금은 모두 고구리가 차지하고 있기 때문"이라는 의미로 시작하는 다음과 같은 조서를 내렸는데, 이는 당 태종이 요동 정벌의 당위성으로 내세운 고토 수복의 이유와 같다고 할 수 있다.

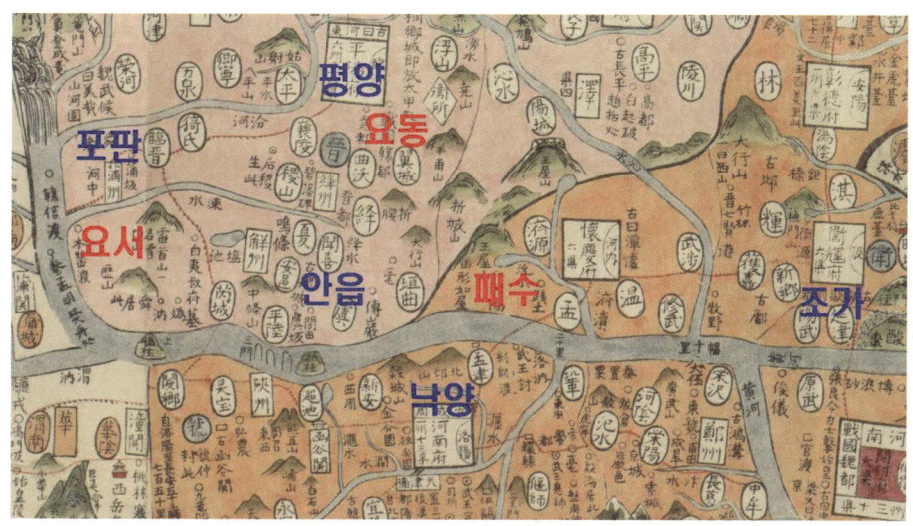

〈중국이 수복해야 할 고토는 원래 동이의 땅 산서 남부〉

"고구리의 무리들이 어리석고 불손하게도 발해(渤海)와 갈석(碣石) 사이에 모여 요동과 예맥(濊貊)의 땅을 잠식해왔다. 비록 漢, 魏 때는 정벌을 거듭해 그 소굴이 잠시 허물어졌으나, 그로부터 세월이 오래 지나자 그 족속들이 다시 모여들었다. 지난 세대에는 조금씩 모였던 것이 이제는 퍼지고 번성해 오늘에 이르렀다.
요동(遼東)·현토(玄菟)·낙랑(樂浪) 등의 아름다운 강토를 돌아보았는데 이제 모두 오랑캐의 땅이 되었고, 세월이 지나 적폐가 이미 가득해졌다. (생략)"(※ 지명들의 위치는 제3편의 1장과 2장 참조)

전투 병력이 113만 3,800명에 군량 수송 인원이 이것의 곱이었다 하니 300만 명이 넘는 엄청난 병력으로 이는 세계전쟁사에 있어 전무후무한 초유의 일이다. 그러나 이렇게 병력이 많다는 것은 정예병이 아니라 오합지졸임을 의미하는 것이다.

큰 상을 받는다 해도 홀로 죽어 왜 잡초 더미에 묻히겠는가.

각 군(軍)마다 대장과 부장을 각각 1명씩 두고, 기병은 40대(隊)를 두었는데 1대는 100명이고 10대가 1단(團)이 되게 했다. 보병은 80대를 4단으로 나누어 단마다 각각 편장(偏將) 1명을 두었으며, 갑옷, 투구, 갓끈, 인장끈, 깃발의 색깔을 다르게 했다.

매일 1개 군씩 출발시키되 각 군의 간격을 40리로 하여 연이어 점차로 나아가게 하니, 40일 만에 출발이 다 끝났다. 앞 군의 후미와 뒷 군의 앞이 서로 이어지고 북과 나발 소리가 연이어 들리고 깃발이 960리에 뻗쳤다. 수 양제 진영에 있는 어영(御營)군을 내·외·전·후·좌·우의 6군으로 나누어 뒤따라 출발시키니 이 대열 또한 80리에 다다랐다. 그야말로 군사 출동의 성대함이 실로 어마어마했다.

2월 중순에 출동을 다 끝내고 수 양제가 요수에 도착한 때가
《삼국사기》에는 2월로 기록되어 있고,
《자치통감》에는 3월 14일로 되어 있다.
탁군에서 요수까지 오는데 걸리는 시간도 포함되었을 것인데,
만일 현재 식민사학의 이론대로 탁군이 북경이고 요수가 요녕성 요하라면
이 날짜에 요하 도착이 불가능하므로 잘못된 비정일 것이다.
최소 3~6개월은 족히 걸리지 않을까 생각된다.

게다가 요택을 지나기 위해 건설했다는 영제거가 천진까지 연결되는 운하라고 하면서 요수를 요녕성 요하라고 하면 요수의 하구에 있다는 요택은 도대체 어디란 말인가? 현재의 반도사관으로는 앞뒤가 전혀 맞지 않는다.

수나라 군대는 요수를 사이에 두고 고구리 군사들과 대치하다가 요수를 건너기 위해 부교(浮橋)를 설치하면서 측정을 잘못해 한 길이 짧아 언덕에 닿지 못하여 많은 사상자를 내고 말았다. 이틀 만에 서쪽에 다시 부교를 설치해 요수를 건너니 이번에는 고구리 군사가 크게 무너져 만여 명이 죽었다. 수나라 군대는 요수에서 전진해 요동성을 포위한 후 전력을 다해 공격했으나 좀처럼 함락시키지 못했다.

이때 육군과 협공 작전을 하기로 한 내호아의 수군은 패수(浿水)로 들어와 평양성과 60리 지점에서 고구리 군사와 싸워 크게 이겼다. 전공에 눈이 먼 내호아는

유인작전인지도 모르고 평양성까지 깊숙이 들어갔다가 복병의 공격을 받아 크게 패하고 만다. 내호아는 살아남은 수천의 군사를 이끌고 돌아가 해포(海浦)에 주둔했으나 전투를 수행할 정도는 아니었다.

수군이 참패하고 게다가 육군까지 요동성을 함락시키지 못하자 수 양제는 각 병사들에게 100일치의 식량과 갑옷, 무기, 천막 등을 지급하고는 평양성으로의 직접 진군을 명했다. 그러나 1인당 3섬 이상의 무게를 가지고 행군할 수가 없어 병사들이 군막 밑에 구덩이를 파고 묻어버리니 행군이 중간 쯤 갔을 때 양식이 바닥나고 말았다. (참고로 1섬은 통상 쌀 1가마의 무게로 약 80kg 정도이다.)

고구리 영양태왕은 을지문덕(乙支文德) 장군에게 적정을 살피기 위해 거짓으로 항복하도록 명했다. 그 전에 수 양제는 우문술에게 밀서를 보내 "만일 고구리 왕이나 을지문덕이 올 기회가 있으면 반드시 사로잡아야 한다."라고 엄명을 내려놓았으나 우문술은 을지문덕을 그냥 살려 보냈다.
우문술은 이내 후회하고 사람을 시켜 "하고 싶은 말이 있으니 다시 오라"고 했으나 을지문덕은 그대로 압록수를 건너 돌아가버렸다. 우문술이 군사를 동원해 추격하자 을지문덕은 수나라 군사들이 굶주렸음을 알고 피곤하게 만들 속셈으로 일부러 패하는 척했다.

수나라 군대가 드디어 동으로 나아가 살수(薩水)를 건너 평양성과 30리 거리의 산에 진을 치자 을지문덕이 다시 사신을 보내 거짓으로 항복하겠다면서 "신과 같은 책략은 천문을 궁구하였고 기묘한 계산은 지리에 궁리하였네, 싸움에서 이겨 공이 이미 높으니 만족을 느끼고 그쳐 주기를 바라노라."라는 오언절구 시[7] 한 수를 적어 보냈다.

우문술은 병사들이 지칠 대로 지쳐 싸울 의욕이 없음을 보았고, 또 평양성이 험하고 굳건해 함락시키기 어려울 것으로 판단해 거짓 항복을 구실로 회군하기로 결정했다. 수나라 병사들이 방진(方陣)을 만들며 후퇴하자 고구리 군사들이 사방에서 들이치니 우문술은 가다가 싸우고 또 가다가 싸웠다.

---

7) 神策究天文 妙算窮地理 戰勝功旣高 知足願云止

<수나라 군대 이동도>

수나라 군대가 살수에 도착해 강을 반쯤 건널 무렵 고구리 군사들이 후군을 공격하니 적장 신세웅이 전사하고 대열이 무너져 걷잡을 수 없게 되었다. 남은 군사들이 달아나 압록수에 도착하니 하루 밤낮으로 450리를 걸었다. 처음 9개 군(軍)이 선봉으로 요(遼)에 왔을 때 무려 30만 5,000명이었는데, 요동성으로 되돌아 왔을 때는 겨우 2천 7백 명뿐이었다.

수 양제는 크게 노해 우문술 등을 쇠사슬에 묶고는 7월 25일 군사를 이끌고 돌아갔다. 수 양제의 제1차 고구리 침공은 이렇게 수나라의 대참패로 끝나게 되었다.

3. 요동성과 살수는 어디인가?

1) 요동성의 위치
공방전을 벌였던 요수를 지난 수나라 군대가 맨 처음 당도한 요동성은 요수에서 그리 멀지 않은 곳임을 알 수 있다. 수 양제의 날짜 기록은 없으나 당 태종의 경우 5월 5일 요택을 지나 10일에 요수를 건너 5월 17일 요동성을 함락시켰다는 기록이 있어 가깝다는 것을 알 수 있다.

《삼국사기》의 "태조대왕 3년(55년) 요서에 10성을 쌓아 한나라의 침입에 대비했다."라는 기록에 구체적인 지명이 생략되어 있으나,

《태백일사》에는 "《조대기》에서 말하기를 태조 융무 3년(55) 요서에 10성을 쌓고 이로써 한의 10성에 대비케 했다. 안시(安市)는 개평(開平) 동북 70리, 건안(建安)은 안시의 남쪽 70리, 석성(石城)은 건안의 서쪽 30리, 풍성(豊城)은 안시의 서북 100리, 한성(韓城)은 풍성의 남쪽 200리, 옥전보(玉田堡)는 한성의 서남쪽 60리, 건흥(建興)은 난하의 서쪽, 요동(遼東)은 창려(昌黎)의 남쪽, 요택(遼澤)은 황하북안 왼쪽, 택성(澤城)은 요택의 서남쪽 50리다."라는 기록에서 요동성은 옛 창려 부근임을 알 수 있다.

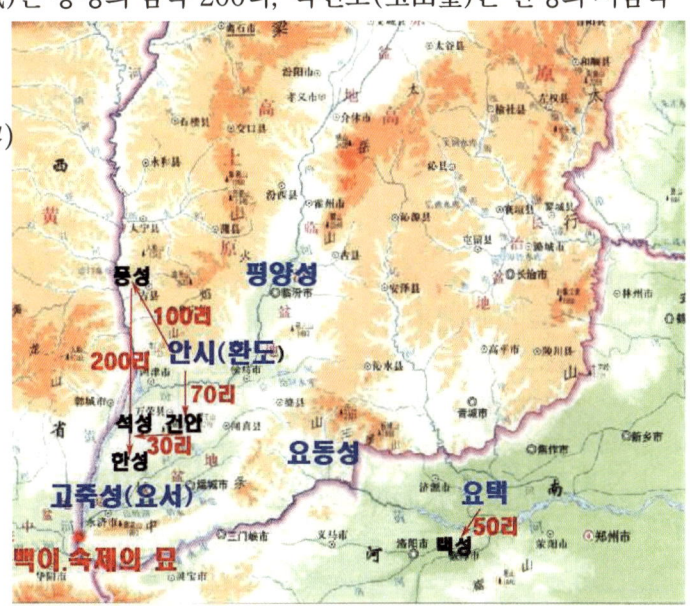

'바이두 백과'에 소개되어있는 창려의 역사 연혁은 다음과 같다.

"전한 때 교려(交黎)현을 설치해 요서군 동부도위의 치소로 했다. 동한 때 창려현으로 바뀌었고 요동 속국의 치소였다. 위나라 때 유주 창려군에 속했고, 진 때 창려 등 5개 군으로 평주를 설립했고 계속 평주 창려군이었다. 전진 때 군의 치소가 용성이었다." 따라서 창려는 요서군의 일부로 산서성 서남부였음을 알 수 있다.

그 유적적 증거로는 백이, 숙제의 무덤을 들 수 있다.

2) 살수의 위치

《삼국사기》를 편찬한 김부식은 살수를 지명미상(地名未詳) 목록 중 하나에

올려놓았다. 당대의 최고 석학이 몰랐던 살수의 위치를 현재 강단사학계는 식민사학자 이병도 박사의 이론대로 청천강으로 비정했고, 더 나아가 패수는 물론 강감찬장군의 귀주대첩도 청천강에서 일어났다고 주장하고 있다.

청천강은 필요에 따라 살수도 되고, 패수도 되고, 귀주도 되는 참으로 다목적(?) 강이다.

거짓으로 항복했던 을지문덕을 추격하면서 수나라 30만 선봉대의 본진이 '동으로 나아가 살수(薩水)를 건너 평양성과 30리 거리의 산에 진을 쳤다.'는 기록에서 살수는 남북으로 흐르는 강임을 알 수 있다. 그럼에도 식민사학계는 동쪽에서 서류하는 청천강을 살수라고 주장하고 있다. 어떻게 동쪽으로 나아가 청천강을 건널 수 있는지?

평양성 부근까지 갔다가 회군하던 수나라 병사들이 살수를 건널 때 고구리 군사들이 뒤를 치니 대열이 걷잡을 수 없게 무너졌고, 남은 병사들이 달아나 압록수에 도착하니 하루 밤낮으로 450리를 걸었다는 기록에서 평양성은 압록수에서 약 230리가량 떨어져 있음을 알 수 있다.

〈살수대첩지는 임분시 양분현 남단에서 시작되는 계곡속의 분하〉

수나라 선봉대 30만 5,000명의 병력 중 요동성으로 되돌아온 병사가 겨우 2,700명 뿐이라는 기록에서 살수에서의 전투는 30만 명이 넘는 인원을 한 번에 몰살시킨 그야말로 대첩(大捷) 중의 대첩이었다. 그런데 이는 개활지에서 일어난 전투가 아니라 대군을 협곡속에 가두어 놓고 공격했을 경우에나 가능한 수치이다.

《신당서 열전-145 동이》의 기록으로부터 압록의 동남쪽에 있는 평양성은 임분(臨汾)이고, 압록수는 산서성을 가로질러 흐르는 분하(汾河)임을 알 수 있다. 따라서 살수는 평양성 부근을 흐르는 분하를 말하는 것이고, 그 살수(분하)가 염난수(鹽難水=滄河)와 합쳐져 서쪽으로 흘러가는 물길이 바로 압록수였던 것이다.
(※ 제4편 1장 고구리의 도읍지는 어디인가? 참조)

안시성 앞 직산현(稷山縣)의 압록수(분하)에서 평양성(임분)까지의 직선거리가 약 90km 되고, 임분 남쪽에 있는 양분(襄汾)현의 남단부터 분하가 가운데 흐르는 계곡이 시작된다. 조금 들어가면 깊은 계곡인데 아마도 이곳으로 수나라 병사들을 유인했을 걸로 보인다. 당나라 때 1리가 약 0.4km로 환산되니 90km이면 235리로 기록에 적힌 거리와 거의 같지 않은가!

4. 수나라의 2~3차 고구리 침공

이듬해인 613년 수나라는 또다시 침공했으나 여전히 고구리의 관문인 요동성에서 막혔다. 여러 차례 공격했으나 함락시키지 못하자 그대로 두고 진군해 오열홀(안시성) 앞에서 치열한 전투를 벌였다. 그때 수나라 본국에서 양현감(楊玄感)이 반란을 일으켰다는 보고가 전해지자 양현감과 친한 친구였던 병부시랑 곡사정(斛斯政)이 신변의 위협을 느껴 고구리로 망명했다.

양제는 밤에 장수들을 소집해 군사를 이끌고 철군했는데, 군수품과 병장기와 공성도구가 산처럼 쌓이고 영루(營壘)와 장막(帳幕)은 그대로 두고 돌아갔다.
수나라 군대가 갑자기 철군하자 고구리는 속임수로 판단하여 추격하지 않다가 이틀이 지나서야 추격에 나섰다. 요수에 이르러 본진이 건너간 것을 알고 후미를 쳤는데 그 수가 수만 명이고 들이쳐서 수천 명을 죽였다고 기록되어 있다. 이것이 수나라의 제2차 고구리 침공이다.

이듬해인 614년 봄 2월 수나라는 다시 대군을 일으켜 침공해왔다. 가을 7월 양제의 수레가 회원진(懷遠鎭)에 머무르고 수군 장수 내호아가 비사성에 당도했다. 고구리 군대가 맞아 싸웠으나 패했고 내호아가 평양으로 육박할 태세를 보이자 영양태왕이 항복을 청하고 망명해온 곡사정을 보내주니 양제가 내호아를 소환해 8월에 회원진에서 돌아갔다고《삼국사기》에 기록되어 있다.

그러나《태백일사》에서는
수 양제가 회군한 이유를 다르게 다음과 같이 기록하고 있다.
"영양 대제는 내호아가 평양을 습격하려 하자 완병술을 쓰고자 계략으로 곡사정을 보냈다. 때마침 조의(皂衣) 가운데 일인(一仁)이라는 자가 있어 자원해 따라가기를 청해 함께 수나라 진영으로 갔다. 수 양제가 표문을 절반도 채 읽기도 전에 갑자기 소매 속에서 작은 활을 쏘아 머리를 맞혔다. 수 양제가 놀라 자빠져 실신하자 신하들이 업고는 작은 배로 갈아타고 후퇴하여 회원진에서 병력을 철수하면서 신하들에게 말하길 "내가 천하의 주인이 되어 몸소 작은 나라를 쳐도 승리하지 못하니 이는 만세의 웃음거리가 아니겠는가?"라고 기록되어 있다.

객관적으로 보았을 때《태백일사》의 기록이 옳다고 본다.
《삼국사기》처럼 영양 태왕이 위기에 몰리자 항복하겠다면서 곡사정을 보내주자 고구리에 대한 적개심으로 불타던 수양제가 순순히 철군했다는 것은 그간의 정황으로 보아 설득력이 떨어진다고 하겠다.
《태백일사》의 기록처럼 뭔가 철군하지 않으면 안 되는 중요한 상황이 발생한 것으로 봐야 할 것이다. 게다가 이 이야기는《삼국유사》에도 같은 내용이 기록되어 있어 기록의 신빙성을 더해주고 있다.

중국을 통일했다던 수나라는
천하제일의 고구리에게 네 차례나 무모하게 도전했다가 내란이 일어나
결국 망하고 말았다.
훗날 당 고조가 되는 이연(李淵)이 도성인 장안을 점령하자
수 양제는 도성으로 돌아가지 못하고 외지에서 머물다
자신의 경호병들에게 죽임을 당한다.
이로써 618 년 수나라가 망하고 당나라가 들어서게 된다.

5. 수나라 병사들의 해골로 만든 경관

수나라와의 전쟁에서 여러 차례 대승을 거둔 고구리는 이를 기념하기 위해 수나라 병사들의 해골을 모아 경관(京觀)을 세웠다. 618년 영양 태왕이 재위 29년 만에 붕어하고 이복동생 건무(建武)가 즉위하니 바로 그가 영류왕(營留王)이다.
영류왕은 영양 태왕의 모든 정책을 폐기하고 당나라와의 화친을 원했다.

622년 당 고조가 수나라 병사들이 고구리 땅에 많이 잡혀 있음을 알고 송환을 요구하자 영류왕은 이들을 남김없이 찾아내 돌려보내니 수만 명에 이르렀다.
그리고 당나라로부터 도교를 받아들이고 노자(老子)를 국민들에게 강의케 하고 왕도 청강했다. 628년 당나라에게 지도까지 그려 바치고, 631년 당 태종은 사람을 보내 수나라 병사들의 해골을 묻고 위령제를 지냈고 전승기념 물인 경관(京觀)을 헐어버린다. 당나라와의 화친으로 평화를 지키는 것은 좋으나 너무 굴욕적이라 할 것이다. 결국 영류왕은 주전파(主戰派)인 연개소문의 쿠데타에 의해 축출되어 죽임을 당했다.

수나라와의 전쟁에서 대승을 거둔 것을 기념하여 세운 경관은 과연 어디 있었을까?
신채호가 쓴 《조선상고사》에 경관에 대해 기술되어 있다.
"요동성도 함락시키지 못한 채 고구리로 들어온 수나라는 각지의 성들을 공격했으나 하나도 함락시키지 못했을 뿐만 아니라, 4~5개월간 고구리 병사들의 화살에 맞아 죽은 수나라 병사들의 시체가 산을 이룬다. 양식을 얻지 못했을 뿐만 아니라 우문술 등이 패하여 돌아오자 더욱 전의를 상실하게 된다. 이에 수양제는 최후의 요행을 바라며 모든 병사들을 오열홀(烏列忽) 아래 집합시켰으나 을지문덕이 이를 깨뜨려 사람과 말을 수없이 죽이고 노획한 물건이 산처럼 쌓였다.
고구리는 이러한 승전을 기념하기 위해 경관을 세웠다. 뒤에 고구리가 망하매 당나라 장수 설인귀(薛仁貴)가 경관을 헐고 백탑(白塔)을 세웠는데, 사람들은 이를 당 태종이 안시성을 침공할 때 당나라 장수 울지경덕이 세운 것이라 하나 이는 잘못 전해진 말로, 수서(隋書)에서 우문술의 살수에서의 대패는 기록하면서도

수 양제의 오열홀에서의 참패를 기록하지 않은 것은
높은 이의 수치를 숨기기 위한 춘추필법(春秋筆法)이다."

오열홀(烏烈忽)은 바로 안시성을 말하는 것으로 거기에서의 대승을 기념하기 위해
세운 경관을 나중에 설인귀가 허물고 백탑을 세웠다고 하는데 그 백탑이 아직도
안시성 앞에 서 있는 것이 발견되었다. 따라서 신채호 선생이 말한,
오열홀에서의 수 양제의 참패는 역사적 사실임이 입증되었다고 할 것이다.
오열홀 전투의 승리는 30만 명을 몰살시킨 살수대첩보다 더 큰 승리였기에 고구리가
경관을 오열홀 앞에 세우지 않았겠는가!
오열홀에서 얼마나 많은 수나라 병사들이 죽었는지 미루어 짐작할 수 있을 것이다.

〈안시성 앞에 설인귀가 세웠다는 백탑(경관)〉

다음은 '당 태종 요동 정벌의 자초지종과 실패 원인'이라는 중국 논문자료에서의
경관에 대한 설명이다. "수나라는 세 번이나 고구리와의 전쟁에서 실패했다.
고구리는 전쟁에서 죽은 수나라 병사들의 뼈로 경관을 만들었다.
고대 전쟁에서 승자는 자신들의 무공을 자랑하기 위하여 적의 머리를 모아 봉토로
만든 무덤을 경관이라 부른다. 찬 바람이 불어오면 위의 얇은 흙이 날리면서 해골이
드러나게 된다. 수십만 병사들의 영혼의 고함소리가 이 땅에서 끊이지 않는다."

역사적 진실이 이러함에도
일본식민사학의 분신이라 할 수 있는 대한민국 강단사학계는
을지문덕 장군의 살수가 한반도 북부에 있는 청천강이라고 가르치고 있다.
그러나 우리 고대사의 주 무대는
식민사학자들이 말하는 것처럼 작은 한반도가 아니라,
대륙을 호령했던 자랑스럽고 위대했던 역사였다는 사실을 알아야 할 것이다.

제5장 당 태종이 참패한 안시성

'안시성(安市城)'은 민족 구성원들의 가슴을 무척이나 설레게 하며 또한 현대를 살아가는 우리들에게 고구리의 후손이라는 자긍심도 한껏 느끼게 해주고 있다. 그 이유는 중국 역사상 가장 위대한 황제라는 당 태종이 고구리와 천하의 패권을 놓고 겨루다가 안시성에서 양만춘 장군이 쏜 화살을 눈에 맞고 참패하고는 달아난 역사의 현장이기 때문이다. 우리에게는 자랑스럽고 감동적인 승리였겠지만, 중국에게는 정강의 변[8]에 버금가는 치욕의 사건이었기에 현재 그들의 사서에는 철저하게 춘추필법[9]으로 왜곡된 기록만이 남아있다.

2008년에 요서군의 상징인 고죽국 백이, 숙제의 무덤이 발견되고 낙랑군에 속하는 패수의 정확한 위치까지 밝혀짐으로써 안시성의 위치도 명백해지게 되어, 고구리는 동쪽 한반도부터 서쪽으로 아시아대륙을 호령했으며 그 중심지가 산서성 남부라는 것이 입증되었다. 이렇듯 웅대했던 고구리에게 눌려 섬서성과 황하변 하남성에서 웅크리고 살았던 한족은 명나라 이후 지명이동을 통한 역사 왜곡을 저질렀고, 최근에는 동북공정으로 '현재 중국땅에서 있었던 역사는 모두 중국사'라는 억지를 부리고 있다.

또한 조선총독부는 조선의 영원한 식민 지배를 위해 우리의 민족정신이며 혼인 역사를 말살했다. 단군신화를 조작해 우리의 7천 년 역사를 지워 버리고, 대륙을 지배했던 웅대한 역사를 한반도 가두리 양식장으로 몰아넣은 반도사관을 이론적으로 확립시켰다.

---

8) 靖康之變 : 1126년 금나라(여진)가 송나라를 공격해 패망시키고 휘종과 흠종을 사로잡은 사건. 정강은 당시 북송의 마지막 연호, 왕족 조구가 양자강 남쪽으로 내려가 남송을 세운다.
9) 춘추필법의 사필원칙 (春秋筆法의 史筆原則)
① 존화양이(尊華攘夷) 중화를 높이고 이족은 깎아내린다.
② 상내약외(詳內略外) 중국 역사는 상세히 외국 역사는 간단히.
③ 위국휘치(爲國諱恥) 나라를 위해 중국의 수치를 숨긴다.

광복 80년이 다 되도록 아직도 기승을 부리고 있는 일제 식민사학과 동북공정을
청산하지 못하는 한 대한민국의 희망찬 미래는 기대하기 어려울 것이다.
우리의 숨겨져 있는 장엄한 역사가 빛을 보게 되고 잠자고 있는
위대한 민족정신이 다시 깨어났으면 하는 바램이다.
지금부터 그 역사의 현장으로 들어가 보도록 하겠다.

1. 고·당 전쟁의 진행 과정

고구리를 침공했던 양제가 친위대에게 죽임을 당함으로써 수나라는 종말을 고하게
되고, 618년 이연(李淵)이 새롭게 나라를 열어 당(唐)이라 했다.
초기에는 고구리와의 화친 정책으로 서로 큰 충돌이 없었으나,
626년 6월 아들 이세민이 현무문에서 두 형을 죽이고 조카들까지 무참히 살해하
고 아버지까지 2개월 후 퇴위시키고 보위에 오르자 당나라와 고구리 사이에 다시
금 긴장이 고조되기 시작했다.

당나라는 628년 고구리로부터 지도를 넘겨받고, 631년 사람을 보내 수나라 병사들
의 해골을 묻고 전승기념물인 경관(京觀)을 헐어버리고, 641년에는 사신을 보내
고구리의 산천을 구경한다는 구실로 고구리의 지형을 세밀하게 조사하게 한다.

당나라는 수 양제 때부터 계속된 혼란을 종결시키고 안정과 번영을 가져 옴으로써
10년 이상 태평성대를 누리게 되었다. 그러자 시간이 지날수록
이세민이 초심을 잃고 점차 자제력을 상실해 사치와 향락에 빠졌으며 신하들의 직언
을 무시하기 시작했다. 젊었을 때 강했던 카리스마는 나이가 들면서 점차 아집으로
변해갔다. 유일한 제어장치였던 위징(魏徵)이 죽자마자 당 태종의 입에서 드디어
요동 정벌이라는 말이 튀어나오고 말았다.

한편 642년에 고구리에서 연개소문이 정변을 일으켜 영류왕을 시해하고
조카인 보장왕을 옹립해 정권을 잡은 연개소문이 당나라와 신라에 대해 강경 자세
로 전환하자 드디어 당 태종이 요동 정벌의 칼을 뽑았다. 명분은 본시 고구리 땅은
과거 중국의 고토[10]였기 때문에 다시 찾아야 한다는 것이었다

그러나 요동 정벌의 실제 목적은 고구리가 있는 한 자신이 천하의 주인이 될 수 없기 때문이었다. 즉 하늘에 두 태양이 있을 수 없으니 연개소문이라는 태양 하나를 떨어 뜨려 자신만이 천하에 유일한 태양임을 만천하에 알리겠다는 것이 진짜 속셈이었다.

게다가 643년 백제가 신라의 40여 성을 빼앗고 다시 고구리와 연합해 공격하자 신라는 당나라에게 군사를 보내 구원해달라고 빌었다. 당 태종은 고구리에게 군사를 당장 철수시키라고 압박하면서 신라를 다시 공격하면 고구리를 치겠다고 으름장을 놓았으나 연개소문은 이를 묵살했다.

그러자 644년 7월에 당 태종은 염입덕에게 배 400척을 만들어 군량을 실어 놓으라는 칙령을 내리는 등 전 군에 전투준비태세를 발령하고, 북쪽 영주(營州)로 군량을 수송하게 하고 동으로는 고대인성(古大人城)에 군량을 비축하라고 지시했다. 드디어 당나라와 고구리 간에 곧 전쟁이 터질 것 같은 분위기였다.

(1) 수 양제의 패인을 전략으로 채택

당 태종은 수 양제가 했던 작전을 그대로 반복해서는 고구리에게 이길 수 없다고 판단하고는 수나라의 패인을 분석해 아래와 같은 정반대 전략으로 요동 정벌에 임하겠다고 결심했다.

(1) 첫째, 수 양제는 정예병만 출동시킨 게 아니라 군세를 과시하기 위해 오합지졸도 포함해 머릿수만 많은 대군을 동원했다. 총 300만 명이 넘는 군사가 움직이다 보니 행군 속도도 늦어졌고 군량을 축냈기 때문에 참패했다고 판단한 당 태종은 정예군 10만을 강제징집이 아닌 모병제로 했다.

---

10) 산서 남부에 있는 요임금의 平陽(임분), 순임금의 浦阪(포주), 하나라의 도읍 안읍(安邑), 은나라 도읍 조가(朝歌) 등이 모두 당시 고구리의 강역이었다.

(2) 둘째, 수나라 대군이 여러 차례 요동성을 공격했으나 함락되지 않자 30만 선봉대에게 곧바로 평양성으로의 직접 진군을 명했다. 선봉대가 평양성까지 중간에 있는 성들을 차례차례 점령하지 않은 상태에서 너무 깊숙하게 들어가는 바람에 보급로가 끊어져 참패했다고 판단한 당 태종은 평양성으로 가는 길에 있는 성들을 하나씩 함락시키고 진군한다는 전략을 세웠다.

(3) 셋째, 대군을 위한 보급선이 한없이 길어졌기 때문에 패했다고 파악한 당 태종은 식량 보급을 하되 자급자족도 가능한 전략을 채택해 예하 부대에게 말, 소, 양 등 가축들을 분배해 수송수단으로 이용하다가 식량이 부족해지면 도축해 먹도록 했다.

(4) 넷째, 수 양제가 주변국들의 도움 없이 혼자만의 힘으로 고구리와 싸웠기 때문에 패했다고 판단한 당 태종은 마침 신라에서 김춘추가 구원을 요청해오자 동맹을 맺고는 고구리의 후방을 교란시키라는 임무를 주었다.

644년 7월에 당 태종은 군사들에게 낙양에 집결하라 명했고,
10월에 형부상서 장량을 평양도(平壤道)행군대총관에,
이적을 요동도(遼東道)행군대총관에,
강하왕 이도종[11]을 부대총관에 임명했다.
앞에 가는 이적과 장량의 부대가 요동에서 만나 합치도록 했고,
당 태종은 친위군을 직접 거느리고 뒤따르기로 했다.

당 태종이 요동 정벌에 친정한 표면적인 이유는
연개소문이 정변을 일으켜 당나라에게 우호적이던 영류왕을 죽이고
정권을 잡았음에도 사신을 보내 고개를 숙이지도 않았을 뿐만 아니라,
자신이 연개소문에게 신라를 더 이상 침략하지 말라는 명을 내렸음에도
이를 묵살했기 때문이라고 기록되어 있다.

(2) 요수와 요택 통과

---

11) 이도종(李道宗, 600~653년) 고조 이연의 사촌인 이소(李韶)의 아들로
    당 태종과는 6촌간.

644년 10월 14일 당 태종은 낙양을 향해 출발해 가는 도중에 29일에 면지(澠池)12) 에서 사냥하고 11월 2일 낙양에 도착했다. 앞서 출발했던 장수 장검으로부터 요수(遼水)의 물이 불어나 건널 수 없다는 보고를 받은 당 태종은 그를 낙양으로 호출했다. 도착한 장검이 지형에 대해 상세히 설명하니, 당 태종이 매우 흡족해 했다고 기록되어 있다.

그런데 여기서의 요수는 현재의 요녕성 요하가 아님을 알 수 있다. 만일 그랬다면 장검이 낙양으로 돌아오는데 수 개월은 족히 걸렸을 것이다. 당 태종의 호출에 장검이 바로 돌아온 것을 보면 요수는 낙양에서 그다지 멀지 않은 곳에 있는 강임을 알 수 있다. 또한 11월 겨울에 범람할 수 있는 강이 낙양 근처에서 황하 외에 다른 강이 있을까? 요수는 낙양 북쪽을 흐르는 황하 또는 지류로 판단된다.

<요수가 요녕성 요하가 아닌 이유>

수 양제는 탁군(涿郡)에 300만 대군을 모아놓고 612년 1월 3일부터 제1군을 출발시켜 다 끝날 때까지 40일이 걸렸고, 이후 3월 14일에 수양제가 군사들이 있는 요수에 도착했다는《자치통감》의 기록이 있고,《삼국사기》에는 2월 도착으로 기록되어 있다. 탁군에서 약 1주일~1달 만에 요수에 도착 했다는 말인데 요수가 현 요녕성 요하였다면 도저히 성립될 수 없다.

644년 11월 24일, 당 태종은 평양도행군대총관 장량에게 43,000명의 병사와 전함 500척을 거느리고 래주(萊州)13) 로부터 해(海)를 건너 평양으로 진군하라고

---

12) 하남성 낙양 서북쪽 삼문협시에 있는 호수로《한서 지리지》弘農郡(홍농군)에 속하는 현 "宜阳(의양) , 在黽池有铁官也。黽池(면지) , 高帝八年复黽池中乡民。景帝中二年初城 , 徙万家为县"

명했고, 또한 요동도행군대총관 이적에게 6만의 보·기병을 거느리고 요동으로 향하게 하여 나중에 양쪽이 합세해 함께 나아가라 하면서, 당 태종은 "고구리 연개소문이 자기 주군을 시해하고 백성들을 학대하니 어찌 참을 수 있겠는가? 지금부터 유주14)와 계주(薊州)를 돌아 요동과 갈석(碣石)15)에서 죄를 물을 것이다."라는 조서를 내렸다.

그러면서 반드시 이길 수 있는 이치가 아래와 같이 다섯 가지 있다고 하면서 "사정이 이러할진대 어찌 이기지 못 하겠는가? 백성들에게 알리노니 의심하거나 두려워하지 말라!"고 말하고는 길을 나누어 고구리를 공격하라 했다. 그런데 이는 명령만 내린 것이지 그때 실제 병력이 출동한 건 아니다.
① 큰 나라가 작은 나라를 치는 것이요,
② 순리로 반역을 토벌하는 것이요,
③ 정돈된 나라로 어지러운 틈을 이용하는 것이요,
④ 편안한 군사로 피로한 군사를 대적하는 것이요,
⑤ 기쁨으로 충만한 군사로 원한에 쌓인 군사와 맞서는 것이다.

고대의 갈석산 위치는 조조가 지은 시 '관창해'16)의 설명에서 찾을 수 있다.

---

13) 현재 중국에서는 래주를 산동성 연태로 비정하고 있으나, 원래 래(萊) 땅은 강태공의 고향인 북부 하남성 위휘(衛輝)현 부근이다. 개국의 일등공신으로 주 무왕으로부터 제(齊) 땅의 제후에 봉해진 강태공이 봉지인 영구(營丘)에 도착할 무렵 래이(萊夷)의 군사들에게 공격을 받는데, <사기>에 '래이는 영구 주변에 사는 만족(灣族)'이라는 기록이 있다.
14) <한서 지리지>에 유주(幽州)에 속한 군은 "발해군(渤海郡), 상곡군(上谷郡), 어양군(漁陽郡), 요서군(遼西郡), 요동군(遼東郡), 현토군(玄菟郡), 낙랑군(樂郡), 탁군(涿郡), 대군(代郡), 우북평군(右北平郡)"과 계(薊)현이 수현인 광양국(廣陽國)도 잠시 유주자사부에 있었다.
15) <한서 지리지>에 "道汧及岐, 至于荊山, 逾于河; 壺口(호구)、雷首(뢰수), 至于大岳; 底柱(지주)、析城(석성), 至于王屋(왕옥); 太行(태행)、恒山(항산) **至于碣石, 入于海。**"라는 문구에 갈석산의 위치가 언급되어 있는데, <대청광여도>에 뢰수, 지주, 석성, 태행 등이 산서성 남부에 그려져 있다.
16) <중국백과사전>에 "관창해라는 제목은 후세 사람이 붙인 것이고, 원래는 '보출하문행'의 제1장으로 혹은 '롱서(隴西)행'이라고도 하며 한락부 중 '상여가·금주곡'에 속한다. 하문은 원래 낙양 북면 서쪽 머리의 성문이며, 한나라 때는 하문으로 칭했으며 위·진 시대에는 대하문이라 칭했다. 조조는 이 작품을 '송서·락지'의 '대곡'에 넣어 제목을 '갈석보출하문행(碣石步出夏門行)'이라 지었다. 이 시는 건안 12년(207) 북쪽 오환(烏桓)을 정벌하고 승리를 얻어 돌아오는 도중에

355

원래 제목이었던 '갈석보출하문행(碣石步出夏門行)'에서 알 수 있듯이 조조가 낙양 북쪽 성문을 나와 갈석산까지 걸어가서 시를 지을 정도로 가까운 산이어야 한다. 그런 갈석산이 낙양에서 수천 리 떨어진 하북성 진황도시 창려현이나 황해도 수안에 있다는 것은 중국과 일제 식민사학의 지명 이동을 통한 역사왜곡인 것이다.

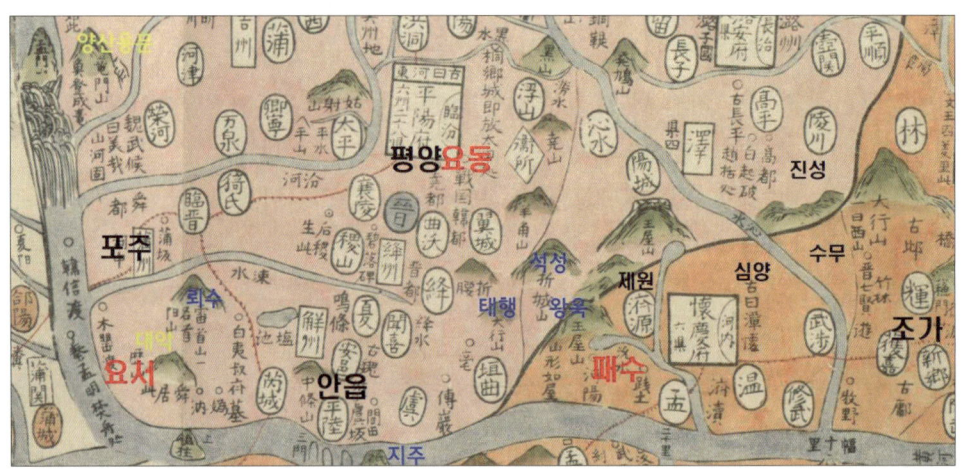

〈청색은 한서 지리지의 갈석 설명 지명, 흑색은 요동의 지명들〉

645년 2월 말에 전투준비를 마친 이(세)적의 군대가 유주에 도착하자, 3월 9일 드디어 당 태종이 전 군에 총공격 명령을 내렸다.
"요동은 본시 중국의 땅[17]이었다. 수나라가 네 번이나 군사를 출동시켰으나 이를 회복하지 못했다. 내가 지금 요동을 정벌하려는 이유는 중국을 위해 전사한 자제들의 원수[18]를 갚으려는 것이며, 고구리를 위해서는 영류왕의 치욕을 갚으려는 것뿐이다. 또한 사방 대부분이 평정되었는데도 오직 고구리만 정벌 되지 않았으니, 내가 늙기 전에 이를 빼앗고자 한다."

정주(定州)를 떠나면서 직접 활과 화살을 차고, 안장 뒤에 비옷을 직접 매달았다.

지었다."
17) 고대 중국의 도읍인 산서 남부에 있던 요임금의 평양(平陽)과 순임금의 포판(蒲板), 하나라의 안읍(安邑) 등이 모두 최전성기인 호태왕의 영락대통일 이후 고구리 영토였기 때문.
18) 고구리에게 몰살당한 수 문제의 30만 대군과 살수에서 전멸한 수 양제의 선발대 30만 장졸들의 원혼을 달래겠다는 야심.

여기서의 정주는 598년 수나라 양견의 30만 대군이 정주를 출발해 요택에도 미처 이르지 못했음에도 물난리로 식량은 떨어지고 전염병마저 크게 돌아 80~90%가 죽었다는 당시 정주는 낙양과 요택 사이에 있는 지명임을 알 수 있다.

이세적의 군사는 유성(柳城)을 떠나면서 마치 회원(懷遠)진으로 향하는 것처럼 위장했으며, 게다가 비밀리에 북쪽 샛길로 우회해 고구리가 전혀 예상치 못했던 곳으로 진군했다. 4월에 이세적이 통정(通定)에서 요수를 건너 현토(玄菟)에 이르자 고구리의 성들은 모두 성문을 닫고 수비 태세로 들어갔다.
이도종은 수천의 병사를 거느리고 신성(新城)에 이르렀다.

영주도독 장검이 흉노 병사들을 선봉으로 삼아 요수를 건너 건안성(建安城)을 공격해 고구리 병사 수천 명을 죽였고, 이세적과 이도종은 개모성을 공격해 고구리 군사 2만 명을 사로잡고 10만 섬의 양곡을 탈취하는 전과를 올렸다.
한편 평양도행군대총관 장량은 수군을 거느리고 동래로부터 해(海)를 지나 사면이 절벽인 비사성(卑沙城)을 습격해 함락시키면서 고구리 백성 8천 명의 남녀가 죽었다.

이세적이 요동성까지 진격했을 때,
당 태종이 요택에 이르렀는데 진흙이 2백여 리나 펼쳐져 있어 사람과 말이 통과할 수 없는 상태였다. 염입덕(閻立德)에게 명령해 흙 마대로 늪을 메꿔 다리를 만들게하니 행군을 멈추지 않고 늪지대 동쪽으로 통과 할 수 있었다.
이후 당 태종은 흙다리를 철거했는데 이는 배수의 진을 칠 비장한 각오로 결사항전을 독려하기 위함이었는데, 나중에 스스로를 자승자박한 작전 실패였다. 실제로 안시성에서 도망친 당 태종이 요택을 지나가려 했으나

〈하남성 황하습지(요택)의 모습〉

고구리로 들어갈 때 흙다리를 철거했기 때문에 돌아갈 길이 없었다.
그래서 돌아올 때 항복할 수밖에 없었던 것이다.

요택은 중국에서 고구리로 들어가려면 반드시 지나야 하는 늪지대였다. 그럼에도
당시 연개소문은 이상하게도 천혜의 요새나 다름없는 요택과 요수를 방어하는 병력
을 배치하지 않았다. 200리 진흙 수렁을 아무런 저항 없이 통과한 당 태종은
"누가 개소문더러 병법을 안다고 했느냐? 병법을 아는 자라면 어찌
이 요택을 지키지 않는단 말이야?"라며 연개소문의 무지함을 비웃었다.

그런 말을 하게 된 연유는 해상잡록(海上雜錄)에
"당 태종은 출병하기 전에 당시 당나라 제일의 명장인 이정(李靖)을 행군대총관으로
삼으려 했으나 이정이 사양하며 "임금의 은혜도 무겁거니와 스승의 은혜도 돌아보
지 않을 수 없습니다.
제가 태원에 있을때 개소문에게 병법을 배운 후 폐하를 도와 천하를 평정했습니다.
모든 것이 다 그의 병법에 힘입은 바 큰데,
제가 지금 와서 어찌 감히 전에 스승으로 모시던 개소문을 칠 수 있겠습니까?"라고
말했다.

그러자 당 태종이 다시 "개소문의 병법이 과연 누구와 견줄 만하오?"라고 물으니,
이정은 "옛날 사람은 모르겠고 현재 폐하의 장수들 중에는 그의 적수가 없고,
비록 폐하의 위엄으로도 이기시기 어려울 걸로 생각됩니다." 라고 대답했다.
당 태종이 "중국의 넓은 땅과 많은 백성과 강한 병력으로
어찌 한낱 개소문 따위를 무서워한단 말이오?"라고 못마땅해하자,
이정은 "개소문은 비록 한사람이지만 그의 재주와 지혜는 만 사람에 뛰어납니다.
그러니 어찌 두렵지 않겠습니까?"라고 말했다는 일화가 있다.
(※ 요택의 위치에 대한 상세한 설명은 제4편 4장 참조)

(3) 요동성을 함락시킨 당 태종

5월 10일 요수를 건넌 지 1주일 만에 당 태종은 고구리의 관문으로 철옹성인
요동성을 함락시켰다. 그럴 수 있었던 가장 큰 원인은 돌로 쌓은 고구리 성의

견고한 성벽을 뚫기 위해 큰 돌을 300보 이상 날려 보낼 수 있게 특수 개발된 신무기인 포차(砲車)라는 거대한 투석기가 있었고, 또 다른 이유는 마침 남풍이 강하게 불어왔는데 이를 적절히 이용한 화공법이 큰 효과를 보았기 때문이다.
당나라 장수 이세적이 포차를 일렬로 세워놓고 큰 돌을 날려 보내니 돌이 맞는 곳마다 요동성의 성벽이 허물어졌다. 고구리군은 나무를 쌓아 누대를 만들고 그물을 쳤으나 날아오는 큰 돌에 그야말로 속수무책이었다. 마침 남풍이 세차게 불자 당 태종은 민첩한 병사들에게 충차의 꼭대기에 올라가 성의 서남쪽 성루를 불사르라 명했다. 불이 성안으로 타들어가자 당 태종은 장병들에게 성에 오르라 명했다.
고구리 군사들은 사력을 다해 싸웠으나 패하고 말았다.

〈요동성을 함락시킨 신무기 포차(투석기)와 충차〉

1만여 명의 사망자가 발생했고, 1만여 명의 군사와 4만 명의 남녀 주민이 생포되고, 50만 섬의 양곡을 빼앗겼다. 당 태종은 봉화를 올려 태자에게 승전보를 알렸다.
역시 당 태종은 수 양제에 비해 뛰어난 인물이었음이 확실하다.
요동성은 그동안 중국과의 숱한 전투에서 단 한 번도 함락된 적이 없는 그야말로 철옹성이었다. 수 양제가 백만 대군으로도 함락시키지 못했던 요동성을 당 태종은 정예병 10만으로 함락시켰으니까 말이다.

1) 고구리의 요동성은 어디인가?
5월 5일 요택을 지나고, 10일 요수를 건넌 당 태종이, 17일 요동성을 함락시킨 것으로 보아 요택과 요동성은 그다지 멀지 않다는 것을 알수 있다. 따라서 요동성은 심수 하류에서 약 일주일간 행군 거리에 있는 성이다.
그런 요동성이 요녕성 요하의 동쪽인 만주에 있다는 것은 그야말로 어불성설이 아닐 수 없다. 요동성의 위치에 대해 설명한 기록은 다음과 같다.

《삼국사기》에 "대조대왕 3년(55년) 요서에 10성을 쌓아 한나라의 침입에 대비했다."라는 기록이 있으나 구체적인 지명이 생략되어 있고,《태백일사》에 "《조대기》에서 말하기를 태조 융무 3년 요서에 10성을 쌓고 이로써 한의 10성에 대비케 했다. 안시(安市)는 개평 동북 70리, 건안(建安)은 안시의 남쪽 70리, 석성(石城)은 건안의 서쪽 30리, 풍성(豊城)은 안시의 서북 100리, 한성(韓城)은 풍성의 남쪽 200리, 옥전보(玉田堡)는 한성의 서남쪽 60리, 건흥(建興)은 난하의 서쪽, 요동(遼東)은 창려(昌黎)의 남쪽, 요택(遼澤)은 황하 북안 왼쪽, 택성(澤城)은 요택의 서남쪽 50리."라는 기록이 있어 요동성은 고대 창려로 지금의 원곡(垣曲)현일 가능성이 크다.

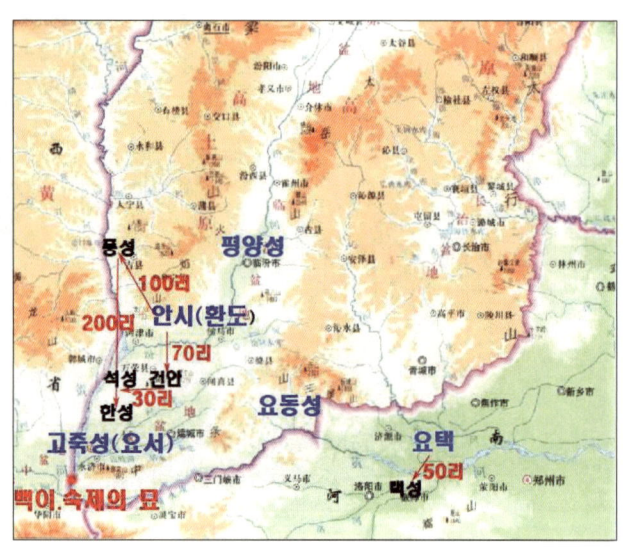
〈태백일사의 요서 10성의 위치도〉

2) 고구리 백암성주의 항복
당 태종이 백암성으로 움직인다는 정보를 입수한 연개소문은 오골(烏骨)성의 1만여 병력으로 백암성을 지원했으나 쉽게 격파당했다.
6월 1일, 이세적이 백암성 서남쪽에 도착하니 요동성 함락 소식을 들은 성주 손대음(孫代音)이 항복하려다가 지세의 험준함과 오골성의 지원병을 믿고는 생각을 바꾸게 된다. 얼마 후 백암성 서북쪽에 도착한 당 태종이 백암성주의 변심에 화를 내며 "성을 빼앗으면 마땅히 빼앗은 사람과 물건을 모두 전사들에게 상으로 주리라."라고 하면서 큰 공격을 가하라고 명령했다.

그러자 백암성주는 비밀리에 사자를 보내 항복을 청하며 성 위에서 칼과 도끼를 던지는 것으로 신호를 삼겠다고 하면서 "저는 항복하기를 원하지만 성 안에 따르지 않는 자가 있습니다."라고 말하자, 당 태종은 당나라 깃발을 주며 "틀림없이 항복하겠다면 이 깃발을 성 위에 세우라."라고 명했다.

백암성주 손대음이 당나라 깃발을 세우자 성 안에 있던 남녀 1만여 명은 당나라 병사가 이미 성에 들어왔다고 판단하고는 모두 손대음을 따라 물가에 장막을 치고 항복했다.

백암성주의 항복에 대해《태백일사》는 "성주 손대음은 속여서 사신을 보내 항복을 청했는데, 실은 틈을 엿보아 반격하고자 했다."라고 기록했으나 추가자료가 없어 가짜 항복 여부는 알 도리가 없다.

그런데 당나라 군대가 요택과 요수를 지날 때도 아무런 수비가 없었고, 관문이며 철옹성인 요동성이 함락당하고 이어 백암성주까지 항복해 큰 성들이 차례로 당나라에게 넘어가고 있음에도 아직도 고구리의 총사령관인 연개소문은 아무런 작전명령을 발동하지 않고 있다. 그가 병법에 능한 뛰어난 인물이라는 당나라 이정 장군의 평가는 과연 옳은 것인가?

(4) 춘추필법으로 기록된 주필산 전투

먼저 주필산은 고유명사가 아니다. 당 태종이 안시성 전투를 지휘하기 위해 마수산 앞에 있는 산에 올라가 주필(駐蹕)했기에 그 산을 주필산이라 불렀다고 한다. 따라서 주필산은 여러 군데가 될 수도 있었다.

645년 6월 2일 백암성까지 접수한 당 태종은 파죽지세로 6월 20일 안시성까지 진군했다. 당 태종은 이세적 장군에게 "내가 들으니 안시성은 성이 험하고 병사가 강할 뿐만 아니라, 그 성주의 재주와 용맹 역시 막리지의 난에도 성을 지키고 항복하지 않았을 정도이다. 당시 막리지가 그를 공격했다가 굴복시킬 수 없기에 안시성을 그에게 주었다고 한다.

그러나 건안성은 병력이 약한데다가 군량미도 적은 관계로 기습하면 반드시 승리할 수 있으니 그대는 먼저 건안성을 공격하라. 성이 함락되면 안시성은 이미 우리 수중에 들어와 있는 것과 마찬가지이다."라고 지시했다.

그러자 이세적이 "건안성은 남쪽에 있고 안시성은 북쪽에 있는데, 우리의 군량은 전부 요동에 있습니다. 안시성을 지나 건안성을 공격하다가 만약 고구리에서 우리의 군량 수송로를 차단하면 어찌하시려고 그러십니까? 해서 먼저 안시성을 공격하는 것이 좋을 듯합니다. 안시성이 함락되면 당당하게 북을 울리며 행군해 건안성을 쉽게 빼앗을 수 있습니다."라고 대답하자 당 태종이 그대로 따랐다고 한다.

사태를 관망하던 연개소문은 북부 욕살 고연수와 남부 욕살 고혜진에게 고구리와 말갈의 15만 군사를 거느리고 안시성을 구원하도록 했다. 지원군이 왔다는 소식에 당 태종이 신하들에게 말하기를, "지금 고연수에게는 세 가지 전략이 있다.

첫째, 안시성과 연결되는 보루를 쌓고, 높은 산의 험한 지세에 의지해 성 안에 있는 식량을 먹어가며 말갈 병사들을 풀어 우리의 가축을 약탈하는것이다. 이렇게 되면 우리가 공격한다 해도 빨리 함락시킬 수 없고, 되돌아가려 해도 늪지에 가로막히게 될 것이다. 그러므로 우리의 군사들은 가만히 앉아 곤란한 지경에 빠지게 되니, 이것이 상책이다.

둘째, 성 안의 무리를 이끌고 숨어버리는 것이 중책이다.

셋째, 자신의 지혜와 재능을 모르고 우리와 대적하는 것이 바로 하책이다.
그대들은 두고 보라. 그는 반드시 하책을 가지고 나올 것이니, 그들을 사로잡는 작전이 내 눈앞에서 벌어질 것이다."라며 만약 고구리가 지구전을 편다면 당나라 군대가 무척 괴로울 것이라는 스스로의 치명적인 약점에 대해 언급했다.

한편 고구리 진영에서는 나이 많고 경험이 풍부한 대로 벼슬의 고정의가 고연수에게 "당 태종은 안으로는 여러 영웅들을 쳐서 없애고, 밖으로는 융적들을 굴복시켜 혼자 힘으로 황제가 되었으니, 이는 세상을 다스리라는 천명을 받은 인재이다. 그런 그가 사방의 군사를 이끌고 왔으므로 대적할 수 없다.

유일한 계책은 병사를 정돈해 싸우지 않고 지구전을 펴다가, 기습병을 보내 그들의 군량 수송로를 차단하는 것이다. 저들은 군량이 떨어지면 싸우려고 해도 싸울 수 없고, 돌아가려고 해도 돌아갈 길이 없게 될 것이다.
이렇게 해야 우리가 이길 수 있다."라고 충고했다.

그러나 고연수는 지구전으로 군량 수송로 차단 작전으로 나가라는 고정의의 충고를 무시하고, 군대를 거느리고 안시성 40리 밖까지 나아갔다.
당 태종은 대장군 아사나사이에게 돌궐의 기병 1천 명을 이끌고 고연수를 유인하라고 명령했다.

첫 교전에서 당나라 군사들이 거짓으로 패주하는 척하자 고연수는 기세를 타고 안시성 동남방 8리 지점에 이르러 산을 의지해 진을 쳤다. 당 태종은 장손무기 등과 함께 수백 명의 기병을 이끌고 고지에 올라 산천의 형세 중 군사를 숨길 수 있는 곳과 병력의 출입이 가능한 곳을 정찰했다. 그러다가 고구리·말갈 연합군의 40리에 달하는 진영을 보고는 두려워하는 기색이 역력했다.

이때 이도종이 "고구리가 전력으로 여기를 방어하고 있으니 틀림없이 평양성의 수비가 허약할 겁니다. 제게 5천 정예병을 주시면 달려가 저들의 본거지를 뒤집어버리겠습니다. 그리하면 싸우지 않고도 수십만 군사를 항복시 킬 수 있습니다."라고 건의했다.
이에 장손문기는 "천자의 친정은 제장의 출정과는 달라 요행을 바라는 작전은 불가하다. 지금 건안성과 신성에 있는 적도 수십만이요, 고연수가 이끄는 말갈병도 역시 수십만이다. 국내성 병력도 오골성을 돌아 낙랑의 여러 길을 차단할 것 같다.
그렇게 된다면 우리는 완전히 포위당하는 격이 된다.
그러니 안시성을 먼저 공격한 다음 건안성을 취하고 그런 연후에 평양성으로 진격해야 안전할 것이다."라고 대답했다.

1) 춘추필법으로 기록된 고연수
당 태종은 고연수에게 사신을 보내 거짓으로 "나는 귀국의 힘 센 신하가
왕을 시해한 죄를 물으러 온 것이니, 우리가 서로 싸우게 된 것은 내 본심이 아니다.
귀국의 경내에 들어와 몇 개의 성을 빼앗기는 했으나, 귀국이 신하된 예절을

지킨다면 잃었던 성을 돌려주겠노라."라고 말하니 고연수는 이 말을 믿고 더는 방비책을 마련하지 않았다고 하는데 과연 그랬을까?

당 태종은 이세적에게 15,000명의 보, 기병을 주어 서쪽 고개에 진을 치게 하고, 처남인 장손무기에게는 11,000명의 정예군을 기습병으로 삼아 산의 북쪽에서 협곡으로 나와 배후를 공격하게 했다. 또한 직접 4,000명의 보, 기병을 이끌고 북과 나팔을 옆에 끼고 깃발을 눕혀서 산으로 올랐고, 모든 부대에게 북과 나팔 소리가 나면 일제히 맹공을 가하라고 명령했다.

또한 항복 받을 군막을 조당(朝堂) 옆에 설치하라고 명령했다는 이상한 기록이 있다. 상대와 싸우기도 전에 상대가 항복할 것을 미리 알고 항복 의식을 치를 장소를 미리 설치하라고 명했다는 기록은 그야말로 어불성설이다.
전투에서 당나라가 패할 수도 있고, 설사 이겼다 하더라도 상대 장수가 전사할 수도 있고 퇴각할 수도 있는데도 말이다.

밤에 유성이 고구리 진영으로 떨어졌다. 6월 22일 아침 고연수는 이세적이 포진한 것만 보고는 병사를 동원해 공격했다. 당 태종은 장손무기의 군사들이 일으킨 먼지를 보고는 북을 치고 나팔을 불며 깃발을 들게 하니 따르는 당나라의 모든 군사들이 함성을 지르며 진격했다. 고연수는 두려워하며 군사를 나누어 방어하려 했으나, 이미 고구리 진영은 대혼란에 빠져버렸다.

그때 마침 천둥과 번개가 쳤는데, 설인귀(薛仁貴)가 기이한 복장을 하고 큰소리를 지르며 고함을 지르며 고구리 진영으로 깊숙이 들어오니 대적하던 고구리 군사들이 쓰러졌다. 이 틈을 틈타 당나라 대군이 총공격을 감행하자 고구리 군대는 큰 혼란에 빠져 2만 명의 군사들이 전사했다. 당 태종은 멀리서 설인귀를 바라보더니 유격장군으로 임명했다.

고연수 등이 남은 군사들을 거느리고 산에 의지해 자체 수비를 견고하게 하자, 당 태종은 모든 부대에게 명령해 고구리 군사들을 포위하게 하고 장손무기에게는 돌아갈 길을 차단하게 했다. 이튿날 고연수 등은 군사 36,800명을 이끌고 항복을 청하면서 목숨을 살려달라고 애원했다.

당 태종은 욕살 이하 지휘관 3,500명을 선발해 당나라로 옮기고 나머지는 석방해 평양성으로 돌아가게 하니 모두 두 손을 들고 절하며 환호하니 그 소리가 10리 밖까지 들렸고, 말갈인 3,300명은 전부 생매장했으며 말 5만필, 소 5만 두, 명광개(明光鎧) 1만 벌 등을 노획했다. 7월 5일, 당 태종은 군영을 안시성의 동쪽 고개로 옮겼고, 22일 고연수과 고혜진에게 벼슬을 하사했다고 한다.

요동성에서 50만 석의 양곡을 노획하고 주필산 전투에서 10만 마리나 되는 가축을 노획했다는 당나라가 불과 3개월 후 먹을 양식이 떨어져 회군할 수밖에 없었다는 기록을 과연 믿을 수 있는지?
게다가 고연수를 따라 항복한 36,800명 중 3만 명을 평양성으로 되돌아가게 했다는 기록 역시 서로 죽고 죽이는 전쟁터에서 일어날 수 없는 어불성설의 기록일 것이다.

2) 고연수에 대한 태백일사의 기록

《태백일사》에는
"북부 욕살 고연수와 남부 욕살 고혜진은 고구리와 말갈의 15만 병사를 이끌고 전진해 안시와 연결되는 험준한 산에 진지를 쌓고 병력을 종횡으로 풀어 적의 군마를 약탈하니, 당나라 군사들은 감히 접근도 못하고 돌아가려고 해도 요택이 가로막고 있으니 앉아서 패하는 길밖에 없었다.

안시성 40리 밖으로 나간 고연수는 고정의의 계략대로 적이 오면 막고 적이 도망가면 추격을 멈추고 또 날랜 병사들로 하여금 보급로를 끊고 식량을 불태우거나 빼앗자 이세민은 백약이 무효였고 고구리군을 유혹하는 뇌물책도 썼으나 겉으로는 따르는 체하고 속으로는 거슬렀다. 게다가 수시로 습격을 감행해 당나라 군대를 마구 무너뜨리니 사상자는 쌓여만 갔다.

어느 날 고연수 등이 야간에 기습작전을 감행해 번개같이 치니 이세민이 거의 포위될 지경에 이르렀다. 두려운 빛이 얼굴에 역력했던 이세민은 고연수에게 사자를 보내 재물과 보화로 달래며 '나는 귀국의 힘 센 신하(연개소문)가 임금을 시해했다기에 그 죄를 물으러 온 것뿐이다. 귀국에 들어와 말 먹이와 식량을 공급받을 수 없어 몇 곳에서 노략질을 했을 뿐이니, 귀국이 예를 갖추어 수교를 기다린다면 반드시 돌아 가겠노라.' 라고 통사정했다.

고연수는 '좋다. 당나라 군사가 30리 물러난다면 내가 장차 우리 황제를 알현하겠
노라. 그러나 막리지는 아국의 기둥이고 군법을 스스로 가지고 있으니 여러 말이 필
요 없다.
너희 임금 이세민은 아비를 폐하고 형을 죽이고, 음란하게도 제수를 취했으니
죄를 물을 만하다. 그대로 전하거라.' 라고 말하고는 사방으로 감시관을 보내 더욱
방비에 힘썼다.
산을 의지해 진지를 굳히고 적의 허점을 틈타 기습하니 이세민이 온갖 꾀를 다 내봐
도 아무 소용이 없었다. 요동 출병의 불리함을 통탄할 뿐 후회해도 어쩔 도리가 없
었다. 유공권(柳公權)의 소설에 '육군(六軍)은 고구리의 조롱거리가 되었고, 거의
떨쳐 일어날 기미조차도 보이질 않았다. 척후병이 영공의 군기는 흑색기(고구리
기)로 에워싸였다고 보고하니 세민은 크게 놀랐다. 종내 저 혼자 탈출 했다해도 위
험은 이와 같았다.' 라고 했으니 《신·구 당서》와 《자치통감》에서 이를 적지 않음은
나라를 위해 치욕스러운 일을 숨기려는 처사가 아니겠는가?"고 기록되어 있다.

위와 같은 《삼국사기》와 《태백일사》의 상반된 두 기록 중
《태백일사》 기록이 더 신빙성이 있을 것이다. 만약 15만이나 되는 고구리 군대가 주
필산 전투에서 당나라 군대의 일격에 괴멸되어 두 장수가 항복했다면 아마도 이미
고.당 전쟁은 당 태종 이세민의 승리로 끝났을 것이다. 불과 두 달 뒤 이세민이
안시성에서 도망친 것을 보면 중국 사서의 기록은 그야말로 자국의 수치를 숨기기
위한 춘추필법으로 완전 허구였다고 하겠다.

(5) 안시성 앞 토산 공방전

만일 《삼국사기》의 기록처럼 당 태종이 주필산에서 일격에 고구리의 15만 대군을 박
살 냈었다면 아마도 이어지는 안시성 전투에서도 엄청난 승리를 거두었을 것이다.
반면에 《태백일사》 기록대로라면 이미 주필산에서 기선을 제압당해 궁지에 몰린
당 태종이 마지막으로 발악하는 전투가 벌어졌을 것이다. 결과는 어찌 되었을까?

1) 안시성에 대한 《삼국사기》의 기록

당나라 군대는 드디어 안시성 앞으로 진군해 이세적이 안시성을 공격했다. 당 태종의 깃발을 본 안시성 사람들이 성에 올라 북을 두드리고 함성을 지르며 조롱하자 당 태종이 진노했다. 그러자 장수 이세적이 성 함락 즉시 안시성 남자들을 모두 구덩이에 묻어 버리겠다고 협박하니 안시성 사람들이 더욱 굳게 수비에 전념하니 이세적이 오랫동안 공격했으나 함락시킬 수가 없었다.

그러자 항복한 고연수 등이 당 태종에게 "저희들은 이미 대국에 몸을 맡겼으니 충성을 다하지 않을 수 없습니다. 천자께서는 어서 빨리 큰 공적을 이루시어 저희들이 처자식을 만날 수 있도록 해주시기를 바라옵니다. 안시성 사람들은 그의 가족들을 지키기 위해 싸우고 있기에 쉽게 함락시킬 수 없을 겁니다. 저희들은 15만의 병력을 가지고도 황제의 깃발을 보자마자 사기가 꺾여 바로 허물어졌으며, 백성들의 간담이 서늘해졌습니다.

오골성의 욕살은 늙어서 수비가 견고하지 못하니, 그곳으로 군사를 옮겨 공격한다면 아침에 도착해 저녁에 승리할 것이고, 그 나머지 길에서 맞닥뜨릴 작은 성들은 황제의 위풍만 봐도 반드시 허물어질 겁니다. 이후 그곳의 무기와 군량을 거두어 북을 치며 진군하면 고구리는 틀림없이 평양을 지켜내지 못할 겁니다."라고 아뢰었다.

그러자 여러 신하들이 나서면서 "장량의 병사들이 비사성에 있으니, 그를 부르면 이틀이면 올 수 있습니다. 고구리가 두려워하고 있는 틈을 타 힘을 합해 오골성을 빼앗고, 압록강을 건너 곧바로 평양을 빼앗는 것이 낫겠습니다."라고 건의하니 당 태종이 이에 따르려고 했다.

그러자 장손무기가 홀로 나서며 "천자의 친정은 제장들이 온 경우와는 달리 모험을 하며 요행을 바랄 수는 없습니다. 지금 건안성과 신성의 병력도 10만이나 되는데, 우리가 만약 오골성으로 간다면 적들이 반드시 우리를 추격할 것이니 먼저 안시성을 점령하고 건안성을 취한 후에 군사를 멀리까지 진군시키는 것이 만전을 기할 계책입니다."라고 아뢰니 당 태종은 이전 계획을 중지했다고 한다.
아직까지 당 태종의 최종목표는 고구리의 도성 평양성인 것으로 확인되었다.

모든 군사들이 서둘러 안시성을 공격했다.
당 태종은 안시성에서 들리는 닭과 돼지소리를 듣고는
장수 이세적에게 "성을 포위한 지 오래여서 성안에서 밥 짓는 연기가 나날이 줄어들고 있었는데, 지금 닭과 돼지 소리가 요란한 것으로 보아 틀림없이 군사들을 잘 먹인 후 야습하려는 것이다.
병사를 단속해 이에 대비하라."라고 명령했다.

당 태종의 예측대로 이날 밤 수백 명의 고구리 군사들이 성에서 줄을 타고 내려왔다. 19) 보고를 받은 당 태종이 직접 성 밑에 와서 병사들을 독려해 재빨리 공격하니 고구리 군사 수십 명이 죽고 나머지는 도주했다.
강하왕 이도종이 군사들을 독려해 안시성 동남쪽 귀퉁이에 토산을 쌓아 차츰 접근해 오자 고구리는 성을 더 높이 쌓아 이를 막아냈다. 군사들이 교대로 싸우는데 하루에도 6~7회 서로 교전이 벌어졌다. 당나라에서 충차와 투석기로 성루와 담을 파괴하면 성 안에서는 그때마다 목책을 세워 부서진 곳을 막았다.
이도종이 발을 다치자 황제가 직접 침을 놓아주었다.

당나라 군사들은 60일 동안 밤낮을 쉬지 않고 연인원 50만 명이 동원되어 토산을 완성시켰다. 토산의 꼭대기가 안시성보다 두어 길 높았기 때문에 성안으로 들어갈 수 있게 되었다.

이도종은 부복애에게 병사들을 거느리고 토산 꼭대기에 주둔하며 적의 공격에 대비하라고 지시했다. 그러던 중 토산이 허물어지며 안시성을 덮치는 바람에 성의 일부가 무너졌는데, 그 때 부복애는 개인적인 용무로 토산을 떠나 있었다.
고구리 군사 수백 명이 성의 허물어진 틈으로 나와 싸워서 토산을 탈취해 그곳에 참호를 파고 적의 역공에 대비했다.
대노한 황제가 부복애의 목을 잘라 효시하고 장수들에게 성을 공격하라 명령했으나 사흘이 지나도 이길 수 없었다.
이도종이 맨발로 황제의 깃발 아래로 가서 죄를 청하자 황제는
"너의 죄는 죽어 마땅하지만, 개모성과 요동성을 점령한 공로가 있어 특별히

---

19) 돌·벽돌·흙으로 쌓은 일반적인 성이 아니라, 천연절벽을 이용한 성문 없는 자연의 성.

용서한다."라고 말했다.

2) 태백일사에 기록된 안시성 전투
《태백일사》가 《삼국사기》와 가장 다른 점은 다음과 같다.
《삼국사기》에서는 항복한 고연수 등이 당 태종에게 함락 불가능한 안시성 대신에 다른 성을 공격하자고 건의한 반면,
《태백일사》에서는 고연수 등이 여전히 고구리에서 활약하고 있다는 것이다.

또한 《삼국사기》에는 비사성에 있던 장량과의 합동작전을 당 태종이 취소했다고 기록한 반면에, 《태백일사》는 "당 태종이 비사성에 있는 장량의 병력을 불렀으나 먼 길을 돌아오느라 시간을 놓쳐 이루어지지 못했다. 장량은 병력을 이동해 오골성을 습격하려다가 도리어 고구리 군사들에게 패했다. (중략) 이세적만이 홀로 '고구리가 나라를 기울여 안시를 구하므로 안시를 버리는 것만 같지 못하니 직접 평양을 치자.'고 말했다."라고 기록되어 있다.

특히 장손무기의 말 중에 "지금 건안성과 신성에 있는 적군도 수십만이며 고연수가 이끄는 말갈 역시 수십만이다. 만약 국내성 병력이 오골성을 돌아 낙랑의 모든 길을 차단한다면, 저들의 기세는 하늘을 찌를 것이며 우리는 곧 포위 당할 위험에 봉착하게 된다. 적을 얕잡아보면 후회막급이 될것이다."라는 문구가 있어 항복했다는 고연수 등이 여전히 고구리에서 활약하고 있음을 알 수 있다.
고연수가 항복했다는 춘추필법의 기록 역시 조작이었던 것이다.

(6) 안시성에서 철수하는 당 태종

연인원 50만 명을 동원해 주야로 60일간 쌓은 토산을 싱겁게 빼앗기자 《삼국사기》에 "황제는 요동 지방이 일찍 추워져 풀이 마르고 물이 얼기 때문에 군사와 말을 오래 머무르게 할 수 없으며, 또한 군량이 떨어지려고 하므로 안시성에서의 철수를 명했다."라는 이상한 기록이 느닷없이 이어진다.

그런데 당 태종이 철수 명령을 내린 9월 18일은 양력으로는 10월 말로
아직 본격적인 추위가 오기 전으로 물이 얼려면 시기상조이다.
얼마 전 이도종과 고연수가 평양성으로의 직접 진군을 건의했을 때만 해도, 장손무기는 천자의 안전한 친정을 위해서는 안시성과 건안성을 차례로 함락시킨 후 평양성으로 진군할 것이라는 계획을 세웠다. 그때는 전혀 추위 걱정을 안 하더니 왜 지금은 본격적인 겨울이 오기도 전에 추위 때문에 철수해야 한다는 걸까?

또 다른 이유가 군량 부족 때문이라고 했는데 그야말로 어불성설이 아닐 수 없다.
5월 중순에 요동성을 함락시키고는 50만 섬의 양곡을 얻었고,
6월 23일 고연수 등이 항복하면서 노획한 소 5만 두와 말 5만 필이 있었음에도 군량이 떨어져 철수했다는 기록은 뭔가 진실을 숨기려는 위장기록이었다.

게다가 철수 과정도 가관이다.
"황제는 철수에 앞서 먼저 요주와 개주의 주민을 선발해 요수를 건너가게 하고,
군사를 동원해 안시성 밑에서 시위하고 돌아갔다.
성 안에서는 모두 자취를 감추고 나오지 않았다. 성주가 절을 하며 작별을 고하자 황제는 그가 잘 싸워 성을 지켰음을 가상히 여겨 비단 1백 필을 내려주어
임금에 대한 충성을 격려했다."라는 지나가던 소가 웃을 기록이 있다.
이는 당 태종 철수의 진짜 이유를 가리기 위한 조작 문구일 것이다.

1) 당 태종의 안시성 퇴각 이유
여하튼 안시성에서 1~2차례 소규모 국지전을 벌이다가 두 달이나 걸려 쌓은 토산을
빼앗긴 당 태종이 갑자기 추위와 군량 때문에 안시성에서 철수했다는 중국기록은
마치 만취한 사람의 필름이 끊어지듯이 뭔가 중요한 상황이 생략된 것이었다.

설연타[20]가 공격해왔기 때문에 철수한 것이라고 하나 타이밍이 안 맞기에

---

20) 설연타(薛延陀)는 6~7세기에 걸쳐 존재했던 투르크계 철륵의 유력 부족 중 하나이다. 돌궐제국이 동진하여 철륵을 정복하고 철륵은 튀르크화 되었는데, 설연타는 철륵 부족 중에서도 가장 세력이 강한 부족이었다.

그것도 사실이 아니다. 또는 내란 때문이라고도 하는데, 연개소문과 정예병 3만이 남으로 장성을 넘어 상곡(上谷)을 습격하니 당시 어양(漁陽)에 머물 고 있던 당나라 태자가 놀란 나머지 급하게 잘못 올렸다는 '내란 발생' 봉화 때문이라고 하나 그것도 철수의 진정한 이유가 될 수 없다.

《태백일사》에는 당시의 상황이 다음과 같이 상세하게 기록되어 있다.
"막리지(연개소문)는 수백의 기병을 거느리고 순시하며 난파에 주둔하면서 전황을 보고받고는 사방에서의 총공격을 명령했다. 고연수 등이 말갈과 더불어 협공하고 양만춘이 성에 올라 전투를 독려하니 사기가 더욱 떨쳐 모두 일당백이었다. 이기지 못함을 분하게 여긴 이세민이 감히 싸우려고 진을 나서자 양만춘이 소리를 지르며 활을 쏘아 당 태종 이세민의 왼쪽 눈을 맞혔다. 말에서 굴러떨어진 이세민은 어쩔 줄 몰라하며 군사들 틈에 끼여 도망쳤다."
당 태종의 갑작스런 퇴각 이유는 추워지는 겨울 날씨와 군량 때문이 아니라, 바로 안시성주 양만춘이 쏜 화살이 당 태종의 왼쪽 눈을 맞혔기 때문이다.

당 태종은 귀국한 지 4년 만에 죽는데 사서에 따라
그의 병명은 종기·풍질·이질에다가 정신이상 증세까지 보였다고 기록되어 있다.
요동 정벌을 떠나기 전까지만 해도 잔병 없이 튼튼했던 당 태종이 돌아오자마자
온갖 병마에 시달리다가 4년도 채 지나지 않아 병사한 이유는
안시성에서 양만춘 장군의 독화살을 왼쪽 눈에 맞았기 때문일 것이다.

나라를 위해 수치를 숨긴다는 춘추필법의 사필원칙에 입각해 기록되었기에
중국 사서에서 찾을 수 없는 양만춘의 이 쾌거는 위《태백일사》의 기록
과 구전 전설로 전해지고 있다.
신채호 선생의 《조선상고사》에 의하면, 목은 이색의 정관음(貞觀吟)에는
"이는 주머니 속의 물건이라고 하더니, 화살에 눈이 떨어질 줄 누가 알았으랴."
라고 했고, 노가재·김창흡의 천산시(千山詩)에
"천추에 대담한 양만춘이 규염(虯髥)의 눈동자를 쏘아 떨어뜨렸네."
라고 읊었다고 기술되어 있다.

2) 요택에서 항복한 당 태종

9월 18일에 당 태종은 전 군에 총퇴각 명령을 내렸다. 이세적과 강하왕 이도종에게 4만 명의 보·기병을 주어 후위를 맡기고는 20일 요동성을 지나 21일 요수를 건너 요택에 이르렀으나 늪지대는 말과 수레가 건너지 못할 정도였다.
 장손무기에게 영을 내려 1만 명의 군사들에게 풀을 베어 메우게 하고 물이 깊은 곳은 수레로 징검다리를 삼아 건너도록 했다.

이어 겨울 10월 1일 포오거(浦吾渠)에 이르러 말을 세우고는 길을 메운 병사들을 독려해 발착수(渤錯水)를 건너게 하는데 폭풍을 동반한 폭설이 몰아치자 옷이 젖어서 죽는 병사가 많아 길가에 불을 피워 병사들을 기다렸다고 기록되어 있는데, 이는 요택을 통과하기 위해 부랴부랴 임시도로를 만드는 모습으로, 당 태종도 몸소 나무를 말안장에 묶어 일을 도왔을 정도로 다급했던 상황이었다.

비록 지연전을 펴면서 퇴각하는 4만 명의 후위 보, 기병들이 있다고는 하나 막리지의 총공격 명령에 의해 고구리의 모든 군대가 총출동해 당 태종의 후미를 바짝 추격하고 있는 상황에서 200리나 되는 진흙밭을 풀을 베어다가 메꾸고 수레로 징검다리를 만들어 후다닥 건너갔다는 기록은 그야말로 어불성설로 지나가는 소가 웃을 이야기가 아닐 수 없다.

메마른 음력 9월 말에 풀이 있어야 얼마나 있을 것이며 또 풀과 수레로 징검다리를 만든다는게 가능이나 했겠는가?
고구리 기병에게 바짝 추격당해 줄행랑을 치고 있는 당나라 군사들이 수레를 그토록 많이 끌고 갔다는건 삼척동자도 이해하기 어려울 것이다.

《태백일사》에는
발착수 이후 당 태종의 퇴각에 대해 "이때 막리지 연개소문은 승승장구하여 아주 바짝 추격했다. 추정국이 적봉(赤峯)에서부터 하간(河間)현에 이르고 양만춘은 곧바로 신성(新城)으로 나아가니 당나라 군사는 갑옷과 병기를 마구 버리면서 도망가 드디어 역수(易水)를 건넜다. 뒤를 바짝 쫓으니 당 태종은 궁지에 몰려 어찌할 바를 모르다가 마침내 사람을 보내 항복을 구걸했다.
이에 연개소문은 수만의 군사를 이끌고 성대하게 의용을 갖추어 진열한 뒤 선도하게 하여 장안성에 입성하여 약속하니 산서, 하북, 산동성과 강좌(양자강 북쪽)가 모두 고구리에 속하게 되었다."라고 기록되어 있다.

많은 사람들이 위 기록을 무척 통쾌하게 생각하면서도
"정말로 당 태종이 연개소문에게 항복했을까?"라는 의구심이 있다.
그런데 고구리로 들어오면서 요택 통과를 위해 만든 흙다리를 병사들의 전의를
다지기 위해 모두 없앴기에, 퇴각할 때 막다른 골목에 몰린 생쥐와 같았을
당 태종이 어찌 요택에서 항복하지 않을 수 있었겠는가!
이와 같이 여러 정황으로 미뤄보았을 때, 당 태종 이세민은 고구리의 대막리지
연개소문에게 항복하지 않으면 안 되는 상황이었음이 분명하다.

당 태종의 항복 기록은 중국 정사에는 보이지 않지만,
경극에는 그 내용이 녹아있다.
연개소문과 설인귀와 당 태종이 등장하는 경극에는 〈독목관(獨木關)〉,
〈분하만(汾河灣)〉, 〈살사문(殺四門)〉, 〈어니하(淤泥河)〉 등이 있다.
특히 〈분하만〉이라는 경극 제목에서 보듯이 당 태종이 철수하다가 빠졌다는
'어니하'라는 늪이 안시성 앞을 흐르는 현 분하였다는 것을 강하게 암시하고 있다.
이들 경극에 연개소문에게 쫓기다가 진흙 수렁에 빠져 절대절명의 위기에 처한
당 태종이 항복하려는 순간 설인귀가 나타나 구해주는 장면이 나오는데 얼마나
절박했는지는 다음 대사를 보면 알 수 있다.
이 대사는 중국인이 쓴 것이다. 한국인이 쓴 대본이 아니라는 것이다.
즉 상황이 축소되었으면 되었지 확대, 과장된 것이 아니라는 말이다.

〈경극 독목관〉 〈연개소문이 던진 칼 5자루를 활로 막아내는 설인귀〉

당 태종이 울부짖는 장면이 눈에 선하다. "조상님이여 나 이세민을 가엾게 봐주소서. 말을 아무리 때려도 진흙 구덩이에서 빠져나갈 수가 없으니 내가 황제인 것도 아무 소용이 없구나. 너무나 상심하여 두 눈에 눈물이 흐르니
누가 나를 구해준다면 당나라 땅의 절반을 주겠노라.
만약 나를 믿지 못한다면 내가 너의 신하가 되겠노라."

(7) 당 태종의 죽음

9월 18일 안시성에서 회군한 당 태종은
20일 요수를 건너 200리 요택을 풀을 베어다가 메워 10월 1일 발착수를 건넜으며,
11일 영주(營州)에 도착해
요동에서 사망한 사졸들을 위한 제사를 지냈으며,
21일이 되어서야 영접 나온 태자를 만나 새 옷으로 갈아입었다고 한다.
무더운 여름에 많은 땀을 흘렸으나 갈아입지 않았고, 가을이 되어 구멍이 뚫리고 헤져 좌우에서 갈아입도록 청했으나 "군사들의 옷이 대부분 헤졌는데 나 혼자 어찌 새 옷을 입을 수있단 말인가?"라고 말했는데
이에 , 이르러 태자가 새 옷을 올리니 마침내 갈아입었다고 기록되어 있다.

당 태종이 안시성에 도착한 때가 한창 여름의 절정기인 음력 6월 20일이다.
그런 무더위 속에서 3개월 동안 전투를 치르면서
옷도 제대로 갈아입지 못할 정도로 고전했다는 말인데 아마도 생사의 갈림길을 여러 번 오르내렸을 것이다.

1) 패배를 대승으로 기록한 중국 사서
더욱 가관인 것은 중국 사서에 당 태종은 요동 정벌에서 10개 성을 함락 시켰고,
3개 주에서 7만 명의 주민을 중국으로 이주시켰으며, 주필산 등 3차례 전투에서 고구리 군사 4만 명의 목을 베었는데, 이에 비해 당나라는 2천 명의 군사가 전사하고 전투마가 십에 칠팔이 죽은 대승이었고, 고연수는 항복한 이후로 늘 탄식하더니 근심으로 죽고 고혜진은 끝내 장안에 이르렀다고 춘추필법으로 기록되어 있다.

그런데 이상한 점은 만일 당 태종이 위와 같이 엄청난 대승을 거두었다면 왜 귀국하면서 요동 정벌에 성공하지 못했음을 깊이 뉘우치며 "위징이 만일 있었더라면 나로 하여금 이번 원정을 하지 못하게 했을 것이다."라고 탄식했고, 파발을 먼저 보내 위징에게 제사 지내고 전에 자신이 허물었던 위징의 비석을 다시 세우게 하고 위징의 처자를 행제소로 오도록 했다는 것은 당 태종의 대승 기록이 허위였음을 의미하는 것이다.

'당 태종 요동 정벌의 자초지종과 실패원인'이라는 논문에서는 마지막을
"전쟁에서 죽은 자가 십에 칠~팔이다 (战马死者十之七八)"라고 반대로 쓰고 있다.
중국의 최고 황제인 당 태종과 고구리가 벌인 안시성 전투는 이렇게
당 태종이 항복하는 고구리의 위대한 승리로 끝났던 것이다.

2) 당 태종의 최후

악전고투 끝에 당나라로 돌아온 당 태종은 안시성에서 눈에 맞은 화살 독 때문인지 아니면 연로한데다가 과로해서 그랬는지 자주 병이 깊어지는 상태에서도 연개소문에 대한 끓어오르는 적개심을 삭이지 못했다. 647년에 당 태종이 다시 고구리를 정벌하려고 하자 조정에서 반대해 전면전 대신에 지구전과 국지전을 택했다고 기록되어 있다.

신채호 선생은 이런 소규모 재침공 기록들에 대해
"《당서》에는
당 태종이 안시성에서 도망한 뒤로 거의 매년 매월 고구리를 침공한 것처럼 되어 있다. (중략) 이는 장군들에게 허위 보고를 올리게 함으로써 실상 없는 허세를 보여주고자 했던 것이다. 당 태종이 '요동 정벌을 그만두라'라는 유조를 남긴 것은 아들 고종이 아비의 원수를 갚지 못할 경우에 갖게 될 부담을 미리 덜어주는 한편, 자신이 인민을 사랑하는 군주라는 명성을 얻기 위함이 었다. 그러나 당시 당 태종이 말한 요동정벌 자체가 없었는데 이제 와서 무엇을 그만둔단 말인가?
당 태종의 일생은 허구로 가득하니 역사가나 역사 독자들은 그에 관한 기록을 상세히 규명해보아야 할 것이다."라며 기록들을 전면 부정했다.

요동 정벌에서 돌아온 후 당 태종은 줄곧 병으로 앓다가 649년 5월에 51세의 젊은

나이에 죽는다. 당 태종이 죽으면서 태자에게 "고구리와 전쟁하지 마라. 아비의 실패를 되풀이하면 사직을 지키기 어렵다. 우리가 고구리를 치지 않은 한 고구리도 우리를 칠 힘은 없다."라는 유언을 남겼다고 하는데, 이는 사서에는 없는 문구로 《삼국사기》의 '당 태종이 죽고 유조가 내려와 요동 정벌이 중지되었다. (唐太宗崩 遺詔罷遼東之役' 이라는 문구가 역사드라마 등을 통해 잘못 와전된 것으로 보인다.

2. 안시성은 어디인가?

중국 역사상 가장 위대한 황제라는 당 태종이 참패했던 안시성이 어디였는지 참으로 궁금하지 않을 수 없다.
반도사관에 입각한 일제 식민사학계는 이러한 안시성을 요녕성 요하 부근으로 비정했으며,
이러한 식민사학계의 지리 비정이 잘못이라고 질타하고 있는 재야사학에서는 《환단고기》의 기록을 인용해 안시성을 현 하북성 난하 부근에 있는 당산시 개평 동북 70리로 비정하기도 했다.

이는 요수(遼水) 또는 패수(浿水)를 현 하북성 난하로 인식했기 때문인데 이것 역시 우리의 역사 강역을 중국에게 크게 내어주는 대단히 잘못된 지리비정이라 하겠다. 다들 중국 역사지도에 그려진 고대지명들이 역사왜곡을 위해 이동되었다는 사실을 까맣게 모르고 있다는 것이 큰 문제라고 하겠다.

중국의 지명이동을 통한 역사왜곡은 명나라 초기에 산서성 남부에 있던 갈석산과 요서군에 속한 노룡현을 지금의 하북성 진황도시 노룡현으로 이동시키면서부터 본격적으로 시작되었다고 할 수 있다.
당시 중화 사대주의에 물들었던 조선왕조는
명나라의 속국인지라 이러한 역사왜곡에 오히려 더 적극적으로 앞장섰다.

그러다가 조선총독부가 우리 역사를 말살할 때,
중국의 중화민국 정부는 많은 고대 지명을 이동시켜 가짜 만리장성의 안쪽은 예로부터 중국의 땅이라는 역사 왜곡을 굳히게 된다. 이러한 역사 왜곡이 지금까지 그대로 이어져 내려왔던 것이다. 그러한 사실을 연암 박지원이 쓴 '열하일기[21]'에서도 확인할 수 있다.

(1) 열하일기 속 안시성

연암 박지원은 북경으로 청나라 황제를 알현하러 가는 길에,
당시 안시성으로 알려진 단동 부근에 있던 봉황산성을 찾아가 보고는
안시성이 아니라고 기술했다.

《열하일기 1권 도강록 46쪽》
점심을 들고 내원과 정진사와 함께 구경을 나섰다. 봉황산은 여기서 약 6~7리밖에 되지 않는다. 그 전면을 보니 더욱 기이하고 뾰족해 보인다. 산 속에는 안시성(安市城)의 옛터가 있어서 성첩(城堞)이 지금껏 남아있다 하나 그건 그릇된 말이다. 삼면이 모두 깎아지른 듯하여 나는 새도 오를 수 없을 것 같고 오직 정남쪽의 한 면만이 좀 편평 하나 주위가 수백보에 지나지 않음을 보건데, 이런 탄알 만한 작은 성에 그때 대규모 군대가 오랫동안 주둔한 곳이 아닐 것이니 이는 아마 고구리때에 조그마한 보루가 있었던 것 같다.

《열하일기 1권 도강록 56~57쪽, 봉황성을 보고》
"당 태종이 천하의 군사를 징발하여 이 하찮은 탄알 만한 작은 성을 함락시키지 못하고 회군했다는 것은 그 사실이 의심되는 바 없지 않다. 김부식은 다만 옛글에 그의 성명이 전하지 않았음을 애석히 여겼을 뿐으로 그가 《삼국사기》를 지으면서 중국의 사서에서 골라 베껴내어 모든 사실을 그대로 인정하였고, 또 유공권의 소설을 인용하여 당 태종이 부상당한 사실을 입증까지 하였으나
《당서》와 《자치통감》에 기록되지 않았던 이유는 아마 그들이 중국의 수치를 피하기 위해 꺼린 것이 아닌가 한다.

그러나 우리나라에서 옛날부터 전해 내려오는 사실을 단 한마디도 감히 쓰지 못했으니 그러한 사실을 믿던 안 믿던 간에 다 생략하고 말았던 것이다.

---

21) 1780년(정조4) 연암 박지원(朴趾源)이 청나라 건륭제의 칠순연을 축하하기 위하여 청나라 황실의 피서지인 열하를 여행하고 돌아와서, 청조 치하의 북중국과 남만주 일대를 견문하고 그 곳 문인·명사들과의 교유 및 문물제도를 접한 결과를 소상하게 기록한 연행일기.

나는 당 태종이 안시성에서 눈을 잃었는지 아닌지는 상고할 길이 없으나 대체로 이 성을 안시라 함은 잘못이라고 본다.

《당서》에 보면 안시성은 평양에서 5백 리 거리요 봉황성 또한 왕검성(王儉城)이라 했으므로, 지지(地志)에는 봉황성을 평양이라고 한다 했으니 이는 무엇으로 그리 명명했는지 모르겠다. 또 지지(地志)에 옛날 안시성은 개평현(蓋平縣) 동북 7십 리에 있다 했으니, 대체 개평현에서 동으로 수암하(秀巖河)까지가 3백 리이고 수암하에서 다시 동으로 2백 리를 가야 봉황성이다. 만일 이 성을 옛 평양이라 한다면 《당서》에 이른바 5백 리란 말과 서로 부합되는 것이다.

〈당시 안시성으로 알려진 봉황산성〉

그런데 우리나라 선비들은 단지 지금 평양만 알기에 기자가 평양에 도읍했다고 하면 이를 믿고, 평양에 정전(井田)이 있다고 하면 이를 믿으며, 평양에 기자묘가 있다 해도 이를 믿어서 만일 봉황성이 곧 평양이라 하면 크게 놀랄 것이다.
더구나 요동에도 또 하나의 평양이 있었다하면 이는 해괴 한 말이라 하며 나무랄 것이다. 그들은 요동이 본시 조선의 땅이며 숙신, 예(穢), 맥(貊)등 동이(東彝)의 여러 나라가 모두 위만조선에 예속되었던 것을 알지 못하고, 또 오라, 영고탑, 후춘 등지가 본시 고구리의 옛 땅임을 알지 못하는 것이다.

아아! 후세 선비들이 이런 경계를 밝히지 않고 함부로 한사군을 죄다 압록강 안쪽으로 몰아넣어 억지로 역사적 사실로 만들다 보니, 패수(浿水)를 그 속에서 찾되 혹은 압록강을 패수라 하고 혹은 청천강을 패수라 하며 혹은 대동강을 패수라 한다. 이리하여 조선의 강토는 싸우지도 않고 저절로 줄어 들었다.
이는 무슨 까닭일까. 평양을 한곳에 정해 놓고 패수의 위치를 앞으로 나감과 뒤로 물리는 것은 그때 그때 사정에 따르는 까닭이다." (이상)

연암 박지원은 명나라 때 이동시켜 놓은 지명에 따라 비정된 안시성에 가보고는
그자리에서 잘못된 지리비정이라고 단정했다. 이는 이미 조선왕조 때부터 명나라의
지명이동을 통한 역사 왜곡을 받아들여 우리 민족의 역사 강역을 한반도로 몰아넣
은 반도사관이 시작되었다는 것을 의미하는 것이다.
그렇다면 중국의 지명변경이 이루어지기 전 원래 안시성은 어디에 있었을까?
그 해답의 열쇠는 바로 설인귀(薛仁 貴)였다.

(2) 조국을 멸망시킨 설인귀
사실 안시성의 위치는 논외대상이라고 할 수 있다. 왜냐하면 안시성이 어디인지를
찾으려면 주필산 전투에서 갑자기 나타난 설인귀의 집이 어디 있었는지를 보면
알 수 있기 때문이다. 이렇게 간단한 걸 두고 지금까지 요녕성 요하 강변이네,
하북성 동쪽 난하 주변이네 했던, 식민과 재야사학의 주장들은 다 부질없는 짓이
었다.

당나라 초기에 유명한 장군이었던 설인귀(613~683)의 고향은
강주(絳州) 용문(龍門)으로 황하와 분하가 만나는 곳과 가까운 산서성 하진시
직산현 수촌이다. 그곳에는 설인귀가 당나라로 들어가기 전 18년동안 살던 토굴집
이 아직도 그대로 남아 있다. 설인귀는 645년 당 태종의 요동정벌 때 주필산전투에
서 공을 세워 유격장군으로 발탁되었고, 668년 고구리가 패망하자 당나라에서
설치한 안동도호부(安東都護府)의 수장으로 임명된다.

〈산서성 직산현 설인귀 역사공원에 있는 고향 토굴집〉

설인귀가 안시성 앞 주필산 전투에 갑자기 나타날 수 있었던 이유는 그의 집이
안시성에서 그리 멀지 않기 때문이며, 그가 안동도호부의 수장으로

발탁된 이유는 고구리에 대해 잘 아는 고구리 사람이었기 때문이지 다른 이유가 있을 수 없다.

<바이두 백과>에 따르면,
하동(河東) 설씨 설인귀[22]의 6대 조부가 북위의 명장 설안도이니 그는 탁발 선비족일 가능성이 크다. 여하튼 명문가에서 태어났으나 그의 대에 이르러 완전하게 몰락한 양반이었다. 가난한데다가 희망마저 없자 설인귀는 조상의 묘를 이장하려고 했다. 그러자 아내 유씨가 "능력 있는 사람이라면 기회를 잘 잡아야 합니다. 지금 당나라 황제가 친히 요동 정벌을 한다고 하니 장수가 필요하지 않겠습니까? 당신은 무예가 뛰어나니 군에 들어가 공을 세우는 게 좋겠습니다. 이장은 성공 후 나중에 고향에 돌아와서 해도 늦지 않을 것입니다."라고 충고했다. 그는 출세를 위해 자신이 살고 있던 고구리 대신 당나라를 택했던 것이다.

또한 설인귀는 몇몇 경극에서 연개소문에게 쫓기던 당 태종이 항복하기 직전에 그를 구해주는 인물로 묘사되고 있다.
그는 당 태종을 구한 공으로 당나라에 들어가 장군이 되어 나중에 조국 고구리를 멸망시키고 안동도호부의 수장이 되는 것이다.

설인귀의 고향집 부근에 안시성이 있었음은 의심의 여지가 없을 것이다.
살던 고향집 부근에는 백탑(경관)과 강주대당 등 설인귀와 관련된 유적들이 아직도 여럿 남아 있다. 이렇듯 산서성 남부에서 활동하던 설인귀가 한반도 파주 감악산까지 와서 진을 치고 전투를 했고 산신령까지 되었다는 전설 같은 이야기는 그야 말로 어불성설이 아닐 수 없다.

(3) 기록으로 찾아간 안시성

---

22) 北魏名将薛安都的后代。其曾祖父薛荣、祖父薛衍、父亲薛轨，相继在北魏、北周、隋朝任官。薛家因薛轨早逝而家道中落。薛仁贵少年时家境贫寒、地位卑微，以种田为业。他准备迁葬先辈的坟墓，其妻柳氏说："有出众的才干，要等到机遇才能发挥。如今皇帝（唐太宗李世民）亲征辽东，招募骁勇的将领，这是难得的时机，您何不争取立功扬名？富贵之后回家，再迁葬也不算迟。"薛仁贵应允，于是去见将军张士贵应征，自此步入军旅。

1) 요서군은 산서성 서남부

사서의 기록 및 각종 자료로 안시성의 위치를 추적해보기로 하겠다.
《한서 지리지》에
안시는 유주의 요동군23)에 속한 현이라는 기록이 있으나, 이것만으로 대략적인 위치도 비정하기가 쉽지 않다. 요동군의 서쪽으로 판단되는 요서군의 대략적인 위치는 다음 두 가지 자료를 통해 찾을 수가 있다.
첫째, 《설문》를 편찬한 허신(許愼)이
"설문에서 전하기를 수양산이 요서에 있다(說 文云首陽山在遼西)"라고 했는데,
수양산은 고죽국 백이, 숙제가 굶어 죽은 곳이다.
둘째, 《사기 집해》에 "마융이 말하기를
수양산은 하동의 포판에 있는 화산의 북쪽에 있고, 황하가 꺾이는 곳이다
(集解馬融曰 首陽山在河東蒲阪 華山之北 河曲之中)"라는 기록이다.
하동(河東)은 말 그대로 황하의 동쪽으로 지금의 산서 남부를 말하며,
하곡은 황하가 꺾이는 지점을 말하는 것이다.

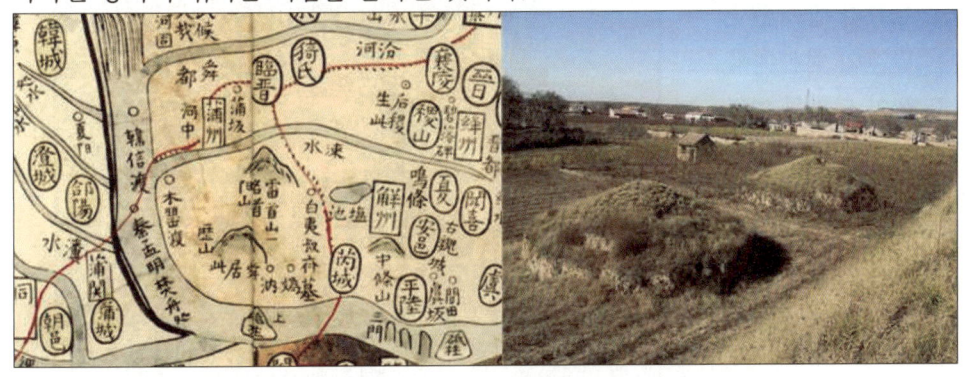

〈대청광여도에 그려진 백이, 숙제의 묘와 실제 무덤〉

또한 대청광여도(大淸廣餘圖)에는 황하가 꺾이는 지점 동쪽에 수양산과 포판이 명확히 기록되어 있으며, 백이, 숙제의 묘라는 글자까지 그려져 있다.

---

23) **遼東郡(요동군)**, 秦置。屬幽州。戶五萬五千九百七十二, 口二十七萬二千五百三十九。縣十八：襄平, 有牧師官。莽曰昌平。新昌, 無慮, 西部都尉治。望平, 大遼水出塞外, 南至安市入海, 行千二百五十里。莽曰長說。房, 候城, 中部都尉治。遼隊, 莽曰順睦。遼陽, 大梁水西南至遼陽入遼。莽曰遼陰。居就, 室偽山, 室偽水所出, 北至襄平入梁也。高顯, **安市(안시)**, 武次, 東部都尉治。莽曰桓次。平郭, 有鐵官、鹽官。西安平, 莽曰北安平。文, 莽曰文亭。番汗, 沛水出塞外, 西南入海。沓氏。

바로 이곳이 요서군의 땅이었다. 따라서 안시현이 속해있는 요동군은 요서군(산서성 서남부)의 동쪽에서 찾아야 하거늘 이를 식민사학처럼 요녕성 요하 부근이나 재야사학처럼 하북성 난하 부근에서 찾는 것은 그야말로 어불성설이라 할 것이다.

2) 신당서에 기록된 안시성

《신당서 열전-145 동이전》24)에도 안시성에 대한 위치가 언급되어 있다. "대요수와 소요수가 있는데 대요수는 말갈의 서쪽 남산에서 시작되고 남으로 안시성으로 흐른다. 소요수는 요산 서쪽에서 시작되는데 역시 남쪽으로 흐른다, 량수는 요새 밖에서 시작되어 서쪽으로 흐르다 합쳐진다. 마자수는 말갈의 백산에서 시작되고 색이 오리의 머리 색깔과 흡사하여 압록수라 부른다. 국내성 서쪽으로 흘러 염난수와 합해지고, 서남쪽으로 안시에 이르러 바다(=황하)로 흘러 들어간다. 평양성은 압록의 동남쪽에 있어 커다란 배로 사람을 건네고 믿음직한 참호 역할을 하고 있다."

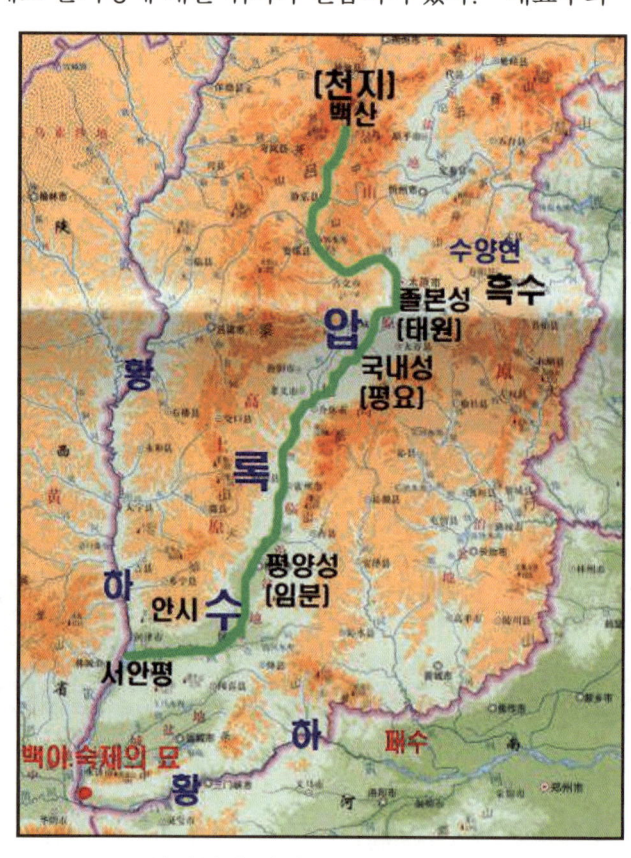

〈안시성의 위치는 분하의 하류〉

---

24) <新唐書 列傳145-東夷傳> 高丽，本扶馀別种也。地东跨海距新罗，南亦跨海距百济，西北度辽水与营州接，北靺鞨。其君居平壤城，亦谓长安城，汉乐浪郡也，去京师五千里 而嬴随山屈缭为郛，南涯浿水，王筑宫其左。又有国内城、汉城，号别都。水有大辽、少辽：大辽出靺鞨西南山，南历安市城；少辽出辽山西，亦南流，有梁水出塞外，西行与之合。有马訾水出靺鞨之白山，色若鸭头，号鸭渌水，历国内城西，与盐难水合，又西南至安市，入于海。而平壤在鸭渌东南，以巨舻济人，因恃以为堑。

위 기록에 의하면, 안시성은 국내성, 평양성, 서안평 등과 함께 압록수변에 위치해
야 지리 비정이 맞는다. 그러나 일제 식민사학은 압록수를 현 압록강으로, 국내성을
압록의 동쪽이 아닌 북쪽인 집안으로, 평양성을 압록의 동남쪽이 아닌 대동강 평
양, 안시성은 압록의 서남쪽이 아닌 요녕성 요하 강변으로 비정했는데, 일치하는
것이 없으므로 잘못된 지리 비정이라 할 것이다.
그렇다면 진짜 압록수는 과연 어디일까?

《신당서》에 언급된 압록수의 흐름은 초반에는 수직으로 흐르다 나중에는 서류하는
강임을 알 수 있으며, 안시는 요동군에 속하므로 요서군인 산서성 서남부의 동쪽에
서 찾아야 할 것이다. 현재 중국 땅에는 지형상 서류하는 강이 분하 이외 별로 없다.
산서성 남부로 가져가서 대입해보면 물흐름이 정확하게 일치하는 강을 쉽게 찾을 수
있다. 바로 산서성을 가로지르며 흐르는 분하(汾河)이며, 하류 북쪽 어딘가에 안시
성이 있다는 사실을 알 수있다. 게다가 이 지리 비정에 고·수 전쟁과 고·당 전쟁을
대입시켜보면 한치의 오차도 없이 지명이 정확하게 일치한다는 사실을 느낄 수 있다.

3) 태백일사의 안시성 위치 기록
필자가 안시성의 정확한 위치를 찾는데 기여한 결정적인 사서 기록은
《태백일사 고구리국 본기》에서 《자치통감》을 인용한 부분이다.
"《자치통감》에서 말하기를
현토군은 유성과 노룡 사이에 있다.
《한서》의 마수산은 유성의 서남쪽에 있다. 당나라 때 토성을 쌓다.
(資治通鑑曰 玄免郡在柳城盧龍之 間 漢書馬首山在柳城西南 唐時築土城)"라는
문구의 토성(土城)이 당 태종이 안시성 앞에 쌓은 토산(土山)으로 보인다.

왜냐하면 위 기록에서의 토성의 위치가 《신당서》와 《한서 지리지》에서 말한 안시의
위치와 거의 일치하기 때문이다. 여기서의 노룡은 백이, 숙제의 묘가 있는 곳으로
요서군의 비여(肥如)이고 유성은 요서군에 속한 현이다.
따라서 위 기록은 요서 지역을 말하는 것이다.

위 《한서》와 당 태종의 전쟁 기록에 언급된 마수산의 위치에 대한
《중국 고대지명대사전》의 설명은 《신당서》와 《한서 지리지》에서 언급한 안시성의

〈난공불락의 천연적인 요새 안시성의 좌측 마수산〉

위치와도 정확하게 일치하고 있다. "마수산 : 산서성 신강현 서북 사십리. 속명 말머리 산으로 지금의 화염산이다. (马首山：在山西新绛县西北四十里，俗名马头山,《张州志》左传赵盾田于首山，即此，一名火炎山。)" 산서성 신강현 서북 40리는 화염산의 남단으로 남쪽으로는 분하(압록수)가 흘러가는 곳이고 요서군과 요동군의 중간에 위치하는 곳이다.

〈바이두 백과〉25)에 "정관 18년(645)에 당 태종이 고구리를 친히 정벌하면서 이곳에다 진을 쳤다."라는 설명이 있다. 물론 현 지명은 이동된 것으로 역사 왜곡되었다.

안시성의 위치가 정확히 밝혀지자 필자는 즉각 답사하기로 결심했다.
"연 인원 50만명의 당나라 병사들이 2개월간 쌓을 정도의 토산이면 쉽게 없애지는 못했을 것이므로 아직도 작은 흔적이라도 남아 있겠지"라는 막연한 생각에서였다. 그런데 막상 직접 가서 보니 자그마한 흔적이 아니라 역사의 현장이 아직도 그대로 생생하게 남아 있었던 것이다.

유주의 요서군을 밝히는 백이, 숙제의 무덤과 요동군에 속한 안시성의 위치가 정확히 밝혀짐으로써 우리 고대사의 주 무대는 산서성 남부라는 것이 100% 증명되었다고 할 것이다. 고구리는 물론 조선의 주 활동무대도 산서성이였던 것이다.

---

25) 马首山，古山名。一作首山、手山。即今千山余脉的一支，在今辽宁辽阳市西南15里处，现称首山或手山。贞观十九年(645)，唐太宗亲征高丽，曾军于此。

<병풍 같은 여량산맥의 남단 절벽, 안시성의 우측이다>

《삼국유사》에는 "안시는 곧 환도"라 했으며, 《삼국사기》에는 "안시성은 옛 안촌홀이며 환도성이라고도 한다."라는 기록과 단재 신채호 선생의 《조선상고사》에는 "안시성은 곧 '아리티' 혹은 환도성(丸都城) 혹은 북평양이라 일컬었는데 태조왕이 일찍이 서부 방면을 경영하기 위해 설치한 성이다."라는 문구가 있어
우리는 안시성을 환도성이라고도 하는데 반해,

중국과 일제는 《괄지지(括地志)》의
"불내성(不耐城)은 곧 국내성(國內城)이 다. 그 성은 돌을 쌓아 만든 것이라 하였다. 이는 환도산과 국내성이 서로 접해 있기 때문이다."라는 기록을 근거로 환도성을 국내성으로 비정했다.
현재 식민 사학계는 환도성과 국내성을 길림성 집안으로 비정하고 있다.
그 이유는 그곳에서 관구검기공비와 호태왕비가 발견되었기 때문이라고 한다.

그렇다면 5월 17일 황하와 가까운 요동성을 함락시킨 당 태종이 불과 한 달 만에 수천 리나 떨어진 길림성 집안에 나타났다는 말인데 과연 이게 가능한지?
한마디로 집안은 고구리의 안시(환도)성이 아니라고 할 수 있다.

(4) 고. 당 전쟁 요약

지금까지 상세히 살펴보았듯이 낙양에서 출발한 당 태종의 행적은 의외로 간단하다.
황하를 건너 요수와 요택을 통과한 후 요동성을 점령하고 백암성에서 항복을 받은 다음 안시성까지 쳐들어갔다가 상황이 좋지 못하자 장기간 토산을 쌓는데 전력을 기울였다. 힘들게 쌓은 토산을 기습으로 빼앗긴 데다가 안시성주 양만춘이 쏜 화살을 눈에 맞은 당 태종은 급히 퇴각하지 않을 수 없었다. 거의 도주 수준의 퇴각이었을 것이다. 그런 다급한 상태에서 200리 요택(늪지대)에는 돌아갈 길마저 없었다. 《태백일사》에는 당 태종이 항복했다고 기록되어 있음에도 중국 사서에는 오히려 당나라가 전과를 크게 거둬 마치 이긴 전쟁처럼 기록되어 있다.

또한 안시성에서 9월 18일에 퇴각해 20일에 요수를 건너고 요택에 길을 내서 빠져나와 10월 1일에 발착수를 건넜다고 했다. 요택은 심수와 황하사이에 있는 습지이니, 거기서 안시성까지는 3일 거리밖에 되지 않는다.
이런 계산이 나오는데 안시성이 어떻게 서만주에 있을 수 있단 말인가?

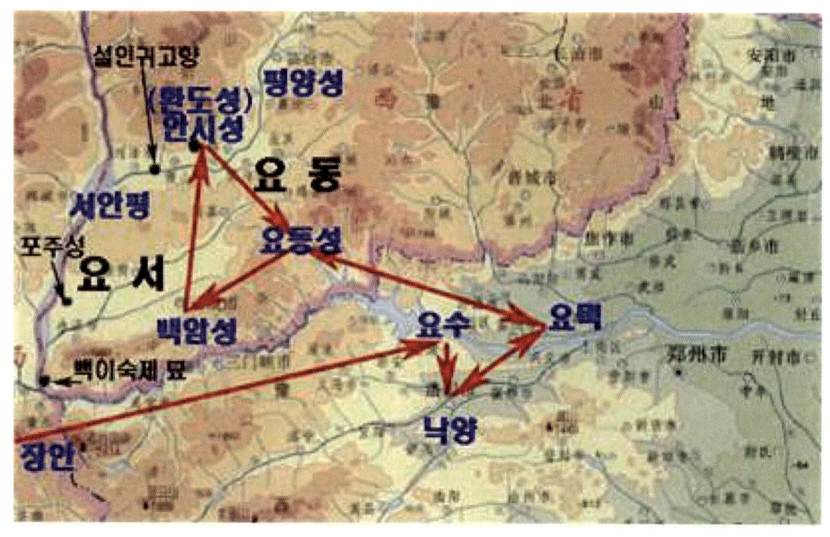

〈당 태종의 행군로〉

이렇듯 중국은 역사 결과의 조작뿐만 아니라 지명이동을 통한 역사 왜곡을 자행함으로써 고대 중국의 땅은 대대로 산해관 안쪽이라고 주장하기에 이르렀다. 그러나 지명 조작의 실체는 하나둘 파헤쳐지고 있어 중국의 동북공정이 얼마나 허황된 이론임이 앞으로도 계속 밝혀질 것이다.

베이징 징화학교의 위안텅페이(袁騰飛) 역사교사는
"일본도 역사 교과서를 왜곡하지만, 중국만큼은 아니다."라고 하면서
중국 역사교과서에 기술된 내용 중 진실은 5%도 되지 않고,
나머지는 완전한 허구"라고 말했다.

실제 중국 민족은 우리 동이족에게 밀려 섬서성과 황하 주변의 하남성 일대에서
웅크리고 살았던 그야말로 소수민족이었다.

지금까지 조선총독부가 조작해놓은 식민사학으로 광복 80년이 다 되도록 자라나는
학생들에게 거짓말을 해온 강단사학계는 대오각성해야 할 것이다.

일제는 우리의 민족혼을 말살하기 위해 단군신화로 우리의 역사를 반 토막 내버리고
대륙을 지배했던 웅장한 역사를 한반도로 가둔 축소 지향의 반도 사관이다.

이러한 일제의 잔재를 청산 못하는 한
대한민국의 희망찬 미래는 기대할 수 없을 것이다.

제5편
고구리의
정통성을 계승한
대진국

제1장 발해가 아닌 대진국으로 불러야
제2장 동모산과 천문령은 어디인가
제3장 백두산 폭발과 대진국 멸망은 무관
제4장 요,금,원,청나라는 우리와 동족

제1장 발해가 아닌 대진국으로 불러야

우리 민족사 중에서 가장 왜곡된 역사가 아마도 대진국의 역사일 것이다.
국호조차 자신들이 쓰던 대진국(大震國)이 아니라 당나라가 책봉했다는
발해(渤海)라는 국호로 기록된 것만 봐도 알 수 있다.
중화 사대주의에 물든 조선왕조에서는 발해사를 오랑캐 말갈의 역사라면서 우리 역사의 울타리 밖으로 밀어냈으며, 일제 식민사학은 통일신라라는 이상한 용어를 강조하면서 발해사를 우리 역사에서 제외했다. 그래서 그런지 지금도 국사교과서에서 발해에 대한 설명은 그다지 많지 않은 편이다.

지금까지 우리에게 알려져 있었던 대략적인 발해사는 다음과 같다.
668년에 고구리가 망하자 대조영이 고구려 유민들과 말갈족을 이끌고 당나라에 저항하다가 약 30여 년 후에 발해라는 나라를 세웠는데 약 250여 년간 동만주 일대에서 활동하다가 백두산 화산폭발로 멸망한 나라 정도로 알고 있는 것이 거의 전부라고 해도 과언이 아닐 것이다.

그러나 이러한 역사는 중국과 일제에 의해 날조된 망국의 식민사학으로
대진국의 실체는 그렇지 않았다.
《신, 구당서》298)의 발해 관련 내용을 종합하면 다음과 같다.

---

298) (舊唐書 北狄列傳) 渤海靺鞨大祚榮者, 本高麗別種也. 高麗旣滅, 祚榮率家屬徙居營州. 萬歲通天年, 契丹李盡忠反叛, 祚榮與靺鞨乞四比羽各領亡命東奔, 保阻以自固. 盡忠旣死, 則天命右玉鈐衛大將軍李楷固率兵討其餘黨, 先破斬乞四比羽, 又度天門嶺以迫祚榮. 祚榮合高麗·靺鞨之衆以拒楷固, 王師大敗, 楷固脫身而還. 屬契丹及奚盡降突厥, 道路阻絶, 則天不能討, 祚榮遂率其衆東保桂婁之故地, 據東牟山, 築城以居之. 祚榮驍勇善用兵, 靺鞨之衆及高麗餘燼, 稍稍歸之. 聖曆中, 自立爲振國王, 遣使通于突厥. 其地在營州之東二千里, 南與新羅相接. 越憙靺鞨東北至黑水靺鞨, 地方二千里, 編戶十餘萬, 勝兵數萬人. 中宗卽位, 遣侍御史張行岌往招慰之. 祚榮遣子入侍, 將加册立, 會契丹與突厥連歲寇邊, 使命不達. 睿宗先天二年(713), 遣郎將崔訢往册拜祚榮爲左驍衛員外大將軍·渤海郡王, 仍以其所統爲忽汗州, 加授忽汗州都督, 自是每歲遣使朝貢. 開元七年(719), 祚榮死, 玄宗遣使弔祭, 乃册立其嫡子桂婁郡王大武藝襲父爲左驍衛大將軍·渤海郡王·忽汗州都督.
(新唐書 北狄列傳) 渤海, 本粟末靺鞨附高麗者, 姓大氏. 高麗滅, 率衆保挹婁之東

"발해는 본래 속말말갈로 왕의 성은 대씨이고 고구리가 망한 뒤 백성들을 이끌고
읍루의 동모산을 근거지로 했다. 만세통천(696) 때 걸걸중상이 (말갈의 통치자)
걸사비우와 함께 동쪽으로 요수를 건너 태백산의 동북쪽에 근거지를 두었다.
측천무후는 걸사비우를 허국공으로 걸걸중상을 진국공으로 봉했으나 명을 받지
않았다. 우옥검위대장군 이해고가 걸사비우를 공격해 죽였다.

이때 걸걸중상은 이미 죽고
영주에 있던 아들 대조영이 고구리와 말갈의 군사를 모아 천문령에서 이해고의 군사
를 막아냈다. 이해고가 패해 겨우 몸만 빠져 돌아갔다. 성력 연간(698~700)에
스스로 진국왕이라 칭했으며, 영토가 사방 5천 리로서 부여, 옥저, 변한, 조선 등
해북 지방 여러 나라의 옛 땅을 모두 아울렀다.
(구당서에는 사방 2천 리로 편입된 호가 10여만이라고 기록) 장차 책봉하려고
할때 거란과 돌궐이 해마다 변경을 쳐들어와서 사신이 가지 못했다.
선천 2년(713)에 대조영을 좌효위원외대장군 발해군왕에 책봉하고
그가 다스리는 곳을 홀한주로 삼아 홀한주도독을 더하여 제수하였다.
이때부터 말갈이라는 이름을 버리고 오로지 발해로만 불렀다."

1979년《환단고기》가 이 세상에 나오기 전까지 고구리만큼이나 위대했던 대진국의
역사는 그야말로 터널 속에 갇혀있었다. 건국 과정에서부터 그 강역은 물론 제왕들
의 역대기마저 제대로 알려지지 않았던 대진국의 역사가《태백일사 대진국본기》에
의해 그 화려한 실체를 드러내게 되었다. 한마디로 대진국은 단군조선, 대부여, 북부
여, 고구리로 이어지는 우리 민족의 정통성과 그 강역을 그대로 물려받은 나라였다.

牟山, 地直營州東二千里, 南比新羅, 以泥河爲境, 東窮海, 西契丹. 築城郭以居,
高麗逋殘稍歸之. 萬歲通天(696-697)中, 契丹 盡忠殺營州都督趙翽反, 有舍利乞
乞仲象者, 與靺鞨酋乞四比羽及高麗餘種東走, 度遼水, 保太白山之東北, 阻奧婁
河, 樹壁自固. 武后封乞四比羽爲許國公, 乞乞仲象爲震國公, 赦其罪. 比羽不受
命, 后詔玉鈐衛大將軍李楷固·中郎將索仇擊斬之. 是時仲象已死, 其子祚榮引殘痍
遁去, 楷固窮蹙, 度天門嶺, 祚榮因高麗·靺鞨兵拒楷固, 楷固敗還. 於是契丹附突
厥, 王師道絶, 不克討. 祚榮卽幷比羽之衆, 恃荒遠, 乃建國, 自號震國王, 遣使交
突厥, 地方五千里, 戶十餘萬, 勝兵數萬, 頗知書契, 盡得扶餘·沃沮·弁韓·朝鮮 海
北諸國. 中宗時, 使侍御史張行岌招慰, 祚榮遣子入侍. 睿宗 先天(712-713)中, 遣
使拜祚榮爲左驍衛大將軍·渤海郡王, 以所統爲忽汗州,領忽汗州都督, 自是始去靺
鞨號, 專稱渤海.

과연 그랬는지 지금부터 상세히 알아보도록 하겠다.

(1) 대진국의 건국 과정

《태백일사 대진국본기》에서의 대중상과 그 아들 대조영에 관한 기록이다.
"조대기(朝代記)에 이르기를, 개화(開化 보장왕) 27년(668) 9월 21일 평양 성이 함락되었다. 이때 진국장군 대중상이 서압록하를 지키다 변고의 소식을 듣고 마침내 군사를 이끌고 험한 길을 달려 개원을 지나갈 때 소문을 듣고 대중상을 따르겠다고 원하는 자가 8천 명이었다.
이에 같이 합류하여 동쪽으로 가서 동모산(東牟山)에 자리를 잡고 성벽을 견고하게 지키고 스스로 보전에 힘쓰며, 나라를 후고구리(後高句麗)라 하고 연호를 중광(重光)이라 하였다. 격문을 전하여 이르는 곳마다 멀고 가까운 여러 성들이 귀속해 무리를 이루었으며 오로지 (고구리의) 옛 땅을 회복하는 것을 자신의 임무로 여기었다. 중광 32년(699) 5월 대중상께서 돌아가시 니 묘호를 세조(世祖)라 하고 시호를 진국열황제(振國烈皇帝)라 하였다."

"태자 조영은 부사를 따라 영주 계성으로부터 무리를 이끌고 당도하여 제위에 올랐다. 홀한성을 쌓아 도읍을 옮기고 군 10만을 모집하여 위상을 크게 떨쳤다.
곧 계책을 세우고 제도를 세워 당나라에 대항하여 복수할 것을 맹세했다.
말갈의 장수 걸사비우와 거란의 장수 이진영과 손잡고 병력을 연합해 당나라 장수 이해고를 천문령(天門嶺)에서 크게 격파했다.
뭇 장수들을 나누어 군현을 두고 지키며 유망민을 불러 어루만지고 정책을 널리 보호하고 크게 백성의 신망을 얻어 모든 기강을 새롭게 했다. 국호를 대진(大震)이라 정하고 연호를 천통(天統)이라 하고, 고구리의 옛 땅을 차지하니 땅은 6,000리가 개척되었다. 천통 21년 봄 대안전에서 붕어하시니 묘호를 태조 시호를 성무고(聖武高)황제라 하였다."

위 기록에서 보듯이 668년에 고구리가 망하자마자 진국장군 대중상이 동모산에서 대진국의 전신인 후고구리를 세우고 황제위에 올라 자체 연호로 중광를 사용했고 32년 만에 붕어하자, 태자 대조영이 뒤를 이어 보위에 올라 도읍을 홀한성으로

옮기고, 천문령에서 당나라 장수 이해고와 일전을 벌여 12만 대군을 전멸시키고
천하의 패권을 쥐고는 국호를 대진국으로 바꾸고 자체 연호 천통을 사용하면서
21년간 재위했으며 영토는 고구리의 옛 땅 6천 리를 개척했음을 알 수 있다.
이렇듯 대진국(발해)의 역사는 건국사부터 대단히 잘못되어 있다고 하겠다.
중국이 자기네 기록에서 대중상이 나라
를 세웠다는 기록을 지운 이유는 위대한
대제국 고구리와 대진국의 연관성을
고의로 없애려 했던 것으로 보인다.
즉 발해는 고구리의 정통성을 계승한
나라가 아니라,
고구리 패망 30년 후 유민들에 의해
자체적으로 세워진 나라라는 것을
강조하기 위함이 아닌가 싶다.
이는 북부여의 역사를 지움으로써
조선과 고구리의 연결을 끊으려 했던 것과
같은 이치일 것이다.

(2) 자체 연호를 사용한 대진국

〈대씨태씨 종친회의 대조영 표준영정〉

《삼국사기》에는
신라의 몇몇 왕들이 자체 연호를 썼다는 기록은 있지만,
신라보다 훨씬 국력이 강했던 고구리와 백제의 자체 연호의 사용기록은 없다
참으로 해괴한 일이 아닐 수 없다.
또한 대부분의 국민들은 발해가 자체 연호를 사용했던 황제국임을 잘 모르고 있다,
그 이유는 아마도 국사교과서에서 강조하지 않았기 때문일 것이다.
《태백일사 대진국본기》에는
초대 대중상과 2대 대조영이 각각 중광(重光)과 천통(天統)이라는 자체 연호를
사용했으며, 이후 15대까지 대진국 황제들의 묘호, 년호, 시호에 대해 자세히
기록되어 있다. 이들 연호 중 1949년 중국 길림성 화룡현 용두산에서 출토된 정효
공주의 묘지 비문에서 문왕 대흠무의 존호가 '대흥보력효감금륜성법대왕
(大興寶曆 孝感金輪聖法大王)'이라 한 것과도 정확히 일치하고 있어
《태백일사》가 얼마나 정확한 기록인지 입증해주고 있다.

〈당서와 일치하는 '태백일사 대진국본기'의 자체연호 사용기록〉

대진국본기				신당서			
대	휘	시호	연호	대	휘	시호	연호
1	중상(仲象)	열황제(烈皇帝)	중광(重光)				
2	조영(祚榮)	고황제(高皇帝)	천통(天統)	1	조영(祚榮)	고왕(高王)	
3	무예(武藝)	무황제(武皇帝)	인안(仁安)	2	무예(武藝)	무왕(武王)	인안(仁安)
4	흠무(欽茂)	문황제(文皇帝)	대흥(大興)	3	흠무(欽茂)	문왕(文王)	대흥(大興)
5	원의(元義)			4	원의(元義)		
6	화흥(華興)	성황제(成皇帝)	중흥(中興)	5	화여(華璵)	성왕(成王)	중흥(中興)
7	숭린(崇璘)	강황제(康皇帝)	정력(正曆)	6	숭린(崇璘)	강왕(康王)	정력(正曆)
8	원유(元瑜)	정황제(定皇帝)	영덕(永德)	7	원유(元瑜)	정왕(定王)	영덕(永德)
9	언의(言議)	희황제(僖皇帝)	주작(朱雀)	8	언의(言議)	희왕(僖王)	주작(朱雀)
10	명충(明忠)	간황제(簡皇帝)	태시(太始)	9	명충(明忠)	간왕(簡王)	태시(太始)
11	인수(仁秀)	선황제(宣皇帝)	건흥(建興)	10	인수(仁秀)	선왕(宣王)	건흥(建興)
12	이진(彛震)	화황제(和皇帝)	함화(咸和)	11	이진(彛震)		함화(咸和)
13	건황(虔晃)	안황제(安皇帝)	대정(大定)	12	건황(虔晃)		
14	현석(玄錫)	경황제(景皇帝)	천복(天福)	13	원석(元錫)		
15	인선(諲譔)	애제(哀帝)	청태(淸泰)	14			

중국의《신당서》299)에도 대조영의 연호 사용에 대한 언급은 없지만 이후 발해(대진국) 왕들이 사용했던 9개의 자체 연호가 기록되어 있는데

---

299) (新唐書) 玄宗開元七年, 祚榮死, 其國私諡爲 高王。子武藝立, 斥大土宇, 東北諸夷畏臣之, 私改年曰仁安。武藝死, 其國私諡武王。子欽茂立, 改年大興。欽茂死, 私諡文王。子宏臨早死, 族弟元義立一歲, 猜虐, 國人殺之。推宏臨子 華璵爲王, 複還上京, 改年中興。死, 諡曰成王。欽茂少子嵩鄰立, 改年正曆, 死, 諡康王。子元瑜立, 改年永德。死, 諡定王。弟言義立, 改年硃雀。死, 諡僖王。弟明忠立, 改年太始, 死, 諡簡王。從父仁秀立, 改年建興, 仁秀死, 諡宣王。子新德蚤死, 孫彛震立, 改年鹹和。彛震死, 弟虔晃立。死, 玄錫立。

《태백일사》의 기록과 정확히 일치하고 있다.
식민사학계는 예나 지금이나 '환단고기 위서론'을 주장하고 있는데 그렇다면
《신당서》도 위서(僞書)라고 말해야 할 것이다. 같은 내용이 기록되어 있음에도
중국사서는 정사이고 《환단고기》는 위서라는 잣대는 어불성설이 아니겠는가!

게다가 중국은 동북공정을 진행하면서
'고구리와 발해는 당나라의 지방정권'이라는 주장을 했었는데,
어떻게 지방정권이 자체 연호를 쓸 수 있었는지 되묻고 싶다.
아울러 중국과 일본은 없는 역사도 가짜로 만들어내는데,
왜 우리는 우리에게 있는 진실된 기록도 위서라 하며 쓰레기통에 내버리고
있는지 그 까닭을 알고 싶다.

(3) 해동성국 대진국의 강역은 9천 리

현재의 역사이론에 의하면, 대조영이 세운 대진국의 영토는 현재 발해라고 불리는
중국의 내해와 아무 상관 없는 길림성과 흑룡강성 일대의 동만주로 되어 있다.
그렇게 비정된 이유는 발해국과 북쪽으로 국경을 접했던 통일신라의 영토가
대동강과 원산만을 잇는 선이었기에 거기에 맞추려다 보니 그렇게 비정된 것 같다.

식민사학계는 흑룡강성 목단강 상류에 있는 경박호(鏡泊湖)가 옛날에 발해로 불렸
다고 하면서, 대조영이 나라를 세우면서 발해라는 국호를 부근 경박호에서 가져왔
다는 어불성설의 이상한 주장을 하고 있다.
과연 대조영이 세운 나라가 동만주에 있었을까?
당나라는 대조영을 발해군의 왕으로 책봉했다고 하는데,
그 발해군과 발해의 위치가 과연 어디였을까? .
참고로 발해군은 《한서 지리지》에서 유주의 가장 동쪽에 위치하는 군이다.
(※ 발해군의 위치에 대해서는 제3편 제2장의 발해군 참조)

《태백일사 대진국본기》에 따르면,
대조영은 나라를 세우면서 발해라는 국명을 쓰지 않았다. 대조영은 부왕인 대중상
이 668년 세운 후고구리(後高句麗)를 이어받아, 699년 대진(大震)으로 국호를
바꾸면서 국가체제를 확립하고 천통(天統)이란 년호를 썼다.

그러던 중 713년 당나라가 대조영을 '좌효위대장군 발해군왕 홀한주도독(左 驍衛 大將軍渤海郡王忽汗州都督)'으로 책봉하면서부터 당나라에서 대조영의 나라를 발해라고 불렀던 것이다.

책봉 조서를 받은 대조영은 코웃음 치며 묵살 했을 것이다.
불과 14년 전 천문령에서 당나라 12만 대군을 전멸시키고 천하의 패권을 잡아 자체 연호까지 쓴 6천 리 대제국의 황제가 인구 채 100만도 안 되는 당나라의 일개 발해군왕(郡王) 책봉을 받아들였을리가 없다. 기록에 있듯이 당나라가 말갈이라는
용어 대신 발해라고 불렀을 뿐, 대진국 스스로는 당연히 대진국이라 칭했을 것임이 확실하다.

이후 대조영의 후예들은 대진국의 강역을 더욱 넓힌다.
이어지는 《태백일사 대진국본기》에
"이에 태자 무예가 즉위하여 연호를 '인안(仁安)'이라 하니 개마, 구다, 흑수의 여러 나라가 신하 될 것을 청하며 공물을 바쳤다. 대장 장문휴를 보내 자사 위준을 죽이고 등주(登州)와 동래(東萊)를 취하여 성읍으로 삼자 당왕 융기(현종)가 노하여 병사를 보냈으나 이기지 못했다.
이듬해 장수 연충린이 말갈병과 함께 요서(遼西)의 대산 남쪽에서 당나라 군대를 크게 격파했다. 당나라가 비밀리에 신라와 약속하여 동남의 여러 군과 읍을 급습해 천정군(泉井郡)에 이르자 제가 보병과 기병 2만을 보내 이를 격파했다.

인안 17년 송막(松漠)에 12성을 쌓고 요서(遼西)에 6성을 쌓으니
마침내 5경 60주 1군 38현을 소유하니 원폭이 9천 리로 성대한 나라였다.
이 해 당나라와 신라 및 왜도 나란히 사신을 보내 조공을 바치니
천하는 해동성국(海東盛國)이라고 칭송했다.
이에 발해사람 셋이면 한 마리의 호랑이를 당한다는 말이 생기게 되었다.
이때 백성들은 화락하고 역사를 논하며 의를 즐겼다. 오곡은 풍성 하고 사방은 안락했다. 대진 육덕이 있어 이러한 대진국을 찬미했다. 19년 황제께서 붕어하시니 묘호를 '광종'이라 하고 시호를 '무황제(武皇帝)'라 했다."라고 기록되어 있다.

장문휴에 대한 기록은 《당서》에도 상세히 기록되어 있다.
《당서》의 기록에는 없으나 연충린이 당군을 격파한 요서의 대산은 낙랑군에 속하는

대방지역으로 산서성 남부였다. 식민사학계는 지도에 보이듯이 천정군을 원산으로 비정했는데, 이곳까지 당나라 군대가 오려면, 육로는 막혀있으니 배를 타고 황해를 건너 동해안 원산까지 왔다는 것인바 이게 과연 말이나 되는 이야기인지?
이것 역시 대륙에서 벌어진 이야기일 것이다.
송막은 옛날부터 솔밭으로 유명한 하남성 맹진(孟津)으로 보인다.

<당나라의 천정군 공격은 근본적으로 황해횡단이 불가능하다.>

이어 "태자 흠무가 즉위하여 연호를 대흥(大興)이라 하고 도읍을 동경용원부로부터 상경용천부로 옮겼다. 이듬해 태학을 세우고 천경신고를 가르치며 환단고사를 강연하고 국사 125권을 편찬하니 문치는 예악을 일으키고 인간을 홍익하는 교화는 이로써 만방에 미치게 되었다.
57년 황제께서 붕어하시니 묘호를 '세종', 시호를 '광성문황제(光聖文皇帝)라 하였다."고 기록되어 있는데, 동만주에서 발견된 정혜·정효공주 비문에 대흥이라는 연호가 적혀 있어 《태백일사》 기록의 신빙성을 입증해주고 있다.

대진국을 9천 리 강역이라 했는데, 공주의 묘를 다른 나라에 조성할 수는 없기에 가장 동쪽에 위치한 유적은 정혜, 정효공주의 묘이고, 대진국의 서쪽 강역은 바로 당나라 군대를 격파하고 6성을 쌓았다는 고구리의 요서지방 이었다.
그 요서가 바로 산서성 서남부였으니 여기서부터 정혜, 정효공주의 묘가 있는 서만주 돈화까지를 대진국의 강역으로 본다면 9천 리 강역이 되고도 남음이 있다고 하겠다.

제2장 동모산과 천문령은 어디인가?

(1) 시국처 동모산을 찾아서

1) 중국과 일제가 왜곡한 동모산
《신당서 북적열전》300)에는 대중상이 "읍루의 동모산을 근거지로 했는데, 그 땅은 영주(營州)에서 곧바로 동쪽으로 2천 리 되는 곳이다. 남쪽은 신라의 북쪽과 니하(泥河)를 경계로 하고, 동쪽은 바다로 막히고 서쪽은 거란이다."
라는 기록만으로 동모산의 위치를 찾는다는 것은 참으로 어려운 일이 아닐 수 없다.

먼저 영주는 《대명일통지》301)에
"순임금이 기주의 동북을 나누어 유주와 금주로 했다. 상나라의 고죽국이며 주나라의 유주 땅이다. 진나라 때는 요동군 땅이었으며 또 이 유주는 요서군이 되었다. 한나라 때는 무려와 망평 현 땅이었으며 요동군에 속했다. 당나라에서는 유성현을 설치했으며 영주에 속했다."라는 기록이 있어 유주와 접하는 곳임을 알 수 있다.

《바이두(百度) 백과》302)의 추가 설명에 따르면,
주 무왕이 소공을 연(燕)에 봉한곳이며 백이, 숙제가 아사(餓死)한 곳이라는 설명으로 미루어보아 요서 군 일대로 보이며, 공손씨의 요동과 모용황의 용성(=柳城, 요서군)일대이며, 당나라303) 때 거란족이 살던 고대 영주는 요동, 요서의 칭호라는 설명으로 미루어보아 산서성 서남부이다. 거기서 곧바로 동쪽 2천 리에 동모산이 있다고 했으니 북부 하남성의 안양 부근일 것으로 추정된다.

---

300) 挹婁之東牟山, 地直營州東二千里, 南比新羅, 以泥河爲境, 東窮海, 西契丹.
301) 《大明一統志》舜分冀東北爲幽州錦州 其所統也 商爲孤竹國 周幽州地 屬燕 秦爲遼東郡地 又以幽州爲遼西郡 漢爲無慮望平縣地 屬遼東郡 唐置柳城縣屬營州
302) 周朝初期：孤竹国王子伯夷、叔齐"不食周粟而死"。周朝封召公于燕国，燕国的部分国土即在古营州境内，喀左出土燕侯盉，铭文"匽侯作馈盂"。
303) （唐朝时期）营州地域的契丹民族崛起，辽东的高句丽则被唐朝消灭。因唐朝在辽西柳城（今辽宁朝阳）设立东夷都护府及营州都督府，此后史籍里的营州多局限于柳城一带。古营州地域则多称呼为辽东、辽西。

또한 거란은 선비족들이 중국으로 대거 들어간 뒤 비워진 요택에 들어와 살던 족속이다. 수양제와 당 태종은 고구리를 침공하면서 요택을 건너기 위해 수로인 영제거와 흙다리를 건설했다. 영제거가 심수(沁水)의 물을 끌어 남쪽으로 황하에 이르도록 했으므로 북부 하남성의 서부에 있는 맹주(孟州)시와 온(溫)현 부근에 있는 황하습지 일대이다. 그러니 동모산은 북부 하남성의 동부 어딘가로 추정된다.

그런데 동모산이 읍루에 있다고 했으므로
《삼국지》와 《후한서》 동이전에 "읍루는 옛 숙신의 나라이다. 부여에서 동북쪽으로 천여 리 밖에 있는데, 동쪽은 큰 바다에 닿고 남쪽은 북옥저와 접하였으며, 북쪽은 그 끝이 어디인지 알 수가 없다."라는 기록에 온갖 참고자료를 대입해도 위에서 설명한 동모산의 위치와는 일치하지 않는다.
필자의 판단으로는 읍루의 동모산은 오기 또는 고의적인 지명 왜곡이 분명하고 차라리 훨씬 남쪽에 있는 옥저(沃沮) 또는 예(濊)의 동모산이라야 훨씬 더 설득력이 있을 것이다. 더욱 가관인 것은 일제 식민사학계는 발해(대진국)의 시국처 동모산을 길림성 돈화시의 성산자산성으로 비정함으로써 발해국의 영토를 동만주 일대로 국한시켰다. 이는 대진국의 실체를 축소, 왜곡, 은폐하려는 중국의 비정보다도 훨씬 더 파격적이었다.

대중상이 세운 후고구리의 도읍인 동모산은
요서인 산서성 서남부에서 동쪽에 있는 북부 하남성에서 찾아야 가장 합리적일 것이다. 《태백일사 대진국본기》의 기록에서처럼 오로지 고구리의 옛 땅을 회복하는 것을 임무와 사명으로 여겼던 대중상과 대조영이 중심지였던 산서성과 하남성을 포기하고 머나먼 후방이 었던 길림성 돈화로 가서 새로운 나라를 세웠다는 것은 도저히 있을 수 없는 일이다.

《태백일사 대진국본기》는
대진국 5경의 하나인 서경임황부에 대해
"서경인 압록부는 본래 고리국이요, 지금의 임황(臨潢)이다.
지금의 서요하는 곧 옛날의 서압록하였다.
고로 옛 책에서의 안민(安民)현은 동쪽에 있으며, 그 서쪽이 임황현이다.
임황은 뒤에 요나라의 상경 임황부가 된다. 곧 옛날의 서안평이다."라고
설명하고 있는데, 《한서 지리지》304) 에서의 서안평에 대한 설명과
《신당서 열전동이》에 의하면, 서안평은 압록수(분하)와 海(황하)가 만나는
현 산서성 서남부 하진(河津)시 일대이다.

또한 대진국은 철리의 옛 땅(鐵利故地)에 철리부를 두어
광주(廣州), 분주(汾州), 포주(蒲州), 해주(海州), 의주(義州), 귀주(歸州) 등
6주를 다스렸다고 했는데, 분주는 현 산서성 임분시 주위이고,
포주는 순임금의 도읍인 포판이며
백이,숙제의 묘가 있는 산서성 서남부 영제시일대로 <대청광여도>에도
그려져 있고, 해주는 산서성 남부 장치시 일대이다.
이런 것만 보더라도
대진국의 도읍은 길림성 돈화가 아니라는 것을 알 수 있다.

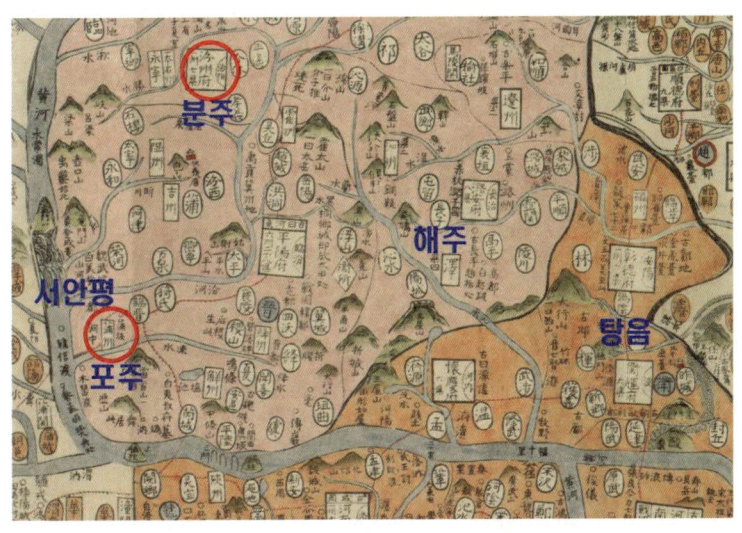

<대청광여도에도 그려진 蒲州와 汾州, 海州는 산서 동남부>

2) 시국처 동모산은 어디인가?
《태백일사 대진국본기》에는 대진국의 도읍이었던 동모산을 한자로 東舞山으로
표기했고, 중국 기록에는 모두 동모산(東牟山)으로 표기되어 있다.
《중국 고대지명대사전》에서 동모산(東牟山)305) 을 검색하면 "요녕성 심양현

---

304) 马訾水西北入盐难水 西南至西安平入海 過郡二行二千一百里 (마자수(압록수)
   는 서북에서 염난수로 들어가고 서남으로 흘러 서안평에서 해(황하)로 들어간
   다. 2개 군을 거쳐 길이는 2,100리이다.)
305) 在辽宁省沈阳县东二十里，勃海大氏尝据此，见新旧唐书及辽金史，今名天柱
    山，清太祖福陵在焉

동 20리로 발해의 근본이 여기다.《신, 구당서》와《요, 금사》에 보면 현 이름은 천주산이고 청 태조 복릉이 있는 곳이다."중국이 말하는 발해의 근본이라는 요녕성 심양의 복릉 일대는 현 식민사학계가 비정한 길림성 돈화보다도 훨씬 서쪽에 있어 식민사학계의 역사왜곡이 중국보다 도가 더 지나치다는 것이다.

이것 외에는 다른 동모산은 검색되지 않았다.

동모산은 그 자체가 산 이름이 아니라 모산(牟山)의 동(東)으로
해석될 수도 있다고 착안하여 검색해본 결과,
《중국 고대지명대사전》>에서의 모산(牟山)306)에 대한 설명은
① 모평현 동북 3리, 수도명은 동모산. (산동성 연태)
② 하남성 湯陰현 서쪽 40리로 탕하가 나오는 곳. 즉 수경주의 석상산이다.
③ 산동성 안구현 서남 15리로 나타났다.

이 중 대진국과 관련 있는 모산은 ②의 하남성 탕음현일 가능성이 가장 크다.
탕음현은 북부 하남성에 있는 학벽(鶴壁)시에 속한 현으로 고대에 발해라고 불렸던 대야택과 아주 가까운 곳으로 현 지명 학산(鶴山)구 남쪽에 산성(山城)구가 있는데 이곳이 대진국의 시국처인 동모산성으로 보인다.

《사기 정의》307)에
"탕음현 서쪽 58리에 모산이 있다. 무릇 중모읍은 이 산 옆에 있다. 학벽 서쪽에는 오산(烏山)이 있으며 해발고도 763m로 학벽 주위에서 가장 높은 산으로 소태산(小泰山)으로 불리기도 했다. 당나라 개원 묘지에 여기를 당나라 때 모산으로 칭했다고 한다."라고 기록되어 있다.

---

306) （牟山）①在牟平县东北三里，京名东牟山，《隋书地理志》"牟平有牟山，"山之阳地势平广，故有牟平之名。②在河南汤阴县西四十里，汤河出此，即水经注所谓石尚山也。③在山东安丘县西南十五里，隋牟山县取名于此，《齐乘》安丘南二十里有牟娄山，本牟夷国，密之诸城有娄乡，左因置牟山县，今讹作朦胧山。

307) 《史记正义》"汤阴县西五十八里有牟山，盖中牟邑在此山侧也" 经调查，在鹤壁西有"乌山"，海拔高度763米，为鹤壁周围最高的山脉，调查的唐开元墓志说明这里至少在唐代已有"牟山"之称。"

《白度百科》汉置中牟县。中牟城北五里有牟山，高仅丈余，绵延数十里。据《大清一统志》"邑之得名于此。"一说中牟为春秋初期郑大夫祭仲封地，"中"、"仲"音近，境内又有牟山，故名。另一说因县境有牟山，山东有外牟，故称中牟

《中國古代地名大辭典》"春秋郑原圃地，汉置在牟县，隋改曰内牟，又改曰圃田，唐复曰中牟，故城在今河南中牟县东，明徙今治，属河南开封府，清因之，今属河南开封道，汴洛铁路经之。"

또한《바이두 백과》와《중국 고대지명대사전》에서의
중모현(中牟縣)에 대한 설명은 다음과 같다.
"한나라 때 중모현이다. 중모성 북쪽 5리에 모산이 있다.
경내에 모산이 있으며 산 동쪽에 외모가 있으며 고대에 중모로 칭하였다.
고성은 중모현 동쪽에 있다. 하남 개봉부에 속한다."
따라서 동모산은 다음과 같이 3군데로 추정할 수 있다.
① 황하 북쪽 하남성의 학벽시 서쪽에 있는 모산의 동쪽,
② 황하 남쪽 하남성의 개봉시 중모현의 북쪽에 있는 모산의 동쪽,
③ 학벽과 중모현이 멀지 않아 같은 지역일 수도 있다.
위 3군데 중 ①의 학벽시 서쪽을 대진국의 시국처인 동모산으로 비정하는 이유는
대진국의 대조영과 당나라 장수 이해고가 일전을 벌이는 천문령(天門嶺)이 동모산
의 서쪽으로 멀지 않은 곳에 있기 때문이다.
②의 경우라면 황하 남쪽 개봉시에 있던 대조영이 당나라 이해고와 전투를 하러 황
하를 건너 북쪽 천문령까지 갔다는 말인데 상식적으로 납득하기 어렵다.
낙양에서 공격해온 당나라 군사를 전멸시킨 천문령이 황하 북쪽에 있기에 대진국의
동모산도 당연히 황하 북쪽에 있어야 지리적으로 맞기 때문이다.

즉 대중상과 대조영이 황하북부 하남성의 동쪽에 있는 학벽시 일대 동모산에서 나
라를 세웠고, 그곳은 옛날에 발해로 불렸던 산동성과 하남성 경계에 있는 큰 내륙
호수인 대야택과 유주에 속하는 발해군에서 그리 멀지 않았기에 당나라 측천무후가
대조영을 발해군왕(渤海群王)으로 봉한 것이다.

이렇듯 하남성에 있던 동모산과 천문령을 일제 식민사학계가 동만주 돈화로 비정한
것은 실로 엄청난 역사 조작이라고 할 수 있다. 광복 80년이다 되어가건만 아직도
역사는 광복을 이루지 못해 일제 식민사학이 아직도 이 나라의 역사를 지배하고
있어 민족정신은 나날이 황폐해지고 국민들은 점차 영혼없는 돼지가 되어가고 있다.

(2) 천문령(天門嶺)은 어디인가?

당나라는 백제와 고구리를 무너뜨린 군사 강국이었다. 그런 당나라의 장수 이해고와 대조영이 천문령에서 전투를 벌일 당시 후고구리는 군사력 면에서 상당히 열세였을 것이다. 그런 상태에서 평지에서 백병전을 벌여서는 승리를 장담할 수 없었기에 대조영은 이해고의 군사들을 천문령이라는 대협곡으로 유인해 12만 대군을 전멸시켰다. 이해고는 몸만 간신히 빠져나갔다.
이로써 고구리 멸망 30년 만에 대조영이 다시금 천하의 패권을 쥐게 되었다.
그러한 전투가 벌어진 천문령은 과연 어디일까?

《중국 고대지명대사전》에서 천문령을 검색하면 자료가 나타나지 않는다. 반면에 천문산308)에 대한 설명은 다음과 같이 7군데가 나타난다.
이 중에 과연 어느 산이 대조영과 관련이 있는 천문령일까?

---

308) (天門山) 1) 在河南修武县西北四十里，两山对峙，其状如门，山麓有百家岩，有嵇康锻灶。
2) 在河南辉县西北五十里，亦名石门山《水经注》："天门山，石自空，状若门焉。"两山壁立相距，下有三潭，水皆黛色，能兴云雨，盖蛟龙之所宫也。(하남 휘현 서북 50리)
3) 安徽之梁山, 亦名天门山。(안휘성의 양산)
4) 在安徽铜陵县东南四十里，耸插云表 李白有天门山铭。(안휘성 동릉현 동남 40리)
5) 在浙江奉化县南六十里，接象山县界《汉书地理志》鄞东南有越天门山,《陶宏景真诰》:"天门山在鄞县南，宁海北，半亚于海。"又象山县南一百二十里，海中两峰对峙，其状若门，亦名天门山，一名屋楼门，又名东门山，明初昌国卫置此。(절강 봉화현 남 60리로 상산현과 접한다)
6) 在湖北天门县西五十里，一名火门山,《唐书陆羽传》羽卢火门山,《舆地纪胜》天门山有邹夫子别墅，即火门山，后以俗忌改名。(호북성 천문현 서50리, 일명 화문산)
7) 在湖南大唐县南三十里，即古松梁山，一名嵩梁山,《吴录》松梁山，山石开处容数十丈，其高以弩射之不及,《水经注》武陵郡有嵩梁山，高峰孤耸，素壁千寻，吴永安六年，其山洞开朗如门，孙休以为嘉祥，分武陵置天门 (호남성 대당현 남 30리, 즉 옛 송양산, 일명 숭양산)

우선 3), 4), 5) 는 안휘성과 절강성으로 당시 신라의 강역으로 보이기 때문에 대조영과 관련이 없다고 할 수 있다.
남은 1), 2), 6), 7)의 4군데 중에서 대조영과 관련이 있는 곳은 어디일까?
동모산이 하남성 학벽시에 있으므로 천문산도 그곳과 가까워야 할 것이다. 따라서 6)의 호북성과 7)의 호남성에 있는 천문산은 대조영과 관련이 없을 것으로 판단된다. 따라서 하남성에 위치한 1)수무현(修武縣) 서북 40리와 2)휘현(輝縣) 서북 50리일 가능성이 높은데 이 두 지명은 같은 곳이다.
게다가 그곳은 황하 북쪽 하남성의 태행산맥과 접해있는 곳으로 고대에 발해라 불렸던 대야택과도 아주 가까운 지역이다. 이곳에 바로 대조영과 당장(唐將) 이해고가 천하의 패권을 놓고 일전을 벌였다고 역사에 기록된 천문령(天門嶺)이 있었던 곳이다. 현재의 산 이름은 운태산(云台山)으로 태행 산맥에 있는 산으로 황하북부 하남성과 산서성의 경계에 있다.

《바이두 백과》309)에는 "운태산은 기이한 봉우리와 수려한 산이 끊임없이 이어진다. 주봉은 주유봉으로 1,304m이다. 북으로는 태행산의 깊은 곳으로 향하고, 남으로는 부천평원을 내다보고 기름진 평야가 천 리나 이어지고 황하와 접한다. 당나라 때 지은 시에 보면 당나라 때 복부산으로 불렸으며, 동부는 천문산으로 불렸다는 것이 《천문산제손일인석벽》에 보인다.
운태산은 물이 절경으로 여겨진다. "3보 가면 샘이 있고, 5보 가면 폭포가 있고, 10보 가면 못이 있다. 낙차 314m로 전국에서 가장 높은 '운태천폭'이라는 폭포가 있다. 중원 제일의 협곡이라 부르는 아름다운 청룡협이 있는데, 이곳은 기후가 독특하고 수원이 풍부하며, 완전한 원시림이라 생태 관광으로 좋은 장소이다."라는 설명이 있다.

---

309)　云台山以山称奇，整个景区奇峰秀岭连绵不断，主峰茱萸峰海拔1,304米，踏千阶的云梯栈道登上茱萸峰顶，北望太行深处，巍巍群山层峦叠嶂，南望怀川平原，沃野千里、田园似棋，黄河如带，不禁使人心旷神怡，领略到"会当凌绝顶，一览众山小"的意境。唐代：亦称覆釜山。见唐诗《夕游覆釜山道士观因登玄元庙》。东部称天门山,亦见钱起诗《天门山题孙逸人石壁》。云台山以水叫绝，素以"三步一泉，五步一瀑，十步一潭"而著称。落差314米的全国最高大瀑布-云台天瀑，犹如擎天玉柱，蔚为壮观。天门瀑、白龙潭、黄龙瀑、丫字瀑皆飞流直下，形成了云台山独有的瀑布景观。多孔泉、珍珠泉、王烈泉、明月泉清冽甘甜，让人留连忘返。**青龙峡**景点有"中原第一峡谷"美誉，这里气候独特，水源丰富，植被原始完整，是生态旅游的好去处。

대조영은 중원제일의 협곡인 천문산(운태산)의 청룡협으로 이해고가 이끄는 12만 당나라 대군을 유인해 전멸시키고는 천하의 패권을 쥐었던 것이다.

당나라는 천문령 전투에서의 참패로 더 이상 대진국을 넘볼 수 없게 되었다. 그리고 중원 제일의 협곡을 '청룡협'으로 불렀다는 것 자체가 의미심장하다. 왜냐하면 동이족을 '청룡(靑龍)'으로 불렀기 때문이다. 동쪽을 상징하는 색이 청색이며 수호신은 용이다. 운태산의 가장 깊은 협곡을 '청룡협'으로 불렸다는 것은 이 협곡이 우리 민족과 관련이 있다는 것을 의미한다.

대조영과 관련 있는 동모산(東牟山)과 천문령(天門嶺)은 분명 황하북부 하남성에 있었다. 그럼에도 일제 식민사학계는 중국보다도 더 심하게 조작된 '발해(대진국)의 영토는 동만주 길림성 일대'라는 거짓말을 아직도 하고 있다. 그래야 통일신라의 영토가 대동강과 원산만을 잇는 선이라는 엉터리 이론을 합리화시킬 수 있기 때문이다. 이런 반도사관의 이론이 확정된 것은 발해 정효공주의 묘가 길림성 돈화 부근에서 발견되었기 때문이라는데, 하지만 그곳은 발해의 수도가 아니라, 동만주까지가 대진국의 동쪽 영토였다는 것을 알려주는 유적으로 해석해야 할 것이다.

〈산서성과 하남성의 경계에 있는 운태산이 바로 천문령〉

일제 식민사학이 대진국을 난도질한 이유는 너무도 위대하고 강성했던 나라였기 때문이다. 해동성국으로 불리며 9,000리 강역이었던 대진국의 실체를 그대로 인정하고서는 조선인의 민족정신을 말살하기 어려웠기 때문이었을 것이다.

제3장 백두산 폭발과 대진국 멸망은 무관

사화산으로 알려져 왔던 백두산이 폭발할 것인가에 대해 의견이 분분했던 적이 있다. 왜냐하면 만일 백두산이 폭발한다면 어마어마한 규모로 예측되기 때문에 한반도에 엄청난 영향을 미칠 것이라는 관측 때문이다. 특히 북한 정권이 그로 인해 무너질 거라는 의견이 지배적이다. 그러면서 천년 전에 멸망한 발해를 그 예로 들고 있다.

〈대진국은 황하 이북서부터 동만주까지 9천리 강역〉

(1) 백두산 폭발과 발해 멸망은 허구

백두산 폭발을 연구하고 있는 일본 나고야대학교 연대측정 종합연구센터 연구팀은
백두산에서 용암과 화산재로 쓰러진 고목을 채취해 연대측정을 해본 결과
백두산의 폭발은 929~945년에 있었다는 결론을 얻었다고 한다.
이는 폭발이 기록상 발해가 거란족의 요(遼)나라에 멸망한 926년보다
3~19년 이후에 백두산 폭발이 발생했음을 의미한다.

과학적으로 보면 발해의 멸망과 백두산 폭발은
직접적으로 아무 관련이 없다는 사실이 입증된 것이다.

그럼에도 국내 화산학계의 권위자로 알려진 모 교수는 사학과 교수도 아니면서 "백두산 폭발이 발해 멸망 3년 후에 일어났으나, 그 전조 증상이 미리 일어나는 법이므로 그로 인해 발해국의 민심이 이반되어 거란에게 멸망당한 것이다."라고 이상한 설명을 하면서, 《요사 야율우지전》에 "민심이 이반하고 혼란한 틈을 이용하여 군대를 움직이니 싸우지 않고 이겼다."라는 기록을 근거로 들었다.
화산학계에서 발해 멸망과 백두산 폭발을 연계시키는 근거 역시
바로 이 기록 때문이다.

역사에 대해 잘 모르는 네티즌들에게는 그럴듯하게 들릴지 모르겠으나
이는 역사적 사실과 전혀 다르다.
왜냐하면 우선 백두산에서 엄청난 화산폭발이 있었다는 역사 기록이 어디에도 없기 때문이다. 당시 화산폭발지수가 7.4 정도로 추정된다는 연구 결과가 나왔다. 지수가 4.0 이상이면 대규모 폭발에 속하며, 8.0을 최대로 지정한 것으로 미루어 볼때 7.4의 강도는 그야말로 어마어마한 대폭발이다. 수년 전 발생 한 아이슬란드의 화산지수가 4.0 정도였다고 한다. 천년 전의 백두산 폭발은 그의 1,000배에 해당하는 화산재를 분출했을 것이므로 말로는 이루 형용할 수 없는 실로 엄청난 재앙을 한반도와 만주 그리고 특히 일본열도에 주었을 것이다.

1) 백두산 일대는 대진국의 동북 변방
백두산이 대폭발한 적이 있다는 과학적 근거가 이렇듯 확실하나,
폭발했다는 기록이 어떠한 사서에도 없는 이유는 과연 무엇일까?
그 이유는 우리가 학교에서 배운 대로 백두산 일대가
대진국(발해)의 중심이 아니기 때문이다.
만일 대진국의 도읍이 그 일대에 있었다면 위에서 모 교수가 말한 전조 증상으로 발해국의 민심이 이반되어 요나라에게 쉽게 망했다는 이상한 주장도 어느 정도는 수긍될 수 있다. 게다가 곧 화산이 폭발할 발해 땅을 얻기 위해 거란이 병력을 이끌고 쳐들어올 이유가 없지 않은가?

대진국의 도읍이 있던 핵심 강역은 북부 하남성 일대로, 정혜·정효공주의 무덤이 발견된 동만주까지 9천 리 해동성국 대진국의 영토였다.
따라서 백두산 일대는 대진국의 중심이 아니라 수천 리나 떨어진 동북단 변방의 외지이기 때문에 백두산 대폭발이 있었다고 해서 그것이 대진국(발해) 멸망에 영향을 미칠 수는 없는 것이다.
기류의 흐름 때문에 오히려 일본열도가 영향을 훨씬 크게 받았을 것이다.

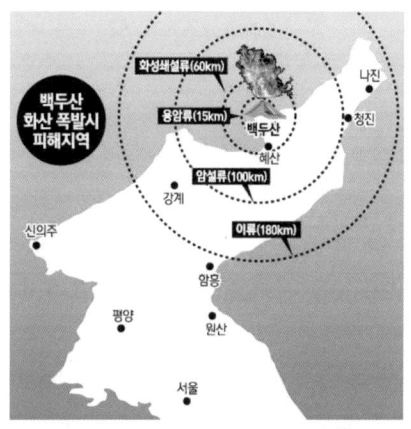

〈백두산 폭발과 무관한, 대진국 멸망〉

2) 대진국은 내부 무력 반란으로 멸망했다.

먼저 《요사》에 기록된 발해의 멸망에 대해 알아보기로 하겠다.
925년 12월, 거란의 야율아보기가 발해 정복을 위해 출병해 부여성을 포위한 지 3일 만인 1월 3일 성을 함락시켰다. 거란의 선봉이 발해의 도읍 홀한성을 향해 질주하는 도중에 발해의 3만 대군을 격파하고 9일 홀한성을 포위하고, 3일 후인 12일 발해의 마지막 왕에게 항복하라는 의사를 전하니 이틀 후 14일 대인선은 흰 소복을 입고 양을 끌고 신하 300여 명과 함께 항복했다.
이로써 발해는 15대 229년 만에 멸망했다는 것이 중론이다.

《태백일사 대진국본기》에도
"대진국 애제의 청태 26년 봄 정월 야율배는 동생 요골과 선봉이 되어 밤에 홀한성을 포위하자 애제(哀帝)가 성 밖에 나가 항복함으로써 나라가 망했다."
라고 간략하게 기록되어 있어 《요사》의 내용보다도 축약되어 있다.
그런데 해동성국이라 불렸던 대진국(발해)으로서는 너무도 허망한 멸망이기에 뭔가가 이상한 기록이다.

9천 리 강역을 호령했던 대제국이 채 보름도 못 돼 속절없이 무너졌다는 것이 상식적으로 가능한 일인가? 그리고 거란족이 쳐들어왔는데 겨우 3만 병력으로 저지했다가 패하자 도성이 포위되어 왕이 항복했다는 만화 같은 이야기를 믿을 수 있을까?
대진국의 진짜 멸망 원인은 과연 무엇 때문이었을까?

4장   요, 금, 원, 청나라는 우리와 동족

1. 대진국의 정통성을 계승한 요

《고리국지(高麗國志)》와 《고리사력(高麗史歷)》이라는 역사책이 있는데, 이 책들은 대진국의 역사실록으로《요사》가 왜곡한 대진국의 역사를 제대로 볼 수 있는 사서로 현재 소장처는 일본(고리국지 28권)과 러시아(고리사력 16권)이다. 이 책에는 대진국 멸망에 대해 다음과 같이 상세히 기록되어 있다.
(자료 제공 : 정길선 교수)

① 《고리국지》의 거란에 대한 기록
契丹を属国にしたし部族民たちを受け入れ、中央管理に登用した。その中に耶律阿保机は5城大将軍に封じてたし、契丹軍を担当する役割を果した。契丹軍は輪に忠誠することができる10万の兵がいた
[해석] (대진국은) 거란을 속국으로 삼았고 부족민들을 받아들여
중앙관리로 등용하였다. 그중에 야율아보기를 '5성 대장군'에 임명했고
거란군을 담당하는 역할을 맡겼다.
거란군은 (대진국에) 충성할 수 있는 10만의 군사가 있었다.

② 《고리사력》의 거란에 대한 기록
Император 916 лет aejong генералов и пять генералов бывшего вассального государства будет goguri из yayul просмотра голосовых связок yowang стержней.
[해석] 916년 (대진국) 애종 황제는
고구리(=대진)의 종속국인 거란 출신의 장군 야율아보기를
5성 대장군과 요(遼)왕에 임명했다.
(※ 거란의 요왕이 대진국 황제의 제후임이 명백히 밝혀진 기록)

③《고리국지》의 대진국 멸망 기록
大将軍 耶律阿保机が 上京城に入城して宮城を襲撃して皇帝を捕虜とした。
新しい高句麗は遼国に千人おり震国の管理をそのまま登用した。
[해석] 대장군 야율아보기가 상경성에 입성해 궁성을 습격했고
(대진국) 황제를 포로로 잡았다. 새로운 고구리는 요(遼)나라로 천명했고,
진국의 관리를 그대로 등용하였다.
※ 대진국의 임금을 황제라 표현했고, 진국이라는 국호도 나온다.

④《고리사력》의 대진국 멸망 기록
Путаница дела вождя 926, № 5 yayul капитализированных привел армию в 100000 был введен в sanggyeongseong Вынужден отречься от престола императора принять naeeotda печати
[해석] 926년 5호 대장군 야율아보기가 혼란한 국정을 틈타
10만 대군을 이끌고 상경성에 입성하였다.
황제에게 양위를 강요하여 옥쇄를 받아내었다.

⑤《고리사력》거란의 대진국 황족 처우에 대한 기록
Ко, которая для лиц в качестве королевских семей бывших аристократов daessi и Принцесса и брака было укрепление системы управления.
[해석] 이전 황족인 대씨와 공주와 혼인하였고,
고씨 황족들을 고관으로 기용하여 통치체제를 강화하였다.
※ 대씨와 고씨를 황족이라 표현한 것으로 보아 고구리와 대진국은 황제국

⑥《왜인흥망사(倭人興亡史)》의 기록
926年 耶律阿保机は上京城に入城した後ホール忽汗城に療養がある皇帝に譲位を強要した。
[해석] 926년 야율아보기는 상경성에 입성 후,
홀한성에서 요양 중인 황제에게 양위를 강요하였다.

위 기록들을 종합하면 대진국의 멸망 이유를 알 수 있다.
"황제국 대진국은 거란을 속국으로 삼아 야율아보기를 오성 대장군 겸 제후인
요(遼) 왕에 봉했는데, 나중에 쿠데타를 일으켜 애제를 체포하고
양위를 강요함으로써 대진국이 망했고,
이후 요나라가 새로운 고구리가 되어 대진국의 정치 체제를 그대로 답습했다."

즉 고구리의 정통성은
대진국을 거쳐 요나라(거란) -> 금나라(여진) -> 원나라(몽골) -> 청나라(여진)로
계속 이어져 나갔던 것이다.
중국 입장에서는 자신들을 지배했던 요, 금, 원, 청의 역사를 중국사로 편입시키지 않
으면 안되는 상황인지라, 그 조상이 되는 대진국과 고구리를 중국 지방정권으로 만
들어야 했기에 동북공정을 추진했던 것이다. 그래야만 전 중국 땅의 7할을 가지고
있는 56개 소수민족을 중국의 일원으로 묶어놓을 수 있기 때문이다.

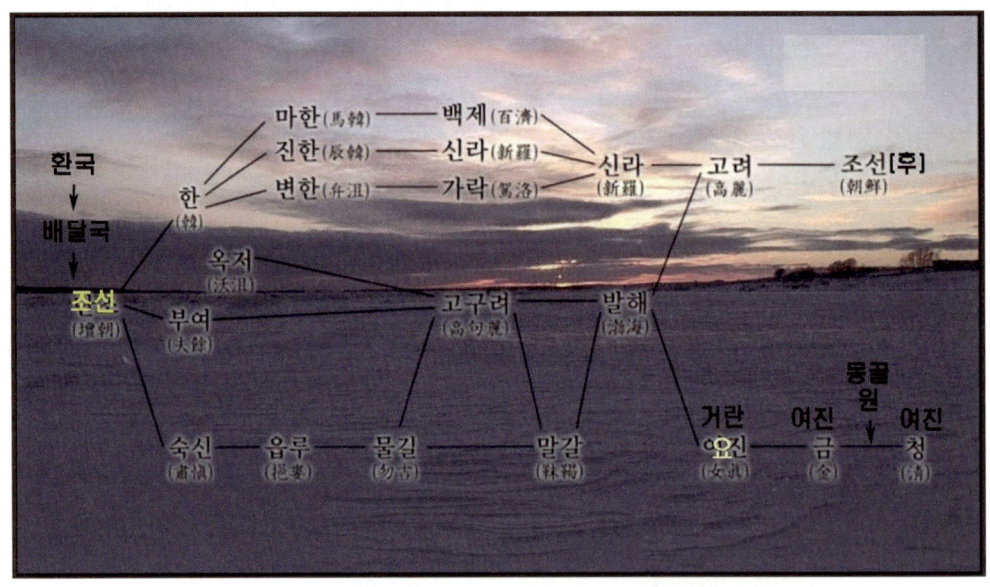

〈거란(요), 여진(금, 청), 몽골(원)은 고구리와 대진국의 후예〉

요천제 - 高麗皇帝品位 고리황제품위
만주대제 - 高麗大祭儀禮 고리대제의례

2. 고구리 황제를 추존한 요나라와 청나라

거란족이 세운 요나라의 제천행사를 기록한
〈요천제-고리황제품위(遼天祭 高麗皇帝品位)〉와

여진족이 세운 청나라의 제천행사를 기록한
〈만주대제-고리대제의례(滿洲大祭 高麗大祭儀禮)〉
내용에도 고구리가 건원칭제한 황제국이었다는 기록이 있다.

이 책은 현재 러시아 모처에 소장되어 있고, 내용은 논문에 인용된다고 한다.
(자료 제공 : 정길선 교수)

특히 강단사학계에서 위서(僞書)라고 하는
《태백일사》에 기록된 8명 고구리 황제들의 연호와도 정확히 일치하고 있어,
만일 출처의 판본 원본이 세상 밖으로 나온다면
지금까지 중국과 일제에 의해 왜곡되고 잘못 정리된 동아시아의 역사가 뿌리채
흔들릴 수 있을 것으로 보인다.

또한 《태백일사》와 《고구리사초략》에는 기록되어 있지 않지만,
〈요천제〉와 〈만주대제〉에는
16대 고국원제의 연호 연수(延壽),
23대 안원제의 연호 연가(延嘉),
24대 양원제의 연호 영강(永康),
27대 영류제의 연호 함통(咸通) 등 4분 황제의 연호가 기록되어 있다.

이 중 16대 고국원왕의 연호 연수(延壽)가 새겨진
'연수명 은합'은 경주 서봉총에서 출토되었으며,
23대 안원제의 연호 연가(延嘉)가 광배 후면에 새겨진
'연가 7년명 금동여래입상'도 경남 의령에서 발견되어,
기록의 사실성을 대변해주고 있다고 하겠다.

〈경주 서봉총 출토. 연수명은합〉 〈의령 출토. 연가7년명 금동여래입상〉

아울러 요나라 태종이 고구리 황제들에게 시호를 올렸고
청나라 강희제가 묘호를 추존한 이유는
요(거란)와 청(여진)도 고구리의 후예였음이 확실하기에 이러한 추존 의식을 통해
요나라도, 청나라도
위대한 대제국 고구리의 정통성을 이어받은 나라라는 것을
만천하에 선포했던 것으로 보인다.

고구리가 자체연호를 사용한 천자지국(天子之國)이라는 사실은
지금까지 중국 동북 공정의 핵심인 '고구리는 중국의 지방정권'이라는 논리를
완전 타파할 것으로 보인다.
중국의 지방정권이 중국의 연호가 아닌 자체연호를 사용할 수는 없지 않은가!
아울러 《환단고기》를 위서라고 하는
강단사학계의 역사이론도 완전히 붕괴될 것임을 믿어 의심치 않는다.

[요천제-高麗皇帝品位] 와 [만주대제-高麗大祭儀禮] 기록 자료

~황제 시호는 요 태종(야율덕광)이 추증했으며, ~ 종 묘호는 청나라 강희제가 추증하였다.

1대 고주몽(高朱蒙), B.C 37~B.C 19년, 묘호: 고조(高祖),
동명대제(東明大帝) – 추모성왕(鄒牟大帝)
– 추모대동명광현고황제(鄒牟大東明光賢高皇帝)
– 동명대제(東明大帝) : 요 태종(야율덕광)이 시호 추증
– 추모대동명광현고황제(鄒牟大東明光賢高皇帝) : 청 강희제 시호 추증 연호
다물(多勿) – 다물왕(多勿王) :《태백일사》와 일치
※《고구리사초략》의 '동명'과 일치

2대 고유리(高類利), B.C 19~18년, 묘호 : 태종(太宗)
유리명왕(榴璃明王) – 유류명효문태황제(儒留明孝文太皇帝)

3대 고무휼(高無恤), 18~44년, 묘호: 세종(世宗)
대무신왕(大武神王) – 대주류천효명세태황제(大朱留天孝明世太皇帝)

4대 고색주(高色朱), 44~48년, 묘호: 중종(中宗)
민중왕(閔中王) – 가천덕광무민중무황제(可天德光武閔中武皇帝)

5대 고우(高憂), 48~53년, 묘호: 덕종(德宗),
모본왕(慕本王) – 동광현무정모본덕황제(東光賢武定慕本德皇帝)

6대 고궁(高宮), 53~146년, 묘호: 세조(世祖),
태조대왕(太祖大王) – 국조왕(國祖王) – 국조대태조성무황제(國祖大太祖聖 武皇帝)
연호: 융무(隆武) – 융무대왕(隆武大王) :《태백일사》와 일치

7대 고수성(高遂成), 146~165년, 묘호: 현종(賢宗)
차대왕(次大王) – 공무현혜차대태황제(恭武玄慧次大太皇帝)

8대 고백고(高伯固), 165~179년, 묘호: 인종(仁宗)
신대왕(新大王) - 태강상무현신대황제(太康上武顯新大皇帝)

9대 고남무(高南武), 179~197년, 묘호: 문종(文宗)
고국천왕(故國川王) - 세무국현천호태황제(世武國賢天浩太皇帝)

10대 고연우(高延優), 197~227년, 묘호: 예조(睿祖)
산상왕(山上王) - 호상대위산상문황제(浩上大威山上文皇帝)

11대 고우위거(高憂位居), 227~248년, 묘호: 명종(明宗)
동천왕(東川王) - 동양왕(東襄王) - 현무천세동양태황제(現武天世東襄太皇帝)

12대 고연불(高然弗), 248~270년, 묘호: 영종(英宗)
중천왕(中川王) - 중양왕(中襄王) - 천호성세중양태황제(天鎬成世中襄太皇帝)

13대 고약로(高藥盧), 270~292년, 묘호: 정종(正宗)
서천왕(西川王) - 서양왕(西襄王) - 성문현중천서양태황제(成文玄中天西襄太皇帝)

14대 고상부(高相夫), 292~300년, 묘호: 영종(永宗)
봉상왕(烽上王) - 주혜의문상국수무황제(柱慧議文上國殊武皇帝)

15대 고을불(高乙弗), 300~331년, 묘호: 고종(高宗)
미천왕(美川王) - 호양왕(好壤王) - 영성태문호양황제(英成太文好壤皇帝)

16대 고사유(高斯由), 331~371년, 묘호: 신종(新宗),
고국원왕(故國原王), 국강상왕(國岡上王), 소열제(昭列帝) -국강상대소열무 황제
(國岡上大昭列武皇帝)
연호: 연수(延壽) - 연수왕(延壽王)
※《고구리사초략》의 '국강상왕',《수서》의 '소열제' 일치.

17대 고구부(高丘夫), 371~384년, 묘호: 소종 (昭宗)
소수림왕(小獸林王), 소해주류왕(小解朱留王) - 소해주류대천황제(小解朱留 大天皇帝)

18대 고이련(高伊連), 384~391년, 묘호: 목종(穆宗)
고국양왕(故國壤王) - 국양상지목현태황제(國壤上持牧賢太皇帝)

19대 고담덕(高談德), 391~413년, 묘호: 성조(聖祖),
국강상 광개토경평안호태왕(國岡上廣開土境平安好太王) -
국강상 광개토경평안영락호태황제(國岡上廣開土境平安永樂好太皇帝)
연호: 영락(永樂)-영락제(永樂帝):《태백일사》,《고구리사초략》과 일치, 유물로 입증

20대 고거련(高巨連), 413~491년, 묘호: 숙종(肅宗),
장수홍제호태열황제(長壽弘濟好太烈皇帝):
연호: 건흥(建興) - 건흥대제(建興大帝):《태백일사》와 일치, 유물로 입증

21대 고나운(高羅雲), 491~519년, 묘호: 성종(成宗),
문자명성치호태황제(文咨明成治好太皇帝)
연호: 명치(明治) - 명치대제(明治大帝):《태백일사》,《고구리사초략》과 일치

22대 고흥안(高興安), 519~531년, 묘호: 진종(晉宗)
안장고보홍현황제(安臧高寶洪現皇帝)

23대 고보연(高寶延), 531~545년, 묘호: 선종(宣宗),
안원세영연가황제(安原世英延嘉皇帝)
연호: 연가(延嘉) - 연가제(延嘉帝) : 유물로 입증

24대 고평성(高平成), 545~559년, 묘호: 원종(原宗),
양원황제(陽元皇帝) - 양강상호원무황제(陽崗上好元武皇帝)
연호: 영강(永康) -영강제(永康帝)

25대 고양성(高陽城), 559~590년, 묘호: 평종(平宗),
평원황제(平原皇帝) - 평강상대덕호황제(平崗上大德好皇帝)
연호: 대덕(大德) -대덕제(大德帝) :《태백일사》와 일치

26대 고원(高元), 590~618년, 묘호: 효종(孝宗),
영양문효무원호태황제(瓔陽文孝武元好太皇帝)
연호: 홍무(弘武) - 홍무대제(弘武大帝) :《태백일사》와 일치

27대 고건무(高建武), 618~642년, 묘호: 헌종(憲宗),
영류황제(榮留皇帝) - 영류무장태혜천황제 (榮留武張太惠天皇帝)
연호: 함통(咸通) - 함통제(咸通帝)

28대 고장(高臧), 642~668년, 묘호: 희종(嬉宗),
보장황제(寶臧皇帝) - 개원현수대화보장황제 (開原賢秀大化寶臧皇帝)
연호: 개화(開化) - 개화제(開化帝) :《태백일사》와 일치

위 자료에 의하면 광개토태왕 이전에는 ~제라는 칭호보다는, 일부 연호를 썼으되 호칭은
그냥 ~황이라고 한 것으로 보인다. 이후에는 연호를 쓰면서 ~제라고 했음이 확실하다.
요 태종과 청 강희제가 시호와 묘호를 정리해 추증한 것은 사실이나,
쓰지도 않은 연호까지 추증하지는 않았다.
즉, 고구리 황제들의 위 연호 사용은, 유물로 입증된 명확한 역사적 사실이라 할 수있다.

《고구리사초략》에 "장수대제 16년(429) 기사 정월,
상이 졸본으로 거동해
동명성황(東明聖皇)을 추모대제(芻牟大帝)로,
유리명황(琉璃明皇)을 광명대제(光明大帝)로,
주유신황(朱留神皇)을 대무신제(大武神帝)로,
국조선황(國祖仙皇)을 신명선제(神明仙帝)로,
태조상황(太祖上皇)을 태조황제(太祖皇帝)로 높였다"라는
기록도 참고가 될 만하다.

【참고문헌】

1. 國內文獻
   《三國史記》 김부식 외, 신호열 역해
   《三國遺事》 일연, 최호 역해
   《高句麗史抄略》 박창화, 김성겸 역주
   《順菴覆瓿稿3》 答尹丈書(戊子夏) 안정복
   《朝鮮上古史》 신채호
   《中國正史朝鮮傳》국사편찬위원회
   《大倍達民族史》 이유립
   《三聖記全上下》 안함로, 원동중
   《檀君世紀》 이암
   《太白逸史》 이맥
   《北扶餘記》 범세동
   《符都誌》 박제상
   《滿洲原流考》 남주성 역주
   《熱河日記》1券 渡江錄 박지원
   廣開土好太王 碑文
   한국사데이타베이스 (http://db.history.go.kr/)

2. 中國文獻
   《史記》
   《漢書》券28下「地理志」第8下
   《後漢書》券85 '東夷列傳' 第75
   《後漢書 郡國志》
   《三國志》券28「魏書」28 '毌丘儉傳'
   《三國志》券30「魏書」烏桓·鮮卑·東夷傳
   《魏書》卷106上 地形志2上
   《隋書》券4 煬帝記
   《新唐書》'列傳145-東夷'

《新·舊唐書》
《遼史》/《遼史地理志》
《金史》卷26 志 第7 地理下
《水經注》
《山海經》「山經·南山經」
《通典》
《括地志》
《說文》
《設苑權謀》
《竹書紀年》
《資治通鑑》
《孟子》
《管子輕重》
《後周書》
《南齊書》
《大明一統志》遼東志 夯一
《欽定大一統志》夯121 遼州
《大元大一統志》卷第一百二十二
《中國通史 參考資料 古代部分-4》
《夢溪筆談·辨證》
《聞喜邱氏源流考》

康熙字典
中國古今地名大詞典
大淸廣餘圖 (淸,1785)
大明輿地圖 山西輿圖
中國古代地名大辭典 (www.gg-art.com)
中國百度百科 (www.baidu.com)

산서성의 지배자 고구리

저자　성헌식

1쇄 발행 2023년 10월
3쇄 발행 2024년 3월

편집/ 최종수정/ 표지, 총괄디자인/ 마케팅　　책보고

발행인　　　책보고
발행처　　　시민혁명 출판사
출판사 주소　경기도 부천시 길주로 317 블래스랜드 303
대표연락처　　booksbogo@naver.com
인　쇄　　　모든인쇄문화사 / 인쇄문의 042)626-7563

ISBN 979-11-983903-2-5
정가 35,000원

보도, 서평, 연구, 논문등에서 수용적인 인용, 요약하는 경우를 제외하고는
저자와 출판사의 승낙없이 이 책의 내용을
무단 전재하거나 복제 하는것을 금합니다
이 책은 국내 저작권법에 의해 보호받는 저작물입니다